高等院校经济与管理核心课
经典系列教材·工商管理

服务营销学

FUWU YINGXIAOXUE

■ 主编 范秀成 赵占波 ■
■ 副主编 裘理瑾 朱华伟 谢 毅 ■

首都经济贸易大学出版社
Capital University of Economics and Business Press
·北京·

图书在版编目（CIP）数据

服务营销学/范秀成，赵占波主编． —北京：首都经济贸易大学出版社，2018.11
ISBN 978-7-5638-2052-8

Ⅰ．①服… Ⅱ．①范… ②赵… Ⅲ．①服务营销 Ⅳ．①F713.50

中国版本图书馆 CIP 数据核字（2012）第 285449 号

服务营销学
范秀成 赵占波 主编
裘理瑾 朱华伟 谢毅 副主编

责任编辑	王玉荣
封面设计	风得信·阿东 FondesyDesign
出版发行	首都经济贸易大学出版社
地　　址	北京市朝阳区红庙（邮编 100026）
电　　话	（010）65976483　65065761　65071505（传真）
网　　址	http：//www.sjmcb.com
E-mail	publish@cueb.edu.cn
经　　销	全国新华书店
照　　排	北京砚祥志远激光照排技术有限公司
印　　刷	人民日报印刷厂
开　　本	710 毫米×1000 毫米　1/16
字　　数	426 千字
印　　张	24
版　　次	2018 年 11 月第 1 版　2018 年 11 月第 1 次印刷
书　　号	ISBN 978-7-5638-2052-8/F·1179
定　　价	48.00 元

图书印装若有质量问题，本社负责调换
版权所有　侵权必究

序 言

服务营销学是营销专业的一门高级课程，20 世纪 70 年代末欧美学者开始关注服务产品营销问题的研究，20 世纪 80 年代后期逐步成为营销学领域发展最快的独立分支学科之一。著名营销学大师科特勒在 20 世纪 90 年代初期曾指出，如果缺少有关服务营销和国际商务的内容，商学院的课程体系将是不完整的。服务营销在西方的快速成长有其客观的历史原因。第二次世界大战后，西方国家陆续进入服务型社会，服务业在国民生产总值和社会总就业中的比重高达 70%~80%。不仅如此，越来越多的制造业企业服务化，如美国通用电气公司利润的 80% 来自服务。

服务营销学于 20 世纪 90 年代后期引入我国，目前大多数高校的营销学专业开设了服务营销课程。在教材建设方面，国际上最流行的几种服务营销学教材已被翻译成中文，但远远不能满足教学的需要。伴随着经济转型和产业升级，我国服务业快速发展，服务业对国民生产总值的贡献超过 50%；互联网特别是移动互联网的发展催生了新的服务模式，在线零售、移动支付等改变着人们的生活方式；随着低成本生产优势的消失，越来越多的中国制造企业通过服务来寻求新的竞争优势。这些鲜活的社会实践需要在教材中得到及时的体现。

本教材以服务质量为主线，以服务营销三角形为基本框架来组织全书内容，紧扣服务营销的特性，突出了服务营销的三大职能，即外部营销、交互营销和内部营销。教材中吸收了国外最新的研究成果，反映了具有典型性和新颖性的服务营销实践。每章均设有开篇案例和章后思考，穿插有服务营销理论前沿和最新实践，并于全书最后提供了便于读者进一步学习的参考文献。本教材适合市场营销专业本科生和 MBA 层次的教学需要，对工商管理等专业也有参考价值。

本教材具体分工如下：范秀成提出教材总体框架设计，赵占波和裴理瑾协助编写和统稿。范秀成撰写第一章、第二章和第十三章，赵占波撰写第三章、第四章和第十五章，裴理瑾撰写第七章、第九章和第十四章，朱华伟撰写第十章、第十一章和第十二章，谢毅撰写第五章、第六章和第八章。

感谢首都经贸大学出版社编辑王玉荣女士，她的耐心和执着给我们留下了深刻印象。感谢出版社其他编辑对本教材出版的支持。

范秀成

Contents

目 录

第一篇 认识服务

第一章 导论 ·· 3
　　第一节　服务在国民经济中的地位 ·································· 5
　　第二节　服务的特性 ·· 15
　　第三节　服务营销框架 ··· 24

第二篇 服务营销战略分析

第二章 服务营销战略 ·· 37
　　第一节　服务战略观 ·· 38
　　第二节　服务营销战略 ··· 47
　　第三节　服务分类及其战略启示 ····································· 59
　　第四节　服务利润链 ·· 63

第三章 服务质量 ··· 70
　　第一节　服务期望 ·· 71
　　第二节　服务质量感知 ··· 77
　　第三节　服务质量的测量 ··· 82

第四章 服务消费行为 ·· 95
　　第一节　服务搜寻行为 ··· 96

第二节　服务消费决策过程 …… 98
第三节　服务中文化的作用 …… 100

第三篇　外部营销

第五章　服务产品策略 …… 125
第一节　理解服务产品和服务理念 …… 126
第二节　新服务的设计与开发 …… 133
第三节　设计并管理服务品牌 …… 138

第六章　服务定价策略 …… 146
第一节　服务定价的特殊性 …… 147
第二节　服务的定价方法 …… 151
第三节　服务的收益管理 …… 157
第四节　定价政策的道德问题和感知公平 …… 158
第五节　执行服务定价策略 …… 160

第七章　服务渠道策略 …… 166
第一节　服务环境下的渠道 …… 167
第二节　服务渠道设计 …… 173
第三节　服务渠道管理中的特许经营策略和电子渠道策略 …… 178

第八章　服务沟通策略 …… 190
第一节　制定协调一致的整合营销沟通策略 …… 191
第二节　服务营销沟通面临的挑战及其原因 …… 193
第三节　营销沟通的作用和目标 …… 195
第四节　匹配服务承诺与服务传递的四种战略 …… 198

第四篇　交互营销

第九章　服务过程的设计与管理 …… 217
第一节　服务过程的定义和影响因素 …… 218

第二节　服务过程的设计——服务蓝图 ················· 221
　　第三节　服务提供系统的分类与设计 ··················· 225
　　第四节　自助服务技术对服务过程与服务系统的影响 ······· 231

第十章　服务环境管理 ································· 238
　　第一节　服务环境的内涵与作用 ······················· 239
　　第二节　消费者对服务环境的反应 ····················· 244
　　第三节　服务环境设计的维度 ························· 248
　　第四节　服务环境的设计 ····························· 251

第十一章　服务人员管理 ······························· 259
　　第一节　服务人员的重要性 ··························· 261
　　第二节　服务人员工作的特点 ························· 265
　　第三节　服务人员的管理 ····························· 269

第十二章　顾客管理 ··································· 278
　　第一节　顾客角色 ··································· 279
　　第二节　顾客教育 ··································· 283
　　第三节　顾客参与 ··································· 287

第十三章　服务失败与服务补救 ························· 294
　　第一节　服务失败 ··································· 296
　　第二节　顾客抱怨行为 ······························· 303
　　第三节　服务补救 ··································· 309

第五篇　内部营销

第十四章　服务文化与内部营销 ························· 323
　　第一节　服务组织的特点 ····························· 324
　　第二节　服务文化的建立 ····························· 327
　　第三节　通过改变文化建立服务逻辑 ··················· 333
　　第四节　内部营销的实施 ····························· 334
　　第五节　创建服务领先的组织 ························· 338

第六篇　服务与新技术

第十五章　新技术环境下的服务营销 ……………………………………… 351
　　第一节　服务新技术 …………………………………………………… 351
　　第二节　新技术对服务的革命性影响 ………………………………… 361
　　第三节　新技术对服务营销的影响 …………………………………… 364

参考文献 ………………………………………………………………………… 371

第一篇 认识服务

第一章　导论

【学习目标】
1. 了解服务的重要性
2. 熟悉三个产业的划分及主要服务部门
3. 掌握服务的基本特征及其营销挑战
4. 比较服务营销与有形产品营销的区别

 开篇案例

用现代服务业的模式经营农业

伴随着过去数十多年中国经济的快速发展，食品安全问题日益引起社会广泛关注，人们对无污染、绿色、优质食品的需求与日俱增，有机农业产业应运而生，涌现出多利农庄、正谷农业、中穗科技等一批有机农庄。

多利农庄——体验式增长

自2005年租下1 600亩土地后，多利农庄通过"农业＋互联网"的应用，形成了一个较为成熟的"从田间到餐桌"的运营模式、立足农业互联网的用户体验模式以及产销一体的渠道模式。

在多利农庄项目确定之初，曾有一批农业专家来蹲点调研。两个月后，农业专家们给出如下建议：除了打造有机农业种植基地外，还提出都市农业的概念，即让都市人有机会体验农业，感受农业基地。这与多利农庄的想法不谋而合。都市的优势在于人才和资金，通过吸引更多的人来参与体验有机农业，不仅可以培养更多的潜在客户，还能因贴近都市从而更为便利地吸引到资金。不少农业项目最终夭折，很多时候就是因为在人才和资金方面存在瓶颈。

如今，多利农庄会定期邀请一些会员或潜在客户参观农场，在除草、钓鱼的同时增加与消费者的互动。未来，多利农庄还会增加更多用户体验的功能，如再建设一些庄园可供游客留宿，或者打造一些与"偷菜"相关的旅游项目。

同时，多利农庄还推动物联网技术在农庄的应用。目前主要的应用集中在用户的体验上。比如，消费者通过产品包装上的编码，在网络上可查知自己购买的蔬菜是如何播种、施肥，又是何时装车配送的，甚至每个环节操作人员的信息都能查得到。物联网技术的应用，目的在于培养消费者的参与感，从而增加用户的黏度。

多利农庄董事长张同贵介绍道："公司刚刚在上海陆家嘴滨江大道1818号建了一个有机农业的蔬菜体验中心，让消费者到这个地方来体验我们菜的品质和品位。这就是多利农庄目前的运营模式。"

正谷农业——有机产品服务商

虽然正谷自己也种植有机蔬果，然而，公司却致力于成为有机产品服务商。遵循这样的定位，正谷两头抓，一方面创新开拓销售渠道，另一方面大力寻找真正意义上的有机产品OEM商。正谷农业的目标是让"正谷=有机"，使"正谷"品牌成为有机食品行业的领军品牌。正谷农业把公司定位为一家有机产品品牌商，而绝不仅仅是制造商，也不仅仅是渠道商。

虽然正谷在发展初期也注重发展商务客户，但商务性需求并非正谷的主要方向，基于家庭需求的会员制才是正谷的核心所在。这种基于直销的家庭配送模式由于能够全程直接与消费者沟通，更利于与消费者建立非常有效的信任沟通关系。有机农业市场存在严重的信息不对称，市场上也是鱼龙混杂，如何取得消费者的信任至关重要。为此，正谷一方面开放了基地农场，组织消费者实地观察和采摘；另一方面，与权威的第三方如各大高端俱乐部和高尔夫会所等机构合作，通过借助消费者对于该第三方的信任来获得其对正谷的信任。

在现有的直销渠道基础上，正谷未来将进军电子商务领域。目前，正谷已经收购了国内最大的有机食品电子商务平台——绿领公社。与此同时，正谷还将强化与卓越、当当等第三方网购平台的合作。公司董事长张向东透露，除了初级的有机农产品，正谷未来还将提供更为丰富的有机产品，包括有机棉、有机洗发水、有机宠物粮、有机鲜花等。"严格意义上讲，我们不仅仅是种菜、卖菜的，我们更是一家为消费者提供有机产品的服务公司。"张向东憧憬说。

中穗科技——蔬菜管家

会员制是有机食品业的基本经营模式，但是客户稳定性普遍不高，如何提高客户黏性成为关键。为此，中穗以客户服务为突破口，于2013年着手建立蔬菜管家服务销售体系，其核心是把配送服务与会员销售有机结合起来。原先公司有机蔬菜配送服务的方式是由自己的冷链物流车送菜到客户家，然后由司机或者跟车的保安给客户送去。多数有机蔬菜公司也采用这种模式，也有公司干脆把这一块业务外包出去，以最大限度地节约配送成本。通过蔬菜管家服务营销体系，中穗将蔬菜配送给客户的这项服务单独剥离出来，组建了一个由10人组成的蔬菜管家团队。他们的主要职责是：①咨询服务。客户在蔬菜配送中提出的忌口、调换、停送、加送等服务都由蔬菜管家完成，过去需要客户拨打公司服务热线才能实现的事情，现在只需和蔬菜管家沟通就可以解决，基本达到个性化需求满足。②订单处理。客户所有新的订单都由蔬菜管家负责接收，订单下达由蔬菜管家直接在公司内部系统下达，并且标注好客户的特殊要求，后续的配送及送达由蔬菜管家亲自跟踪。③信息服务。在配送过程中蔬菜管家要和客户交流本次配送的有机蔬菜的品种和特性，每次配送都有定制菜谱和相关介绍。④付账服务。服务收费由蔬菜管家上门为客户完成，客户可以选择现金或刷卡。⑤产品质量检查及投诉受理。当场开箱检查，现场替换。⑥销售。服务好老客户，保证续卡率，同时还要借由好的口碑营销开发新客户来不断拓展市场。

公司借鉴保险公司的手续费和佣金体系设计了相应的蔬菜管家佣金制度，设置了员工晋升体系，构建起有效的激励制度。蔬菜管家服务体系推出后收到明显的效果，客户满意度大大提升，投诉率大幅度下降，客户续卡率达到行业平均水平的3倍。

人们不禁要问，这些农庄从事的到底是农业还是现代服务业？

资料来源：根据《多利农庄：有机农业体验式生长》《正谷：有机产品服务商》和复旦大学 EMBA 毕业论文《中穗有机农业营销策略研究》等整理。

我们处在一个服务主导的世界，服务无处不在，我们可以在不同社会活动中见到服务的踪迹。随着社会经济的不断发展，服务业在社会经济中的比重不断提高。同时，服务在其他行业的渗透日益加深，尤其是在制造业中，也逐渐呈现出服务竞争的趋向。换言之，服务不只局限于服务业，而对社会整体经济以及各行各业都显示出越来越重要的意义。

第一节　服务在国民经济中的地位

服务受到学术界和实务界日益广泛关注的根本原因在于其在国民经济中不断凸显的重要地位。尽管二者间存在内在联系，但与有形产品相比，服务有其特殊性。本节在界定服务概念的基础上，从宏观社会经济层面和微观企业竞争层面阐述了服务在国民经济中的重要意义。

一、服务的定义

关于服务的定义，通常是从服务与产品之间差异的角度来界定的。美国服务营销研究先驱肖斯塔克（G. L. Shostack，1977）[①] 的经典论文"从产品营销中解放出来"就是一个很好的注解。不过，纯粹的产品和纯粹的服务都很少见。换个角度讲，在大多数的产品和服务中都存在相互渗透的迹象。也就是说，服务与产品之间的界限有时并不十分清晰。肖斯塔克认为，服务和产品都是处在一条有形与无形的连续带上（见图 1-1）。

在图 1-1 中，最左端是纯有形产品，最右端是纯无形服务，中间则是有形产品和无形服务的混合体。不过，即便是在连续带上的最左端，它们也往往伴随着一些无形的因素。例如：家用食盐需要依靠运输服务运送到杂货店；汽车制造

---

① SHOSTACK G L. Breaking free from product marketing [J]. Journal of Marketing, 1977, 41: 73-80.

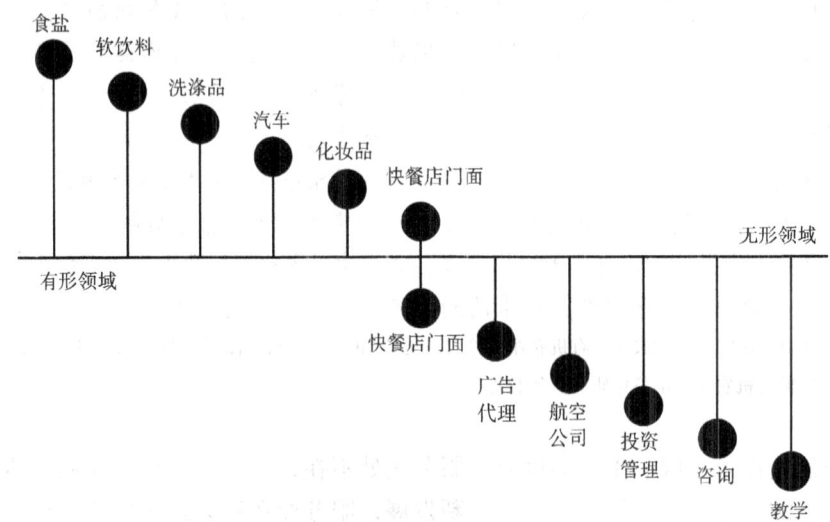

图1-1 有形到无形的连续谱

资料来源：SHOSTACK G L. Breaking free from product marketing [J]. Journal of Marketing, 1977, 41: 73-80.

商不仅生产汽车，而且还提供汽车贷款金融业务等。同样，即便在连续带上的最右端，也往往伴随着一些有形的因素。例如，教学服务需要提供有形的教材；航空公司需要依托飞机等有形设施来提供无形的航行服务。

关于服务的定义有许多，在诸多的定义中，我们可以发现它们之间有一个类似之处，即大多数定义都强调服务的无形性特征。

泽丝曼尔（V. A. Zeithaml）、比特纳（M. J. Bitner）和格兰姆勒（D. D. Gremler）认为，服务是行动、过程和表现[1]。

格罗鲁斯（C. Grönroos, 2000）指出，服务是具有或多或少无形性特征的一项活动或一系列活动，它通常但并非一定是发生在顾客和服务员工和/或物质资源或商品和/或服务供应商系统之间的交互活动，它为顾客提出的问题提供解决方案[2]。

科特勒（P. Kotler, 2000）认为，服务是一方能够向另一方提供的基本上无形的任何活动和利益，并且不导致任何所有权的产生。它的产生可能与某种有形产品联系在一起，也可能毫无关系[3]。

二、服务在社会经济中的重要性

近几十年来，服务在社会经济中的地位不断提高，主要体现在服务业对社会

---

[1] ZEITHAML V A, BITNER M J, GREMLER D D. Services marketing [M]. 6th ed. New York: McGraw-Hill Education, 2012.

[2] GRÖNROOS C. Service management and marketing: customer management in service competition [M]. England: John Wiley & Sons, Ltd., 2000.

[3] KOTLER P. Marketing management [M]. 10th ed. Millennium Edition, New Jersey: Prentice-Hall, Inc., 2000.

经济总体的贡献份额不断增加，以及服务业所提供的大量就业机会等方面。

从全球经济来看，世界范围内的经济增长促进了服务部门的发展，生活水平不断提高，人们拥有更多可支配的收入和更多的闲暇时间，不再局限于基本生活需求，而更高层次的享受需求和发展需求逐渐成为人们消费的主导方面。人们的消费需求日益复杂化、个性化，现代个人、家庭和工作、生活的许多方面都广泛地涉及各种各样的服务。例如，人们对服务的需求正成为消费者地位的一种象征。旅游和休闲、美丽和健康，以及现代高等教育在人们心目中已在一定程度上取代了耐用消费品的地位，它们促进了旅游业、美容业和教育业的快速发展；人们对安全的日益重视，则开拓了保险和投资服务等市场；人们对健康的日益关心，又使健身俱乐部和医疗服务的需求不断增加。因此，随着人们生活方式的改变，伴随着人们各种服务需求的强劲增长，服务业也因此得到快速成长。

从市场供应的角度来看，政府放松管制和科学技术的进步很大程度上促进了服务业的发展。例如，伴随着航空和电信市场的开放，越来越多的资源流入这些行业，促进了该领域的市场竞争，丰富了服务供给。以互联网为代表的信息技术在社会各个领域的渗透和应用改造了旧的商业模式，同时也催生了新的服务模式。例如在线零售行业，2013年"双11"，淘宝网日交易额高达350亿元，这在以往是无法想象的。

在发达国家和地区，服务业就业人数占社会总就业人数的比例以及服务业占国内生产总值的比例均达到70%~80%。经济合作与发展组织（Organization for Economic Cooperation and Development，OECD）提出，早在1990年服务业增加值占其国内生产总值的比例就已经达到67.7%，这一比例在2008年攀升至72.1%；欧盟的这一比例在1990年为67.4%，到2008年达到71.7%，其中，英、美等发达国家的这一比例在2008年超过75%，形成了服务业占绝对主导地位的经济结构（见图1-2和表1-1）。

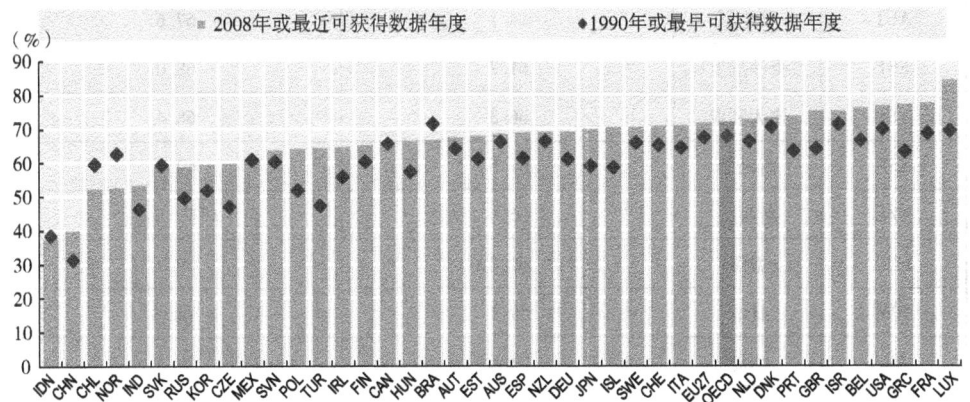

图1-2 服务业产值占国内生产总值（GDP）的比重

资料来源：OECD（2010），National Accounts of OECD Countries.

表1-1 服务业产值占国内生产总值（GDP）的比重

国家或经济体		1990年或最早可获得数据年度（%）	2008年或最近可获得数据年度（%）
IDN	印尼	38.5	37.5
CHN	中国	31.5	40.1
CHL	智利	59.6	52.3
NOR	挪威	62.6	52.6
IND	印度	46.4	53.4
SVK	斯洛伐克	59.4	58.9
RUS	俄罗斯	49.6	59.0
KOR	韩国	52.0	59.7
CZE	捷克	47.1	59.9
MEX	墨西哥	61.0	61.2
SVN	斯洛文尼亚	60.5	63.8
POL	波兰	52.0	64.2
TUR	土耳其	47.2	64.4
IRL	爱尔兰	55.9	64.8
FIN	芬兰	60.3	65.3
CAN	加拿大	65.8	66.1
HUN	匈牙利	57.5	66.6
BRA	巴西	71.4	66.7
AUT	奥地利	64.1	67.6
EST	爱沙尼亚	61.2	68.0
AUS	澳大利亚	66.3	68.4
ESP	西班牙	61.5	69.0
NZL	新西兰	66.6	69.2
DEU	德国	61.2	69.3
JPN	日本	59.1	70.1
ISL	冰岛	58.6	70.5
SWE	瑞典	65.9	70.5
CHE	瑞士	65.1	70.7

续表

国家或经济体		1990年或最早可获得数据年度（%）	2008年或最近可获得数据年度（%）
ITA	意大利	64.4	71.0
EU27	欧盟	67.4	71.7
OECD	经合组织	67.7	72.1
NLD	荷兰	66.2	72.8
DNK	丹麦	70.4	73.2
PRT	葡萄牙	63.5	73.8
GBR	英国	64.1	75.2
ISR	以色列	71.6	75.4
BEL	比利时	66.6	76.2
USA	美国	69.9	76.9
GRC	希腊	63.4	77.3
FRA	法国	68.7	77.6
LUX	卢森堡	69.5	84.3

资料来源：OECD (2010), National Accounts of OECD Countries.

就服务业所吸纳的就业人口而言，OECD和七国集团（G7）服务业从业人口占总从业人口的比重在2000年分别为66%和70%。之后，这一比例逐年上升，到2009年分别达到72%和76%（如图1-3所示）。

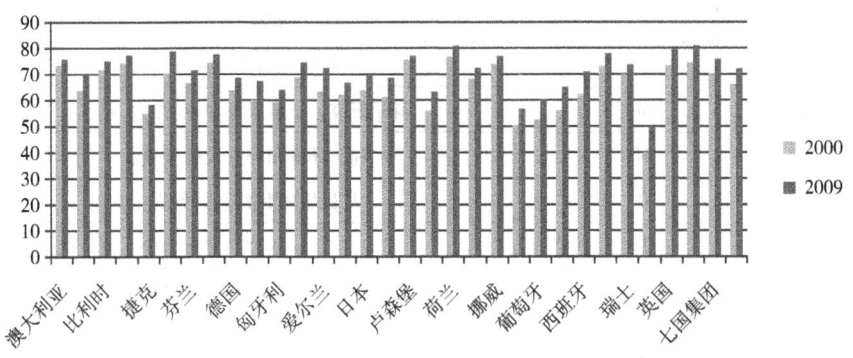

图1-3 服务业就业人口占总就业人口的比重

资料来源：OECD (2010), National Accounts of OECD Countries.

◎服务营销学

从以上数据可以看出,世界上主要发达国家的服务经济持续稳定发展,服务业产值占GDP的比重不断提高,服务业的就业人数占总就业人数的比重也逐年攀升,呈现蓬勃发展的态势。这一方面反映了经济社会发展的规律,另一方面也为包括中国在内的广大发展中国家的经济发展指明了方向。

根据社会生产活动历史发展的顺序,国民经济可划分为三次产业:产品直接取自自然界的部门称为第一产业;初级产品进行再加工的部门称为第二产业;为生产和消费提供各种服务的部门称为第三产业。第三产业也叫服务业,包含4个层次:第一层次是流通部门,第二层次是为生产和生活服务的部门,第三层次是为提高科学文化水平和居民素质服务的部门,第四层次是为社会公共需要服务的部门。我国的产业分类见表1-2。

表1-2 中国三次产业分类

类别	门类	类别、名称
第一产业	A	农、林、牧、渔业
第二产业	B	采矿业
	C	制造业
	D	电力、燃气及水的生产和供应业
	E	建筑业
第三产业	F	交通运输、仓储和邮政业
	G	信息传输、计算机服务和软件业
	H	批发和零售业
	I	住宿和餐饮业
	J	金融业
	K	房地产业
	L	租赁和商务服务业
	M	科学研究、技术服务和地质勘查业
	N	水利、环境和公共设施管理业
	O	居民服务和其他服务业
	P	教育
	Q	卫生、社会保障和社会福利业
	R	文化、体育和娱乐业
	S	公共管理和社会组织
	T	国际组织

资料来源:国家统计局《国民经济行业分类》(GB/T 4754—2011)。

第一章　导论

我国服务业的发展长期缓慢，服务业增加值占 GDP 的比重一直徘徊在 40% 左右，远远落后于世界平均水平（69%），就连发展中国家的平均水平（55% 左右）都没有达到。1985 年，中国第一产业与第三产业分别占国内生产总值的 28.4%、28.5%，基本持平。在此后 20 年的发展过程中，特别是在 1990 年以后，第一产业与第三产业间的差距逐渐拉大。2002 年，第一产业与第三产业分别占国内生产总值的 14.5%、33.7%，第三产业产值是第一产业产值的 2.3 倍，达到 3.45 万亿元。可见，第三产业的发展速度远远超过第一产业，已经成为中国经济持续增长的重要驱动力之一，并呈现出与第二产业并驾齐驱的态势。

近年来，特别是从"十一五"开始，国家出台了一系列政策，大力发展现代服务业，对优化经济结构、推动产业升级、促进社会就业等均发挥了重要作用。2011 年，我国第三产业增加值的 GDP 占比达到 43.8%，2012 年达到 45.6%，呈现良好发展势头，2013 年则达到 46.1%，首次超过第二产业，预示着我国经济进入了新的历史阶段。截止到 2016 年年底，服务业占 GDP 的比重达到 51.6%，高于第二产业 11.8 个百分点；服务业吸纳劳动力就业人数占全部就业人数的比重将达到 43.5%。

当然，服务业的发展有其内在规律，三次产业之间需要协调发展。

20 世纪 50 年代，经济学家克拉克（C. Clark）对经济发展过程中产业结构的演化规律做了深入研究，揭示了劳动力就业结构与经济发展程度之间的深刻关系[1]。他运用三次产业分类方法对世界主要发达国家产业结构变化过程做了详细考察，结果发现，随着时间的推移和人均国民收入的不断提高，作为社会进步的结果，农业中就业的人数相对于制造业的就业人数趋于下降，接着，制造业的就业人数相对于服务业的就业人数也趋于下降。大量实证研究表明，经济发展的基本趋势是：第一产业的比重不断下降，第二和第三产业的比重不断提高，最后第三产业的增长速度大大超过第二产业，在经济中占有绝对的比重。当一个行业的生产率提高的时候，劳动力就会流入另一个产业，这就是著名的克拉克—费雪（Clark-Fisher）假说。按照这一假设，农业生产率的提高使劳动力从农业中解脱出来进入其他部门，而工业生产率的提高使劳动力离开工业部门进入服务行业。这从供应角度解释了后工业社会产生的原因。

美国社会学家贝尔（D. Bell）从社会发展的角度分析了服务业的发展[2]。贝尔以"工业社会"为基准，提出"后工业社会"理论，将人类社会的发展划分为三个阶段：前工业社会、工业社会和后工业社会。在前工业社会中，生产率低下、剩余劳动力多且素质差，因此，服务业主要为个人和家庭服务；工业社会以

---

① CLARK C. The conditions of economic progress [M]. 3rd ed. London: The Macmillan Co., 1957.
② BELL D. The coming of post-industrial society: a venture in social forecasting [M]. New York: Basic Books, Inc., 1973.

与商品有关的服务业（商业）为主；后工业社会以知识型服务和公共服务为主。后工业社会有如下主要特征：一是后工业社会是服务社会；二是知识、科技和技术在社会生活中占据了主要地位；三是专业人员和技术人员具有突出重要性；四是价值体系和社会控制方式发生了很大变化。基于贝尔的"后工业社会理论"，可以将服务业的发展历程归结为：个人服务和家庭服务→通信以及公共设施→商业、金融和保险业→休闲服务业和集体服务业。

【服务营销前沿1】

服务业比重可以衡量经济是否发达吗

虽然很难说服务业比重越大越好，但总的来看，较高的服务业比重确实是发达经济体的基本特征。强大的服务业是促进经济发展和改善人民生活的必然要求。

第一，从世界经济发展的历史轨迹来看，经济增长与经济结构变化之间具有很强的相关性，经济发展过程也是经济结构变革的过程。过去几百年来经济发展最重要的现象是，由于劳动生产率的提升和产业间收入的差别，劳动人口出现从农业到制造业、再从制造业到服务业的转移。

第二，服务业比重高往往意味着服务更为专业化和多样化，可以更好地满足消费者多样化的需求，有利于提升人民的生活水准。

发展经济的最终目的是提高人民生活水平，因此，发展的成果不能仅仅看增长速度，还要看老百姓生活水平和质量是否随之全面提高。从消费层次来看，与马斯洛的需求理论一致，人们解决温饱后开始转向物质产品需求，之后是追求个人的成长和发展。服务业的发展与消费者的生活息息相关：农业和工业生产的物质产品要通过物流、商业等服务业，才能被人们所消费；随着生活水平的提高，人们的需求还将向旅游休闲、医疗保健、文化娱乐、教育培训、提高发展等方面拓展，这些都需要相应的服务行业；人们需要有能够安居乐业的良好社会秩序和实现发展成果的共享，需要政府提供高效率的公共服务。

第三，现代服务业蕴含了大量智力密集的行业，效率高，相对于加工制造和传统服务业，能够创造更大的价值。

现代服务业是工业发达阶段的产物，主要依托信息技术和现代管理理念发展起来，具有高人力资本含量、高技术含量、高附加值"三高"特征，发展上呈现新技术、新业态、新方式"三新"态势，具有资源消耗少、环境污染少的优点，是地区综合竞争力和现代化水平的重要标志。

从社会发展的整个历史进程来看，农业社会消耗的是地表资源，是"吃地球利息"；工业社会消耗的是石油等不可再生资源，是在"吃老本"；现代服务业则是"绿色产业"，知识、技术密集程度高，对传统原材料消耗少。

第四，现代服务业的主体是面向制造业的生产性服务业，它们对提升制造业效率和竞争力至关重要。

生产性服务是指作为中间投入的服务。现代工业生产已经融入了越来越多的服务作为中间投入要素。美国经济学家哈特韦尔（R. M. Hartwell）指出，倘若没有像运输和教育这样人人需要的服务业，倘若没有像零售和批发这样的中间服务业的发展，工业化就不可能发生，或者即使发生，其速度也要缓慢得多。

制造业与生产性服务业相互依赖、相互作用。分工和专业化的发展是经济增长的源泉，分工能大幅度提高生产效率。生产性服务业是随着社会分工不断深化发展起来的，制造业与生产服务业的分工主要是通过制造业的外包体现的。

制造业的附加值越来越多地来源于服务环节而不是制造过程。制造业的效率提升和竞争力的增强很大程度上来自于生产性服务的投入。一方面，作为制造业的中间投入，生产性服务业所内含的知识资本、技术资本和人力资本可以大幅度地提高被服务企业的附加值和国际竞争力。另一方面，作为产业"黏合剂"，生产性服务对产业集群的形成和产业组织效率的提高也非常重要。

生产性服务业的专业化发展可以有效地提高制造业企业运营效率、合理配置社会资源、增强企业竞争力。在经济全球化的浪潮下，生产性服务业的发展对形成新的产业集群和产业发展模式、增强我国产业的国际市场竞争力，对中国经济走新型工业化道路都具有极其重要的战略性意义。

资料来源：范秀成. 服务业比重缘何能衡量经济是否发达 [N]. 解放日报，2009 – 5 – 16.

三、企业竞争焦点的转移

第二次世界大战以来，市场竞争愈演愈烈，制造业中相同产品之间的质量和价格差别越来越小，而消费者的购买能力又不断提高，产品质量和价格不再是决定消费者购买动机的关键因素，作为有形产品附加要素的服务便成为生产厂商之间进行市场角逐的新的焦点，围绕产品和价格的传统竞争便走向了当代服务竞争。服务不仅出现在制造业中，而且逐渐成为制造业竞争的有力武器，成为制造业新的利润增长点，甚至有一批传统的制造业公司已经实现转型，嬗变为服务型企业。服务从促进有形产品销售的角色转变为企业整体经营和全面发展的主导理念。

在服务转型方面，IT企业走在了前列。在1999—2004年的5年间，全球IT行业软件公司的收入增长中，来自服务的部分占74%；硬件公司收入增长中，98%来自服务。表1 – 3中，IBM、施乐、惠普、戴尔等企业榜上有名，IBM是其中的杰出代表。IBM是世界上最大的IT服务企业，也是服务转型最彻底的制造企业。

表1-3　国际上最大的IT服务公司

排名	公司	总服务收入（百万美元）	服务收入占总收入的比重	服务毛利率	公司总收入（百万美元）	毛利率	净收入比率
1	IBM	12 423	56%	27%	22 029	40%	8%
2	EDS	5 224	100%	13%	5 224	13%	3%
3	惠普	4 859	19%	23%	25 534	24%	7%
4	埃森哲	4 750	92%	30%	5 169	27%	6%
5	计算机科学	4 046	100%	23%	4 046	23%	6%
6	甲骨文	3 347	57%	65%	5 828	80%	28%
7	施乐	1 924	50%	42%	3 836	43%	6%
8	戴尔	1 900	13%	NA	14 216	17%	5%
9	附属计算机服务	1 440	100%	NA	1 440	12%	6%
10	思科	1 385	16%	61%	8 866	64%	21%

IBM与时俱进的服务转型最早始于前任总裁郭士纳。郭士纳1993年就任总裁时，IBM已经到了积重难返的境地。IBM虽曾在技术领域获得过近乎垄断的地位，1992年却创纪录地亏损了50亿美元。在郭士纳的带领下，IBM开始了艰难的转型之路。IBM首先对业务的各个方面进行了详细的审查，在之后的几年里，开始重组业务流程，以削减成本、消除冗余和加快周转。与此同时，IBM开始运用以网络为中心的计算技术来创建自己的电子商务基础设施。这次变革让IBM重获生机，并由此完成了全面服务体系的构建和电子商务转型。近年来，IBM积极倡导"随需应变"的服务理念。"随需应变"理念已经渗透到这个庞大机构的各个角落，在与客户接触时，每位员工都随时以"随需应变"为原则，设身处地地为客户量身定做解决方案，并帮助客户培养在激烈的市场竞争中随需应变的素质，引导客户的业务转型。从确定"随需应变"战略到斥资35亿美元收购普华永道咨询公司，再到出售PC业务，IBM已经彻底转变成为一个服务公司。目前，IBM服务业务已经占到全部收入的56%，IBM也成为全球最大的IT服务提供商、外包提供商、咨询提供商和产品支持服务公司。

从国内情况来看，在经历了产能、成本、价格和品牌形象竞争之后，中国汽车行业开始进入服务竞争时代，围绕着汽车金融、售后维护保养、旧车交易等服务的竞争已经悄无声息地展开。从价值链的角度来看，汽车行业70%的价值是在汽车制造出来以后产生的，随着汽车保有量的增加，我国汽车服务市场的规模不断扩大。服务不仅成为促进整车销售的重要因素，也成为汽车生产企业和经销商盈利的重要手段。激烈的市场竞争使汽车的售价逐渐逼近成本，经销商为了销量也经常自行降价，经销商的利润随之越来越微薄，而售后服务的作用变得举足轻重起来。调查显示，在车主的用车成本中，日常维修保养占到了大约35%，这个数字使我国汽车配件市场的规模达到1 000亿。对经销商来说，售后服务的好坏关乎自身的生死存亡。从这种意义上来看，谁赢得了服务，谁就赢得了市场。

可见，传统制造业的业务结构正发生着变化，服务不仅出现在制造业中，而且逐渐成为制造业竞争的焦点。因此，服务营销理论不仅聚焦于服务业，也涵盖和适用于制造业。

第二节 服务的特性

与有形产品相比，服务具有明显不同的特征，如无形性、异质性、消费生产同时性、易逝性等。正是由于这些不同有形产品的特殊性质，使长期植根于制造业的营销管理模型不可能直接应用于服务业，这就给服务营销管理带来了挑战。

一、服务的性质与挑战

一般来说，服务的性质是与有形产品相对而言的。泽丝曼尔（V. A. Zeithaml）和比特纳（M. J. Bitner）[1] 在帕尔苏曼（A. Parasuraman）、泽丝曼尔（V. A. Zeithaml）和贝里（L. L. Berry）[2] 的论述基础上进行了总结，他们在将服务与有形产品进行比较的基础上，指出了服务特性对服务营销的相应意义（见表1-4）。

表1-4 服务特性及其挑战

有形产品	服务	挑战
有形	无形性（Intangibility）	服务不可储存 服务不能申请专利 服务不容易进行展示或沟通 难以定价
生产与消费相分离	生产与消费的同步（Simultaneity）	顾客参与并影响交易 顾客之间相互影响 员工影响服务的结果 授权可能是必要的 难以进行大规模生产

---

[1] 泽丝曼尔，比特纳. 服务营销 [M]. 张金成，白托虹，译. 北京：机械工业出版社，2002.
[2] PARASURAMAN A, ZEITHAML V A, BERRY L L. A conceptual model of service quality and its implications for future research [J]. Journal of Marketing, 1985, 49：41-50.

续表

有形产品	服务	挑战
标准化	异质性（Heterogeneity）	服务的提供与顾客的满意取决于员工的行动 服务质量取决于许多不可控因素 无法确知提供的服务是否与计划或宣传相符
可储存	易逝性（Perishability）	服务的供应和需求难以同步进行 服务不能退货或转售

资料来源：泽丝曼尔，比特纳. 服务营销［M］. 张金成，白托虹，译. 北京：机械工业出版社，2002.

（一）无形性

无形性是服务不同于有形产品的根本特征，它也是服务其他特殊性的根源。服务是一种行动或绩效，是一种经历或过程，而不是具体的实物。因此，在购买和消费之前，服务不能像有形产品那样可以看到、感觉或触摸。例如，人们在接受美容服务之前，是无法感知到具体美容效果的；顾客在前往汽车维修店接受汽车维修之前，也不可能确切预知维修效果。

尼尔森（Nelson P. J.）[①]、达比（M. R. Darby）和卡尼（E. Karni）[②] 等学者指出，产品可以根据搜寻、经验和信任3种特性来进行分类。所谓搜寻性（Search Properties），是指消费者能在购买产品之前决定的性质，如颜色、款式、价格、尺寸、感觉、硬度和气味等，像汽车、衣服、家具等商品就具有明显的搜寻特性，因为顾客在购买之前可以对它们做出评价；所谓经验性（Experience Properties），是指消费者只有在购买后或消费过程中才能感觉到的性质，如味道和耐磨性等，像度假和餐馆食物等商品和服务就具有明显的经验特性，因为顾客只有在购买和消费之后才能对它们做出评价。所谓信任性（Credence Properties），是指顾客即便在购买和消费之后也不可能做出准确评价的性质，如医疗服务和医疗手术，患者缺乏相应的专业知识，即使在治疗之后，患者也很难对服务的真正效果做出评价。由此可见，在服务中，经验性和信任性的成分更大。

服务的这种无形性给服务营销带来了直接的挑战。首先，服务无法储存，即服务不能提前存储起来应对需求高峰期的顾客需求。例如，公园无法将平时较为空闲的服务储存起来，以供节日高峰期的不时之需；同样，未售出的航班机票不能挪到航班起飞后再出售。其结果是，服务企业受到生产能力的严重制约，企业经常在淡季时产能利用不足，顾客在旺季时则经常需要排队等待服务。其次，服

---

① NELSON P. Information and consumer behavior［J］. Journal of Political Economy, 1970, 78（2）: 311－329.

② DARBY M R, KARNI E. Free competition and the optimal amount of fraud［J］. Journal of Law and Economics, 1973, 16（1）: 67－88.

务不能申请专利。虽然一些服务流程宣称申请了专利，但往往只是流程中的设备受专利保护，而不是流程本身，企业的服务很容易被竞争者模仿。最后，服务不容易进行展示和沟通。服务的无形性使企业无法像有形产品那样直观地向顾客传递服务价值和利益，顾客对服务的质量和绩效评价更加困难。例如，保险服务，消费者看不见它，在购买之前也不能尝试。

（二）生产与消费的同步性

服务的生产与消费往往是同时进行的，因而也称为服务生产与消费的不可分离性。在制造过程中，大多数商品首先是生产，随后是销售，最后是消费，企业可以用存货将生产、加工与销售、分离工序分离开来。相反，在服务业中，大部分服务是先销售，然后同时进行生产和消费。库存控制在服务运营中只能是顾客的等候或"排队"。例如，饭店的服务在没有出售前是不能提供的，而且就餐过程基本上是生产和消费同时进行的。

服务生产与消费的同步性给服务营销带来了直接的挑战。第一，生产与消费的同步性意味着顾客参与了服务的生产过程。在服务生产过程中，顾客会因情况不同而进行不同程度的参与。例如，在接受看牙、理发和外科手术服务时，顾客必须出现在服务现场；干洗服务，则要求顾客在服务开始和结束时到场；远程教育服务不必要求顾客到达现场，但要求顾客的精神参与。顾客的这些参与必然会影响到服务的产出和质量。第二，顾客的参与还将导致顾客之间的相互影响。例如，电影院中的观众可能会影响彼此对服务的体验，电影院中通常要求不要大声喧哗正是为了避免观众之间的不良影响。为此，服务企业需要对这种顾客之间的相互影响进行有效管理。第三，由于员工是直接的服务提供者，他们的素质和能力将直接影响顾客对服务质量的感知和评价。第四，由于服务过程中随时可能出现问题，导致服务失败和顾客抱怨，员工如果不能及时处理，可能恶化顾客与企业之间的关系，因而需要给一线员工进行应有的授权。第五，规模化生产变得更加困难。由于服务提供者与服务生产直接相关，每个单独的服务提供者产量都很有限，而消费者在服务生产过程中的参与意味着，如果消费者对某特定服务感兴趣的话，他就必须在一定程度上到达服务现场。这样，服务生产与消费的同步性就使服务无法像有形产品那样顺畅地卖给地理上分散的目标顾客群。

（三）异质性

由于服务是在服务员工与顾客之间的互动过程中生产、提供的，因此服务的产出质量会因服务员工的不同而不同，也会因顾客的不同而不同。由于这种服务互动的随机性，不同的服务消费需要服务员工和顾客参与到不同的服务生产、提供过程之中，因此顾客在不同时间、不同地点是很难复制完全一样的服务体验的，即便是在同一地点与同一服务员工互动，也可能因为顾客心情、服务员工的情绪等原因而导致不同的服务经历和体验。总之，由于服务基本上是由人表现出来的一系列行为，因此就不可能有两种完全一样的服务。

服务的异质性给服务管理带来了直接的挑战。首先，服务的提供与顾客满意取决于员工的行为。因为服务员工直接与顾客接触，服务接触质量的好坏将直接影响到顾客的评价。其次，服务质量还取决于其他许多不可控因素。由于服务因时间、组织和人员的不同而表现出异质性，因此使确保一致性的服务质量成为企业一个很难实现的奢望。最后，由于上述复杂因素，服务企业很难确切知道服务是否按原来计划和宣传的那样提供给顾客，这给服务质量的控制带来了重大挑战。

（四）易逝性

易逝性是指服务不像有形产品那样可以存入仓库再随后出售，服务如果卖不出去就会马上消失。比如说，旅店的客房如果当日没有人入住，也不可能存起来以供随后使用。不过，对某些服务来说，储存一部分服务过程是可以的。例如，肯德基快餐店可以在一定时间内先加工炸鸡翅并保存起来。但是，今天没有用尽的服务能力却无法储存起来供以后使用。

服务的易逝性给服务营销带来了许多挑战。首先，由于服务没有存货，服务企业很难将服务需求和服务供给进行有效匹配。因为对顾客需求不容易做出精确的预测，虽然企业可以做出淡季、旺季的区分，但服务需求常常会在短时间内出现异常拥挤的情况，这也是排队现象及其研究的意义之所在，这对服务企业的需求分析和产能利用是一项重大挑战。其次，服务是一个过程，经历完这个过程，服务消费就结束了。顾客在感觉服务质量不高时，消费往往已经发生，而且无法要求退货，这就要求服务企业"第一次就做好"，如果出现服务失败，服务企业应及时进行相应的服务补救，以挽回企业的声誉。

【服务营销前沿2】

IHIP 真的是区分服务产品和实体产品的特性吗

服务营销的经典共识是，服务具有区别于有形产品的无形性、异质性、生产和消费不可分离性、易逝性特征。事实上，随着技术的进步和产业融合，服务和产品在前面提到的几个方面的区别越来越不明显，服务真正有别于产品的是不涉及所有权的转移，通常采用交纳租金或者使用费的形式。现在，服务生产中常常使用大量的有形资源，纯粹的无形服务是不多见的。服务文献中习惯使用标准化和非标准化两分法，其实更好的方法是采用工业中的标准化、模块化、定制化。许多被称为标准化的服务，从银行到运输，实际上采用的是一种大量定制的模块化策略，顾客可以在一系列变化的模块中进行选择，建立适合自身需求的服务包。

虽然存在一种初露端倪的共识，即异质性是一种与劳动密集型服务紧密联系的特性，而很少存在于设备密集型服务中。但是在过去的二十多年中，服务传递中存在一种明显的自动控制替代人工实现标准化和提高效率的趋势,这使得服务异质性问题没有以前那么突出了。所以没有必要再将异质性视为区分服务与实体产品的主要区别。

服务生产和消费的不可分离性往往与互动和服务接触相关,顾客作为合作生产者参与服务生产,与员工和其他顾客互动。然而还是存在许多可分离的没有顾客参与的服务,结果生产和消费没有同时进行。例如,货运、洗烫衣物、企业例行的清洁、对设备的维修等生产性服务都是在客户不在时完成的。类似的还有诸如基础设施保养和维修等政府服务。顾客消费服务有干洗、加油、修剪草坪、投递包裹等。由于存在太多的可分离服务,不可分离性并不是区分服务的恰当属性。

服务易逝性是一个多角度的概念,有学者从服务不能储存的角度解释。服务者角度的能力易逝性与顾客角度的体验易逝性截然不同,虽然它们都根源于时间的消逝。服务能力的易逝性也不同于服务结果的易逝性。在某一时点,没有顾客的服务需求,服务组织就不会产生服务结果。顾客视角的服务结果也区别于服务者定义的结果。许多服务都是瞬间的体验,但这并不意味着结果本身也是易逝性的。

有学者从服务不能库存来论述服务易逝性。然而,例如教育、娱乐、音乐、宗教服务、新闻能够通过转换为可再度使用的如 DVD、磁带等产品实现后续使用。制造业也正在经历变革,实行订单生产(Build – To – Order)和准时制生产(Just – In – Time)。同时服务行业也努力计算预测特殊日期甚至每天的生产能力和消费需求,以安排其服务时间和人员数量;还利用分时、分等、分价等方式管理顾客的服务需求。所以易逝性并不适用于每项服务。

资料来源:LOVELOCK C, GUMMESSON E. Whither services marketing: In search of a new paradigm and fresh perspectives [J]. Journal of Service Research, 2004, 7 (1): 20 – 41.

(五)顾客不获得对服务的所有权

有形产品和服务之间的关键差异可能在于,顾客从服务中获取价值的同时通常并不获得对任何有形要素的所有权(食品服务和维修服务过程中的备用部件安装是例外情况)。顾客或租用一个实体对象(如一辆汽车或旅馆的一个房间),或雇用有劳动能力和专业技术的人,或租借资金,或预订网络服务,或为使用服务设施支付费用。

对营销人员来说,这一差异所带来的关键启示是定价。当企业将其实体、人力或无形资产的使用权出租时,时间成为重要的标准,相关的成本计算需要以时间为基础。此外,另一个重要启示是要关注租借过程中驱动顾客选择行为的标准是什么。本质上来看,租借是短期导向的行为。

(六)其他特性

1. 顾客对服务的评价较为困难。绝大多数实体商品具有相当高的搜寻属性，而大多数服务具有较高的体验属性和信任属性，因此服务评价较为困难，顾客面临较大购买风险。服务营销者可以通过以下方式来降低顾客感知风险：帮助顾客找到满足其需要的具体服务产品；提供给顾客信息，以使他们了解服务传递的过程和结果；通过社会责任方面的努力建立良好的公众形象，赢得顾客的信赖。

2. 时间因素很重要。许多服务是实时提供的，顾客必须在现场接受服务。时间是有价值的，因而顾客愿意等待的时间有限。一些顾客愿意为快速服务或优先服务支付更多，越来越多的顾客希望在自己合适的时间，而不是企业合适的时间接受服务。于是，7天×24小时的全天候服务越来越普遍，不受时间限制的自助服务受到青睐。时间的重要性还体现在完成服务所需要的时间上。当顾客决定购买服务时，他们对服务任务要花多少时间完成有一个预期。今天的顾客对时间越来越敏感，因此速度经常被看作是一项优质服务的核心要素，成为吸引顾客的手段。

3. 服务渠道复杂多变。实体产品渠道承担的主要是实体分销的功能，把商品从工厂转移到顾客手中。与之相比，服务渠道不仅要承担分销功能，而且要扮演生产角色，承担运营功能，服务渠道管理更为复杂。有的服务企业利用电子渠道（如广播或资金电子转账），有的则将服务工厂、零售商店和消费点合并一处。有些时候，服务企业为顾客提供选择分销渠道的机会。如银行业，顾客既可以选择亲自到银行办理业务，也可以选择在家里通过网络办理。

表1-5 服务特性带来的挑战及相应对策

服务特性	营销问题	解决方案
无形性	无法进行存储	使用有形线索
	没有专利保护	使用人员信息资源
	展示和传播服务过程中存在困难	建立一个强大的组织形象
	服务评价的困难	
不可分离性	服务提供者和服务的实际关系	公共接触人员的甄选和培训
	生产过程中顾客的参与	顾客管理
	生产过程中其他顾客的参与	利用多地点生产
	大规模服务生产中的特殊挑战	
异质性	很难对服务和质量控制进行标准化	顾客定制
		标准化
易逝性	高于最大供给水平的需求	创新定价
	高于最佳供给水平的需求	预订系统

续表

服务特性	营销问题	解决方案
	低于最佳供给水平的需求	补充性服务的开发
		非高峰需求的开发
		利用兼职员工
		能力共享
		扩大前期准备
		利用第三方
		增加顾客参与

资料来源：霍夫曼，贝特森，范秀成. 服务营销精要：战略和案例 [M]. 北京：北京大学出版社，2008.

二、服务系统

前面分析了产品层面的服务与有形产品的区别，下面从更广的视角介绍服务生产经营系统。

（一）郎吉德（E. Langeard 1981）服务生产系统模型

郎吉德（E. Langeard）等人提出的服务生产系统模型（Servuction）描述了服务是如何产生和传递的（见图1-4)[①]。

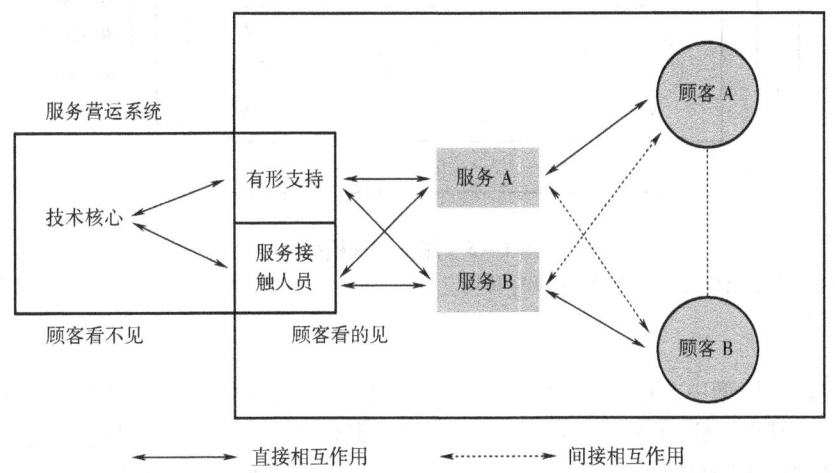

图1-4 服务生产系统模型

---

① LANGEARD E, BATESON J E G, LOVELOCK C H, et al. Services marketing: new insights from consumers and managers [R]. Cambridge, Mass: Marketing Science Institute, 1981, 81-104; 177-178.

该模型将服务企业分成了两部分,对消费者而言,一部分是可见的,另一部分是不可见的。企业可见的一面需要不可见部分提供支持,不可见的一面也会影响到可见的一面。可见的一面又可以分为两个部分,一部分是发生服务生产和传递的无生命的实体环境,另一部分是实际提供服务的服务人员。同时,该模型也揭示出,顾客 A 在消费服务时会受到同时也在接受该组织服务的顾客 B 的影响。因此,顾客购买和消费服务而获得的利益来自于与服务企业互动的过程或体验,也来自于与该企业其他顾客的互动过程或体验。

服务生产系统模型抓住了服务系统高度开放性这一特点,刻画出顾客参与服务价值创造的本质,也反映出服务的过程性。

(二)格罗鲁斯(C. Grönroos,2000)服务系统模型

著名的服务营销北欧学派代表人物格罗鲁斯(C. Grönroos)提出了一个比较全面的服务系统模型,用来对服务系统进行分析和规划(见图 1-5)[1]。

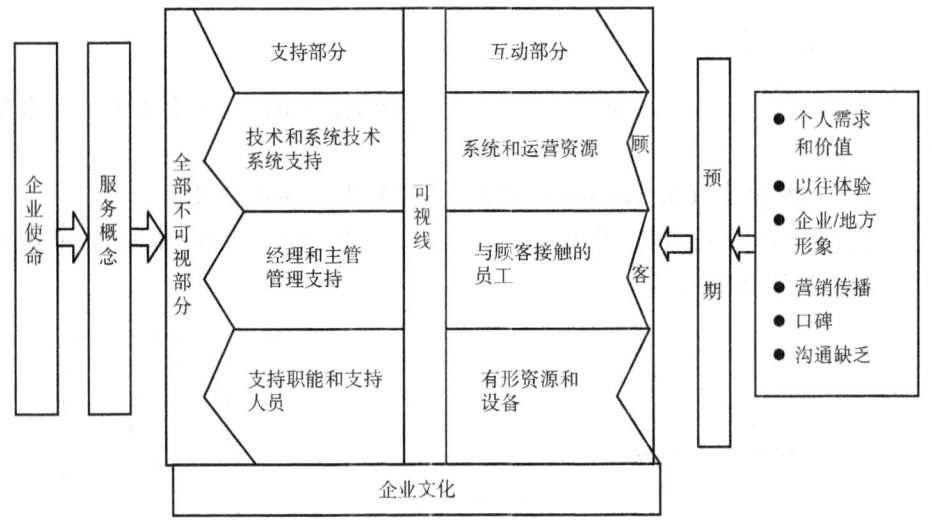

图 1-5 服务系统模型

资料来源:格罗鲁斯. 服务管理与营销[M]. 韩经纶,等,译. 北京:电子工业出版社,2002:242.

在这一模型中,中间的大矩形代表顾客眼中的服务生产系统,从生产者的角度来讲,其中一定包含几个职能或部门,但顾客只能看到一个一体化的过程或系统。顾客位于矩形中,他们作为参与服务过程中的一种服务生产资源成为服务系统的一部分,在服务过程中与组织的不同部分进行互动。一条可视线将组织分成

---

[1] 格罗鲁斯. 服务管理与营销[M]. 韩经纶,等,译. 北京:电子工业出版社,2002.

两个部分，一部分是顾客可以观察到的，另一部分则是顾客观察不到的。

矩形的底部是企业文化，它是一种共享的价值，可以左右组织中员工的思想和对事物的评价，对员工的行为有实质性的影响，如果组织文化不是服务导向的，就有可能在组织提供服务的过程中成为障碍。

方框的右边代表可以影响顾客预期的因素，例如，顾客的个人需求和价值，顾客以前的体验，整个企业以及分支机构的形象、口碑、外部计划性营销传播和沟通。方框的左边则是企业使命和与之相关的服务概念，它们可以指导对服务系统的规划和管理。

（三）洛夫洛克（C. Lovelock，1996）的服务营销系统模型

洛夫洛克（C. Lovelock）认为，服务营销系统由服务运营系统、服务传递系统和其他接触点构成[1]。营销涉及与顾客的关系，凡是直接影响到顾客的要素都应该包含在营销系统中。这样看，服务营销系统可能包括3个子系统：一是服务运营系统，负责将各种投入要素转化为服务产品。顾客可见的服务运营部分占整个服务运营的比例根据顾客与服务提供者接触的水平高低而有所不同。高接触服务直接涉及顾客本人，所以其服务运营系统的可见部分较多。低接触服务通常采取使顾客接触最小化的策略，其大多数服务运营在后台完成，前台可见部分较少。二是服务传递系统，涉及服务产品传递给消费者的地点、时间和方式。这个子系统不但包括了服务运营系统中的可视要素——建筑物、设备和人员，还可能会受到其他顾客的影响。三是其他一些可能影响顾客对服务企业整体看法的接触点，包括广告和销售部门的沟通努力、服务人员给顾客打的电话和寄出的信件、会计部门的结账过程、顾客与服务人员和服务设施随机的接触、大众媒体、口碑，甚至还包括顾客在市场调查中的参与。

从这一角度分析服务创造和服务传递过程的意义在于，它代表了顾客的观点。我们是从外部来看待服务业务，会得到与关注内部的运营观点不同的启示。顾客不关心后台发生了什么，像观众一样，他们根据在服务过程中实际体验到的要素和感受到的服务成果来评价生产。

服务营销系统代表了顾客可能接触和了解服务组织的所有不同方式。由于服务是过程性和体验性的，每一个要素都提供了关于服务产品性质和质量的依据。各要素间不一致会削弱服务企业在顾客眼中的可信性。图1-6展示了高接触服务（如酒店、健康俱乐部或提供全套服务的餐馆）的服务营销系统。服务营销系统的范围和结构在不同类型的服务企业中很不一样。图1-7展示的是低接触服务（如信用卡和网上保险业务）的服务营销系统。

---

[1] 洛夫洛克. 服务营销 [M]. 北京：中国人民大学出版社，2001.

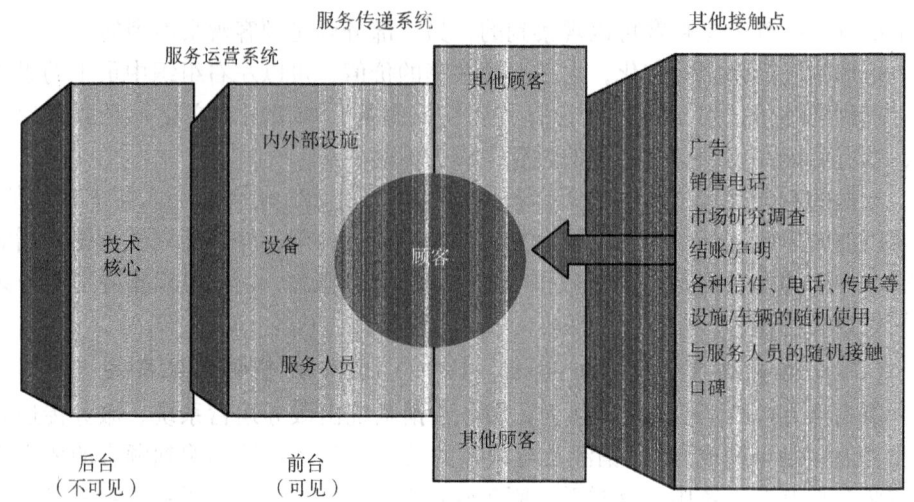

图 1-6 高接触服务的服务营销系统

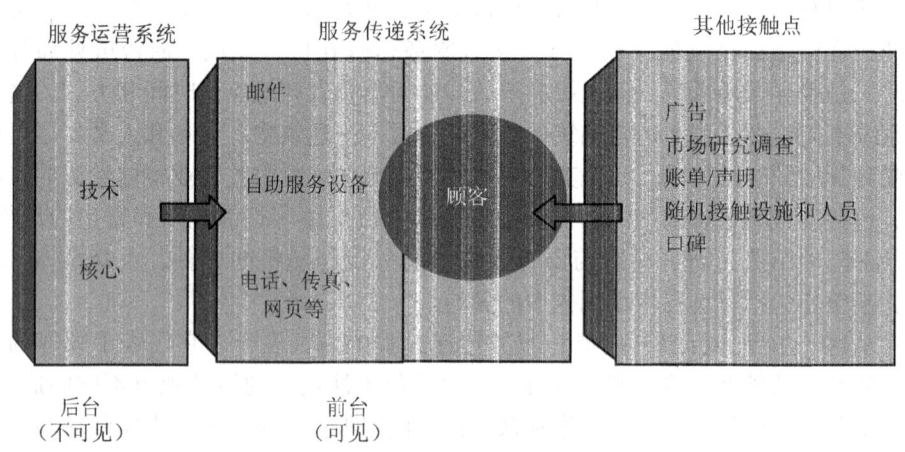

图 1-7 低接触服务的服务营销系统

第三节 服务营销框架

服务营销学研究起源于20世纪70年代，经过近半个世纪的发展，迄今已经形成了一定的理论体系，本节介绍服务营销学的主要观点并提出本书结构。

一、服务营销与有形产品营销的区别

销售一次表演与销售一件物体是不同的。服务营销与有形产品特别是快速消费品营销相比有很大的差别。有形产品营销的重点则是通过形象化实现差异，服

务营销的重点则是使无形产品有形化；消费品品牌的重点在产品品牌上，服务品牌的重点则是企业品牌；消费品营销经理通过推拉策略争夺顾客，服务营销经理则要向员工推销，使他们能够为最终顾客销售和表演服务；消费品企业通过非人际工具寻求品牌忠诚，服务企业则着重利用人际接触赢得客户。

在制造业，生产和消费严格分离，营销职能不直接介入生产过程。在生产过程前，营销的作用在于顾客需求识别和产品开发；在生产过程后，营销的作用包括创造品牌意识、诱导产品尝试、展示产品利益、建立品牌偏好。顾客在消费过程中评价品牌承诺的利益，相应加强或削弱品牌偏好（如图1-8所示）。产品的有形性和能够看得见的展示使营销部门能够在顾客购买和消费产品前有效地表演需求刺激的4种角色。类似的有形性强化了潜在顾客自我评价产品的信心，降低了对口碑的依赖。口碑有限的促销影响用虚线表示。一般来说，顾客在购买前越难以评价产品特性，口碑的潜在影响就越大。

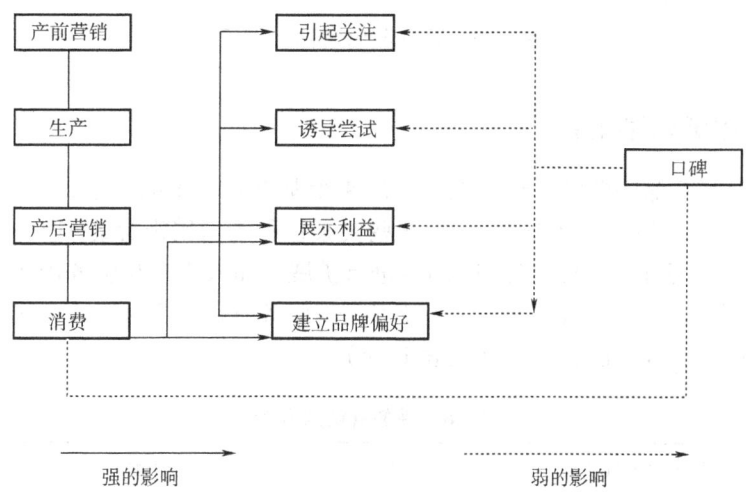

图1-8　产品营销的性质和作用

图1-9显示了服务营销的性质和作用。虽然有形产品营销和服务营销都是从关键需求识别和产品设计开始的，但产品通常是在出售前就生产好了，而服务是先卖出后生产并消费。与有形产品相比，服务营销人员在生产过程前对顾客的营销是非常有限的。有形产品营销人员能够通过包装、促销、定价和分销，将潜在顾客从品牌关注发展到品牌偏好，服务营销人员则几乎办不到。顾客必须经历无形的服务才能真正了解它。服务的无形性使顾客缺乏有形的线索来想象和评价要购买的对象，服务的风险感知高。服务是经验性主导型的，顾客只有在购买后和生产消费过程中才能有效评价，因此，口碑的作用很大。服务企业可以在售前的品牌关注和诱导尝试方面做些工作，但是，要有效展示利益和建立品牌偏好，只有在售后。服务的生产与消费同时进行，一线员工的言谈举止直接影响顾客是否会重新购买。

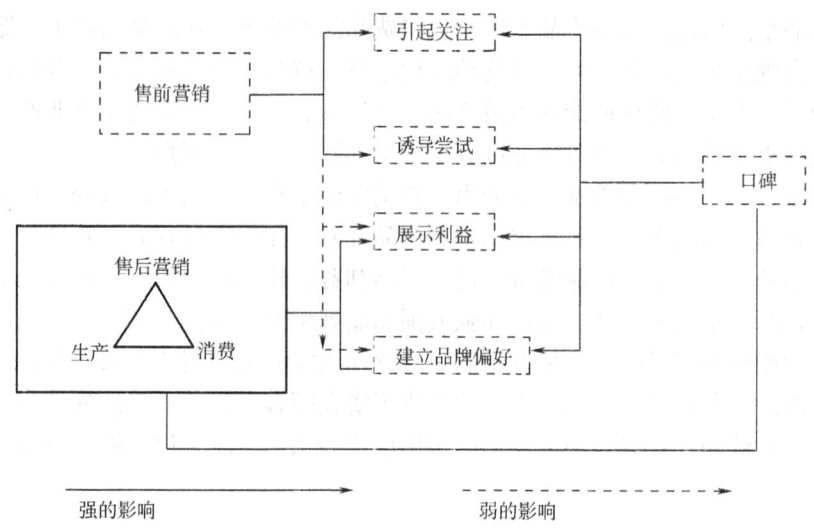

图 1-9　服务营销的性质和作用

二、服务营销组合

针对有形产品的营销策略，人们提出 4 个基本营销策略要素：产品、价格、渠道（或分销）和促销（或沟通），这些要素被称为营销组合的 4Ps。为了体现服务产品的显著特征，我们对 4Ps 组合进行扩展，加入 3 个与服务传递相关的要素：实体环境、过程和人员。这 7 个要素构成服务营销的 7Ps 组合，代表面向服务管理者的 7 个战略决策变量（见表 1-6）。

表 1-6　服务营销组合 7Ps

服务营销组合要素	内涵
产品（product）	为顾客提供的利益
价格（price）	顾客的付出
渠道（place）	顾客获取服务的途径
促销（promotion）	与顾客的沟通
过程（process）	服务活动的方法和行动顺序
人员（people）	一线服务人员的言谈举止
实体环境（physical evidence）	顾客直接感知到的环境因素

（一）产品

企业必须基于顾客所期望的利益和竞争者的状况来选择核心产品（或者商品或者服务）以及相对应的辅助服务。换言之，企业必须注意那些能为顾客创造价值的服务活动的所有方面。

（二）价格

价格决策强调对顾客在获得服务产品利益的过程中花费的成本进行管理。企业不仅需要设定销售价格，规定交易的信用条件，而且需要努力做到使顾客在购买和使用服务过程中花费的其他成本最小。这些其他成本包括相关成本（如旅行费用）、时间以及精力、体力等。

（三）渠道

将产品传递给顾客涉及传递地点和时间以及采用的方式和渠道方面的决策。根据所提供服务的特征，服务传递可以采用实体分销渠道或（和）电子分销渠道。通信技术和互联网的普及使基于信息的服务可以在网络空间进行传递。顾客能通过这种网络空间的传递随时随地获得所需的信息服务。

（四）促销

如果没有有效的促销沟通，任何营销计划都不会成功。促销扮演了3个至关重要的角色：提供必需的信息和建议，说服目标顾客相信特定产品的优点或性能，鼓励顾客在特定的时间采取购买行动。在服务营销中，许多沟通都具有教育的特征，特别是对于新顾客，这种教育的特征更明显。企业需要向新顾客讲授有关服务利益的知识，告诉他们在什么地点和什么时候得到服务，提供如何参与服务过程的指南等。

（五）过程

服务过程是指服务活动的方法和行动顺序，它既有运营作用，也能产生营销后果。过程设计不好，将会导致缓慢、僵化和低效的服务传递，因而导致顾客流失。此外，过程设计不好也会使一线员工很难做好自己的工作，从而导致较低的生产率，增加服务失败的可能性。

（六）人员

许多服务依赖顾客和员工之间的直接互动（如理发和使用电话中心）实现，这种互动特征强烈影响顾客对服务质量的感知。在很多情形下，顾客通过与一线员工的交互接触来认知和评价所得到的服务，因此，成功的服务企业往往把主要精力放在招募、训练和激励一线员工方面。

（七）实体环境

服务环境是顾客认知服务和服务企业的重要线索。建筑物、景观、内部装饰、设备、员工、标志符号、印刷资料和其他可视材料都为企业服务质量提供了有形的证据，它们会对顾客印象产生重大影响，服务企业需要仔细加以管理。

三、服务营销三角形

服务企业要取得成功，需要建立大营销概念和管理更多的任务。营销是发掘顾客需求进而满足顾客需求的过程，其核心是企业对市场的承诺。

（一）外部营销

营销的首要职能是吸引和获取顾客，因此，服务企业必须将有关服务的特征、属性，以及企业对顾客的承诺等信息传递给目标市场，这些环节是由传统的营销管理 4P 组合来完成的。不过，服务产品的无形性及其相关特性要求赋予传统 4P 组合新的内容和含义。例如，服务的不可储存性，要求服务企业在服务产品价格管理上更加灵活，并与企业收益管理有机结合起来。传统营销 4P 组合是企业对自己的服务产品向顾客做出承诺的过程，也就是服务企业与外部顾客之间的沟通过程，又称为外部营销。

（二）交互营销

企业提出的承诺能否落实，关键在于交互过程管理。服务的核心价值往往是在顾客与一线员工交互过程中实现的，一线员工的行为决定了服务能否按照事先设计的程序和标准完成，而且他们的言谈举止也是顾客认知服务企业的重要载体，影响顾客对企业的印象和评价。由此，一线员工不仅承担着运营职能，同时还是重要的"兼职"营销人员。他们隶属于运营部门，却承担着重要的营销职能。另外，服务产出高度依赖于顾客参与，除非顾客有效合作，否则是不可能有理想服务产出的。因此，顾客对自己所接受到的服务产出质量有直接贡献。这个交互过程实际上就是企业履行其承诺的过程，又称为交互营销。

（三）内部营销

服务企业为了实现先前做出的承诺，就必须依赖高效率的一线服务员工。企业必须对服务员工进行有效激励，给予必要的授权，充分调动服务员工的积极性。否则，服务承诺都将成为空谈。没有满意的员工，就没有满意的顾客。同时，企业向市场的承诺和宣传，只有首先在内部得到员工的理解和认同，才有可能实现。这些企业内部激发员工积极性和统一认识的活动，为实现服务承诺提供了保障，这又称为内部营销。

服务营销三角形意味着上述三个方面对服务企业的成功都是至关重要的。缺少哪一个边，都会招致失败（见图 1-10）。

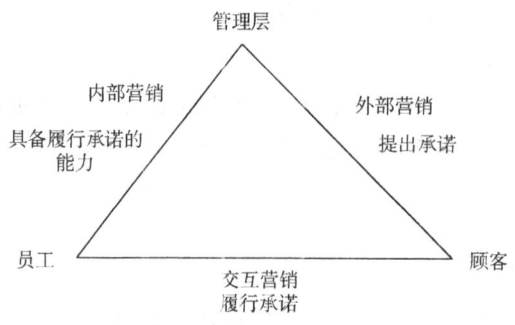

图 1-10 服务营销三角形

四、职能整合

管理学家德鲁克（P. F. Dructer）曾指出："营销是非常基础的工作，不能认为它只是一个孤立的职能……无论从最终成果的角度还是从顾客的角度，营销都贯穿整个商业活动。因此，企业的各个部门都必须关心营销，为营销尽心尽职。"可见，服务组织中的营销活动不仅仅是传统营销部门的职责。

部门化是现代企业管理的基本特征，但是，这样的组织结构也容易造成各自为政，各自为战，相互掣肘。

制造企业中生产和消费是截然分离的，员工无须直接参与涉及消费者的消费过程中去。在这类企业中，营销活动是生产者与消费者的桥梁，为制造过程提供反映顾客需求、市场需要、竞争信息、卖场的结果反馈等关于产品规格的指导。在服务企业中，情况则大相径庭。许多服务，特别是那些为身体进行的服务，是纯粹的"现场生产"，只要顾客需要服务，就现场生产。在制造企业，一旦产品离开生产线，营销人员就对产品负全部责任，他们的工作通常与零售商等渠道中介紧密相关。相反，在许多服务企业中，服务网点既是生产基地，也是分销渠道。由此可见，服务企业的营销职能与运营职能中的程序、员工和设备，以及人力资源管理中的员工招聘、培训质量等紧密相连或相互依靠。

由于以上原因，服务企业有效开展营销活动，需要打破传统的部门界限，实现跨职能整合。服务企业做营销不能就营销论营销，需要将营销、运营和人力资源相结合，这样才能形成整体竞争力，其中任何一个职能领域出现问题都会影响其他职能的执行，最终导致顾客不满。图1-11表示了它们之间的相互关联性。

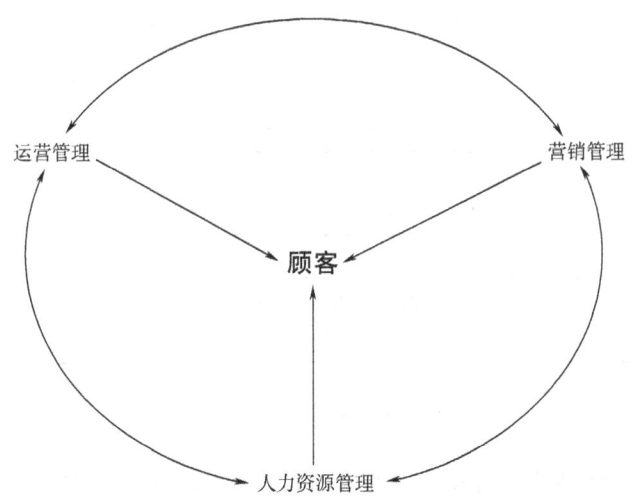

图1-11 营销、运营和人力资源管理的整合

五、本书的结构

基于上述服务管理流程分析,我们将主要的服务管理流程阶段联系起来,就可以得到以下服务管理整体框架,这也是本书后续各章展开的依据和主线(见图1-12)。

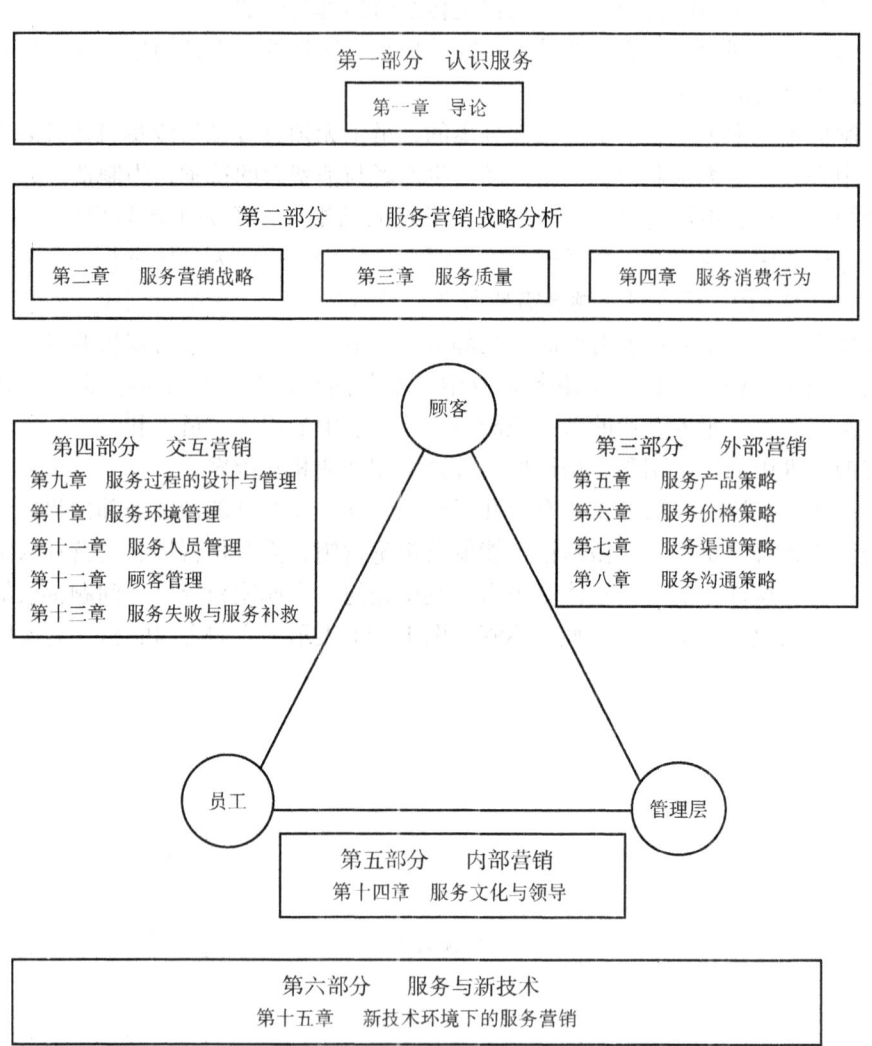

图1-12 服务营销学框架

为此,本书整体结构划分为认识服务、服务营销战略分析、外部营销、交互营销、内部营销、服务与新技术共六个部分。

小结

服务在推动社会经济发展和提高人民生活水平方面发挥了重要作用。服务业创造了大量的就业机会，对国内生产总值的贡献巨大。服务成为许多制造商收入和利润的重要来源。与实体产品相比，服务具有无形性、异质性、同时性和易逝性等特点。这些特点对服务企业的营销带来了诸多挑战，服务营销需要不同的策略方法。服务企业可以使用的营销策略范围比实体产品营销要广泛。除了对产品、定价、服务传递的时间和地点以及促销战略进行决策之外，服务企业还需要考虑与服务提供过程相关的其他问题：人员、过程与环境。服务生产经营的特点也要求服务企业采取更为宏观的营销观念，服务营销不仅包括对顾客外部营销，也包括交互营销和内部营销，服务企业的营销、运营和人力资源职能需要紧密协调。

思考题

1. 如何理解服务的重要性？
2. 服务特性及其挑战是什么？
3. 为什么要大力发展现代服务业？
4. 为什么在服务中时间如此重要？
5. 与制造业比较起来，为什么服务业中营销、运营和人力资源必须更为紧密地连接在一起？请举例说明。

练习题

1. 简要描述服务特性——无形性、不可分离性、异质性和易逝性是如何在你的服务营销课程的教育经历中应用的。
2. 为什么与产品定价相比，服务定价尤其困难？
3. 保险业采取何种战略来降低无形性的影响？在那些试图最小化这些影响的企业中，某些企业是否比其他企业做得更好？请解释。
4. 讨论服务生产过程中顾客参与带来的启示。
5. 以下哪种服务方式对顾客更有利：①定制服务；②标准化服务。请做出解释。

案例

不必担心"下一个中国"增长放缓

中国无须担心经济增长放缓。从1980—2010年的10%增速放缓,这一天终将不可避免地到来。对中国而言,重要的是经济放缓的后果,即这究竟是有助于解决老问题,还是会带来新问题。

目前,人们对"下一个中国"的走向没有丝毫怀疑:不平衡的制造模式将让位于更加平衡的消费社会。2011年3月发布的"十二五"规划决定实现消费导向型再平衡,十八届三中全会最新推出的一系列重大改革措施则推动了这一转变。

"下一个中国"揭示了经济增长放缓轨迹的关键。这是因为,消费导向型经济伴随中国初生的服务业发展。服务业在"十二五"规划中得到突出,最近迹象也表明,中国的第三产业正在不断发展,这十分鼓舞人心。2013年,中国第三产业增加值占国内生产总值的比例达到46.1%,首次超过第二产业。这是一个不同寻常的转变。

由消费和服务业带动的经济增长显然要慢于以出口和投资为基础的工业经济。当今世界,所有主要经济体莫不如此,中国也不例外。但经济增速放缓不应被视作中国增加就业任务的威胁。原因在于,对于每单位GDP来说,服务业创造的就业机会要多于制造业和建筑业的总和。2009—2012年,中国第三产业的劳动力密集程度比第二产业高出28%。

这是"下一个中国"的重要特点,具有更为深远的意义。中国长达30年的10%增长奇迹主要依赖于资本越发密集的制造业。用机器代替工人以提高生产率最终使中国陷入困境。7%~8%的经济增长率已经不足以使中国吸收剩余劳动力并维持社会稳定。在资本越发密集的经济中,吸收剩余劳动力需要10%的GDP增长率做支撑,但这最终会造成严重的不平衡,即过量的资源消费、不断攀升的能源需求、环境退化以及可怕的污染。以劳动密集型服务业发展为特点的增长模式是唯一摆脱困境的办法。

但另一个问题也随之出现。随着中国努力向价值链上游前进,制造业必将不可避免地发生变化。战略新兴产业将得到更多重视,如生物科技、可替代能源、可替代材料、电动汽车、能源节约科技以及高端设备等,这些新兴产业将比当前的制造业更为资本密集。劳动密集型的服务业,如物流、医疗等,将在拉动就业、吸收农村剩余劳动力方面起到更为重要的作用。

这应该是个好消息。假如中国能够通过服务业的发展实现劳动密集型的增长势头,外界对中国经济增长放缓的担忧可能就有些过度了。"下一个中国"的服务导向型经济增长将以7%~8%的GDP增速完成吸收劳动力的任务,而不必再依赖于旧模式下制造导向型经济实现10%的增长速度。

　　增速放缓的服务导向型经济还会带来其他有益的副作用。它不再消耗大量资源，也不再产生大量二氧化碳，这将缓解中国看起来无法满足的能源和资源需求给全球原材料市场带来的压力。此外，这还有助于减少环境退化和污染。尽管如此，也并不能说中国在面对经济增速急剧放缓时可以高枕无忧。如果由于结构转型导致GDP增速来到4%~5%的区间，那么，失业率上升以及社会不稳的风险将被突然置于令人担忧的聚光灯下。因此，政策制定者在致力于经济再平衡时，必须防止硬着陆，尽管其可能性不大。

　　不过，中国经济增速放缓的更大风险是，可能预示着中国经济陷入中等收入陷阱，大多数发展中经济体在经历初始阶段的快速增长之后都曾遭遇此疾。然而，历史经验表明，发展中经济体受困于中等收入陷阱的主要原因是，长期坚持旧有的增长模式，并错误地认为实现经济起飞的途径同样也是实现可持续发展的药方。

　　这也是中国亟须向新增长模式转变的原因所在。由转型导致的经济增长放缓不应被看作威胁，而是中国经济实现可持续发展的全新机遇。人们应该担心的也不是"下一个中国"的增长放缓，而是重返旧模式的企图。

资料来源：斯蒂芬·罗奇，2014年01月27日《环球时报》。

第二篇 服务营销战略分析

第二章 服务营销战略

【学习目标】
1. 掌握战略性服务观点
2. 熟悉服务战略形式
3. 不同类型的服务及其战略启示
4. 理解服务利润链的思想

开篇案例

新加坡航空的低成本差异化战略

新加坡航空公司（以下简称"新航"）以服务出众在全球著称，不仅如此，它还是一家利润颇丰的企业，其中一个重要原因是它在保持高品质的同时将成本控制得比较低，实现了低成本高效益基础上的卓越服务。

波特（M. E. Porte）认为，企业必须在成本领先战略和差异化战略之间做一个非此即彼的选择，否则会"上不去，下不来"。按照波特的说法，赢得长久、非同一般的业绩表现的关键是取得可持续的竞争优势。而一家企业可以在成本领先、差异化、集中这三类基本战略之间做出选择，因为成本领先战略和差异化战略会提出迥然不同甚至相互矛盾的组织结构要求和投资要求。具备成本领先优势的企业会从价值链上的每一个环节削减成本，并将浪费降到最低限度；在市场上，以相对较低的价格提供为大多数人接受的服务和产品。实行差异化战略的企业会在价值链上的每个环节都对品质格外小心，会投入资金进行创新和改善客户服务，建立一套以顾客和市场为导向的企业文化，将目标瞄准特定的增值市场，以相对较高的价格提供优质的服务和产品。看起来，这两种战略确实如鱼和熊掌一般很难兼得。

但如果从这个角度来审视新航，我们不难看到这两种战略要素成功地结合在一起。作为一个城市国家，新加坡没有国内航线，因此一开始就要开拓国际航班——到澳大利亚、北美和亚洲其他地方，和强大的竞争对手争抢市场份额。当时的新加坡航空并没有什么政府补助——因为政府太穷了，也没有银行贷款——银行不敢把钱贷给它们。既要在国际市场上和强大的竞争对手竞争，又要保持低成本的运营方式，这就是新加坡航空当时面临的窘境。从一开始，新加坡航空就被逼着走上了一条与众不同的发展模式——兼顾低成本运作和高客户满意度，并由此带来高收益以维持公司的高速运转。

新航的差异化战略优势是通过诸多因素实现的：优秀的品质和卓越的服务；针对头等舱、公务舱乘客甚至经济舱乘客（特别是从新加坡出发的乘客）的价格优势；以端庄体贴的新加坡女孩作为代言人的品牌口碑；飞行年限较短的机群（机群飞行时间的行业平均水平为12.5年，而新航的机群只有5年）改善了飞行体验；提供世界上最先进的空中娱乐系统以及常旅客奖励计划；选择樟宜机场这个堪称全球一流的国际机场为大本营；同时，营造出一套不断创新和以顾客为导向的企业文化和价值观。

然而，令人感到惊讶的是，新航并没有以牺牲成本来实现差异化战略优势。新航具有几个方面的价格优势，抵消了因为提供优质服务而造成的成本上涨：与竞争对手相比，新航的劳动力成本相对较低；新航飞行年限较短的机群不仅节省燃油，而且减少了用于维护旧型号飞机的费用；新航通过下属的高效的相关服务企业（维护、飞行餐、货运及机场服务）实现了多元化，进一步提高了成本效益；新航有效地运用先进技术来提高效率（如通过电话、网络和短信形式办理登机手续）；最后一点是，新航公司内部很好地贯彻了成本节约意识。

所有这些因素都使新加坡航空能够成功地将差异化战略优势和成本领先战略优势结合在一起。的确，自成立以来，优质服务和保持高效就一直是新航的目标：提供安全、可靠和经济实惠的优质服务；创造效益，从而提供投资所需的资源以及对股东的满意回报；在公司内开展人力资源管理，从而吸引、培养、激励并留住优秀员工；最大化地实现生产力并充分利用所有资源。

资料来源：赫拉克莱厄斯，维尔茨，潘加卡. 展翅高飞：新加坡航空公司的经营之道［M］. 北京：中国人民大学出版社，2006.

战略是企业与其所处环境之间的动态适应过程，优秀的服务企业往往能够在科学的总体战略指导下，确定自身的合理定位，有效配置企业内外资源，满足目标顾客的服务需求。在这种与环境的动态平衡关系的基础上，构造起企业的动态竞争优势。

第一节 服务战略观

多数企业都有一个类似于客户服务的部门，但做好服务不仅是市场部和客服部的事。好的服务也不仅是态度友好、气氛热烈，服务关系到企业的长期发展和利润，需要战略层面的认识和规划。

一、建立服务主导的营销观

随着服务经济的增长以及强调给实体产品附加增值服务，服务业与制造业之间的区别变得模糊不清。世界著名营销专家利维特（T. Levitt）在20多年前就指出，不应该有什么服务行业。只存在这样的行业，它们中的服务成分或者高于或者低于其他行业的服务成分。实际上，每一个人都是在从事服务。国际顶级期刊《营销学报》前主编拉斯特（R. Rust）教授通过他的观察指出，绝大多数商品制造企业现在认为自己主要是提供服务。

事实上，我们确实处在一个彼此服务的社会中。正如圣雄甘地所言："无论有意无意，我们每一个人都提供这样或那样的服务。如果我们有意培养自己从事服务的习惯，那么，我们对服务的渴望会变得越来越强烈，同时我们将不仅使我们自己幸福，而且也将使整个世界充满幸福。认识自己存在的最好方式是使自己消失在他人提供的服务之中。"营销涉及的是市场交换，而服务是指为了交换方的利益而通过活动、过程和表现对专业化能力（包括知识和技能）的应用。顾客购买的不是产品或服务本身，而是这种产品或服务给他们带来的价值。更进一步说，他们所购买的是以服务形式存在的某种特殊的解决方案，消费者需要的是满足他们需要的服务。

美国营销专家瓦高（S. L. Vargo）和路奇（R. F. Lusch）在2004年指出，我们已经从以产品为中心的营销逻辑转向以服务为中心的营销逻辑，抽象地看，所有的经济都是服务经济，服务代表了经济活动的本质。因为，有形产品只是提供服务的一种载体，而不是目的本身，消费者所需要的是通过各种不同的形式，使自己的需求得到满足。为此，他们认为，营销已经从离散的产品交换观点转向了无形的关系交换过程。这种以服务为中心的营销观是以顾客为中心的，它是一种市场驱动的观点，它要求企业树立顾客导向和关系导向。营销思想的演变经历了漫长的发展过程，新的主导逻辑正在形成（见表2-1）。

表2-1 思想学派及其对营销理论和实践的影响

时间和学派	基本思想
1800—1920：古典经济学和新古典经济学 Marshall（1890）；Say（1821）；Shaw（1912）；Smith（1776）	经济学是第一个与自然科学定量分析相结合的学科。价值融入制造中，产品被视为标准化商品，通过有形材料的获取获得财富，营销是物体形态变化的一部分内容
1900—1950：早期营销学 • 商品（Copeland, 1923） • 机构（Nystrom, 1915；Weld, 1916） • 职能（Cherington, 1920；Weld, 1917）	焦点集中于交易和产品以及营销机构如何履行营销职能来增加商品价值。营销主要提供时间和地点效用，主要目的是财富效用。对职能的关注开始意识到能动资源的存在
1950—1980：营销管理学 • 顾客导向（Drucker, 1954；Mckitterick, 1957） • 价值决定论（Levitt, 1960） • 决策和解决问题（Kotler, 1967；McCarthy, 1960）	开始利用分析工具（多来源于微观经济学），试图定义营销组合，追求最佳绩效。嵌入价值必须是有用的。顾客不是在买东西而是在买需要和需求。公司的唯一目的是创造满意的顾客。通过差异化来获得竞争优势，为应对变化的环境，营销职能开始向使用价值转化

续表

时间和学派	基本思想
1980—2000及以后：营销作为一种社会和经济流程 ● 市场导向（Kohli & Jaworski, 1990；Narver & Slater, 1990） ● 服务营销（Grönroos, 1984；PBZ, 1985） ● 关系营销（Berry, 1983；Duncan & Moriarty, 1998；Gummesson, 1994, 2002；Sheth & Parvatiyar, 2000） ● 质量管理（Hauser & Clausing, 1988；PBZ, 1988） ● 价值链和供应链管理（Normann & Ramirez, 1993；Srrivastava shervani & Fahey, 1999） ● 资源管理（Constantin & Lusch, 1994；Day, 1994；Dickson, 1992；Hunt, 2000） ● 网络分析（Achrol, 1991；Webster, 1992；Achrol & Kotler, 1999）	一个新的主导逻辑开始形成，将营销视为一个持续的社会和经济流程，重视能动资源。这种逻辑视财务结果是价值命题的市场检验而不是最终结果。经济实体了解他们的行为，发现更好的服务顾客的方式，改善财务绩效。 开始集合众多的学术观点，正形成新的范式。该范式有8个基本命题：技能和知识是基本的交换单位；间接交换掩盖了基本交换单位；商品是提供服务的载体；知识是竞争优势的基本来源；所有的经济均为服务经济；顾客是合作生产者；企业只能提出价值主张；服务为中心的观点内含顾客导向和关系

资料来源：VARGO S L, LUSCH R F. Evolving to a new dominant logic for marketing [J]. Journal of Marketing, 2004, 68 (1): 1-17.

服务主导的营销观也意味着将服务视为与顾客保持长期关系的战略性要素。从营销实践来看，服务竞争实际上表明，核心产品的特性是成功的先决条件，但是仅有这点还远远不够；企业要想成功，还必须向顾客提供完整和富有创见的服务体系。对制造商而言，核心产品或核心技术只是为企业参与竞争提供了一个基本的平台。

服务主导的营销理念意味着，价值不是存在于商品之中，而是由消费者来定义并且共同参与创造的。从价值创造的角度看，产品是服务过程中发挥功用的一系列资源之一。消费者不是消费一架作为产品的钻孔机，而是消费一个使用钻孔机的过程，在这个过程中，消费者为了在墙上打洞而学习和使用有关钻孔机的信息和钻孔的知识。这个过程就是服务。钻孔机是使服务过程成为可能所需要的资源之一。产品是服务提供者与消费者共同创造价值过程中的一部分。只有当产品必须要和其他资源一起，服务才能作为一种过程而被消费。

传统营销学认为，在制造过程中，价值嵌入产品内，学者之间争论的只是价值的种类和范围不同。服务营销学者则表现出不同的观点，他们对嵌入有形产品的价值以及价值创造的过程进行重新定义和评价，而且这些观点可以延伸到所有的营销领域。古姆松（E. Gummesson, 1998）指出，如果消费者是营销的中心点，那么产品或服务只有被消费者消费后才能创造价值，没有销售出去的商品没有价值，没有顾客，服务提供商就不能生产任何东西①。格罗鲁斯（C. Grönroos）指出，价值只有通过与顾客的关系才能创造出来，价值至少有部分是来源于顾客与供应商、服务提供商之间的互动过程②。在这里，问题的关键不在产品，而是在顾客的价值创造过程，在这个过程中，价值出现并被消费者感知。因此，营销的重心是价值创造而不是价值分配。为此，企业只能提供价值命题，而顾客决定了价值，并且在协作生产过程中参与价值的创造过程③。企业只有提供比竞争对手更好或更有竞争力的价值命题，才能赢得竞争优势。

以服务为中心的观点是一种以顾客和关系为导向的观点，它强调互动、整合、顾客定制化和协作生产，强调企业活动与市场响应相结合，认为企业利润主要来源于顾客满意④。从营销学新主导逻辑的演化进程可以看出，营销逻辑的转变不单纯是企业职能层面的问题，相反，它是关系企业战略存亡的市场理念问题，并将成为未来企业竞争的主导逻辑。

产品营销观和服务主导营销观比较见表2-2。

表2-2 产品营销观和服务主导营销观比较

差异点	产品营销观的逻辑基础	服务主导营销观的逻辑基础
基本交换单位	交换的目的是获取商品；以被动资源为主	交换是为了获取专业能力（知识和技能）或服务；知识和技能是能动资源
商品的作用	产品是被动资源，是最终产品；营销者改变其形式、地点、时间和所有权	产品是能动资源的载体；产品是能动资源创造价值的中间品
顾客的作用	顾客是产品的被动接受者；营销者细分、渗透和分配，并对顾客促销	顾客是服务的合作生产者；营销是与顾客互动的过程；顾客主要是能动资源
价值决定和意义	制造商决定价值；价值根植于被动资源；被定义为交换价值	价值由顾客决定，是使用价值；价值来源于能动资源的应用，有时需要通过被动资源传递；企业仅能决定价值命题

① GUMMESSON E. Implementation requires a relationship marketing paradigm [J]. Journal of the Academy of Marketing Science, 1998, 26: 242-249.
② GRÖNROOS C. Service management and marketing: a customer relationship management approach [M]. West Sussex, UK: John Wiley & Sons, 2000.
③ VARGO S L, LUSCH R F. Evolving to a new dominant logic for marketing [J]. Journal of Marketing, 2004, 68 (1): 1-17.
④ VARGO S L, LUSCH R F. Evolving to a new dominant logic for marketing [J]. Journal of Marketing, 2004, 68 (1): 1-17.

◎服务营销学

续表

差异点	产品营销观的逻辑基础	服务主导营销观的逻辑基础
企业与顾客的互动关系	顾客是被动资源； 资源交换的目标是顾客	顾客是主要的能动资源； 是关系交换和合作生产的参与者
经济增长的源泉	从多余的有形资源和商品中获取财富； 财富由运用、控制和生产被动资源构成	通过专业知识和技能的应用和交换获得财富； 财富代表将来使用能动资源的权力

资料来源：VARGO S L, LUSCH R F. Evolving to a new dominant logic for marketing [J]. Journal of Marketing, 2004, 68 (1)：1-17.

二、赫斯克特的战略服务观

服务营销不仅需要战略意识，也需要战略行动。服务营销战略是为达成服务企业与服务环境二者间动态平衡关系的一种长远规划。赫斯克特（J. L. Heskett）在其《服务经济管理》（Managing in the Service Economy）一书中系统地提出了战略服务观（Strategic Service Vision）①，即"目标市场细分→定位→服务概念→价值/成本的杠杆作用→运营战略→战略与系统的整合→服务传递系统"这样一个互动的过程结构（见图2-1）。

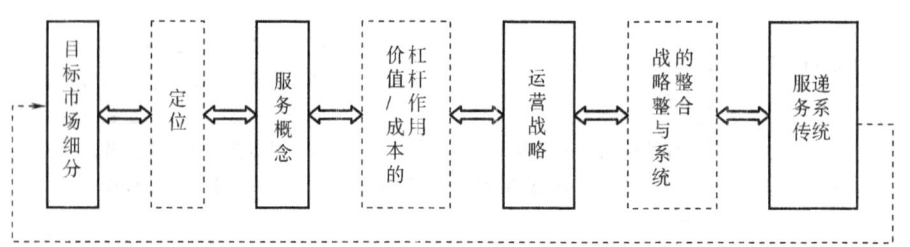

图2-1　战略服务观整体系统结构

资料来源：改编自：HESKETT J L. Managing in the service economy [M]. Boston：Harvard Business Press, 1986：30.

赫斯克特将战略服务观分为7个关键环节：一是服务企业的目标市场细分，服务企业通过科学的市场细分，选择自己合理的目标市场；二是定位，选定目标顾客后，服务企业要进一步明确企业及其服务在目标顾客心目中的预期形象和位置，以及与竞争对手的比较关系；三是服务概念，通过定位战略，服务企业需要明晰将为目标顾客提供什么样的服务，该服务的具体特性是什么；四是价值/成

---

① HESKETT J L. Managing in the service economy [M]. Boston：Harvard Business School Press, 1986.

本的杠杆作用,为实现企业的服务概念,满足目标顾客需求,服务企业要根据企业的优劣势,在价值战略和成本战略之间选择出最能发挥杠杆作用的基点;五是运营战略,基于价值/成本杠杆的选择,服务企业制定具体的运营战略,以保障服务概念转化为具体的服务形式和内容;六是战略与系统的整合,即在运营战略的基础上,设计配套实施的服务传递系统,以保障运营战略的有效实施;七是服务传递系统,这是服务人员与目标顾客互动的关键环节,服务传递系统影响到顾客对企业服务质量的最终评价。

战略服务观是一个封闭系统,如图2-1中的虚线箭头所示。也就是说,在服务传递系统之后,也就是顾客对企业服务质量做出评价之后,服务企业应该进一步检讨目标市场选择问题,如果需要调整,那么此后的服务定位、服务概念、运营战略等都需要做出相应的调整。

战略服务观的整体结构分为基本要素和整合要素两个层面,其中,基本要素主要包括目标市场细分、服务概念、运营战略和服务传递系统4个方面,即图2-1中的实线框环节;整合要素包括定位、价值/成本的杠杆作用、运营战略与传递系统的整合3个方面,即图2-1中的虚线框环节。①

(一) 战略服务观的基本要素

战略服务观的基本要素是服务战略的核心组成部分,4个基本要素分别是目标市场细分、服务概念、运营战略和服务传递系统(见图2-2)。

1. 目标市场细分。由于服务的不可分性和异质性,服务的提供往往是与具体的顾客紧密联系在一起的。因此,市场细分对服务企业具有更为重要的意义。市场细分的主要变量有人文统计变量和心理变量两方面的根据。常用的人文统计变量有年龄、收入、受教育程度、家庭规模、地理位置等。心理变量是指消费者的思维方式和行为方式,在心理变量中,服务企业尤其要重视顾客的感知风险分析。对顾客来说,购买服务比购买有形产品具有更高的不确定性,顾客的感知风险更高。一般来说,顾客的感知风险有6种特定类型,包括财务、绩效、物质、社会、心理风险以及时间风险。如果将服务分为搜寻性服务、体验性服务和信任性服务3大类②,那么顾客的感知风险将依次提高,因为顾客更难对服务质量做出评价。只有充分了解顾客对不同服务的心理感知,服务企业才能真正理解顾客的需求心理和购买行为。

在市场细分基础上,企业可以根据市场规模大小、市场需求被满足的程度,以及企业的服务能力,选择企业服务的目标市场。目标市场选择的总体原则,可以从外部市场与企业内部两方面考虑:一方面,目标市场应具有良好的现实营利

---

① HESKETT J L. Managing in the service economy [M]. Boston: Harvard Business School Press, 1986.
② DARBI, M R, KARNI E. Free competition and the optimal amount of fraud [J]. Journal of Law and Economics, 1973, 16 (1): 67 – 88. ; NELSON P. Information and consumer behavior [J]. Journal of Political Economy, 1970, 78 (2): 311 – 329.

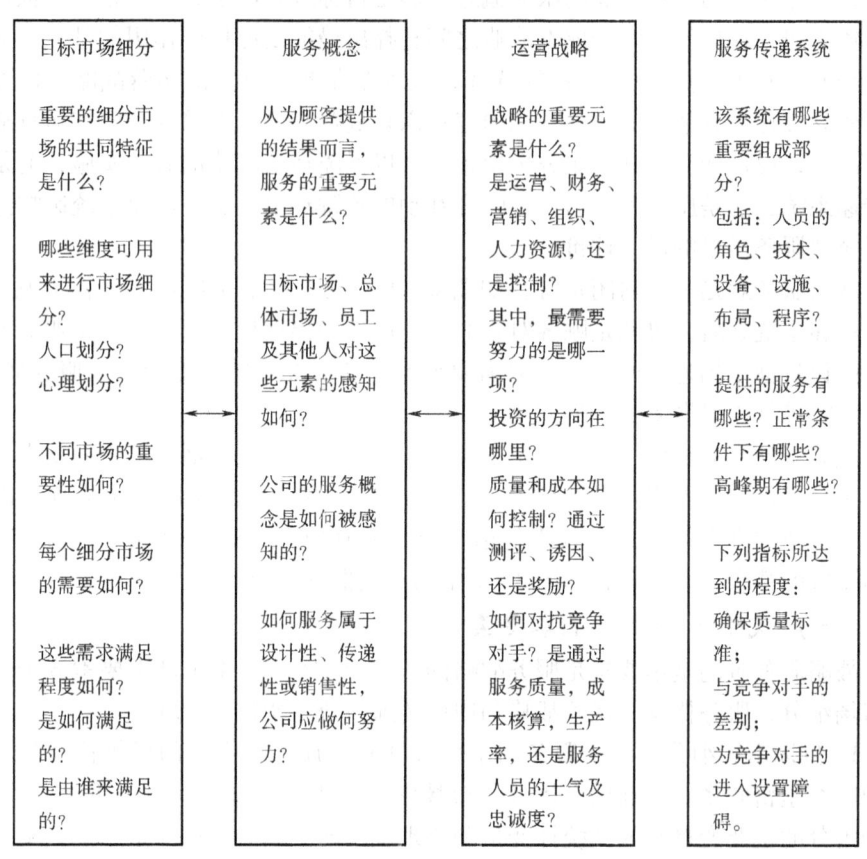

图 2-2 战略服务观的基本要素

资料来源：HESKETT J L. Managing in the service economy [M]. Boston: Harvard Business Press, 1986: 8.

性和未来营利性，这种营利性必须建立在顾客终身价值分析的基础上；另一方面，企业应具有相对的竞争优势，能为该目标市场顾客提供所需的服务。因此，随着市场需求和企业能力的变化，企业有可能在目标市场的选择上发生变化，这就是赫斯克特（J. L. Heskett，1986）所说的目标市场的移动性（segment mobility）。

2. 服务概念。服务概念是指企业为顾客提供的核心服务及其服务方式。一旦顾客需求确定下来，企业就必须清晰界定自己的服务概念，并将服务概念中的关键元素传递给顾客，便于顾客评估企业所提供的服务，从而降低顾客的感知风险。然而，顾客感知是一种主观的判断，不同顾客之间的感知可能差异很大。因此，企业要努力做到对外传播的服务概念与顾客的感知一致，这样才不至于使顾客期望与实际感知之间出现过大的差距，从而影响到顾客对服务质量和服务结果的最终评价。

3. 运营战略。运营战略是指实现服务概念的途径，它具体体现在运营、财务、人力资源、控制等具体决策方面。由于企业的资源、能力是有限的，不可能在每个方面都优于竞争对手，因此，服务企业应当将有限的资源和能力集中到某一方面，运营、财务、营销、组织、人力资源，抑或控制，重点突出自己的局部优势，形成企业的差异化特色。

4. 服务传递系统。服务传递直接影响到服务质量，尤其是服务的过程质量。设计良好的服务传递系统，应该具有明晰的目标和流程，并将服务人员合理配置到合适的工作岗位上，而企业的设备、设施、布局等也能适合服务工作流程，从而有效满足顾客的需求。设计良好的服务传递系统，能够降低顾客的感知风险，保证服务的质量，进而在顾客心目中形成企业的差异化优势，构筑竞争对手的进入障碍。肖斯塔克（G. L. Shostack，1984）提出的服务蓝图（service blueprint）是设计服务传递系统的有效工具[①]。

（二）战略服务观的整合要素

战略服务观的整合要素是指连接战略服务观基本要素的3个基本环节，分别是定位、价值/成本的杠杆作用、战略与系统的整合，见图2-3。

1. 定位，它是连接目标市场细分与服务概念的整合环节。定位是指服务企业期望在顾客心目中形成的形象和地位，如高价格、多特性的服务，或者低价格、少特性的服务等。一般说来，由顾客、公司和竞争者（3C）构成的战略三角是企业定位的根据。一方面，服务企业首先要切实了解顾客的需求，而顾客经常是根据对不同服务的感知差异来进行选择的；另一方面，服务企业应该分析和了解企业和竞争者的不同优势和劣势，这样才能在定位图上描出自己的特殊位置。或许企业形成竞争优势的基点并不在于核心的服务，因为核心服务可能是行业中所有企业都能提供的。相反，非核心因素却可能成为顾客选择的决定性因素。例如，在航空业中，安全到达目的地是最核心的服务元素，如果竞争企业中都没有发生过安全事故的话，那么安全问题就可能不再是影响顾客选择的决定性因素；相反，订票的便利性、航班服务人员的态度、航班食物和饮料等差异却可能成为影响顾客偏好的决定性因素。因此，服务企业必须明确，对顾客而言，哪些是保健因素，哪些是激励因素。企业在服务产品及企业定位上，要在保证保健性服务基础上，突出自己的激励性服务，以赢得顾客的青睐。这样，在目标市场细分基础上，才可能对服务企业进行合理定位，进而根据服务定位形成自己清晰的服务概念。

2. 价值/成本的杠杆作用，它是连接服务概念与运营战略的整合环节。价值/成本的杠杆作用是指以最少的服务成本获得最大的服务效果，实现顾客感知

---

① SHOSTACK G L. Designing service that delivers [J]. Harvard Business Review, 1984, 62 (1): 133-139.

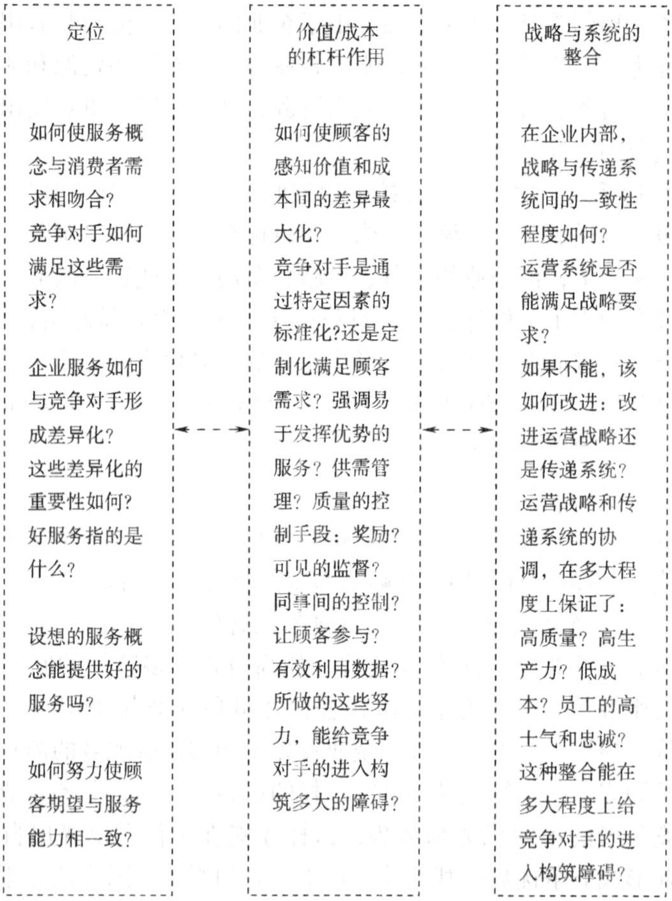

定位	价值/成本的杠杆作用	战略与系统的整合
如何使服务概念与消费者需求相吻合？竞争对手如何满足这些需求？ 企业服务如何与竞争对手形成差异化？这些差异化的重要性如何？好服务指的是什么？ 设想的服务概念能提供好的服务吗？ 如何努力使顾客期望与服务能力相一致？	如何使顾客的感知价值和成本间的差异最大化？竞争对手是通过特定因素的标准化？还是定制化满足顾客需求？强调易于发挥优势的服务？供需管理？质量的控制手段：奖励？可见的监督？同事间的控制？让顾客参与？有效利用数据？所做的这些努力，能给竞争对手的进入构筑多大的障碍？	在企业内部，战略与传递系统间的一致性程度如何？运营系统是否能满足战略要求？如果不能，该如何改进：改进运营战略还是传递系统？运营战略和传递系统的协调，在多大程度上保证了：高质量？高生产力？低成本？员工的高士气和忠诚？这种整合能在多大程度上给竞争对手的进入构筑障碍？

图 2-3 服务战略观的整合要素

资料来源：HESKETT J L. Managing in the service economy [M]. Boston：Harvard Business Press, 1986：30.

价值与成本间的差额最大化，使企业在满足顾客需求与期望的基础上创造出可观的利润。服务企业实施价值/成本杠杆作用的方法有多种，如综合运用标准化和顾客定制，即在标准化的服务类型中，为不同的顾客推荐不同的服务品种，这样既可以通过标准化服务降低成本，又可以通过差异化服务满足不同顾客的差异需求；或者强化突出某些能发挥关键作用的服务成分，在企业的服务组合中，有些服务并不能为企业带来多少利润，但某些辅助的服务却可能具有更强的利润效应，如在汽车修理服务中，洗车服务有可能成为企业的主要利润来源；或者通过管理服务供需关系，使企业达到75%左右的产能水平，以发挥最好的服务效果，这要求企业在服务需求的高峰期和低峰期，对企业供给和市场需求进行有效的调节；或者是加强质量控制，虽然服务质量要保持长期的一致性并不容易，若企业能够通过严格的质量控制,保持服务质量的一致性,就可以创造出高价值的服务形象;或者是鼓励顾客参与服务过程,如自助服务等形式,使顾客成为企业的临时生产资源,这将相对减少企业的员工投入,从而达到降低成本的目的。如此种种,服务企业就可能根据价值/成本杠杆效应,将服务概念转化为具体的服务产品,并设计相应的服务运营战略并予以实施。

3. 战略与系统的整合,它是连接运营战略与服务传递系统的整合环节。服务企业在制定运营战略之后,关键的任务就是将服务产品传递给顾客,满足终端顾客的需求与期望。然而,服务企业的服务传递系统是否能够保障运营战略的有效实现,则取决于二者之间的协调一致性。这一整合环节的目的,在于检查运营战略与服务传递系统之间的一致性问题。即使企业制定了优秀的运营战略,若企业缺乏行之有效的服务传递系统,那么企业的运营战略也将无法实现。为此,企业在必要时应对运营战略或服务传递系统做出相应的调整,以保证企业的运营战略能得到有效实施,进而确保良好的服务质量和服务生产率。

第二节　服务营销战略

服务企业在具体的竞争环境下,根据自身资源和能力的优劣势,为企业制定适当的竞争方案,以便企业能比竞争对手更好地为顾客提供服务价值,进而为企业树立有效的竞争优势。

一、总体战略类型

服务竞争总体战略的基本类型有3种,即成本领先战略、差别化战略和集中战略(见图2-4)。3种基本战略具有内部一致性,既可独立使用,也可配合使用。当独立使用某一战略时,要注意避免盲目强调优势的寻求,以免导致劣势过于明显;当综合使用不同战略时,要注意避免战略主次不分,以免陷入无重点方向的夹在中间(Stuck In the Middle)的路线之中。

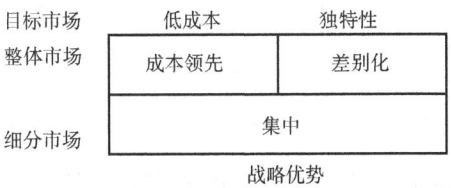

图2-4　竞争总体战略

(一)成本领先战略

成本领先战略是指服务企业努力使自身的成本结构在整个行业中占据领先地位,通过降低服务总成本,使其低于竞争对手的服务总成本,以吸引更多的顾客,实现企业盈利。成本领先的战略逻辑体现在以下两方面,一是可以大规模带来企业与顾客双方的经验曲线,这将有效降低服务总成本;二是低成本的服务可以有效降低顾客的服务支出,这是创造较高服务传递价值(顾客价值)的基础。因此,企业要实施成本领先战略,服务企业就要成为行业内真正的成本领先者,与其他竞争对手相比具备明显的成本优势。

企业在整个行业中的成本结构及其地位取决于企业的价值链效率[①]。因此,服务企业要实施低成本战略,就必须提高企业的价值链效率。一般来说,价值链效率可以通过以下两种途径来实现,一是从宏观上改善整条价值链;二是在价值链基本不变的前提下,对单个价值活动的效率予以改善。因此,成本领先战略的具体实施形式主要有以下两种。

1. 重组价值链。重组价值链是指企业对现有价值链进行大幅调整或重新设计,使其以不同于竞争对手的方式来更高效地进行设计、生产或销售。重组价值链的方向,一是使价值活动的组合与排序更为合理;二是对价值活动的内容及性质做出大幅度的合理调整。美国西南航空公司(Southwest Airline)就是通过对价值活动内容的重新界定显著降低了成本,从而成为20世纪90年代初经营最为出色的美国航空公司。表2-3体现了西南航空公司价值链重组的结果。

表2-3 西南航空公司重组后的价值链

航空公司	售票业务	登机业务	飞行作业	机上服务	行李托运
其他航空公司	售票处设在市区,提供全面周到的服务和票种选择	全面周到的服务	购买多型号的全新飞机从事飞行,员工属工会成员	提供餐饮、娱乐等多种免费服务	免费托运行李
西南航空公司	无售票处和售票柜台,机上售票或售票机售票,不售中转票,几乎无票价选择	只在候机楼简陋的二等机场提供服务,不提供座位安排服务	只使用一种型号的飞机,座位密度大,员工不属于工会成员	仅供应小吃和饮料,且一律收费	提供有限的行李放置空间,且托运行李一律收费

2. 控制价值链中部分环节。控制价值链中部分环节,就是瞄准占总成本比例较大或比例在不断增长的价值活动,并对其进行有效改善。企业价值链中的成本主要受到一些结构性因素的影响,这些因素也就是成本驱动因素。因此,企业要控制价值链部分环节,就是要对相关成本驱动因素进行有效控制。企业的某项

---

① PORTER M E. Competitive advantage [M]. New York: Free Press, 1985.

价值活动往往受到多个成本驱动因素的影响，其中对企业价值活动成本影响较大的驱动因素，就是企业控制成本驱动因素工作的重点。因此，企业要控制成本驱动因素，就是要对关键的成本驱动因素进行控制，削减各成本驱动因素对企业价值活动的不利影响。表2－4列举了价值活动与主要成本驱动因素之间的对应关系，企业可以在这些价值活动中对相应的成本驱动因素加以关注和分析，并适时采取相应的成本控制措施。

表2－4 价值活动与主要成本驱动因素

价值活动	主要成本驱动因素
内部后勤	地理位置、供应的纵向联合程度
生产经营	学习、规模经济、技术政策、购买资产的时机选择
外部后勤	订货规模、同企业内其他经营单位的关系、地理位置
市场和销售	广告规模、市场大小、销售人员利用率
服务	服务网络规模、同企业内其他经营单位的关系
企业基础建设	地理位置
人力资源管理	人力资源政策
技术开发	纵向联合程度、与其他经营单位的联系、企业内部政策
采购	采购政策、纵向联合程度、购买规模

（二）差别化战略

差别化战略是指企业针对顾客的独特需求设计个性化的服务，以赢得顾客的消费偏好，提高服务传递价值和顾客感知价值，从而实现企业盈利。随着社会的进步和经济的发展，一方面，由于技术的成熟和管理的完善，以及这些技术与管理在不同企业之间的迅速扩散，致使企业降低成本的空间日渐缩小；另一方面，消费者收入水平的提高，对服务质量的要求也日益提高，非价格竞争的因素在争夺顾客中所起的作用越来越重要。因此，差别化战略的应用日益广泛。

差别化战略的目标是发现顾客的独特需求，并设法满足之。因此，差别化战略的实施可以从以下四个方面加以考虑。

1. 认识独特性的来源。独特性的来源极其广泛，它可以来自于价值链上的每一个环节、每一个方面。企业在某种价值活动中的经营差别取决于一系列基本驱动因素的影响。企业只有辨认这些具体的驱动因素，才能从中找到创造经营差别化的新形式。

2. 识别顾客的购买标准。服务的差别化最终依赖于顾客的感知和认可。差别化不是简单的标新立异，而是建立在顾客需要的基础之上的，它只能是符合顾客购买标准的标新立异。因此，实施差别化战略，非常重要的一点就是识别顾客的购买标准。顾客的购买标准可分为使用标准和信号标准,前者是指企业在满足顾客需求过程中创造价值的具体尺度,后者是指顾客借以判断产品是否符合其使用标准的一组信号,服务企业应该充分理解和深入分析这两方面的标准,并以此作为企业生产、提供和传播的准则。

3. 获取顾客需要的独特性。企业所提供的服务只有符合顾客需要的独特性,才具有买方价值与市场价值,才能转化为企业的生产力。因此,服务企业必须在顾客购买标准的方向下,获取顾客需求的独特性,这是服务企业进行有效服务生产和提供的基础。

4. 使顾客感知并认同企业所提供服务的独特性价值。由于服务的无形性、异质性等特点,顾客评价服务的难度比评价有形产品更大,相比而言,顾客将面临更大的购买风险。为此,顾客希望服务企业能提供一些简单明了的信息,以帮助其做出购买决策。因此,服务企业在保证服务独特性以满足顾客使用标准的同时,还要注重信号标准的建立与宣传,使顾客更容易感知服务的独特性价值,提高企业服务的独特性价值。

(三) 集中战略

集中战略,是指服务企业把产业中的一个或一组细分市场作为企业的服务目标,依托企业资源能力与局部竞争领域的良好适应性以创造企业的局部竞争优势。实施集中战略的企业,既可以在目标竞争领域寻求成本优势,也可以在目标竞争领域寻求差别化优势,因此,集中战略又可以分为成本集中战略和差别集中战略两个大类。

服务企业之所以选择实施集中战略,可能出于不同的原因与考虑。可能是由于企业实力较弱,难以在大范围的市场展开竞争,转而在局部区域谋求竞争优势;也可能是由于市场与产业的同质性较弱,存在一些未被占领的细分市场机会,企业转而趁机进入。一般来说,服务企业可以根据市场细分的步骤,寻找行业中潜在的市场机会,从细分市场的规模与增长速度、细分市场竞争状况,以及企业的资源与能力等方面进行分析和考虑。

二、服务总体战略定位

按照波特(M. E. Porter, 1980)的总体竞争战略思路[1],我们可以从服务成本和服务差别两个方面对企业所提供的服务进行战略定位,这也就是赫斯克特(J. L. Heskett, 1986)所说的竞争性服务战略定位[2](见图 2-5)。

因此,赫斯克特从服务传递成本和服务传递质量(差别化)两个方面,将服务企业的战略类型划分为以下三大类型。

---

[1] PORTER M E. Competitive strategy [M]. New York: Free Press, 1980.
[2] HESKETT J L. Managing in the service economy [M]. New York: Harvard Business Press, 1986.

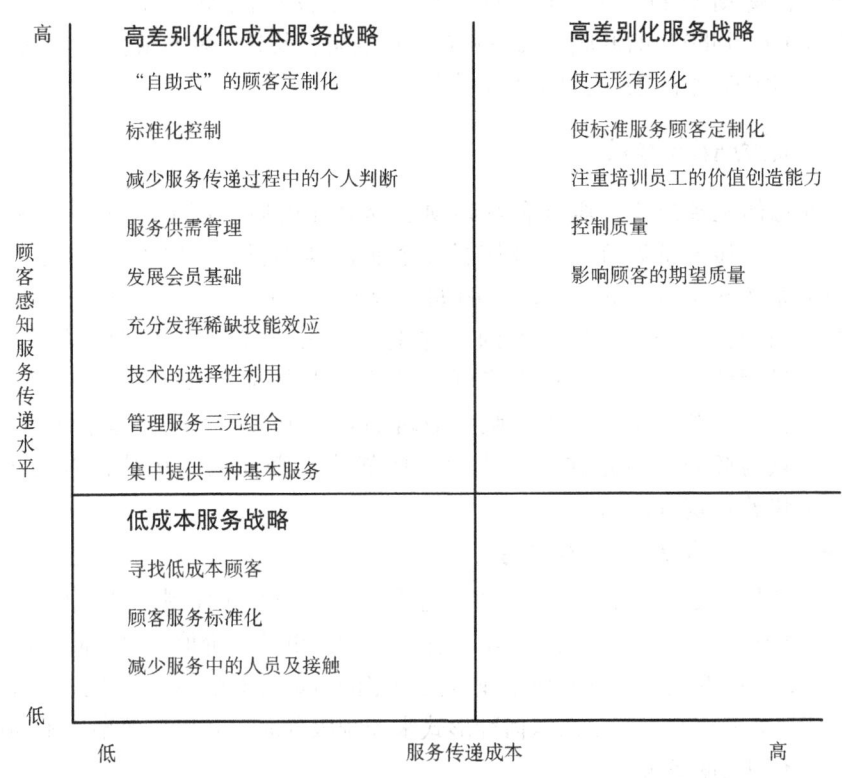

图 2-5　服务业战略类型选择

资料来源：HESKETT J L. Managing in the service economy [M]. New York：Harvard Business Press，1986：47.

（一）低成本服务战略

服务企业可以采取多种战略形式来实施低成本服务战略，具体包括寻求低成本顾客、顾客服务标准化、减少服务传递过程中的人员因素、降低网络的垄断性等。

（二）差别化服务战略

服务企业可以采取多种形式来实施差别化服务战略，具体包括努力在无形服务中引入有形特征、在标准服务中实施顾客定制化、培训顾客接触员工以提高他们创造价值的能力、影响顾客期望质量、控制质量等。

（三）低成本差别化服务战略

服务企业也可以将差别化服务战略和低成本服务战略结合起来，并采取多种战略形式予以实现，具体包括"自助式"的顾客定制化、通过标准化改善控制、减少服务传递过程中的个人判断、管理服务供需关系、发展会员基础、充分发挥高价值技能的效应、选择应用相关技术、集中于某一种服务水平或顾客类型等。

可见，赫斯克特（J. L. Heskett，1986）的服务战略类型[①]是基于波特（M. E. Porter，1980）的低成本战略和差别化战略，及其二者的结合[②]，为服务竞争战略的制定提供了更具有针对性的指导。

三、服务战略形式

根据总体服务战略，服务企业必须选择具体的服务战略形式，或称为服务策略。由于服务的特殊性，致使服务企业在具体服务策略的选择往往面临着多种关系的权衡（trade – off）。例如，成本领先战略并不意味着服务企业将所有的精力都花费在各项成本的领先上，因为忽视与顾客间的关系互动，放弃服务过程的功能质量，最终将可能导致低成本的毫无意义，顾客最终会离企业而去。因此，本节在论及服务战略的具体形式时，通常是指服务企业的战略重点与倾向，只是在不同程度上的战略选择而已。从某种意义上讲，战略就意味着权衡和取舍。

（一）服务成本与效率战略

服务成本与效率战略，是指企业通过服务成本的有效控制，提高服务效率，降低服务价格水平和顾客的服务成本，让渡给顾客更高的价值，尽量降低顾客的支出成本，使顾客满意，进而使企业占据稳定的市场份额的战略。因此，服务成本与效率战略的核心，就是采取何种形式来控制服务成本和提高效率。不同的形式构成了不同的服务策略。

1. 寻找低成本顾客。不同的顾客往往服务成本也不相同，如果某些顾客在同样的感知服务质量水平层次上，企业为他们提供服务的成本要比其他顾客低，那么这些顾客就可能成为服务企业的主要目标市场。服务企业可以根据这一战略原则来构造自己的成本与效率战略。具体来说，服务企业可以从不同角度来识别和寻找低成本的顾客。

一是考察顾客的风险程度。如人寿保险企业在选择目标顾客时，经常会把那些年轻人作为它们的考虑对象，因为年轻人身体健康，与老年人相比，发病、死亡的概率更低；在年轻人当中，那些不常出差旅行、没有飙车嗜好的群体，他们出现意外事故的概率也较低……因此，这些顾客的低风险降低了服务企业的服务成本。

二是考察顾客在服务中的参与程度。如果顾客参与服务程度较高，就可以减少服务人员的投入，顾客作为企业的一种暂时性资源，弥补了服务企业的成本开支。如瑞典的宜家家具卖场，鼓励自助型（Do – It – Yourself，DIY）的顾客，让他们自己搬运家具、组装家具，从而降低了服务成本，同时又使顾客从中获得了

---

① HESKETT J L. Managing in the service economy [M]. New York：Harvard Business Press，1986.
② PORTER M E. Competitive strategy [M]. New York：Free Press，1980.

价格优惠，这种类似的自助型服务现已在许多服务行业中盛行。

三是考察顾客服务的预订程度。如果顾客经常使用企业的服务预订系统，那么就等于顾客将自己的服务需求交由服务企业管理，这有利于服务企业对总体服务的供需平衡进行有效管理，通过疏导顾客服务需求的时间安排，尽量避免某一时段服务过分拥挤的现象，这样既可以避免在服务高峰期发生部分顾客因为拥挤和排队而流失的后果，也可以避免服务企业为了应付某一需求高峰期而增加服务人员和设施投入，进而增加的企业成本。

四是考察顾客服务需求的特性。如果顾客没有特殊的服务需求，企业就可以为他们提供大众化的服务，这样可以有效降低企业的服务成本。一些大型超市，如沃尔玛、家乐福、麦德龙等，它们的服务定位就是那些愿意批量购买、追求实惠、不需要特别服务的顾客，这类顾客的服务成本较低，这也是沃尔玛、家乐福、麦德龙等国际零售企业能够采用低成本服务战略的重要依据。

2. 实施标准化服务。服务标准化是与服务个性化相对的，其目的在于通过服务生产和传递的工业化技术，减少服务过程中服务人员与顾客之间的互动，从而降低企业的服务成本。在20世纪，服务的标准化曾经成为产品营销界否认产品营销与服务营销之间差别的一大理由。不过，20世纪90年代以来，人们越来越认识到服务营销与产品营销之间的共性，服务营销同样可以应用标准化生产技术，同时人们也越来越认识到服务营销与产品营销不同的特殊性。

随着技术的进步，不少服务企业都尝试应用服务的工业化和标准化技术。如以麦当劳、肯德基为代表的快餐业，通过标准化生产制作过程和标准化服务，可以在多场所为所有顾客提供几乎相同的食品与服务，并在全球市场中通过特许、加盟等多场所服务战略，实现了服务企业的低成本扩张。

3. 减少服务中的人员互动。这其实是与服务标准化相对应的。服务标准化的目的之一就是减少服务人员与顾客之间的关系互动。如ATM（自动柜员机）的大量使用，使顾客不必到银行与银行职员进行面对面的接触，这样既便利了顾客，又降低了银行业务的交易成本。这种策略与服务标准化策略一样，服务企业需要注意目标顾客的具体需求，一般来说，这类服务形式适用于低接触性的服务需求，而对高接触需求的顾客是不合适的。同时，企业还需要考虑因新技术的应用，顾客是否对这些新技术存在使用上的障碍，企业需要尽量降低顾客使用的技术门槛，便于顾客的使用，否则只能事与愿违，加大了顾客与企业之间的距离，造成疏远顾客的后果，进而可能降低顾客继续使用企业服务的意愿。

4. 采用非现场服务。服务的一个明显特性就是服务企业与顾客消费的不可分性，也就是服务生产与顾客消费通常是同时进行的，这势必增加了服务现场中企业与顾客间的互动，从而提高了企业的服务成本。从洛夫洛克

(H. C. Lovelock, 1983)① 的服务分类中我们可以得到启示。洛夫洛克根据顾客与服务组织之间相互作用的性质,将服务分为顾客到服务场所、上门服务和远程服务3大类。由于电信技术和交通设施的发展,企业与顾客间的联系已经变得非常方便,这使企业有可能将一些服务的交易过程和作业过程分离开来,从而减少顾客的参与和互动。例如,修鞋店可以在很多分散的地方设置收取站,然后将收集好的鞋子集中送到某一个修鞋厂,这样就避免了顾客参与服务过程。将服务交易与服务作业分离,使服务企业的运作可以像工业企业那样在后台高效率地进行,进而降低了服务成本。

(二) 服务定制化与个性化战略

服务定制化与个性化战略,是指服务企业通过对顾客服务需求的差异化进行分析,为不同的顾客提供不同的服务,提高顾客的感知服务质量,进而提高顾客的利益所得,令顾客满意,使企业占据稳定的市场份额的战略。因此,服务定制化与个性化战略的核心,就是采取何种形式来形成企业的服务差别化。不同的形式,就构成了具体的服务策略形式。

服务业的内在特性使服务定制化顺理成章,并支持将市场细分延伸到顾客个体层次。因为,服务是通过服务人员提供给顾客的,所以服务很难标准化。况且其结果和过程在不同的提供者之间、不同的顾客之间或者在不同的时间都可能是不一致的。实际上,服务就是一对一的定制化和个性化的过程,只不过并不是所有的服务企业都意识到这一点而已。诚然,将服务细分到每一个顾客层面并不容易,但定制化和个性化服务对日益挑剔的顾客却是非常有指导意义的。

随着人们收入水平的提高,顾客越来越重视服务的体验,越来越要求有个性化的服务以满足自己的个性化需求。实际上,顾客定制化意味着顾客直接参与服务的设计,定制化使顾客成为企业的合作设计者,使顾客能够利用服务企业的能力提出自己独特的解决方案,创造性地满足自己的需求。从某种意义上说,定制化使服务企业的品牌注入了顾客的个性特征,使顾客在满足结果质量需求之外,更得到了一种过程质量的满足,这种过程质量的满足蕴涵了顾客的心理愉悦。然而,不可否认的是,在顾客定制化过程中,每一次交易都需要顾客与企业之间的直接互动,这实际上就是一种密集的信息交流活动,这必然带来服务成本的提高,对于顾客来说这也必然成为其做出购买决策的一个重要权衡因素。服务企业时刻要明白,消费者需要定制化,但他们更需要真正适合他们需求和愿望的服务。成功的企业应该强调适合性、功能性和低成本,而不只是流于定制化本身。

---

① LOVELOCK H C. Classifying services to gain strategic marketing insights [J]. Journal of Marketing, 1983, 47 (3): 9-20.

随着信息化技术的发展，顾客可以更加方便地与企业进行沟通，共同设计服务。同时，企业柔性生产能力得到提高，企业有能力根据顾客的个性化需要调整生产计划，为顾客提供定制化的服务。这就出现了大规模定制化，即在大规模的基础上，定制化产品或服务的开发、生产、营销和传递[1]。这意味着顾客能够在众多的产品中选择、订购和接受能满足他们特殊需求的产品。这要求服务企业必须具有柔性生产系统和能力，能够在顾客需求多样化和企业生产率之间取得平衡。大规模定制化将大规模化生产的效率、低成本和顾客定制化的差异化优势有机结合了起来。如汉堡王推行"点后再做"的定制策略，与麦当劳的标准化服务相比就形成了明显的差别化特征。

其实，大规模定制化要求服务企业真正树立起顾客关系管理观念，倾听顾客的声音，满足顾客内心的真实需求。互联网的发展方便了顾客与企业之间的直接沟通，这也是未来顾客定制化的一个重要平台。

根据派恩（J. B. Pine，1993）在《大规模定制：企业竞争的新前沿》（*Mass Customization*）一书中的分类[1]，服务企业可以根据企业的实际情况采取相应的定制化方法。

1. 非核心定制化服务。非核心定制化服务，是指服务企业在核心服务之外，为顾客提供一些附加但对顾客有重要意义的选择性服务，顾客选择不同的附加服务，实质上就是接受了定制化服务。例如航空公司或者宾馆，一般来说它们提供的是标准的核心服务，航空公司的核心服务是将乘客运送到目的地，而宾馆是为旅客提供相应档次的住宿服务。不过，服务企业可以通过增加某些附加服务或改变支付方式来迎合不同顾客的需求，从而实现定制化服务。以宾馆为例，宾馆可以提供不同类型的客房，如允许吸烟的房间和不允许吸烟的房间，或者提供尺寸大小不同的床铺等，或者为商务旅客提供笔记本电脑或传真服务等，来吸引不同需求的顾客。

2. 自我设计定制化服务。设计定制化服务，是指服务企业根据顾客自己的需求，提供相应的服务，这样顾客通过自己参与设计，就享受了定制化服务。例如，通过互联网络提供的互动计算机服务、自动票务系统等，顾客可以根据自己的需求，在计算机系统上进行操作，输入特定的指令，计算机系统就会为顾客提供相应的个性化服务，如订票服务系统等。

3. 交付地点定制化服务。交付地点定制化服务，是指服务企业根据顾客的便利，按照顾客指定的地点进行服务，顾客在自己方便的地点接受服务，就享受了定制化服务。这样，服务企业可以根据顾客的便利性要求，通过现场或到顾客所在地点提供服务，以满足顾客的需求。如保健服务、律师服务等，服务人员通

---

[1] PINE J B. Mass Customization: The new frontier in business competition [M]. Boston: Harvard Business School Press, 1993.

常可以到顾客的住所、单位等指定地点进行。

4. 模块组合定制化服务。模块组合定制化服务,是指服务企业根据自己所处行业的特点,根据不同的顾客需求,开发不同的服务模块,这些独特的服务模块可以进行不同的组合,最终形成不同的服务产品,供顾客选择。顾客选择不同的模块组合,就等于享受了定制化服务。如旅游公司可以为游客提供不同的服务组合,如不同的饭店、航班、停留时间等,旅游者可以根据自己的实际情况选择不同的组合,设计自己的具体旅游计划。

(三)服务质量战略

服务质量战略,是指服务企业力图在服务质量上与竞争对手形成差异,提高顾客的感知质量水平,提高顾客忠诚度。一般来说,顾客对服务质量的感知主要来自两个方面,根据格罗鲁斯(C. Grönroos, 1984)对服务质量的划分,一是服务结果质量,二是服务过程质量①。服务企业对不同质量维度给予不同程度的重视,形成了不同的服务质量战略类型。我们以结果质量和过程质量为两轴,这样在不同象限的不同区域就构成了不同服务企业的不同战略定位(见图2-6)。

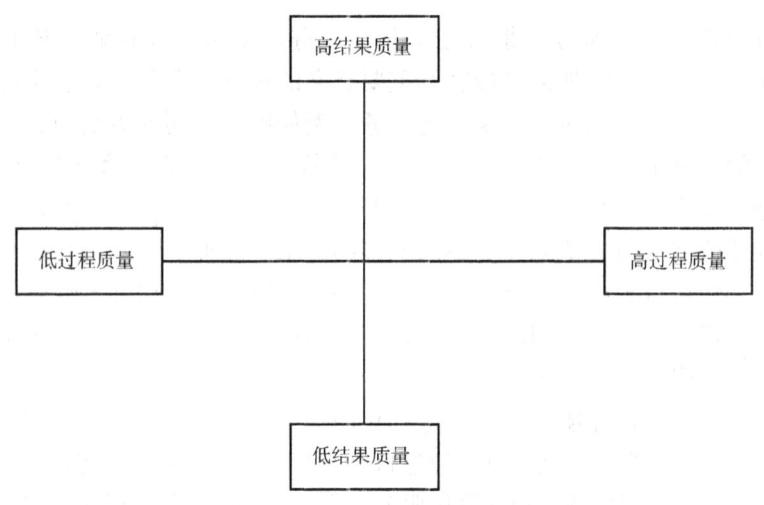

图2-6 服务企业质量战略定位

1. 服务结果质量战略。服务结果质量,是指服务生产过程的结果,它是顾客在服务过程结束后的"所得"(What),是顾客对服务企业提供给他的技术产出的感知。虽然,服务是无形的,但顾客对"得到了什么服务"更为重视,尤其是当某项服务有特定结果时,顾客就能以该结果为基础来判断服

---

① GRÖNROOS C. A service quality model and its marketing implications [J]. European Journal of Marketing, 1984, 18 (4): 36-45.

务的有效性。由于结果质量主要与技术相关,因此顾客对结果质量的衡量还是比较客观的。为此,服务结果质量又称为"技术质量"或"实体质量"[1]。服务结果质量战略就是指服务企业强调在服务结果方面与竞争对手的差异,突出服务中更容易感知的层面的战略。

服务结果质量战略,更经常的是应用到搜寻性服务以及经验性服务类型中,因为这两类服务与信任性服务相比,具有更强的可感知性。对搜寻性服务来说,顾客在消费前即可得到服务的相关信息;对经验性服务来说,顾客在消费之后也容易对感知服务质量做出评价与判断。因此,顾客对最终得到了"什么样"的服务更为重视。可见,服务结果质量是强调服务企业的"工具性"(Instrumental)绩效[2]。因此,服务企业应该分析自身所提供的服务是否属于搜寻性服务或经验性服务,如果是,则可以将战略重点放在服务结果质量战略方面。

2. 服务过程质量战略。服务过程质量,是指顾客接受服务的方式以及在服务生产和服务消费过程中的体验,它是指服务的"方式"(How),顾客是如何得到服务的。由于顾客对无形服务评价的困难,顾客倾向于重视对服务过程的评价,重视服务企业提供服务的方式。因此,服务过程质量对顾客的感知服务质量评价具有十分重要的影响。为此,服务过程质量又称为"功能质量"或"互动质量"[3]。服务过程质量战略,就是指服务企业强调在服务过程方面与竞争对手的差异,突出服务中不容易感知的层面的战略。

服务过程质量战略,更经常的是应用到信任性服务,因为这类服务与搜寻性、经验性服务相比,它的可感知性更低,即便是在消费后,顾客也很难对服务质量做出客观的评价与判断,顾客更重视服务的过程因素,他们也往往是通过对服务过程的感知来形成最终的感知服务质量。可见,服务过程质量是强调服务企业的"情感性"(Expressive)绩效[4]。因此,服务企业应该分析自身所提供的服务是否属于信任性服务,如果是,则可以将战略重点选择放在服务过程质量战略方面。

不过,服务结果质量战略与服务过程质量战略二者之间并非是非此即彼的关系。相反,它们是相辅相成的。如果没有一定的服务结果为基础,那么,服务过程再好,也无法满足顾客的基本需求。同理,即便企业非常重视服务结果质量,

---

[1] LEHTINEN U, LEHTINEN J R. Service quality: a study of quality dimensions [R]. Working Paper, Service Management Institute, Helsinki, 1982.

[2] SWAN J E, COMBS L J. Product performance and consumer satisfaction: a new concept [J]. Journal of Marketing, 1976, 40 (2): 25-33.

[3] SWAN J E, COMBS L J. Product performance and consumer satisfaction: a new concept [J]. Journal of Marketing, 1976, 40 (2): 25-33.

[4] SWAN J E, COMBS L J. Product performance and consumer satisfaction: a new concept [J]. Journal of Marketing, 1976, 40 (2): 25-33.

但如果服务过程中顾客抱怨很多，顾客也很难对服务质量做出正面的评价，最终会影响顾客对服务结果质量的评价。因此，服务结果质量战略与服务过程质量战略二者应当是任何一项服务的内在组成部分，不可分割。服务企业的战略选择只是在结果和过程之间寻找一个适当的均衡点，相对而言，突出服务结果质量，或者突出服务过程质量，这取决于企业所生产、提供的服务类型，企业可以从搜寻性、经验性、信任性等不同服务性质方面进行分析和取舍。

（四）服务市场标准

服务市场标准，是指顾客对服务行业所提供服务的惯例要求，这种顾客角度的要求往往也成为服务企业参与竞争的标准。

通常，顾客在选择服务企业之前，首先会根据自己的基本需求确定可选的服务企业范围；然后对这些潜在的可选服务企业进行比较，进一步做出选择；顾客在接受服务之后，如果服务企业在某些方面未能有效满足自己的需求，这些顾客就可能将该服务企业排除在自己的选择清单之外，这样，企业就出现了顾客流失。因此，服务企业应当清晰地了解自己所处行业的服务市场标准，并针对不同的服务市场标准采取相应的措施和对策。

1. 服务资格标准。服务资格标准，是指服务企业要参与某一市场的竞争所必须具备的竞争实力。因为，只有具有与其他竞争对手相近的实力，顾客才会考虑选择该企业的服务，该企业才会进入顾客的选择清单之中。换言之，服务资格标准是服务企业参与行业竞争的敲门砖。例如，在酒店业，不同的星级代表了不同宾馆参与不同市场竞争的资格标准，三星级宾馆是无法吸引五星级的目标顾客的，因为它与五星级宾馆处在显著不同的市场定位上。换言之，它们的服务资格标准是不一样的。因此，服务企业必须根据自身的市场定位，了解相应的服务资格标准，这也是企业进入特定市场应该具备的最基本的资格条件。

2. 服务优胜标准。服务优胜标准，是指服务企业在具备服务资格标准之后，参与竞争赢得顾客的吸引力所在。这种吸引力可能表现在多个方面，如价格、质量、品牌等，它们主要体现为一种差别化特色。服务优胜标准与服务资格标准不同，它通常并没有一定之规；相反，它通常是权变的，如在中档的中餐饭店，不同的顾客之所以有不同的选择，可能有不同的理由，这些不同的理由可能就成为相应的服务优胜标准。同样，同一顾客在不同的时间去中档的中餐饭店就餐，也可能有不同的选择，有其不同的考虑和想法，这些不同的考虑和想法也同样可能成为相应的服务优胜标准。因此，服务企业要深刻掌握不同顾客的需求心理，以及同一顾客的心理变化情况，在不改变企业服务定位的基础上推出自己的特色服务，吸引更多的顾客，从而成为行业的优胜者。

3. 服务失败标准。服务失败标准，是指服务企业在竞争过程中导致顾客流失的原因。不同行业顾客流失的共同原因是顾客期望没有得到满足，顾客感知服务质量低于顾客自己的感知成本付出，致使顾客转移接受其他竞争对手的服务。

服务失败标准可以有多种表现。它既可能是企业在服务资格标准方面出现问题,也可能是在服务过程中的某一细节出现问题;既可能是服务结果质量的问题,也可能是服务过程质量的问题。为此,服务企业需要对行业中的服务失败标准进行分析,并尽最大努力避免这些问题在本企业中发生。

服务资格标准、服务优胜标准和服务失败标准三者之间存在内在的联系,不具备服务资格标准的服务企业,是无法谈论服务优胜标准的;具备服务优胜标准的服务企业,必然具备服务资格标准。一般来说,服务资格标准可以理解为顾客的保健因素,而服务优胜标准可以理解为顾客的激励因素。但随着竞争的加剧,服务企业可能会将某些激励因素转化为保健因素,从而提高了行业的服务资格标准。对服务失败标准来说,克服服务失败标准显然不是吸引、保留顾客的充分条件,却是必要条件。在此基础上,服务企业应该不断创新,形成自己的服务优胜标准,努力成为行业中的优胜者。

第三节 服务分类及其战略启示

第一章我们分析了服务与有形产品的区别,事实上不同的服务之间特点各异,适宜采用不同的策略。对服务进行分类有助于提供战略性的见解,有利于打破行业障碍,促进跨行业的学习和借鉴。

一、基于服务活动性质的服务分类

根据服务是针对人还是针对物,以及服务是有形的还是无形的两个标准,可以把服务分为4种类型,这也是最基本的服务分类(见图2-7)。

在这种分类中,一是作用于顾客的有形活动,如航空运输、理发和私人护理等。在传递这类服务的整个过程中,顾客需要在场接受服务。二是作用于顾客财产的有形活动,如空中货运、草地修剪和门卫服务等。在这类服务过程中,被处理的物体对象必须在场,但顾客本人则不一定需要在服务现场。三是作用于顾客思想的无形活动,如广播、娱乐、教育等。在这类服务过程中,顾客的意识必须在场,但顾客本人可以通过在某个服务设施内,或者通过广播信号或电子通信方式在外地接受这种服务。四是作用于顾客财产的无形活动,如保险、金融服务等。在这类服务过程中,一旦服务开始实施,顾客就可以不必参与过程之中。

这种服务分类可以使我们更加深刻地理解服务行为的本质。如果在服务传递过程中顾客必须亲自到场,那么,他们就必须进入相关的服务企业,并且有可能等候服务。企业应该考虑如何让顾客积极参与服务的创造和传递过程;同时,还需要考虑其他因素给到场的顾客可能造成的影响,如顾客与服务人员的接触、服务企业设施的外观和特色、其他顾客的性格和行为等。在这种情况下,服务属于

	服务的直接接受者	
	人	物
有形活动	**作用于人体的服务** 健康护理 客运 美容 健身 餐馆 理发	**作用于物品或其他实体财产的服务** 货运 工业设备的维修和维护 门卫服务 洗衣和干洗 园艺和草坪修护 兽医服务
无形活动	**作用于精神的服务** 教育 广播 信息服务 剧院 博物馆	**作用于无形资产的服务** 银行 法律服务 会计 保卫 保险

（左侧纵轴：服务活动性质）

图 2-7　服务行为性质与服务分类

资料来源：LOVELOCK C H. Classifying services to gain strategic marketing insights [J]. Journal of Marketing, 1983, 47 (3): 12.

高接触性的，服务企业要非常重视各个互动环节的设计与实施。如果在服务传递过程中，顾客无须亲自到场。此时，服务企业就可以考虑通过运用一些先进的科技手段，如电子分销渠道，减少服务人员与顾客之间的接触，这既减轻了服务人员的工作负担，也降低了服务人员服务失误的概率，同时也降低了顾客的消费成本。目前国内外推出的24小时零售银行，就是利用自动柜员机这种电子手段的范例。在这种情况下，服务是属于低接触性的，服务企业可以更好地关注企业内部的运作问题。

二、基于顾客关系的服务分类

企业越来越重视与顾客之间关系的建立，而顾客参与服务过程的互动特点为企业创造了有利的条件。根据顾客是否与企业建立正式的会员关系以及服务传递的持续性两个标准，可以把服务分为4种类型（见图2-8）。

与顾客建立长期关系是服务企业追求的目标，企业可以通过顾客数据库的建立，充分利用顾客的相关数据信息，给予不同顾客特别的关注，使顾客从服务过程中获益。通过对顾客与企业之间不同关系的识别和建立，将有助于保持顾客忠诚度，获得顾客的重复购买和消费，促进企业的稳定成长。

三、基于定制和判断的服务分类

由于大多数情况下顾客直接参与服务消费过程，因此，服务企业提供的服务

服务组织与顾客之间关系的类型

	会员关系	非正式关系
持续传递	保险 电话登记 大学注册 银行业 美国汽车协会	广播电台 警察保护 灯塔 公共高速公路
间断交易	长途电话 剧场套票预订 通行证或月票 Sam 批发俱乐部 智能计算机软件	汽车租赁 邮递服务 收费高速公路 收费电话 电影院 公共交通 餐馆

(左侧纵轴标注：服务传递性质)

图 2-8 顾客关系与服务分类

资料来源：LOVELOCK C H. Classifying services to gain strategic marketing insights [J]. Journal of Marketing, 1983, 47 (3): 13.

实质上是针对个人的，所有服务都在一定程度上要适应不同个性和不同需求的顾客。同时，在这种个性化的服务过程中，服务人员必须对具体的服务接触和服务过程拥有一定程度的自行决策权，他们需要对具体的情形做出自主判断。因此，根据允许定制的服务的特性，以及服务人员在服务过程中所需行使判断的程度两个方面，可以将服务分为4类（见图2-9）。

服务业的内在特性使服务定制化顺理成章，并且可以将市场细分扩展到个体顾客水平。因为，服务是通过服务人员提供给顾客的，所以理论上讲服务很难标准化，并且其结果和过程在不同的提供者之间、不同的顾客之间或者在不同的时间都可能是不一致的。这显然意味着服务难以控制，很难实现服务的一致性；同时也说明服务的定制化是必需的、可能的。然而，定制化需要服务人员具有更高的素质，同时也需要发生更多的成本费用。因此，服务企业必须根据顾客需求和企业能力，在顾客定制化和服务人员判断能力两个维度上取得平衡。

四、基于供需性质的服务分类

服务不同于有形产品的一个主要特性就是不可储存，制造业可以将产成品储存起来作为应对需求变化的一种防御措施，但服务企业却无法保存服务能力。例如，酒店的客房没有入住，就意味着当天产生了损失。因此，应对需求变化成为服务企业的一个重要挑战。根据需求和供给的波动程度，可以将服务分为4类，

		服务特征定制的程度	
		高	低
服务人员需要行使判断的程度	高	专业服务 外科 出租车服务 美容师 管道工 教育（辅导） 特色餐馆	教育（大课） 预防性健康计划 大学餐饮服务
	低	电话服务 宾馆服务 零售银行业务（除大额贷款） 家庭餐馆	公共交通 器具的常规维修 电影院 观看体育比赛 快餐店

图 2-9 基于定制和判断的服务分类

资料来源：LOVELOCK C H. Classifying services to gain strategic marketing insights [J]. Journal of Marketing, 1983, 47 (3): 15.

见图 2-10。

		需求随时间波动的程度	
		大	小
供给受限制的程度	高峰期需求通常能够及时满足	电力 天然气 电话 医院妇产科 火警和匪警	保险 法律服务 银行业 洗衣和干洗业
	高峰期需求通常会超过生产能力	会计和税收准备 客运 宾馆和汽车旅馆 餐馆 剧院	与上面服务类似但企业的基础能力不足

图 2-10 供需波动与服务分类

资料来源：LOVELOCK C H. Classifying services to gain strategic marketing insights [J]. Journal of Marketing, 1983, 47 (3): 17.

根据供需波动进行的服务分类，可以使服务企业更好地在供给能力和需求水平之间取得平衡。为缓解需求波动，企业可以鼓励顾客自愿改变消费计划，如企业通过提供特殊的价格折扣或附加服务，激发在消费淡季期间的顾客需求；或者通过预订或排队系统对需求进行有计划供应，也就是对需求进行储存来实现供给能力的平衡。

五、基于服务传递方式的服务分类

服务传递方式可以从地理因素和与顾客交互作用的程度两个方面来进行分析。地理因素是指服务企业分销场所的数量，是单一场所，还是多个场所？与顾客交互作用的程度是指服务人员是否需要与顾客发生直接接触，如果不需要，那么服务企业就可以进行远距离服务传递，这当然需要采取一些先进的技术手段，如电子传输等；如果需要，那么是要求顾客到服务场所来，还是服务组织到顾客那里去？据此，可以将服务分为6类（见图2-11）。

	服务场所的数量	
顾客与服务企业交互的性质	单一场所	多个场所
顾客去服务场所	剧院 理发店	公共汽车 快餐连锁店
上门服务	整修草坪服务 灭虫服务 出租车	邮递 AAA 紧急维修
远程交易	信用卡公司 地方电视台	广播网 电话公司

图2-11 基于服务场所与交互性质的服务分类

资料来源：LOVELOCK C H. Classifying services to gain strategic marketing insights [J]. Journal of Marketing, 1983, 47 (3): 18.

服务的传递方式会影响顾客服务经历的过程，同时也会影响顾客获取服务的成本。在顾客必须到场的情况下，服务企业的地理位置显得非常重要。企业应想方设法为顾客提供消费便利，以降低顾客的费用。对需要作用于顾客的大型设施或不动产的服务，服务企业需要到顾客那里进行服务；对某些愿意节省时间在家里接受服务的顾客来说，服务企业在盈利的前提下，也为顾客提供上门服务。而对某些可以通过邮递或电信传递的服务，顾客则可以在家里接受远距离的服务，此时服务过程是隐蔽看不见的。

第四节 服务利润链

优质服务是一种营利性战略。大量的理论研究和实践调研表明，服务企业内部管理、市场影响及企业发展之间存在密切联系，它们彼此之间形成了一个链条，反映了服务企业利润产生的内在机制。

一、服务利润链的构成

服务利润链在盈利能力、顾客忠诚度、顾客满意度和员工满意度、员工忠诚度、生产力之间建立了联系。这条链条中的联结环节包括：企业增长及利润主要由顾客的忠诚来激发和推动；顾客忠诚是顾客满意的直接结果；顾客满意与否在很大程度上受到提供给顾客的服务价值的影响；服务的价值是由满意、忠诚和富有活力的员工所创造的；而员工的满意度则来源于一个能使员工有效服务于顾客的高质量的服务支持体系和相应的政策。服务利润链又可以分为外部市场循环和企业内部循环，连接两者的是服务价值（见图2-12）。

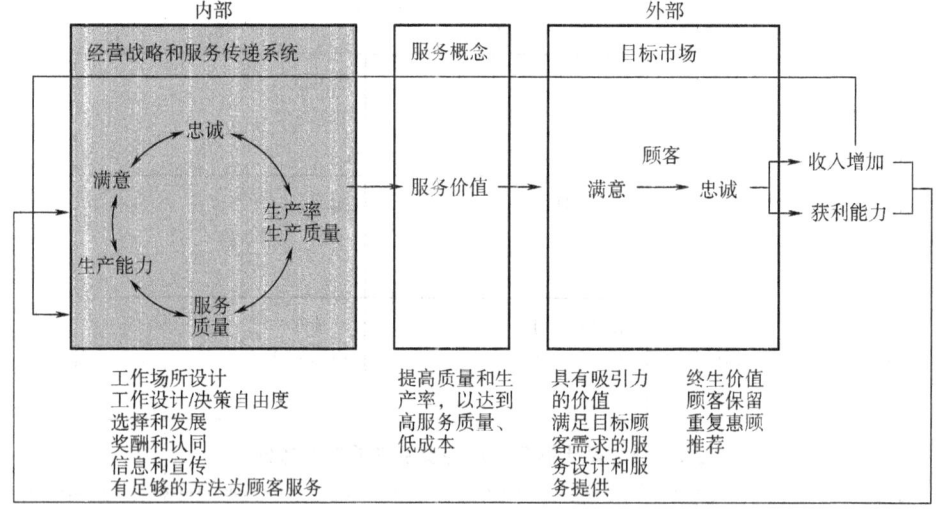

图2-12 服务利润链

资料来源：JAMES L HESKETT, et al.. Putting the service profit chain to work [J]. Harvard Business Review, 1994 (3-4); JAMES L HESKETT, W EAR SASSER, AND LEONARD L SCHIESINGER. The Service Profit Chain [M]. Boston, MA: Harvard Business School Press, 1997.

（一）外部市场循环

顾客满意驱动顾客忠诚，进而决定了企业的营利性和增长。顾客的忠诚度，也就是企业的市场质量，是驱动企业业绩的重要因素。满意度和忠诚度之间存在正相关关系。不同顾客的营利性有所差异，长期客户关系有积极的财务影响。

20世纪70年代中期，管理界著名的PIMS研究发现，市场份额是决定盈利能力的最重要因素之一。哈佛商学院的莎瑟（W. E. Sasser）教授等在对服务企业的研究中发现，这一结论存在一些明显的例外。通过对许多服务企业一手资料的研究分析，他们发现，顾客忠诚度在决定利润方面比市场份额更重要。在所分析的服务企业中，当顾客忠诚度上升5%时，利润的上升幅度将达到25%~85%。

由此可见,市场份额的"质"(用顾客忠诚度来表示)远比 PIMS 的市场份额的"量"重要。

服务利润和损失在顾客中的分布存在极大的不平衡性,长期忠诚的客户为企业贡献了大多数的销售量和利润。长期客户意味着更多的重复购买。老顾客降低了企业与顾客相互之间的双向交易成本,企业可以更好地了解顾客需求,可以提高服务效率,同时维系老顾客比吸引新顾客的成本低。另外,通过长期接触,有利于企业向老客户开展关联销售;满意的老顾客可能传播正面的口碑,为企业免费宣传;忠诚的顾客对价格更不敏感,企业可以索取溢价。

(二) 服务价值

顾客的忠诚度来源于顾客满意度,而顾客的满意度主要由顾客得到的服务价值决定。服务价值反映的是顾客所得与所失的比较。

顾客价值可以表述为:

$$顾客价值 = \frac{为顾客创造的服务效用 + 服务过程质量}{服务的价格 + 获得服务的成本}$$

顾客的所得不仅包括问题的解决,同时也包括服务过程的体验和感受。顾客为获得服务所付出的不仅是支付给服务企业的价格,也包含顾客为获取和消费服务需要付出的其他支出。顾客价值根本上是由服务企业的战略定位决定的,不同的定位意味着不同的服务概念和服务策略。靠低成本竞争的企业其战略重点通常是压低价格,靠优质服务取胜的企业其战略重点则在于改善顾客体验,提高顾客所得。当然,如果企业能在高效率的基础上提供高质量的服务,则可以为顾客创造优异的价值。

(三) 企业内部循环

服务价值是在企业员工与顾客互动的过程中产生的。员工的工作态度和工作效率,例如是否能及时为顾客提供优质服务,是否能及时处理服务中的纠纷问题,是否能与顾客建立良好的关系等,将直接影响到顾客的感知服务质量和感知服务价值。员工忠诚意味着员工对企业未来发展充满信心,并为企业感到自豪,关心企业经营发展。员工忠诚使员工自愿承担工作责任,为企业努力工作,这种工作的内在动因使员工的工作效率得到极大提高。忠诚员工由于长期在企业里工作,熟悉一些有价值的顾客,并根据自己的经验提供更有效率的服务。

与制造商不同,服务企业缺乏实体产品向顾客展示所提供的利益,因此一线员工的表现往往决定了顾客对服务企业的印象和评价。一线员工是服务企业的代言人,是服务企业的品牌。这意味着企业要为员工创造良好的工作条件,善待员工。没有满意的员工,就不会有满意的顾客。管理者的基本任务是为那些向顾客提供服务的员工服务。

员工是否满意主要取决于工作环境的"内部质量"。内部质量的好坏一般是用员工对他们的工作、同事和公司的感受来衡量的。研究表明,服务人员最重视他们为服务顾客所需要的能力和授权。内部质量还体现在公司内部人与人相处的态度及相互合作和服务的方式上。传统上,在衡量员工跳槽所带来的损失时只计算由于重新招聘、雇用和培训而产生的费用。但在绝大多数服务性工作中,员工跳槽的真正成本是由此而导致的生产力的降低和顾客满意度的下降。

二、整合服务利润链中的各环节

服务利润链上的每个环节都很重要,但更为重要的是整合这些环节,发展综合性的策略来取得持久的竞争优势。

服务利润链指明了服务企业有效管理其组织所需要的行为方式。企业要关注顾客,强调识别和理解顾客需求,为保留顾客而投资,采用新的绩效指标跟踪顾客和员工的满意度和忠诚度。从服务价值来看,需要为实现更高的服务质量而进行投资,为降低成本而提高生产率。

另外,服务利润链成功的基础是高层领导。服务企业领导行为与员工相关,包括投入时间关心一线工作,投入资金帮助管理者发展,给员工更多自由,支持工作设计,还包括为实现更低的员工流动、更高的生产率和更好的质量,给员工支付更高工资,从而降低人工成本。显而易见,实施服务利润链需要通盘理解营销、操作和人力资源每一项是如何与企业更宽泛的战略重点相联系的。

三、融合服务利润链与服务战略观

如果将服务利润链与本章第一节所述的服务战略观相结合,可以看出两者的联系,从战略高度对服务进行规划(见图2-13)。连接企业内部循环和市场顾

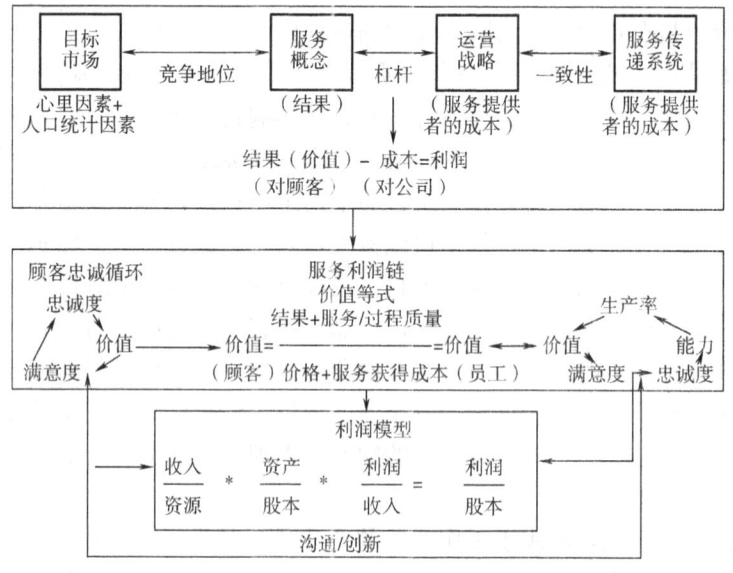

图2-13 融合服务战略观与服务利润链

客循环的是顾客得到的服务价值,而服务价值仅取决于企业的战略选择。服务价值与目标市场有关,不同细分市场的顾客有不同的需要和偏好,对服务有不同的评价,价值是相对于特定客户群体而言的。服务的概念决定了服务的核心利益,运营战略和服务传递系统则影响成本的形成。

小结

服务不只是态度问题,也不只是由企业内部某项职能决定,优质的服务需要战略性的服务观和商业逻辑。服务主导逻辑强调服务是对市场关系的新的理解,市场交换关系本质上是服务关系。服务也是一种商业逻辑,不仅局限于服务企业。从战略服务观的角度,优质服务需要战略规划、市场细分、定位、服务概念及服务系统支持。

对总体服务战略和战略形式进行权衡,不同类型的服务需要不同的战略和策略。不同服务类型的战略启发,可以根据不同的标准,对服务进行分类,提供不同的指导。

优质服务是营利性策略,好的服务会带来好的绩效。服务利润链反映了服务企业的利润生成机制。企业的增长来自于顾客的忠诚度,重复购买、口碑效应、关联销售等,将带来更多的收益,而企业成本却更低。内部的员工的工作效率和态度如何很关键,内部工作品质很重要,应投资于员工,善待员工。从而实现企业、顾客、员工三赢的局面。

思考题

1. 服务主导营销观与产品主导营销观的主要区别是什么?
2. 企业是否可以实现低成本基础上的差异化服务?如何实现?
3. 如何对服务进行分类?不同的分类方式有何战略启发?
4. 服务利润链的主要思想是什么?

案例

海底捞的服务利润链

海底捞(全称为"四川海底捞餐饮股份有限公司")成立于1994年,是一家以经营川味火锅为主,融合各地火锅特色于一体的大型直营餐饮民营企业。现在北京、上海、西安、郑州、天津、南京、杭州、深圳、厦门、广州等国内24个城市拥有91家直营餐厅。在国外,已有新加坡和美国洛杉矶各一家直营餐厅。

海底捞秉承"服务至上、顾客至上"的理念，以创新为核心，改变传统的标准化、单一化的服务，提倡个性化的特色服务，致力于为顾客提供愉悦的用餐服务；在管理上，倡导双手改变命运的价值观，为员工创建公平、公正的工作环境，实施人性化和亲情化的管理模式，提升员工价值。

在一个以挤压劳动力薪酬福利以获取最低成本的劳动密集型行业中，海底捞创造了一种全新的模式和思路——给予员工更好的福利和薪资，以调动他们更好的服务状态。这样的服务，正是这家味道并不是最好、价格亦不便宜的火锅店赢得客户喜爱的关键。

20分钟，是员工住宿地点到上班店的步行最长时间；50万，是一家店每年投入在员工住宿方面的成本；100万，是每年用于治疗员工及其直系亲属的重大疾病的专项经费；800万，是为某核心高层离开时的补贴资金。

更让人不理解的是，公司老板张勇从不考察分店的营业额，他只关心员工的满意度。他评价两眼只盯着利润的企业家"糊涂"，但他不重视利润并不代表不能获得。

张勇一直认为，公司的人力资源部门是核心，"我认为人力资源部是最重要的部门，不能够独立，领导一定是有实权的人物，哪怕是挂名。我就兼着海底捞公司人力资源部的部长，几大部门领导是副部长，分公司老总也是各地人力资源部的部长。为什么海底捞的服务好、为什么海底捞的员工总是那么真诚地对待顾客？我想最大的原因，可能就是我们有个公平的晋升制度，让所有人都能够真的感受到海底捞就是这样一个平台——双手改变命运。"

对餐饮连锁企业来说，店长起着极为重要的作用。在海底捞老板张勇的办公室墙上，贴着对店长以上干部的考核表，目的就是检测干部和员工的热情度。考核分为多个项目，除了业务方面的内容之外，还有创新、员工激情、顾客满意度、后备干部的培养。每项内容都必须达到规定的标准，唯独缺少的就是业绩指标。"我们优秀店长的产生不跟他所管理店的命运成正比，评选优秀店长不看他赚了多少钱，看的是员工激情，看的是顾客满意度，看的是后备干部的培养。他哪怕赚很多钱，他的利润始终是公司最高，也很可能由于在这几个问题上出了漏洞而被撤掉。"张勇解释说。

对于这几项不易评价的考核内容，海底捞有自己衡量的标准。如"员工激情"，总部不定期地会对各个分店进行检查，看员工的注意力是不是放在客人的身上，看员工的工作热情和服务的效率。如果有员工没有达到要求，就要追究店长的责任，"你平时是怎么要求的？你是怎么带动的？"一次可以原谅，可以给机会，几天后再派人检查，员工的服务是否快速、准确、热情，是否能够马上满足顾客的要求，是否快速准确、大方得体。

直到现在，海底捞单店仍然没有财务报表，"过度强调数字会伤害员工工作的积极性和顾客满意度"。换个角度来看，这笔看似糊涂实则聪明的生意恰恰是张勇的高明之处，他并非是不看重财务指标，而是把完成财务指标要具备的条件都琢磨清楚了，只要关注这几个条件是否完成，也就意味着关注了财务指标的完成。

现在，在张勇眼里，服务已经不是普通顾客眼中的微笑与无微不至，服务是一张维系企业利润、顾客忠诚度与员工忠诚度的"全景图"。他依旧不会为企业利润，或是任何一家分店的营业额而操心，他开始忧虑的是，如何更好地衡量顾客满意度和忠诚度，以及员工的满意度和忠诚度，毕竟这才是最终决定企业盈利能力的关键。

资料来源：陈婧. 海底捞：草根的乌托邦 [J]. 中国新时代，2011（04）：71-73.；黄林. 海底捞的服务利润链 [J]. 销售与市场，2010（03）.

第三章 服务质量

【学习目标】
1. 掌握服务期望的含义和类型
2. 明确顾客感知和顾客满意的定义，以及这两者如何关联
3. 论述服务关键时刻是构成顾客感知的基础
4. 了解服务质量的内涵和测量方法

开篇案例

中国台湾的王永庆是著名的台商大王、华人首富，被誉为华人的经营之神，他一生之所以能够取得如此辉煌的成就，其中一个重要的原因就是他能够提供比别人更多、更卓越的服务。王永庆15岁的时候在台南一个小镇上的米店里做伙计，深受掌柜的喜欢，因为只要是王永庆送过米的客户，都会成为米店的回头客。他是怎样送米的呢？到顾客的家里，王永庆不是像一般伙计那样把米放下就走，而是找到米缸，先把里面的陈米倒出来，然后把米缸擦干净，把新米倒进去，再把陈米放在上面，盖上盖子。王永庆还随身携带两大法宝：第一个法宝是一把软尺，当他给顾客送米的时候，他就量出米缸的宽度和高度，计算它的体积，从而知道这个米缸能装多少米。第二个法宝是一个小本子，上面记录了客户的档案，包括人口、地址、生活习惯、对米的需求和喜好等。用今天的术语来说，这个小本子就是客户资料档案。晚上，其他伙计都已呼呼大睡，只有王永庆一个人在挑灯夜战，整理所有的资料，把客户资料档案转化为服务行动计划，所以经常有顾客打开门看到王永庆笑眯眯地背着一袋米站在门口说："你们家的米快吃完了，给你送来。"然后顾客才发现原来自己家真的快没米了。王永庆这时说："我在这个本子上记着你们家吃米的情况，这样你们家就不需要亲自跑到米店去买米，我们店里会提前送到府上，你看好不好？"顾客当然说太好了，于是这家顾客就成为米店的忠诚客户。后来，王永庆自己开了一个米店，因为他重视服务，善于经营，生意非常的好，后来生意越做越大，成为著名的企业家。王永庆的故事给了我们如下启示：
（1）服务可以创造利润、赢得市场。
（2）卓越的、超值的、超满意的服务，才是最好的服务。

第一节 服务期望

一、服务期望的含义和类型

(一) 期望的服务：期望的两个水平

顾客的期望是服务传递的信念，这些信念被当作评估服务绩效的标准和参考。在传递高质量服务时，了解顾客的期望是首要的也是最关键的一步，因为期望既反映了顾客觉得会在产品或服务中发生什么，也反映了顾客期待在产品或服务中发生什么。如果其他公司正确地提供了服务，那么，某家公司搞错了顾客的需要，就可能意味着失去顾客及其业务，也意味着在与吸引顾客无关的活动上投入了资金、时间和其他资源，甚至意味着在竞争激烈的市场中无法生存。由于服务期望存在不同的类型，在评测顾客满意时比较顾客期望与顾客感知也存在不同的情况。

顾客对服务有着不同水平的期望，我们将着重探讨两种类型：理想的服务和恰当的服务。理想的服务是服务期望的最高水平，它反映的是顾客真正期望得到的服务水平。理想的服务是顾客认为"可能是"与"应该是"的结合物，是消费者在购买某服务时所希望实现的绩效水平，是顾客相信并且认为应该得到的可以满足个人需要的服务。例如，酒店顾客的理想服务不仅是接受预知的服务，还希望酒店的服务人员能够称呼他的名字并且当他再一次到达的时候能够记住他的生活习惯。但是，由于现实条件的局限，消费者所希望得到的理想服务通常难以实现，消费者自身也知道企业不可能一直按照他们所期望的水平提供服务，因此，消费者可能愿意接受水平稍低的服务——恰当的服务。

相比之下，恰当的服务反映了顾客相信其在服务体验的基础上可得到的服务，是顾客能接受而且不会造成不满意的最低服务水平，它取决于实践发展过程中的经验或标准，也包括影响服务表现的情境因素和其他可供选择的服务提供商的服务水平。例如，很多大学生刚刚毕业时对工作的理想和希望（如他们的理想服务期望）都是很高的，希望从事高层次、高技术的工作，但是，他们认识到自己不能在现有的市场条件下实现这些愿望。因此，他们的恰当服务标准比理想服务标准低了很多：一些毕业生接受任何能赚钱的工作，其他毕业生愿意短期从事无报酬的工作以获得工作经验。

顾客在各类服务中有类似的理想服务，但这些分类并不像整个行业那样广泛。比如，餐厅就可再做如下分类：昂贵的餐厅、快餐店和民航飞机场餐厅。顾客对快餐店的理想服务是在干净的环境下享受快速、方便和好吃的食物；相反，对昂贵餐厅的理想服务是优雅的环境、亲切的雇员、烛光和美味精致的食物。本质上来说，由顾客来确定的一个子类别内的理想服务对服务提供商来说似乎是相同的。但是，恰当的服务有可能在同一分类中因公司不同而不同。在快餐行业中，顾客有可能对麦当劳的期望值比汉堡王高，在麦当劳要经历始终如一的服务，而在汉堡王经历的服务可以多少有点不如意。因此，尽管麦当劳的服务水平比汉堡王高，但顾客可能对麦当劳的服务比对汉堡王更加容易不满意。

（二）容忍阈

1. 服务具有异质性。不同的服务提供商、同一服务提供商的不同服务人员，甚至相同的服务人员，所提供的服务绩效会有所不同。顾客愿意承受的服务水平的变动范围叫作容忍阈，如图3-1所示。顾客的服务期望是介于理想服务和恰当的服务之间的一个范围，而不是一个单一的水平，位于理想服务水平和恰当的服务水平之间的容忍阈对消费者来说既可以扩大也可以缩小。例如，如果一位乘客已经迟到并关心自己的航程，其容忍阈将变窄，即使一分钟的时间在其看来都会觉得很长，而且其恰当的服务水平也提高了。相反，当一位乘客到达机场较早，其容忍阈就扩大了，比迟到时少了一些对排队等待时间的在意。上述例子表明，营销人员不仅要理解容忍阈的大小和界限，而且要知道对既定的顾客而言，容忍阈在何时会变化以及会发生怎样的变化。

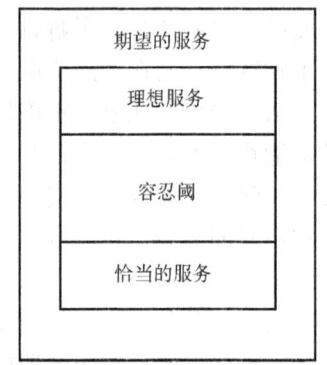

图 3-1 容忍阈

资料来源：ZEITHAML V A, BERRY L L, PARASURAMAN A. The nature and determinants of customer expectations of service [J]. Journal of the Academy of Marketing Science 1993, 21 (1): 1-12.

2. 不同的顾客具有不同的容忍阈。合理服务范围内的另一个变化因素是：不同的顾客具有不同的容忍阈。一些顾客的容忍阈较窄，使服务提供商提供服务的范围也较窄，而其他顾客则允许较为宽松的服务。例如，当需要水管工或其他家用设备维修人员到家里维修时，在外工作的消费者比在家工作或根本不工作的消费者对可接受时间有一个更受限制的区域。单个顾客的容忍阈扩大或缩小依赖于许多因素，除了个人因素，也包括企业可以控制的因素，如价格。当价格降低时，顾客对劣质服务的容忍度也会下降。

二、影响顾客服务期望的因素

（一）服务期望的影响因素：理想服务

理想服务反映了顾客最渴望得到的服务水平，它受到以下6个因素影响。

1. 长期服务强化因素。影响理想服务的第一个服务因素是长期服务强化因素（enduring service intensifiers），它属于长期稳定的个人因素，增加了顾客对怎样才能提供最好服务的敏感性。两种持久服务强化因素包括顾客的期望来源（derived expectations）和个人服务理念（personal service philosophies）。原始期望产生于其他人的期望。例如，你的上司让你找人清洁办公楼，你对这项服务的期望很可能比你自己主动雇用这项服务更高一些，因为为了满足上司的期望，你对服务的敏感性明显增强。个人服务理念是指顾客对服务方式和服务水平的个人观点。例如，从事服务行业的顾客对服务人员的能力尤其敏感，他们对服务应该如何提高有着自己的标准——他们希望别人对他的方式像他们自己对待顾客一样。

2. 顾客的个人需求。影响理想服务的第二个服务因素是顾客自己的个人需求（personal needs），包括物质的、社会的和心理的需求。例如，在咖啡厅里，一些顾客则喜欢坐在靠窗的位置，另一些顾客则喜欢坐在中心的位置。在旅店里，一些顾客看重旅店的娱乐设施，如游泳池、桑拿浴、咖啡厅等可以享受的娱乐项目，另一些顾客则只看重房间内的清洁度和服务水平。这也是想要做好服务类型的企业非常具有挑战性的原因，几乎每一位顾客都有富有个性化的、与众不同的需求。

3. 明确的服务承诺。影响理想服务的第三个服务因素是明确的服务承诺（explicit service promises）。明确的服务承诺是公司传递给顾客的关于服务的信息。这种信息可以通过人员途径传递，如通过销售、服务或维修等一线服务人员传递；也可以通过广告、手册和其他出版物等非人员途径传递。由于缺乏切实有形的产品，顾客只能依据多种形式的有效信息对服务进行评价，服务越是不明确，顾客产生期望时就越是依赖企业做出的关于服务的承诺。例如，一个家居建筑师承诺顾客新居将在3个月内装修完工，顾客就认为这是建筑师的承诺，并将最终以此为标准评价建筑师的服务。明确的服务承诺是少数几个完全由服务提供商控制的、能影响预期的因素之一。服务型企业应准确地、真实地承诺最终能实现的服务内容，避免顾客形成过高的心理预期。

4. 含蓄的服务承诺。影响理想服务的第四个服务因素是含蓄的服务承诺（implicit service promises）。服务环境的有形设施和服务价格是典型的含蓄的服务承诺。价格越高，顾客越期望公司能够提供更高品质的服务。同样，服务设施越豪华，顾客也会对服务产生越高的期望，顾客会把这些设施看成服务质量的标志。例如，五星级酒店通过高昂的价格和豪华的设施来向顾客暗示其服务水平也较高，接受这种暗示的顾客往往会期望较高水平的服务。

5. 服务企业的口碑。影响理想服务的第五个服务因素是服务型企业的口碑（word-of-mouth communications）。有研究表明，顾客在进行服务选择时倾向于依赖个人信息来源而非公共信息来源，因为发表意见的个人并非企业的代言人，而且顾客认为接受过该服务的人的口头评价更加准确，可信程度更高。从朋友、家庭到顾问获得的口头信息构成了公共评论，如顾客评价。在购买和直接体验服务之前，口碑是消费者形成服务预期的重要依据。

6. 顾客过去的经验。影响理想服务的第六个服务因素是顾客过去的经验（past experience）。期望的服务在很大程度上由过去的服务体验决定。这时，服务评价的依据主要在于目前服务体验与统一服务商、行业中其他服务商以及其他行业的其他服务商提供的服务体验的比较。例如，如果顾客某次去一家餐厅消费，享受到了一次免费汤，有过这个经历之后，顾客会期望下次还有同样的待遇并在同行业其他服务商中进行比较。

（二）服务期望的影响因素：恰当的服务

恰当的服务反映了顾客可以接受的最低服务水平，它受以下5个因素影响。

1. 短期服务强化因素。与长期服务强化因素相比，短期服务强化因素更加个性化，它强化了顾客对服务的敏感性。例如，过去有过服务问题的顾客对以后遇到的特定服务商提供的服务质量更加敏感。另外一个例子是在突然情况下，顾客对服务期望产生了不同的需要。一般情况下，患者看病时是比较愿意等待的，而在某些特殊情况下，顾客会变得没有耐心，期望在较短的时间内接受服务。因此，恰当的服务水平增加时，容忍阈会变得更窄。

2. 可选择的感知服务。恰当的服务水平也受顾客感知服务选择的影响。可选择的感知服务数量越多，恰当的服务期望水平越高，容忍阈就会越窄。希望在任何地方都可以拥有可选择服务的顾客，或者可以自己提供服务的顾客，会比那些认为不会在其他服务商那里获得更有效服务的顾客，期望更高水平的恰当的服务。

3. 自我感知服务角色。当顾客具有强烈的自我感知服务角色时，也就是说，当他们认为他们是在做自己的那部分工作时——他们的恰当的服务水平就被提高了。然而，如果顾客希望承认他们的完成方式是错误的，或者不能为提供更出色的服务提供很必要的信息，那么他们的恰当的服务水平会降低，容忍阈会增大。

4. 环境因素。顾客理解的超出服务商控制范围的环境因素会降低恰当的服务水平。如果在一次飓风过后，暴雨或其他自然灾害发生，在正常情况下，顾客不会要求保险公司来负责。当环境变化发生在服务商控制范围之外并且顾客了解相应环境背景时，恰当的服务期望水平会降低，同时容忍阈会变宽。

5. 预期的服务。顾客认为可能产生的服务水平是最后一个影响恰当的服务的因素。理想服务水平是顾客个人因素、个人需求，公司明确的、含蓄的服务承诺、企业口碑、顾客经验的作用结果。将这些因素放在考虑范围之内，顾客根据可能发生的预期服务形成自己的判断，同时形成恰当的服务水平。

三、服务期望模型

服务期望模型是"期望—不一致"模型（Expectation - Disconfirmation）的简称，其理论依据来自20世纪70年代社会心理学和组织行为学。1972年，奥尔沙斯基（R. W. Olshavsky）和米勒（J. A. Miller）发表的"顾客期望、产品绩效与感知产品质量"一文和1973年安德森（R. E. Anderson）发表的"顾客不满意：期望与感知质量不一致的效应"一文，都探查了"期望—不一致"理论的基本框架，这两项研究与之前卡多佐（R. Cardozo）的实验研究一起，构成了这一模型的基础。

服务期望模型认为，满意是通过一个二阶段的过程实现的。在购买前，顾客会对产品的绩效，即产品将会提供的各种利益和效用，形成"期望"，顾客进行了购买以后，则会将消费产品所获得的真实绩效水平与购买前的期望进行比较，由此形成的二者之间的差距称为"不一致"，这是第一阶段。在第二阶段，顾客由"不一致"的不同情况做出不同的"满意"反应：当实际绩效与期望相同，即"不一致"为零时，顾客产生"适度的满意"（Moderate Satisfaction）；当实际绩效达不到期望时，结果就是产生"消极的不一致"（Negative Disconfirmation），它导致顾客不满意并可能导致有负面影响的公共评论或顾客的不忠诚；而当实际绩效超过期望时，就会产生"积极的不一致"（Positive Disconfirmation），并因此带来顾客满意、有益的公共评论和顾客忠诚（如图3-2所示）。

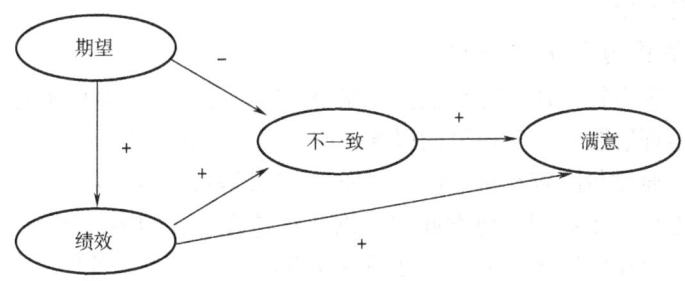

图3-2　服务期望模型

资料来源：OLSHAVSKY R W, MILLER J A. Consumer expectations, product performance, and perceived product quality [J]. Journal of Marketing Research, 1972, 9 (1): 19-21.; ANDERSON R E. Consumer dissatisfaction: the effect of disconfirmed expectancy on perceived product performance [J]. Journal of Marketing Research, 1973, 10 (1): 38-44.

期望模型中包括期望、不一致和满意3个基本的变量。期望是顾客对产品绩效的预期；不一致是绩效与期望之差，其中，绩效是顾客所获得的利益；满意则是顾客的最终态度和评价。期望模型是顾客满意理论的基础。

顾客每天都利用服务期望模型比较他们的期望和感知。例如，当顾客在海底捞餐厅就餐时，服务人员不仅提供我们要求的一切东西，也非常擅长预测我们的需要。当顾客到达餐厅因人满需要等待位置时，疲惫且无法打发时间。服务人员注意到了这一情景，主动提供餐前小吃供顾客品尝，并提供象棋等游戏设施让顾客打发时间，甚至为女性顾客提供美甲服务。这一连串的餐前服务直接导致了积极的不一致，顾客在真正的服务消费之前就有了更好的心情，这样别出心裁的体贴服务加强了顾客对出色服务的认可。

四、管理服务期望

（一）确保承诺的实现性

明确的产品或服务承诺（如广告和人员推销）和暗示的产品或服务承诺（如产品或服务设施外观、价格）都是企业可以控制的，对其进行管理是管理期望的比较直接可靠的方法。企业应集中精力于基本服务项目，通过切实可行的努力和措施，确保对顾客所做的承诺能够反映真实的服务水平，保证承诺完满兑现。过高的承诺会引起顾客较高的期望，一旦承诺不能兑现，将失去顾客的信任，破坏顾客的容忍度，对企业是不利的。

（二）重视产品或服务的可靠性

在顾客对服务质量进行评估的多项标准中，可靠性无疑是最重要的。提高服务可靠性能带来较高的顾客保持率，在顾客心目中形成积极的口碑，减少吸引新顾客的压力和再次服务的开支。可靠服务有助于减少优质服务重现的需要，从而合理限制顾客期望。

（三）坚持沟通的经常性

经常与顾客进行沟通，理解他们的期望，对企业所提供的服务加以说明，帮助顾客更好地理解服务企业提供的服务，或是对顾客光临表示感激，更多地获得顾客的谅解。通过与顾客经常对话，加强与顾客的联系，可以在问题发生时处于相对主动的地位。企业积极地发起沟通以及对顾客发起的沟通表示出一种关切，传达了和谐、合作的愿望，而这又是顾客经常希望却很少得到的。有效的沟通有助于在出现服务失误时，减少或消除顾客的失望，从而树立顾客对企业的信心。

还有一些方法也会有效帮助我们管理顾客期望。例如，我们需要更好地了解顾客信息，这些信息包括顾客基本个人信息、生活习惯、消费水平及其波动、个人偏好、服务反馈和满意度等。了解这些有助于我们掌握顾客的心理需求。如针对服务反馈，对不满意生日当天提供免费汤的顾客来讲，餐厅在顾客生日当天按其意愿提供鲜花，顾客会感到满意。还可以采用分级服务标准或者分级服务承诺，针对不同等级的顾客给出明确承诺及服务范围，规范服务提供流程，使顾客了解服务的相关信息，有效地将顾客期望限定在一定水平内，从而使顾客期望合理化。

有效管理顾客期望是在持续提升企业服务水平的基础上，从顾客角度入手，提升客户总体满意度。在顾客期望持续攀升、服务成本有增无减、服务效果与投入不成正比的情况下，有效管理顾客期望的方法无疑是从另一角度出发，帮助企业剖析问题的本质，最终达到降低服务成本、提高顾客满意度的目的。

第二节 服务质量感知

一、服务质量

关于质量的定义,有形产品的质量有形可度、有准可参,并逐渐在国际上达成统一标准,无论是从企业的角度还是消费者的角度,有形产品的质量评判都具有一定的客观性。与有形产品不同,服务本身具有的不可感知性(Intangibility)、不可分离性(Inseparability)、品质差异性(Heterogeneity)和易逝性(Perishability)的复杂特点,消费者对服务质量的评价非常主观,使服务质量的定义与控制变得复杂,也有相当的难度。

1982年,瑞典著名的服务市场营销学专家格罗鲁斯(C. Grönroos)根据认知心理学的基本理论提出顾客感知服务质量(Perceived Service Quality)的概念和模型。这一概念成为服务质量管理最为重要的理论基础。他认为,顾客对服务的评价过程实际上就是将其在接受服务过程中实际体验到的感觉(Perceived Performance)与他接受服务之前的心理预期(Expectation)进行比较的结果。如果实际感受满足了顾客期望,那么顾客感知质量就是合格的;如果顾客期望未能实现,即使实际质量以客观标准衡量是不错的,顾客感知的质量仍然是不好的,那也不能使顾客对服务质量满意,顾客感知服务质量模型如图3-3所示。

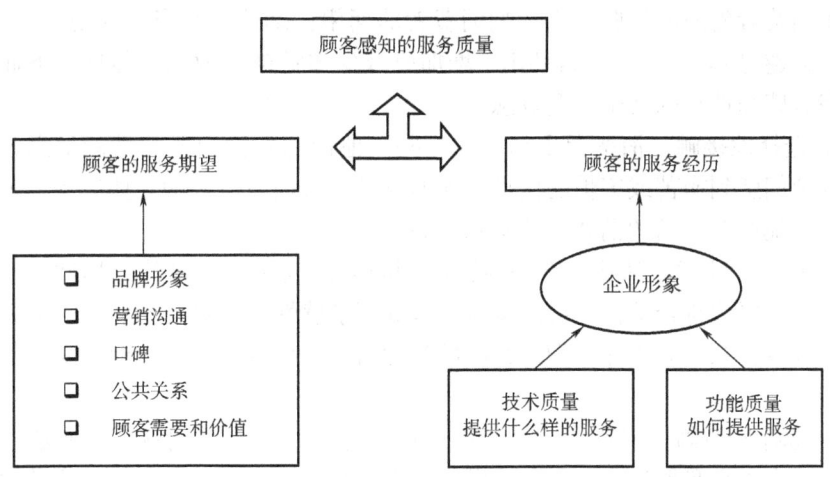

图3-3 顾客感知服务质量模型

资料来源:GRÖNROOS C. Marketing in service companies [M]. Malmo Liber, 1983: 47-100.

由于任何服务质量都同时具备过程属性(作为过程的服务)和结果属性(作为过程结果或输出的服务),因此格罗鲁斯(C. Grönroos)将服务质量划分为两个方面:一是与服务产出有关的技术质量;二是与服务过程有关的功能质量。

前者说明服务产出的结果是什么，如快餐店为顾客提供饮食、银行为顾客办理各项业务、4S店帮助顾客进行汽车维护等；后者反映了企业如何为顾客提供服务，它与服务人员的态度和行为、衣着与仪表、员工与顾客的相互作用等因素密切相关。在该模型中，还引入了企业形象因素，具有"过滤器"的作用，反映了企业形象对服务质量感知的影响。

二、顾客感知

按照消费者行为学者提出的确定和不确定理论，在消费服务之前，顾客已经对其表现有一定的期望；在服务消费过程中，顾客对该产品或服务绩效产生感知。顾客对于任何产品或服务的质量和满意的讨论是建立在顾客服务感知的基础上，而不是某些预先决定的"服务是什么或服务应该是什么"的客观标准。

顾客感知是消费者选择、组织刺激并以一种有意义的、整体的方式对之进行解释的过程。个体对他们所认知的刺激是有选择性的，他们无意识地依据广泛的心理学原理组织刺激，并对这些刺激做出与他们的需要、期望、经验相一致的主观理解。

（一）感知的选择

消费者无意识地在他们知觉环境（刺激）的某些方面运用了大量的选择性。个体可以看到某些方面而忽略其他方面。实际上，人们仅仅接收或感知了他们所接触的刺激的一小部分。选择哪一个刺激依赖于两个主要因素以及刺激本身的特性：①消费者先前的经验，它影响消费者的期望；②他们在当时的动机（需求、愿望、兴趣等）。每一个因素都用于增加或减少知觉被刺激的可能性。下面是影响消费者感知选择的几个重要概念。

1. 选择性接触。消费者主动寻找一些令他们感到愉快或同情的信息，极力回避令他们感到痛苦或害怕的信息。他们自己也有选择地接触某些广告，因为这些广告使他们对自己的消费决策感到放心。

2. 选择性注意。消费者在注意商品刺激方面运用了大量的选择性。他们对满足他们需要或符合他们兴趣的刺激具有高度敏感性，而对与他们的需要无关的刺激则很少在意。人们在他们感兴趣的各种信息、信息形式以及他们喜欢的媒介之间变换。

3. 选择性防御。消费者在潜意识里排斥他们心理上感到威胁的刺激，他们这样做是出于自我保护。例如，在同样曝光水平上，中性刺激与威胁或其他损害性刺激相比较容易接受。因为我们生活的世界存在各类铺天盖地的刺激，这种知觉防御会使他们刻意忽略或避免接受一些与他们的需要、价值观和信仰不一致的信息。

（二）感知的组织

消费者通常不会孤立地感知某一刺激，相反，他们倾向于把这些刺激按照自己的主观逻辑组织起来，然后作为统一的整体来感知它们。即使是对最简单刺激的知觉特征，人们也是把它们作为刺激所反映的整体功能来加以认识。

1. 图像与背景。图像是注意和知觉聚焦的对象，而背景是指图像周围的一切。这一原理的要点在于人们倾向于从图像与背景的关系来组织他们的知觉，这一特点决定了对刺激的解释。广告商应当把展示企业形象的品牌信息做成图像，而不是放在背景中让消费者去发现，还要避免背景干扰图像。很多企业宣传过分重视代言人的形象而不是突出品牌特征就是违背了这一原理。

2. 分组。个体倾向于把刺激分组，以使它们把刺激组织成一幅完整的层次。对刺激的知觉是将之作为信息组块而不是作为单个信息单位来促进对它们的记忆或回忆。服务企业应经常通过产品或服务与其他刺激进行分组合并来影响形象或知觉。在广告中，企业有时在信息中包含一个以上的品牌或产品，以形成分组的接触。在产品或服务的展示中，企业应将相关性高的产品或服务组织在一起，以形成统一的印象。

3. 整合。个体具有完整的需要，他们通过把知觉组织成完整的层次来表达这种需要。如果他们接触到的刺激模式不完整，他们就倾向于把它的知觉组织为完整的，从而有意无意地补充了遗漏的部分。例如，一些不完整的广告信息表达不完整，特意使消费者更深地卷入广告信息之中，满足消费者"请求"完整的需求。

因此，顾客感知不等于刺激的原始输入，也不等于具体刺激的综合。消费者面对接收到的刺激，也在依据经验、动机来增加或者简化他们的整体感知。顾客感知实际上是顾客运用过去所获得的有关知识和经验，对感知事物进行加工处理，并用概念的形式表达出来。

三、顾客满意

（一）顾客满意的基本定义

顾客满意（customer satisfaction）的思想和观念早在20世纪50年代就受到许多学者的认识和关注。自美国学者卡多佐（R. Cardozo）在1965年提出"顾客满意"的概念后，大量研究对顾客满意的含义、顾客满意的测评方法以及顾客满意度的分析模型进行了讨论。

在描述"顾客满意"的基本定义时，大多数学者都主要围绕着美国营销学家奥利弗（R. L. Oliver）于1980年提出的"期望—实绩"范式。在这一范式的基本内涵中，对期望和实际感知的评价过程是其核心组成部分，顾客期望是顾客比较、判断产品或服务的参考点。营销大师科特勒（P. Kotler）认为，满意是指一个人将其产品的可感知绩效（或结果）与其自身期望相比较后所形成的愉悦或失望的感觉状态。奥利弗（R. L. Oliver）于1997年提出的顾客满意感的定义是："满意是消费者的实践反应，它是判断一件产品或服务的特性，或其本身的尺度，或者说，它反映了关于一次消费经历的愉快水平"。这些定义表明了顾客在比较消费过程中的实际经历与消费前的预期，以及判断其需要是否被满足的感受或状态。

科特勒（P. Kotler）还认为，顾客满意是感知效果和期望值之间的差异函数为：

顾客满意 = f（事前预期，可感知的效果）

美国营销学家阿塞尔（H. Assael）也认为，当商品的实际消费效果达到消费者的预期时，就会使顾客满意，否则，则会导致顾客不满意。2000版ISO9000标准进一步指出："顾客抱怨是一种满意度低的最常见的表达方式，但没有抱怨并不一定表明顾客满意""即使规定的顾客要求符合顾客的愿望并得到满足，也不一定确保顾客很满意"。

从以上对顾客感受或状态的描述可以看出，顾客满意形成机制的原理很简单，即顾客评价服务好坏的方法是通过把他们已经享受过服务的感知质量与其期望值进行比较。如果已经享受的服务质量与其预期的相同或者更好，那么消费者就会满意。

（二）顾客满意的3种感受

顾客满意是一种期望（expectation）与可感知效果（perception）比较的结果，它是顾客心理的反应。顾客满意与否取决于顾客接受产品或服务的感知同顾客在接受服务之前的期望相比较后的体验。通常情况下，顾客的这种比较会出现3种感受，如图3-4所示。

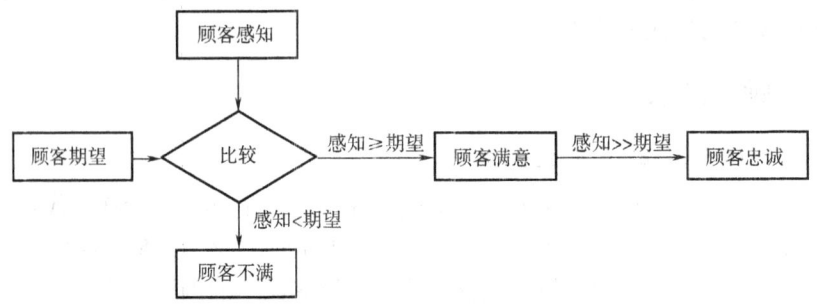

图3-4 顾客期望与顾客感知比较后的感受

资料来源：OLIVER R L. Effect of satisfaction and its antecedents on consumer preference and Intention [J]. Advances in Consumer Research, 1981, 8: 88-95.; TSE D A, WILTON P C. Models of consumer satisfaction formation: an extension [J]. Journal of Marketing, 1988, 25（2）: 204-212.; WESTBROOK R A, REILLY M D. An alternative to the disconfirmation of expectation there of consumer satisfaction [J]. Advances in Consumer Research, 1983, 10: 256-261.

1. 当感知低于期望时，顾客会感到不满意，甚至会产生抱怨或投诉，如果对顾客的抱怨采取措施妥善解决，就有可能使顾客的不满意转化为满意，直至成为忠诚的顾客。

2. 当感知超过期望或与期望一致时,顾客就会感到满意。

3. 当感知远远超过期望时,顾客就会从持续的满意中产生忠诚。

顾客对质量的感知是指顾客在购买和消费产品或服务的过程中对质量的实际感受和认知。期望形成于顾客消费服务过程之前,感知则形成于顾客消费服务过程之后。需要指出的是,顾客对质量的感知虽然是顾客对其购买决策整个过程在主观上的判断,但是其判断的基础来自于实际经历的一个客观体验过程,其判断依据就是顾客在购买前的需求和期望。

四、服务关键时刻

关键时刻(Moments of Truth,也称为真诚瞬间)是一个关键指标,是对客户导向的具体衡量,因为对客户而言,他只会记住那些关键时刻。这一理论是由北欧航空公司前总裁詹·卡尔森创造的。他认为,关键时刻就是顾客与北欧航空公司的职员面对面相互交流的时刻,换句话说,就是指客户与企业的各种资源发生接触的那一刻。例如,酒店在客人到达时的关键时刻有:前台接到顾客预订及咨询电话、顾客到达门店前、顾客走进大堂、顾客走到前台、顾客办理入住手续。关键时刻决定了企业未来的成败(如表3-1所示)。

表3-1 酒店服务中的关键时刻

关键时刻	服务表现
前台接到顾客预订及咨询电话	接线员说话的语调让打电话者是否感到受欢迎或是冷淡?
顾客到达门店前	酒店门前是否整洁、干净,使人感到很受欢迎?停车是否便利?是否有迎宾人员打开车门?
顾客走进大堂	是否有指示牌指示顾客到前台或开会的地方?
顾客走到前台	前台服务员是否让顾客感到他们非常受欢迎?或是服务员忙于埋头工作而不能立即抬头与顾客打招呼?
顾客办理入住手续	当办手续过程烦琐而令顾客感到枯燥时,前台工作人员是否会让顾客感到愉悦呢?

(一)关键时刻是评价服务质量的视角之一

服务不同于有形产品的可以量化来进行考评,而是从多个视角进行考核,比如是否基于酒店服务流程、是否遵守行为规范等。如果站在顾客的角度,对服务质量的评价就是顾客是否对关键时刻感到满意。

顾客与酒店所有资源和员工发生接触,会形成多个关键时刻,在接触的同时也就做了一个无声的评判,顾客把他们受到接待时的即时感受牢记在心里的考评表上，每一张考评表就是一个对关键时刻服务质量的评价。如果这个评价是正面的，就代表顾客满意度是良性的。反之，如果评价是负面的，就代表了顾客对酒店服务质量的否定。

（二）关键时刻可以促进服务质量的改进

酒店要想获得顾客的正面评价，就必须提供优质的服务，在关键时刻实现顾客满意。对酒店来讲，可能会觉得顾客满意度来自于酒店长期为其提供服务，顾客会根据酒店提供服务的次数、时间等取一个平均值来完成自己对酒店服务的评价。然而事实上，顾客却是根据最后一次接触是正面还是负面来评价酒店的服务质量，如果是正面的，顾客就会对酒店的服务质量给出积极的评价；如果是负面就意味着关键时刻失控，酒店服务质量便会在顾客的感知中大打折扣，服务可能会退回到初始状态，甚至出现负面效应，比如，导致顾客投诉甚至对酒店的抵触，最终导致顾客流失。顾客转换其他酒店的成本是很低的，因此，在酒店管理中重视对关键时刻的管理，可以有效地促进服务质量的改进，树立酒店在顾客心目中的良好形象。

第三节 服务质量的测量

一、服务质量的维度

格罗鲁斯（C. Grönroos）的"顾客感知服务质量模型"的核心是"质量是由顾客来评价的"，实际上是要求服务厂商从消费者的角度来评价和管理服务质量，顺应了"以客户为中心"的现代市场营销潮流，特别是在市场竞争越来越激烈的服务市场营销中有特别重要的指导意义。

研究表明，顾客对质量的评价包括对多个要素的感知。1985年，美国学者帕拉苏拉曼（A. Parasuraman）、蔡斯莫（V. V. Zeithaml）、贝利（L. L. Berry）从顾客感知服务质量的角度归纳出了服务质量的5个属性，即有形性、可靠性、响应性、保证性、移情性。

（一）有形性

服务的有形性（Tangibility）是指服务企业有策略地提供服务的有形线索，帮助顾客识别和了解服务。服务的有形线索是服务过程中能被顾客直接感知和提示服务信息的有形物。大多数公司经常把有形性和质量维度结合起来建立服务质量战略。在战略中强调有形展示的服务行业主要包括顾客到企业所在地接受服务的行业，如餐馆、酒店、零售商店和娱乐公司等。

由于缺乏实体产品，顾客常常借助服务产品的有形部分来评价一项服务。企业的有形部分包括各种实物，如地毯和墙壁颜色等装潢、企业手册、企业人员的外表。因此，服务质量模型中的有形部分包括两个方面：一方面集中于设备和设施，另一方面集中于人员和沟通材料。

（二）可靠性

服务的可靠性（Reliability）是指准确可靠地执行所承诺服务的能力。从更广泛的意义上说，可靠性意味着企业按照其承诺行事，包括送货、提供服务、问题解决、定价等。显然，顾客喜欢与信守承诺的公司打交道，特别是那些能信守关于核心服务承诺的公司。许多情况下，只要服务提供者出现并能按照承诺进行交易，顾客还是很愿意付钱的。消费者认为可靠性是服务质量模型五个维度当中最重要的。

例如，如果医生能够在约定的时间与病人会面并准确诊断，病人会认为医院非常可靠；飞机能够按时起飞和抵达目的地，航空公司就会被认为是可以信赖的。

（三）响应性

响应性（Responsiveness）反映了服务企业致力于及时提供服务以及企业随时准备提供服务的能力。该维度强调企业必须站在客户的角度来审视与处理服务的传递及顾客的要求。在处理顾客要求、咨询、投诉等问题时，服务人员应当更专注与快捷，毫无理由地让顾客等待而不采取任何措施会消极地影响顾客感知。该维度包括以下方面：企业能否对顾客的问题做出快速的回应以及能否为顾客提供所需要的柔性能力。对速度的要求成为顾客评价服务质量的重要因素。

为了在响应性维度上做到优异，企业必须站在顾客的角度而不是企业的角度来审视服务传递及处理顾客要求的过程。为了在响应性方面突出自己，企业除了需要在所有与顾客接触的地方配备能做出积极反应的一线服务人员之外，还需要有一个顾客服务部。

（四）保证性

服务质量的保证性（Assurance）是指员工所具备的专业知识和谦恭态度及其能赢得顾客信任的能力。能力不仅包括员工实施服务时所掌握的知识和技能，同时，谦恭的态度也反映了礼貌、友好以及对顾客的关心。这样既能增强顾客对企业的信心，同时也能让顾客感到安全。保证性包括可信的名称、良好的声誉、训练有素的员工等。

在服务包含高风险或不能评价服务的产出效果时，该维度尤为重要，比如，银行、证券交易、保险、医疗和法律等方面提供的服务。通常公司会尽量通过专业的一线人员来建立顾客的信任与忠诚，但也有潜在的弊端，促使公司不断努力来建立顾客和公司之间的信任关系。

（五）移情性

服务的移情性（Empathy）是指服务人员给予顾客的关心和个性化服务，是设身处地为顾客着想，对顾客的处境、情感的认同和理解。移情性的本质是服务企业通过为顾客提供个性化或者定制化的服务来使每个顾客感觉自己为服务公所理解和重视。相反,如果企业不能给有需求的顾客提供特别关注,同时也不能向顾客提供便利的运营时间,这样的企业就没能展示其移情行为。移情性要求服务提供商具有敏感性和充分有效理解顾客需求的能力。

服务质量的移情性维度也可作为企业参与市场竞争的重要砝码。许多小型计算机咨询公司通过把自己定位于特殊行业中的专家,成功地与大公司竞争。即使大公司有较丰富的资源,小公司仍被认为更了解用户的问题和需要,并且能够提供更加个性化的服务。

二、服务质量的测量

顾客满意和服务质量的测量都是通过感知和期望之间的对比得到的,尽管如此,仍然可以在这两个概念的操作型定义中看出二者的细微差别。满意是指顾客感知与顾客的一般期望之间的比较,而服务质量则是指顾客对服务的感知与其对一家高质量服务企业理应做到的期望的比较。从这个意义上讲,服务质量定义了服务交付的更高标准。

服务质量模型量表是最常用且备受争议的一种服务质量测定方法。其创始人帕尔苏曼(A. Parasuraman)等认为,服务质量模型是揭示企业在服务质量领域里的优劣势的一种诊断工具。服务质量模型(SERVQUAL Model)方法基于服务质量的5个维度,包括有形性、可靠性、响应性、保证性、移情性,它们为服务质量提供了最基本的"骨架"。

服务质量模型方法包括两个方面:记录某服务行业中优秀企业的顾客期望的22个问题,以及测量该行业中某一特定公司(如被评价的公司)的顾客感知的22个相对应的问题。最后再将这两部分的测量结果进行比较,计算得出上述每个服务维度的"差距分数"。差距越大,顾客感知离顾客期望就越远,服务质量的评价水平也就越低。相反,差距越小,服务质量的评价水平就越高。顾客期望的测量按照从"一点不重要"到"非常重要"来打分,满分为7分。因此,服务质量模型是用来测量服务质量5个维度顾客期望和顾客感知的44项等级量表。

(一)服务质量的测量维度

1. 有形性维度。服务质量模型中的有形性维度是指顾客期望与企业管理其有形部分的能力水平的比较。服务质量模型中的有形性维度是通过4个期望问题(E1—E4)和4个感知问题(P1—P4)来衡量的。这里要注意的是期望问题适用于特定行业的优秀公司,而感知问题则适用于被调查的特定公司。感知分数和期望分数之差形成了一个数字变量,用以反映有形性差距。数值越小,差距就越小,顾客的感知就越接近期望。

2. 可靠性维度。一般而言,可靠性维度反映了一个公司服务绩效的一致性和可靠性。服务质量模型中的可靠性部分是通过5个期望问题(E5—E9)和5个感知问题(P5—P9)来衡量的。

3. 响应性维度。服务的响应性是指帮助顾客及提供便捷服务的自发性和及时性。服务质量模型中的响应性部分是通过 4 个期望问题（E10—E13）和 4 个感知问题（P10—P13）来衡量的。

4. 保证性维度。服务的保证性反映了公司的能力、对顾客的礼仪及公司运营的保证性。服务质量模型中的保证性部分是通过 4 个期望问题（E14—E17）和 4 个感知问题（P14—P17）来衡量的。

5. 移情性维度。服务的移情性反映了为顾客设身处地着想的能力。移情使企业更加了解它们的顾客。服务质量模型中的移情性部分是通过 5 个期望问题（E18—E22）和 5 个感知问题（P18—P22）来衡量的。

上述衡量服务质量 5 个维度的具体说明详见本章附录。

（二）服务质量模型的局限性

服务质量模型工具自提出以来，已经受到了很多批评。最主要的批评是关于问卷长度、维度的有效性以及该测量工具对顾客后续购买行为的预测能力。但是这 3 方面的批评在诠释服务质量模型结果方面又有非常重要的意义。

1. 问卷的长度。服务质量模型各个维度的期望和感知项目加起来共有 44 项条目。服务质量模型的批评者说：这 44 项重复性太高，不必要地增加了问卷的长度。他们当中的一些人认为该测量工具中的期望部分没有实际价值，应该在评价服务质量时仅使用感知部分。

服务质量模型的开发者对此做出了有效的回应，他们争论说：期望部分的加入提高了该量表作为一种诊断工具的管理效用。仅有感知分数只能评价被调查者对每个问题的答案是否同意，却并不能测量针对每项服务的差距分数。然而，将期望分数和感知分数结合起来看，差距最大的才应该是公司需要解决的首要问题。考虑到服务质量的提高需要公司的财务投资，保留期望部分依然是十分有价值的。

针对条目数量问题，有一些创造性的建议提出在保留期望部分的同时将问卷长度缩减至 22 个条目。例如，在同一个排序系统中，请被调查者指出高质量公司的位置，然后再指出被评价公司的位置；或者将该系统的中点位置作为高质量公司的期望服务水平，考察被评价公司与该点的位置关系——在期望之上还是之下；还可以将该系统的终点（如 7 级量表中的 7）作为高质量公司的期望服务水平，再看被评价公司与该点的位置关系。这些方法都能让顾客在评价期望和感知的同时缩减了问卷长度。

2. 维度的有效性。服务质量模型工具受到批评的另一个原因是：学者提出的服务质量的 5 个维度（有形性、可靠性、保证性、响应性、移情性）在统计检查上并不合理。因此，服务质量模型的反对者们对这 5 个方面作为测量工具的效度提出质疑。

对此，服务质量模型的提出者回应道：尽管服务质量的 5 个维度代表着服务的不同侧面,但是它们相互联系。因此,在进行相关的分析测量时可能会出现重复和交叠现象。在进行统计分析时,响应性、保证性和可靠性的界限非常模糊。然而,在对顾客进行每方面的重要性权重调查时,其结果却显示消费者对5个维度的评价具有显著的区别(如表3-2所示)。服务质量模型的提出者认为,这也再一次证明了这5个维度各自的独特性。

表3-2 服务质量模型五维度的相对重要性(消费者观点)

可靠性	32%	移情性	16%
响应性	22%	有形性	11%
保证性	19%		

注:消费者被要求在5维度之间对100分进行分配,权重的百分比反映每方面的平均得分。
资料来源:BERRY L L, PARASURAMAN A, ZEITHAML V A. Improving service quality in america: lessons learned [J]. Academy of Management Executive, 1994, 8 (2): 32-52.

3. 服务质量模型的预测能力。对顾客购买意图的预测能力是服务质量模型受到质疑的第三个原因。研究指出,服务质量模型等级中的感知(绩效)部分比期望减去感知能更好地预测顾客的购买意图。从这个意义上讲,服务质量模型的反对者们提出满意比服务质量对购买意图具有更加重要的影响。因此,他们认为,管理者需要将注意力集中于顾客满意,而不是采用仅关注服务质量的战略。

服务质量模型的提出者又一次拿出先前那些在理论、方法论、逻辑分析和实践基础上的事实作为反驳的理由。从管理的角度来讲,服务质量模型的反对者们可能会紧紧抓住期望减去感知方法的诊断价值这一点不放。而在先前提供信息的基础上,服务质量模型的提出者给出了令人信服的理由:结合顾客期望比仅对感知分数进行测量提供的信息更加丰富。

尽管存在反对者,服务质量模型仍然是评价服务质量的一个常用工具。服务质量提出者一直声称它是测量服务质量的一个有用的起点,而且绝不会是"最后的答案"。他们也主张服务质量模型与其他形式的(定性的或者定量的)测量工具一起使用,它会是一个能够准确评价企业服务质量的绩效的有价值的诊断工具。

(三)服务质量模型要注意的问题

服务质量模型工具强调了服务提供者在测量服务质量时应考虑以下几点。

1. 一线服务人员的重要性。顾客对服务的感知很大程度上取决于一线员工的态度和行为。在被测量的5个维度中,响应性、移情性和保证性直接影响顾客和员工之间的互动和交流。有形性甚至也有一部分取决于服务人员的外表、着装和卫生。

2. 过程与结果并重。服务过程与服务结果对顾客如何判断一项服务好坏的影响一样大。服务的交付过程与服务的频率和本质一样重要。因此,顾客满意取决于服务的效用和服务的消费。

在制定服务质量标准时,将服务视为一个过程给管理带来了很大的难度。服务质量标准既可以从消费者来衡量,也可以从运营系统的角度来衡量。因此,可以在消费者对组织响应性的评价基础上制定条款。遗憾的是,尽管这是一种定量的测量方法,在指导运营经理和一线服务人员的行为上效用却不大。

3. 消费者感知无法预测。服务质量5维度的先后次序可能会受到组织不可控因素的影响,这些因素对管理者来说或许不明显。比如说,消费者的情绪和态度可能影响次序。研究表明,当消费者对服务进行排序时,他们会使用各种不同的线索。同时也有研究表明,即使一个服务企业使顾客产生了负面的不信任感,未必就不能使顾客满意。由于消费者也是服务过程的一部分,他们或许会将失败归咎于自己或是公司不可控的因素。

三、服务质量差距模型

20世纪80年代中期到20世纪90年代初,美国营销学家帕尔苏曼(A. Parasuraman)、泽丝曼尔(V. A. Zeithaml)和贝里(L. L. Berry)等人提出了"服务质量差距模型"(Service Quality Disparity Model),又称"5GAP模型",是专门用来分析服务质量问题根源的模型。该模型说明了服务质量是如何形成的,是对服务感知质量模型的延展。服务质量差距模型如图3-5所示。

图3-5模型中虚线以上显示了从消费者的角度来定义的服务质量——顾客期望的服务(expectation)与感知的服务(perceived performance)之间的差距。顾客期望的服务受到顾客过去的经历、个人需求以及口碑沟通等因素的共同影响,顾客感知的服务是一系列内部决策和内部活动的结果。

虚线以下涉及管理者在服务营销中的战略和决策活动。如图3-6所示,差距模型的核心是顾客差距,即顾客期望和感知的差别。从管理者的角度,其他4个差距是服务提供方的差距,是管理者可以控制的公司活动所造成的差距。管理者应以差距模型为依据——起始于顾客,并按顾客实际所需来建立组织任务,弥合服务提供方可控的4个差距,从而弥合顾客期望与实际感知之间的差距。如图3-6所示,引起顾客差距的根本原因是4个供应商差距,必须对4个供应商差距进行持续弥合。

(一)**差距1:消费者的预期和管理层认知之间的差距:不了解顾客的期望**

管理者认知差距的第一个关键因素是没有进行充分的市场调研。当然,服务组织或许在成立之初的确对消费者需求做了周密而详尽的调查,但若没有将调查结果与消费者需求同步持续更新,它所提供的服务对目标市场的吸引力就会降低,很难实现长远的发展。

第二个关键因素是公司战略缺少对客户关系的维护和加强,即称之为"关系营销"的战略。服务组织的管理者要能正确处理新老顾客之间重视程度的矛盾。

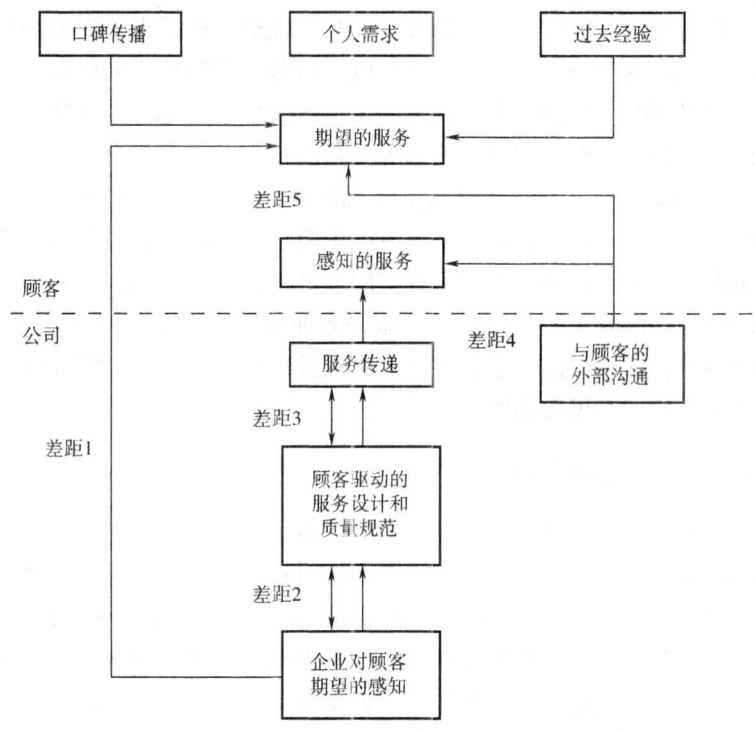

图 3-5 服务质量差距模型

资料来源：ZEITHAML V A, BERRY L L, PARASURAMAN A. The journal of marketing [M]. the American Marketing Association, 1988: 36.

一方面，管理层为了缩小认知差距，必须设法加强与现有顾客的关系；另一方面，如果因此而忽略了新顾客，有可能不能准确把握现有顾客不断变化的需求和期望。在关系营销中，管理者应擅用"80/20"法则来维护顾客关系。

第三个关键因素是缺少向上的沟通。这与服务组织的结构和沟通方式有关。一线服务人员通常对顾客有深入了解，如果组织层次过于烦琐和复杂，必然会降低信息传递的效率，使管理者获取的顾客信息失真或者丧失，从而加大了管理者的认知差距。

最后一个关键因素是缺乏服务补救。再好的组织也难免出现服务失误，管理者若不了解顾客经历服务失误而产生的服务补救期望，进而没有采取及时的补救措施，会引起顾客的不满，造成不可弥补的后果。

（二）差距2：管理层认知与服务质量明细之间的差距：未选择正确的服务设计和标准

管理者正确地理解顾客期望，却未能从顾客期望出发设计服务流程和服务标准时，就出现了第二种供应商差距。

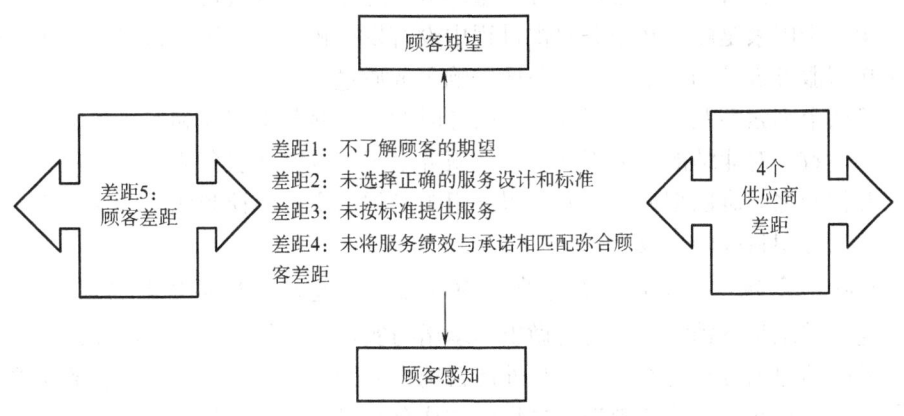

图 3-6 导致顾客差距的关键因素

资料来源：ZEITHAML V A, BERRY L L, PARASURAMAN A. The journal of marketing [M]. the American Marketing Association, 1988：36.

第一个因素是由于服务的无形性，很难清晰地用言语表达出来。对一项服务的内容，人们总会有不同看法，因而造成服务质量设计的标准不能统一，出现模糊、主观、过于简单以及与市场定位脱节等问题。最终使员工在理解和执行时与管理者的思路出现分歧。

第二个因素是服务标准与顾客期望不符合，这将直接影响服务的质量。负责制定标准的人员可能认为顾客的期望不尽合理或者不切实际，因此主观臆断或修改顾客提供的服务标准，使实际提供的服务不能达到顾客的期望。

第三个因素是不适宜的有形证据。那些在服务周围的有形事物称之为有形证据。有形证据能够帮助无形的服务传递某种信息并营造氛围，因此也必须按照顾客的期望设计，包括一般有形物（名片、报告、标志、网络展示、服务设备和设施）和服务场景与环境。如果顾客期望享受安静悠闲的氛围，那么，咖啡厅就不应该播放吵闹的音乐和使用沉重的色调。

（三）差距3：服务质量明细与服务传递之间的差距：未按标准提供服务

当管理层已经根据顾客期望制定了适当的服务标准，而员工却不能或不愿意传递相应的服务时，就出现了第三类供应商差距。

导致这类差距的第一个因素与公司的人力资源职能相关联，并涉及企业内部的活动，包括人员招聘不当、员工角色模糊和角色冲突、员工负担过重、不胜任技术职位、不恰当的评价和缺乏团队合作等。

第二个因素是不能使服务供应能力适应需求的变动。由于服务的易逝性，且是不可储存的，服务组织经常会遇到需求过度或者需求不足的情况。如果服务组织在需求高峰时期无法满足顾客需求，进而造成顾客拥挤或者等待，而在需求淡季，资源又被闲置。这都会使服务质量降低，进而影响到公司利益。

第三个因素是顾客在服务提供过程中没有发挥积极的作用。这可能是因为顾客未按照服务人员的要求接受服务而影响服务质量。

第四个因素涉及通过中间商提供服务时冲突。服务中间商和服务供应商可能目标不一致，对业绩的标准不同，这使服务组织难以实现服务质量的一致性，在授权和控制之间难以把握。因此，服务组织必须制定能够控制或激励这些中间商共同完成公司目标的有效途径。

（四）差距4：服务传递与外部沟通之间的差距：服务绩效与承诺不符

这一差距是营销沟通行为所做出的承诺与实际提供的服务之间的差距。引起这一差距的原因可分为两类：一是外部营销沟通的计划与执行没有与服务生产统一起来；二是在广告等营销沟通过程中往往存在过度承诺的倾向。

首先，服务组织的营销沟通缺乏一体化。既包括服务营销和生产计划部门的内部沟通，也包括互动式营销——接触人员与顾客之间的沟通活动。如果职能部门之间缺乏充分的内部沟通，服务人员没有全面理解企业所提供服务的实际情况，往往会产生同一项服务承诺前后不一致的情况，分别做出不同的承诺，导致顾客困惑和失望。在互动式营销中，未与顾客充分沟通并提供指导，不能告诉顾客如何正确地使用服务，也会引起顾客的不满意。

其次，过度宣传如夸大的广告和推销口号会不切实际地提高顾客期望。服务组织通过广告媒体、销售人员以及其他沟通手段做出承诺，使顾客产生较高的期望并以此作为评价服务质量的标准。一旦实际经历的服务并不是该企业所宣称的那样，必然会影响顾客对服务质量的判断。因此，外部传播往往会使顾客产生不恰当的服务期望而导致更大的服务感知差距，服务组织必须管理好所有与顾客的沟通。

（五）差距5：服务认知与服务预期之间的差距

这一差距是指感知或经历的服务与期望的服务不一样。顾客实际感知的服务质量是顾客对服务期望与实际体验的服务绩效之间的比较。

实际服务绩效大于服务期望，则顾客感知服务质量是良好的，反之亦然。顾客满意的感知服务质量至少是经历服务与期望服务相符，或比期望略高。企业需要权衡利弊，追求过高的服务质量在经济上是不划算的，而太低的感知质量则会导致顾客不满意。良好的质量会使顾客非常满意，从而对公司产生良好印象，而顾客服务认知与预期之间的巨大差异又会导致顾客消极的质量评价，甚至影响公司的形象和业务等。

四、服务质量的改善策略

（一）评估和管理顾客满意和服务质量

以顾客为中心的公司，其主要战略是评估和检测顾客满意和服务质量。这样的评估需要跟踪趋势、诊断问题以及与其他战略相结合。例如，公司把顾客满意的评估工作与公司的其他战略相联系，包括雇员培训、薪酬系统、内部过程度量、组织结构等，使所有系统的管理都统一服务于提升顾客满意。

（二）在每一个服务关键时刻实现顾客满意

每一次服务关键时刻对能否留住顾客都非常重要，所以公司应致力于让每一次服务都令顾客满意。为达到该目标，首先，要对公司和顾客产生联系的所有方面进行资料整理。其次，研究顾客在每一次服务关键时刻的期望，并将战略构建在满足顾客期望的基础上。

（三）管理服务的证据以加强顾客感知

因为服务是无形的，顾客在组织相互作用的每一方面都在寻找服务的证据。顾客经历的3类主要证据是：人员、过程以及有形展示。这些要素或者其子集，使提供给顾客的服务变得有形，并且代表了创造积极感知的重要方式。因为这些要素十分重要，需要将其作为战略上的营销变量来处理，如产品、价格、销售渠道以及促销等传统的组合要素。

小结

本章通过运用顾客服务期望的类型与影响因素，说明顾客持有不同类型的服务期望。①理想服务，反映顾客最希望得到的服务；②恰当的服务，顾客愿意接受的服务。同时还介绍了服务期望模型，将服务期望、绩效和顾客满意联系起来。

本章还介绍了两个重要概念：顾客满意和服务质量。就服务而言，服务质量可以是顾客满意的最重要因素。服务质量感知基于5个维度：可靠性、响应性、安全性、移情性和有形性。

另外，本章还介绍了服务质量差距模型，用来描述增强质量感知、提高顾客满意的公司战略。同时还提到了服务质量当中"关键时刻"的概念，旨在帮助企业实现在每一次服务接触中以质量和满意为目标的战略。

思考题

1. 理想服务和恰当的服务的区别是什么？为什么服务营销人员需要理解这两类服务期望？

2. 举例说明哪些影响期望的因素在你的服务消费决策中最为重要？

3. 试举几个例子，说明由于公司明确的服务承诺被夸大而使你不满意其服务结果的情况。

4. 什么是顾客满意？为什么顾客满意很重要？

5. 服务质量感知和服务满意之间的区别是什么？

6. 界定服务质量的 5 个维度，并描述你的一个服务提供商在每个维度上提供给你的服务。

7. 描述一次在酒店中接受服务的关键时刻。它们使你对这次服务体验的评价有何影响？

 案例

"人类已经无法阻止海底捞了"

海底捞，被称为"超五星的平价火锅店"。在中国，它开出了近 40 家连锁火锅餐厅。那里的每个人都挂着像家里人那样的微笑，主动为客人提供无微不至的服务，让每一个客人都觉得自己是 VIP。这样的顾客体验，并不是那么容易能在餐饮企业获得，但海底捞做到了。而这些神秘微笑带来的，是超过一般火锅连锁店一倍的翻台率，以及惊人的营业额。近 40 家连锁店全年创造了 6 亿元人民币的营业收入，其中，营业利润达到 8 000 万。海底捞的秘密究竟在哪里？

1. 顾客问服务员："洗手间在哪里？"服务员说："先生，我带您去。"当顾客洗完手时，服务员主动递上擦手的纸巾并且提示"小心地滑"。

2. 当顾客把手机放到桌子上时，服务员立刻拿来一个小袋子，将手机放在里面，避免油烟沾到上面。

3. 开始点菜，会听到服务员说，"两位先生点得有点多了，建议有些可以点半份。如果不够，吃完可以再加。"

4. 服务员主动把菜倒入锅中，并且不时去查看菜有没有煮熟，确保顾客在最好的时机享用美味的菜品。

5. 当顾客开始就餐时，由于火锅的热气大，顾客的眼镜被热气蒙住了。正要擦，这时餐桌边的服务员递过来了一个眼镜布。服务员说："先生，送给您的，您平时用着也方便。"

每个客户的服务需求不同，服务的个性化才是卓越服务的核心所在。客户的个性化服务需求要求服务人员迅速做出正确的判断，才能让客户满意。这有赖于客户服务人员良好的服务态度、极高的工作热情和客户服务经验的积累，有时还需要些创造性。而培养这样的员工远比培养一个生产一线的操作工人难度大得多，这也是服务类企业做好服务的难点所在。

海底捞人深刻明白，只有让顾客满意的服务才是成功的，所以他们尽心尽力地提供充满人性化的服务。他们的服务是完全超出顾客期望的，是顾客意想不到的，而且令他们明白这种服务在其他餐厅是绝不能够享受到的。

在这个不止一味追求产品质量的经济时代，企业的服务质量亦十分重要。

附录

有形性期望

E1 优秀的公司会有现代气派的设备。
E2 优秀的公司的有形设施看上去会很吸引人。
E3 优秀的公司的员工的外表会很整洁。
E4 优秀的公司内与服务有关的设备和资料看上去会很吸引人。

有形性感知

P1 XYZ 公司拥有现代气派的设备。
P2 XYZ 公司的有形设施看上去很吸引人。
P3 XYZ 公司的员工外表很整洁。
P4 XYZ 公司内与服务有关的设备和资料看上去很吸引人。

可靠性期望

E5 优秀的公司如果承诺在某一时间之前要做某事,那么它会那样做的。
E6 顾客有问题时,优秀的公司会表现出要解决问题的诚意和兴趣。
E7 优秀的公司应该是可以信赖的。
E8 优秀的公司会在它们承诺的时间提供服务。
E9 优秀的公司会坚持无失误记录。

可靠性感知

P5 XYZ 公司如果承诺在某一时间之前要做某事,它的确是那样做的。
P6 当顾客有问题时,XYZ 公司表现出要解决问题的诚意和兴趣。
P7 XYZ 公司应该是可以信赖的。
P8 XYZ 公司在它们承诺的时间提供服务。
P9 XYZ 公司坚持无失误记录。

响应性期望

E10 优秀的公司的员工会准确告知顾客服务实施的时间。
E11 优秀的公司的员工会迅速为顾客提供服务。
E12 优秀的公司的员工总是愿意帮助顾客。
E13 优秀的公司的员工绝对不会因为太忙而不理会顾客的请求。

响应性感知

P10 XYZ 公司的员工准确告知顾客服务实施的准备时间。
P11 XYZ 公司的员工迅速为顾客提供服务。
P12 XYZ 公司的员工总是愿意帮助顾客。
P13 XYZ 公司的员工绝不会因为太忙而不理会顾客的请求。

保证性期望

E14 优秀的公司的员工行为会使顾客感到放心。

E15 优秀的公司会使顾客在交易过程中感到安全。
E16 优秀的公司的员工对顾客会始终保持礼仪。
E17 优秀的公司的员工会拥有解决顾客问题所需要的公司支持。

保证性感知

P14 XYZ 公司的员工使顾客感到放心。
P15 顾客在与 XYZ 公司交易的过程中感到安全。
P16 XYZ 公司的员工对顾客始终保持礼仪。
P17 XYZ 公司的员工能够利用公司支持更好地解决顾客问题。

移情性期望

E18 优秀的公司会给予顾客特别的关注。
E19 优秀的公司会拥有能给予顾客特别关注的员工。
E20 优秀的公司的员工会了解顾客的特殊需求。
E21 优秀的公司会将顾客的最佳利益放在心里。
E22 优秀的公司会使其运营时间方便所有的顾客。

移情性感知

P18 XYZ 公司给予顾客特别的关注。
P19 XYZ 公司拥有能给予顾客特别关注的员工。
P20 XYZ 公司的员工了解顾客的特殊需求。
P21 XYZ 公司将顾客的最佳利益放在心里。
P22 XYZ 公司的运营时间对所有顾客而言都便利。

第四章 服务消费行为

【学习目标】
1. 了解服务搜寻行为及搜寻、经验和信任的特点
2. 掌握服务消费决策过程及其5个阶段
3. 了解服务中文化的作用

 **开篇案例**

手机市场竞争激烈,苹果的霸主地位几乎无法动摇,三星正在不断尝试,通过VR来模拟一项传统的亲子活动——阅读睡前故事,给消费者更好的服务,从而"曲线救国"。

在广告公司BBH伦敦的帮助下,他们带来了一个名为Bedtime VR Stories的App。当父母不能在孩子身边时,这个App就能够通过VR技术提供实时的互动,将父母和孩子联系在VR的世界里。只要他们带上VR头盔,就能看见对方(戴着VR头盔的紫色小人),能够互相交谈,一起阅读睡前故事。

在Bedtime VR Stories中,目前只有一个名为"最美好的地方"的故事。父母和孩子只需坐在自己的床上,带上VR头盔,在5分钟的时间内,就可以参观到3个不同的地方,一只名为Jen的企鹅将带领大家来到北极;接着,一只叫Dan的恐龙会带大家来到史前时代;机器人Jo则带领大家来到外太空;最后以一段美妙的音乐结束这段奇幻的旅程。

BBH说,推出VR睡前故事App的创意来源于他们对现实生活的洞察——有近1/3的父母不能在孩子睡前陪在他们身边,给他们读睡前故事。在Bedtime VR Stories这个App中,分隔两地的父母和孩子可以一起分享同一个故事。

如何不断提升消费者的满意度不仅是理论问题,更是实践问题。只有更好地了解消费者的行为特点和消费者的需求,才能帮助服务提供者在实践当中不断提供具有竞争力的服务。三星能够想到用VR解决父母陪伴孩子的问题,可谓可圈可点。站在消费者的角度思考问题,用科技改善服务,竭力满足消费者的需求。与其他同类型的VR功能相比,这个创意恐怕是目前世界上最好的VR创意。不管是不是真的能够实现,但至少会让父母尖叫说,"哇,我就是想要这样一个东西,我想陪着我的小孩一起玩",这就足够成功了。

第一节 服务搜寻行为

一、搜寻

消费者产品性能的第一类是搜寻特性,即消费者能在购买产品之前决定的性质。搜索特性从获取渠道来说可以分为二手资料和主观观察。二手资料包括广告和口碑,而主观观察包括产品的颜色、款式、价格、尺寸、感觉、硬度和气味。像汽车、衣服、家具、珠宝等产品具有很高的搜寻属性,因为它们的性能基本是在购买之前决定和评价的。一般实物产品的搜寻属性容易被客观认识和评价,而服务产品的搜寻属性明显弱于实物产品的,因为服务产品不能用肉眼直接观察到,并且服务产品需要被使用过才能够产生评价。然而,虽然服务直接的搜寻属性较弱,但是消费者依然可以通过二手资料的获取来提高对服务搜寻属性感知,除此之外,还可以通过观察服务的产生环境、手段等与服务相关的实物对服务的搜寻属性进行主观推断和预测评价。例如,去美容美发店理发,在理发之前你无法得到该店针对你的头发的服务的搜寻特性,更无从将该店对你的理发服务进行评价,因为这一切服务尚未发生。但是可以通过你对于该美容美发店的硬件观察以及对其他消费者理完后的发型效果等对理发服务的搜寻特征进行预判。无法通过观察得到产品的搜寻属性也是服务产品的搜寻特征的独特之处。

二、经验

消费者产品性能的第二类是经验特性,即消费者只能在购买后或消费时才能感觉到的性质,是消费者的一手主观判断。经验特性包括味道口感、质量和操作友好性等具有高度的内在主观性和不确定性的感知,其中,味道口感可以通过品尝来获取,也就是通过产品试用来体验,而质量则需要通过完整的产品使用才能真正了解该产品在较长时间范围内的质量表现。服务产品的经验特性特别强,多数服务产品都要经过消费使用后才能感觉到产品的特性和性质。例如,度假和餐馆食物等商品和服务则具有很高的经验性能,因为它们的性能只有在购买之后和真正消费时才能知道或者做出评价。此外,由于服务产品的搜寻属性非常弱,所以消费者对服务产品的评价更倚重经验特性。

三、信任

消费者产品性能第三类特性叫作信任特性,这些是消费者在购买和消费之后也不可能评价的性质,这种不可能评价大多是因为消费者缺乏相关专业知识所导致的。信任特性在高技术含量或高专业度领域的服务产品中尤为常见。以下就是两个高信任特性的例子:阑尾炎手术和汽车制动的换挡性能提升服务。没有几个消费者所具备的医学知识或者机械知识足以评价这些服务是否是必要或者是否被正确的执行,甚至在他们拿到药方或者接受了卖者的产品之后也不知道。

产品和服务的搜寻、经验和信任特性如图4-1所示。

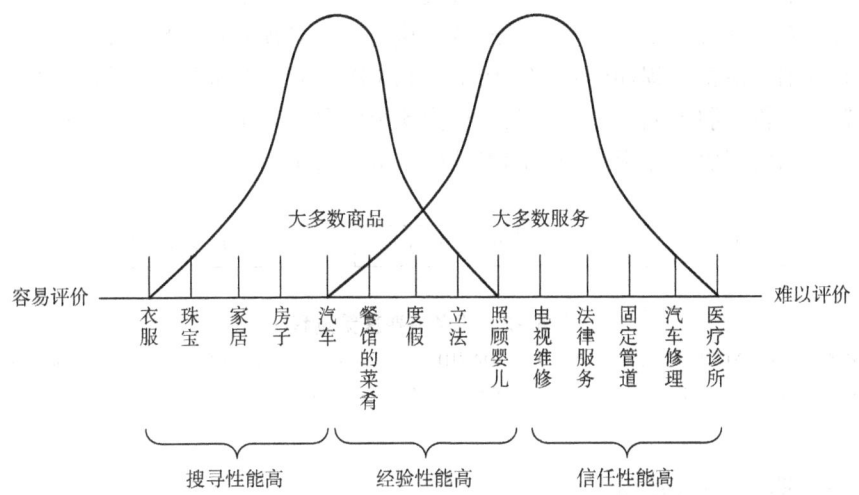

图4-1 产品和服务的搜寻、经验和信任特性

参考文献:ZEITHAML V A. How consumer evaluation process differ between goods and services [A].; DONNELLY J A, GEORGE W R. Marketing of services [C]. Chicago:American Marketing Association, 1981:186-190.

搜寻性能高的商品容易评价,经验性能高的商品和服务难以评价,因为这些性能在购买和消费之前评价是不可能的,消费者可能没有意识到或可能缺少足够的知识来评价这些商品和服务是否满足要求。本章假定大多数商品的搜寻性能高,而大多数服务的经验性能高——因为大多数服务是无形的,并且差异比较大,而且服务的生产和消费是同时进行的。这些特点使服务比实物商品更难以评价。反过来,因为难以评价,迫使消费者对服务的评价过程和依据差别较大。

因为经验和信任性能在服务中占主要地位,而在实物商品中,搜寻性能占主要地位,所以消费者评价服务时采用了与评价实物商品不同的过程。在服务决策制定过程中,其决策的顺序和时间也可能不同于传统商品导向的决策过程。服务的特点导致一些特殊领域中不同的评价过程和消费者行为,包括信息搜寻、评价标准、服务引起的一系列替代品的规模和组成、被感知的风险、革新的适用性、品牌的忠诚度、价值的评价和不满意的归因。在实物商品营销中没有出现的特殊提法在服务营销中需要理解清楚,包括服务提供戏剧化、感情和心情、角色扮演以及顾客相容性等。

第二节 服务消费决策过程

服务消费决策过程主要分为 3 个阶段，即购前决策阶段、消费阶段和购后阶段。为了有效地推出服务，营销管理者和执行人员必须对每个阶段都有充分的了解。服务消费决策过程如图 4-2 所示，具体分为服务需求认知、信息搜寻、服务比较与评价、服务购买和服务购后行为 5 个阶段，其中，前三个阶段属于购前阶段。我们将以服务需求认知为起点开始本节的讨论。

图 4-2 服务消费决策过程

参考文献：ENGEL JAMES F, KOLLAT DAVID T, BLACKWELL ROGER D. Personality measures and market segmentation [J]. Business Horizons, 1969, 12 (3): 61-70.

一、服务需求认知

服务需求认知分为刺激和发现问题两个部分。消费者受到某种刺激（stimulus）促使其意识到有改变自己状态的必要性，开始考虑购买服务。这种刺激有可能是商业暗示、社会暗示或者身体暗示。商业暗示是指向消费者提供刺激以及相关事件或动机，这些事件和动机作为促销活动的一部分，是促销努力的结果，例如，广告打折促销对消费者的刺激。社会暗示是指向消费者提供来自于他周围人群的事件或者动机。例如，周围的人都购买某种打折商品会对该消费者产生刺激。身体暗示，即向消费者提供包括饥渴、饥饿或其他生理暗示。

消费者接受刺激之后的下一个阶段就是发现问题（problem awareness），在此阶段，消费者决定是否存在对某种产品的需要和欲望。需求可能是某种短缺（shortage），即由于消费者没有某种产品或服务而产生的一种需求，或是某种未满足的欲望（unfulfilled desire），即由于对当前产品或者服务的不满而导致的对某种产品或服务的需求。

二、信息搜寻

一旦有明确的服务需求认知，消费者便开始考虑解决方案，这便意味着一次潜在的购买会随之发生。在购买之前的信息搜寻（information search）阶段，消费者搜集可供选择的信息，寻找备选服务。显然，很少有消费者能够想到所有的备选方案，他们往往根据自己的经验列出有限的备选方案，然后从中选择。这个备选方案的列表被学者称为"诱发集"（Evoked Set）——消费者在考虑特定产品种类时想起来的一个品牌集，消费者在这个集合中做出购买选择。

在消费者考虑备选方案时,首先进行内部搜索(internal search),内部搜索是消费者收集信息的一种积极途径,其中,消费者自己的记忆是主要的产品信息来源。内部搜索促动消费者记忆中可选的方案。

内部搜索之后最有可能的其他信息来源就是外部搜索(external search),它是消费者从自身经验以外的信息源搜索信息的一种途径。消费者通过走访校园、同朋友聊天以及通过阅读相关媒体获取更多的备选方案。

三、服务比较与评价

一旦从内部和外部获取了足够多的相关信息,消费者就获得了一个解决问题的备选方案集,所有的方案都会在消费者的服务比较与评价(evaluation of alternatives)环节予以考虑,在此阶段,消费者对每种可选方案进行估值或者排序。这种评价包含非系统性评价和系统性评价。非系统性评价,即按照随机模式或者"本能感觉"在备选方案当中进行选择,比如直觉;系统性评价,即利用一系列标准化的步骤在可选项中进行选择,例如多属性模型。根据多属性模型,消费者在评价一项服务时,使用多种属性或者标准作为基本的参考因素。

四、服务购买

前面3个部分都是消费者决策过程的购前阶段,包括服务需求认知、信息搜寻和服务比较与评价。购前阶段的重要成果是决定购买特定品牌的该种产品。而在此之后的购买、使用和处置活动被归为一类,即服务购买。在服务购买阶段,即消费者购买并使用产品的阶段,消费者会做出店铺选择——从某个特定的渠道购买,或非店铺选择——决定通过电话、网络或者邮寄订单等各种可能的方式购买。这个决策是在有关产品功能一系列期望值的基础上做出的,是消费者当时认为的最佳方案。

五、服务购后行为

一旦做出决策,伴随着产品的消费,购后评价阶段随之开始。在此阶段,消费者会判断所做出的决策是否正确,并且可能会经历不同水平的认知差距(knowledge gap)——怀疑自己是否做出了明智的购买决策。营销者一般会通过使顾客相信他们的决策是明智的来减少消费者的认知差距。减少认知差距的战略包括售后与顾客的接触,在服务上提供确认信、提供授权书和担保书,以及通过企业广告来强化消费者的决策。比如,通过广告,消费者了解到自己购买的服务有很好的品质,也得到了其他消费者的认可,这会强化消费者的决策。在服务营销领域,口碑传播相对广告的作用而言发挥了更重要的效应。因为广告对服务的描述可能与消费者对服务的感知有较大差异,进而造成消费者对服务宣传的质疑,而口碑传播不但源于消费者,可以促进消费者购买,并且可能影响消费者的使用感受。简言之,购后评价是关于顾客是否满意的,而顾客满意是营销成功的关键。只有顾客感知满足或超过期望,才能达到顾客满意。顾客满意虽然是终点,但也是口碑传播的源头,口碑传播能有效促进服务的购买,因此会进一步刺激购买。

第三节 服务中文化的作用

一、服务中价值观与生活方式的影响

(一) 价值观与消费者行为

价值是指为了达到长远的存在状态而采取的具体行为(或判断)的指南(或观念),即在消费生活中所要获取的精神上的表象。这种价值根据经验特性可分为个人价值和文化价值。个人价值主要取决于个人的社会经验,并反映个人思维的结构特点。文化价值主要受周围环境结构的影响,是特定的社会成员共有的价值,因此又被称为核心价值。文化价值有利于理解消费者行为。第一,文化价值与产品利益一起被用于广告诉求上;第二,文化价值规定产品在特定社会的使用范围;第三,文化价值为品牌传播提供了评价标准;第四,文化价值规定了可接受的市场关系。

文化差异对服务营销的影响。虽然已经到了"地球村"的时代,文化差异严重地影响着国际市场上的服务营销。在北美电影市场大红大紫的动作片《叶问》的英文名为《IP Man》,而不是"叶问"的直接音译。这是因为美国观众对于"Spider Man"(蜘蛛侠)、"X-men"(X战警)、"Iron Man"(钢铁侠)、"Batman"(蝙蝠侠)都非常喜欢,"Man"在美国观众眼中就是超人的意思了,把《叶问》译成《IP man》("叶侠")就有了与蜘蛛侠、蝙蝠侠、钢铁侠等"侠"相近的味道,更符合美国观众的趣味。同样,2012年热播电影《金陵十三钗》海外片名原为《Nanjing Heroa》,应好莱坞电影专家要求改为《The Flowers of War》。而此前《辛亥革命》的英文名也因文化差异的缘故改为《1911》,这是由于辛亥革命对中国人来说是非常熟悉的历史故事,而对于海外巨大文化差异条件下的观众来说,却是完全陌生的,因此对国内服务产品于海外市场进行服务营销,需要考虑文化差异的因素进行适当的产品调整和服务策略本地化。

影响消费者行为的文化价值观可以分为他人导向价值观、环境导向价值观和自我导向价值观。这些价值观都是一些极端情况,在极端情况之间还存在无数的中间状态。

1. 他人导向价值观。这些价值观反映的是一个社会关于该社会中个体与群体、个体之间以及群体之间适当关系的看法。这些关系对于营销实践有着重要影响。

（1）个人与集体。不同的社会文化在对待个人与集体的关系上会有不同的价值取向。有的社会强调团队协作和集体行动，并且往往把成功的荣誉归于集体而非个人；相反，有的社会强调个人成就和个人价值，荣誉和奖励常常被授予个人而非集体。霍弗斯特德的研究发现，美国、澳大利亚、英国、加拿大、荷兰的文化强调个人主义，而中国、韩国、日本和印度的文化则更多地带有集体主义色彩。但是，最近的研究表明，无论是哪个国家，年轻的消费者越来越具有个性化和个人主义色彩。因此不仅要注意不同文化之间的差异，还要注意同一文化内部的差异。

（2）青年人与老年人。不同的社会文化，在对待青年人与老年人的价值取向上也可能存在差异。有些社会，荣誉、地位、重要的社会职务都属于老年人；另一些社会，则可能是属于青年人的。有些社会，老年人的行为、衣着和生活方式受到社会其他成员的模仿，有些社会却是青年人被模仿。

（3）扩展家庭与核心家庭。无论是哪个国家，家庭都是社会的基本单位。然而，在不同的文化背景下，对家庭的界定以及家庭成员之间彼此的权利、义务存在很大差异。家庭一般分为配偶家庭、核心家庭和扩展家庭。传统上，我国家庭的基本类型是扩展家庭，即老少三代同居的家庭。现在由于代与代之间的生活方式和价值观念差异的扩大，核心家庭越来越多。但是，赡养父母等家庭观念仍是我国的传统美德，所以我们在广告里经常看到子女孝顺父母的情景。

（4）男人与女人。在具有不同文化的社会，男人与女人的社会地位存在很大差异。在我国，男女的社会地位是平等的，都有机会担任重要的社会职务；在重要的家庭购买中，通常由夫妻共同做出决定。但在有些国家，目前仍然存在严重的性别歧视，妇女在社会和家庭中的地位不受重视。

（5）竞争与协作。不同的社会文化对竞争与协作的态度会有所不同。在有些文化价值观中，人们崇尚竞争，信奉"优胜劣汰"的自然法则；在另一些文化价值观中，人们则倾向于通过协作取得成功。这方面的价值观往往能从不同的文化对广告的反应中体现出来。例如，墨西哥和西班牙都禁止做比较广告，我国也禁止做相互诽谤的广告。但在美国，比较广告却是被允许的。

2. 环境导向价值观。环境导向价值观反映的是一个社会关于该社会与其经济、技术以及自然环境等之间关系的看法。这些价值观对消费者行为具有重要影响，并最终影响企业营销策略的选择及其成败得失。

（1）清洁。不同的社会文化对清洁的看法和重视程度不同。在重视清洁的环境保护的社会，人们需要更多地获取清洁的产品或环保产品，如空气清新剂、除臭剂、工业污染处理设备、汽车尾气检测仪器及其控制产品等。

（2）成就与身份。一个社会强调个人成就或社会身份方面的文化差异，将导致这个社会把经济、政治和社会机会平等或不平等地给予不同的个人或者集体。个人成就和身份与"权力距离"密切相关。"权力距离"是人们接受权力、权威、地位以及财富差异的程度。印度、巴西、法国、日本是"权力距离"指标较高的国家，而澳大利亚、丹麦、新西兰、瑞典、美国是"权力距离"指标较低的国家。在"权力距离"指标较低的社会，机会、报酬和具有较高荣誉的社会地位会被更多地提供给那些表现和成就突出的人。而在"权力距离"较高的社会，重视社会地位或者社会地位，个人的机会往往取决于他的社会身份以及他所处的社会地位以及所属的社会阶层。在这样的社会里，人们更加偏爱价高质优、品牌声誉高的产品，而不是功能、效用相同却不知名或价低的产品。

（3）传统与变化。社会文化不同，人们对待传统和文化变化的态度也不同。有些社会非常重视传统文化，只因为是祖宗遗留下来的习惯，任何人不得触犯；有些社会则能够比较容易地接受变化，允许人们打破传统，建立新的模式。在重视和维护传统的保守社会，产品变化常常受到人们的抗拒和抵制。

（4）风险与安全。有些社会文化具有很强的冒险精神，勇于冒险的人会受到社会的普遍尊敬；另一些社会文化则可能具有很强的风险规避倾向，把从事冒险事业的人看作是十分愚蠢的。这方面的价值观对企业家的培养和社会经济的发展具有重要的影响。不崇尚冒险的社会是难以发展出足够多的企业以推动社会经济发展的。此外，新产品引进、新的分销渠道建设、新广告主题的选择以及其他营销创新，都受到这种价值观的深远影响。

（5）乐观与悲观。当人们遇到困难时是有信心去克服，还是听天由命、采取宿命论的态度，这集中反映了一个社会所具有的是乐观还是悲观的价值观。在加勒比海地区，人们常会在遇到困难时说"没有问题"或者"没有关系"来宽慰自己。在他们的观念中，难题既然已经存在，担心也没用。而墨西哥人大多是宿命论者，因此，当墨西哥人购买到不满意的商品或者服务时，他们不会提出正式的抱怨。

（6）自然界。不同文化背景的人在对待自然以及人与自然的关系问题上，可能具有不同的观念或者态度。一些人觉得他们受到了自然的奴役，另一些人觉得他们与自然之间是和谐的，还有一些人认为他们能够征服和改变自然。中西方文化的一个重要区别就是在对待人与自然关系的价值观念和态度上。中国文化比较重视人与自然的和谐统一，强调"天人合一"，而西方文化则强调人要征服自然、改造自然，才能求得自己的生存和发展。

3. 自我导向价值观。自我导向价值观反映的是社会各成员的理想生活目标及其实现途径，对消费者以及对企业的市场营销具有重要的影响。

（1）动与静。不同的社会文化导致人们对待各种活动的态度不同，并且形成了不同的"好动"与"好静"倾向。一项关于比较美国妇女和法国妇女社会活动的调查发现，法国妇女一般认为"同朋友一起在炉边闲聊消磨夜晚是我喜欢的方式"；美国妇女则一般认为自己"喜欢有音乐和谈话的聚会"。这种活动上的差异带来不同的产品或者服务需求。由于人们的观念不同，广告的诉求主题也应有所不同。

(2) 物质与非物质主义。在不同的社会文化中,人们对物质财富与精神财富的相对重视程度存在差异。尽管物质财富是一切社会存在和发展的基础与前提,但人们对待物质财富的态度是不一样的。有些社会奉行极端的物质主义,认为"金钱万能";有些社会则更加强调非物质的内容,如在一些国家,宗教地位至高无上,当物质利益与宗教发生冲突时,人们会选择宗教信仰。

(3) 工作与休闲。不同的社会文化在对待工作与休闲的关系问题上有不同的观念和态度。一般说来,人们是为了获取经济报酬而工作。但是,有的文化使人们倾向于从工作中获得自我满足,有的文化则使人们在基本的经济需求满足后倾向于更多的休闲选择。在企业的营销活动中,如果忽视这方面的差异,付出的代价可能是巨大的。

(4) 现在与未来。人们是为今天还是为明天而活,是更多地为今天着想还是更多地为明天打算,是一个社会价值观的重要体现。这类价值观对企业的促销和分销策略、鼓励消费者储蓄或者使用消费信贷等都具有重要的意义。

(5) 欲望与节制。这一类价值观体现在人们的生活态度上是倾向于自我放纵、无节制,还是倾向于克制自己、节制欲望等方面。快速成像照相机在阿拉伯国家获得成功的主要原因之一,是阿拉伯人在给自己的妻子或者女儿照相时不必担心她们的相貌会被照相馆里的陌生人看见。

(6) 幽默与严肃。社会文化的差异也体现为幽默在多大程度上被接受和欣赏,以及什么才是幽默等方面。在一个社会文化中被看作幽默的东西,在另一个文化中可能不会给人以任何幽默感;男人认为幽默的东西,女人不一定欣赏;成人与儿童在幽默感上也存在差异。

(二) 生活方式与消费者行为

为把握在生活空间上消费者的位置,营销者在20世纪50年代以前主要利用人口统计学特性来研究消费者行为,仅利用人口统计学来研究消费者行为是远远不够的。所以,从20世纪50年代开始就对个性和动机进行了研究。动机研究把焦点放在消费者共有的特性方面,一般是定性研究;而个性研究把焦点放在消费者个人差异方面,一般是定量研究。从20世纪60年代开始,把动机的定性分析和个性的定量分析结合起来研究有关消费者生活方式方面的问题。

1. 生活方式。生活方式(Lifestyle)概念一开始在凡勃伦(T. B. Veblen)的"有闲阶段论"(The Theory of the Leisure Class)和韦伯(Weber)的有关地位的研究中以一个分析单位被使用。后来,心理学家阿德勒(A. Adler)比较系统地分析了生活方式。生活方式可以理解为个人谋求日常生活的方式,比如,有些消费者喜欢登山、打网球,而有些消费者更愿意参加社会服务活动。

生活方式是一个机制概念,每个消费者的生活方式,即谋求日常生活的方式是不一样的,而这些不同的生活方式又表现在每个消费者的消费行为上。

(1) 生活方式是由消费者如何利用自己的时间（活动）、在日常生活中重视的是什么（兴趣）、怎样看待自己和周围环境（意见）等问题来形成的一个机制，所以解释个人和集体或阶层时可以利用生活方式。

(2) 生活方式是消费者在思考、感觉或行动时所表现出来的一种方式。也就是说，在生活空间的心理角度反映消费者的位置。

(3) 生活方式是与行为密切相关的消费者特征。生活方式影响个人的需求、态度，继而决定个人的购买行为和消费行为；反过来，需要、态度、行为又强化个人的生活方式。

(4) 生活方式是个人固有的特性和社会影响的函数，个人固有的特性有消费者的价值、个性、动机、情绪、过去经验以及人口统计学特性等，社会影响有文化、社会阶层、家庭生命周期等。

(5) 个人与家庭都有生活方式。家庭的生活方式部分是由家庭成员的个人生活方式所决定的，反过来，个人生活方式也受家庭生活方式的影响。

2. 消费者行为。采用不同的量表可以得到不同的对于消费者的分类。1987年，中国台湾的10家广告公司联手进行了一项规模浩大的"生活方式与消费者行为大调查"，分别对成年人和青少年进行 AIO 量表调查，并加以分类。结果表明，成年男性消费者大致可以分为 5 类：自命雅皮族、草根劳力族、刻板规律族、暴发声色族和孤芳自赏族。

青少年可以分为 3 类：进取宝宝族、前卫享乐族和群聚逐流族。女性消费者可分为 4 类：都市新贵族、勤俭妈妈族、热心主妇族和积极自我族。各类消费者各有特色。显然，这些结果对企业来说都是进行市场划分和定位的难得资料。

当然，使用不同的量表可以将消费者分为不同的类别。另一个比较著名的量表是由斯坦福研究所开发的 VALS（Value and Life-styles）量表。

利用 VALS 量表对美国消费者进行调查，结果可以将消费者分为四大类，即需要驱动型、外在导向型、内在导向型和整合型。需要驱动型是指贫穷而未受教育者；外在导向型主要包括中中层和中上层消费者，他们的生活方式受外在标准的引导；内向导向型是指更多地关注自己个人需要而不是他人期望的消费者；整合型则是指那些能够很好地整合内在导向和外在导向的价值观念的消费者。

尽管 VALS 量表被广泛使用，但是它过度依赖于人口统计学变量。1989 年，斯坦福研究所引进了被称为 VALS2 的新系统。VALS2 比 VALS 有着更为广泛的心理学基础，而且更加侧重于活动与兴趣。VALS2 试图更多地选择那些相对具有持久性的态度和价值观，用以反映个人的生活方式和消费行为。被试者要求在 42 个陈述句上表明其同意或者不同意的程度，而这些陈述句由两个层面来衡量，第一个层面是自我取向，主要有 3 种自我取向：

● 原则取向。这些人主要受信念和原则的指导，而不是依情感、事件获得认可的愿望而做出取舍。

- 地位取向。这些人的选择严重地受到行为、赞许和他人想法的影响。
- 行动取向。这些人渴望社交或体能性运动,喜欢多样化和勇于承担风险。

VALS2 所测量的第二个层面是资源,反映了个人追求其占支配地位的自我取向的能力,它涉及心理、体能、人口统计特征和特质手段等各个方面。从青春期到中年阶段,个体资源处于上升期,然后保持相对稳定,随着个人的衰老,资源将逐渐减少。

以自我取向和资源这两个概念为基础,斯坦福研究院(SRI)识别出 8 个一般的从心理学角度细分的消费者行为类型市场(见图 4-3)。

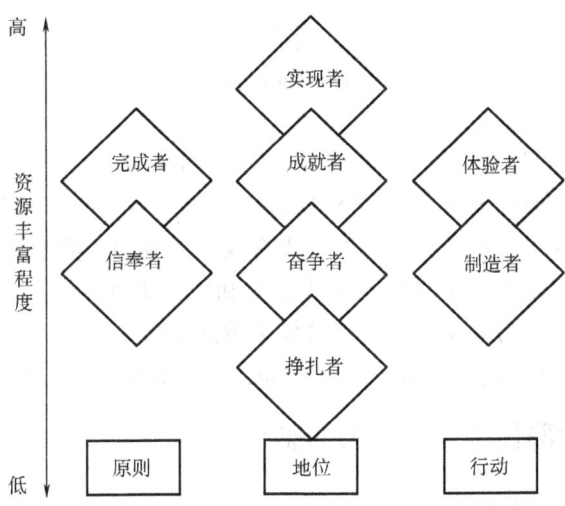

图 4-3　VALS2 生活方式系统

资料来源:1978 年,Arnold Mitchell 与其同事们于美国加利福尼亚的 SRI 国际公司提出。

(1) 实现者。实现者是成功、活跃、老练、富有自尊感的消费者。他们热衷于自身成长、追求发展和探索,并用各种方式表现自己。

(2) 完成者与信奉者:原则取向。原则取向的消费者寻求使他们的行为与其认为世界是怎样或应当是怎样的看法相一致。完成者是成熟、安逸、满足和富于思考的消费者。他们崇尚秩序、知识和责任,受过良好的教育,从事专业性的工作;对职业、家庭和生活状态均感满意,闲暇活动以家庭为中心。

信奉者是保守和比较传统的消费者。他们信守传统的关于家庭、教会、社会文化深处的道德规范;他们是偏爱有声望品牌的保守的消费者。

(3) 成就者与奋争者:地位取向。地位取向的消费者在社交场合或者所处的社会环境下拥有或寻求安全场所。他们努力提高自身地位,以使自己跻身于地位更高的群体。成就者指望从别人那里弄清楚他们应当是什么样的和应该做什么;他们寻求通过工作和家庭的成功来获得认同和自我予以界定;他们喜欢购买那些能向同辈显示成就和成功的产品。

奋争者寻求从外部获得激励、赞赏和自我界定；他们努力寻找生活中的安全位置；他们缺乏心理资源、社会资源、经济资源，愿意听取别人的意见。

（4）体验者与制造者：行动取向。行动取向的消费者乐于用可见的方式影响周围环境。体验者年轻、生机勃勃、冲动且具有反叛精神；他们寻求丰富多彩和刺激，崇尚时新，敢于冒险；他们将大部分收入花在服装、快餐、音乐和电影上。

制造者是重视自我满足的务实型消费者。他们生活在传统与工作氛围下，对这以外的事物不太关心。

（5）挣扎者。挣扎者生活窘迫，受教育程度低，缺乏技能，没有广泛的社会联系，一般年纪大，常为健康担心。他们最关心的是健康和安全，在消费上比较谨慎，对喜爱的品牌比较忠诚。

VALS2 已成为了解消费者的有效方法。据 SRI 估计，有 12% 的美国成年人属于刺激寻求者，他们通常可被纳入 VALS2 的体验者类型。尽管 VALS2 普遍应用于了解美国消费者的生活方式，但它也有缺点。例如，消费者可能无法单一地被划入某一类型。同时，VALS 系统的信度和效度并不令人满意。此外，VALS 系统的衡量是以个人为单位，对某些群体决策的消费（例如，家庭当中的一些消费），或是深受群体影响的消费项目（例如，流行商品），则存在局限性。

二、服务中群体消费者行为的影响

（一）社会群体概述

社会群体是指成员之间相互依赖、彼此间存在互动的集合体。从社会心理学的角度来看，简单的统计集合体、围在路边看热闹的人群、喜欢看电视新闻的观众等不能归为群体之列，因为其成员之间不存在依附关系，不发生互动，多数情况下彼此之间毫无影响。而学校篮球队、家庭、同班同学等则可视为群体，因为其成员是为了共同的目标而组合在一起的，彼此间不但有面对面的接触，而且有频繁的互动和多方面的影响。

一般来说，要构成一个社会群体，必须具备以下条件：
- 成员之间具有共同的目标和利益。
- 成员之间相互依赖、彼此协作配合。
- 成员之间分享一些共同的价值观念。
- 成员在心理上有群体意识，就是说有"我们感"。
- 成员之间具有生活、学习和工作上的交往以及信息、思想和感情上的交流。

所有密切结合在一起的家庭都是一个群体，有时由于特殊原因短暂结合在一起的几个陌生人也可以形成一个群体。如几个人同乘一辆缆车上山，由于意外事故，车被困在半山腰，在这突如其来的情况下，本来素不相识的人组成临时性群体，有的人出主意，有的人修机器，有的人向外呼喊求救。这些本来没有任何关联的人，为了共同目的，彼此合作、行动起来。他们平安脱险后，互动即告结束，在一个十分短暂的时间内，几位陌生人形成了一个临时群体。群体可以有不同的持续时间，可以像家庭那样数代延续下去，也可以在数天或者数小时内解体。

从消费者行为的角度来看，研究群体的影响至关重要。首先，群体成员在接触和互动过程中，通过心理和行为分析的相互影响和学习，会产生一些共同的信念、态度和规范，他们对消费者的行为将产生潜移默化的影响。其次，群体规范和压力会促使消费者自觉或者不自觉地与群体的期待保持一致。即使是那些个人主义色彩很浓重、独立性很强的人，也无法摆脱群体的影响。最后，很多产品的购买和消费是与群体的存在和发展密不可分的。比如，加入某一球迷俱乐部，不仅要参加该俱乐部的活动，而且还要参与购买与该俱乐部形象一致的产品，如印有某种标志或者某个球星头像的球衣、球帽、旗帜等。

（二）社会群体的分类

按照不同的标准，社会群体有多种不同的分类方式。

1. 根据群体规模分类。社会学家根据群体的规模把群体分为小群体和大群体。规模是群体的一个主要方面。夫妻两人组成的家庭是规模最小的群体，数百人、数千人甚至更多的人集合在一起而形成的群体是大群体。当然，划分的规模没有明确的标准。大群体的成员不可能熟知每一个成员，不可能发生充分的互动，也很难产生群体归属感，而小群体则相反。研究消费者行为所关心的是规模不大的、能产生互动的小群体。

2. 根据群体成员的接触方式分类。根据群体成员接触方式的不同，可分为主要群体和次要群体。主要群体是指成员之间经常进行面对面互动的群体，如家庭、邻居、工作同事、朋友圈子、兴趣小组等；次要群体是指成员之间偶尔或没有面对面直接互动的群体。次要群体规模一般比较大，人数比较多，群体成员不能完全接触或者接触比较少。

主要群体对市场营销者来说非常重要，因为成员之间的日常对话很多都与消费行为有关。对消费者来说，家庭是最重要的主要群体，很多消费行为都是由家庭成员共同发起的。朋友圈子也是一种非常重要的主要群体，不少有关饮料的广告，就是试图以亲密朋友相聚的场面来博得消费者认同的。工作同事也构成了一个主要群体，在广告中我们也经常看到同事之间分享美味快餐或者下班后聚会的情景。其他一些需要成员经常会面的群体，诸如俱乐部、协会、兴趣小组等，也构成主要群体。

次要群体通常规模较大，群体对成员的影响大都通过大众传播、公关关系或者消息发布等非人为接触的方式来实现。这类群体是由那些同消费者有着一段距离但又为他们所敬重的、希望仿效的人所组成,这也就是为什么我们经常看到明星代言产品了。

3. 根据人们在社会活动中发挥的作用分类。人的社会活动主要有两种途径,一是正式的,二是非正式的。正式的社会活动是指人们在群体中按照计划完成公开的、特定的、有目标的活动。非正式的活动主要是指人与人之间自发的思想感情交流活动。与此相应,群体按照自身在人们社会活动中所发挥的作用,也可以划分为正式的和非正式的两种。正式群体是指有明确的组织目标、正式的组织结构,并且成员有着具体角色定位的群体。如学校的班级、企业的新产品开发小组等均属于正式群体。非正式群体是指人们在交往过程当中,因共同的兴趣、爱好和看法而自发形成的群体。如集邮爱好者协会、绘画小组、球迷协会等则属于非正式群体。

4. 根据群体的所属关系分类。根据群体的所属关系可分为会员群体与象征群体。会员群体是指个体已经享有会员资格的群体。如保龄球俱乐部属于会员群体。象征群体是那些愿意接受向往组织的价值、态度及行为,并热切希望加入,但实际上无法跻身其中,或者没有得到认同的群体。无论是会员群体还是象征群体,都对个体消费者行为产生着积极的影响。在日常生活中,许多人热衷于模仿他们所仰慕的群体。因此,激发消费者的象征动机,是广告宣传常用的技巧之一。

(三) 参照群体的定义与类型

通过一般社会群体成员的分析可以解释消费者行为,但是在现实生活中,常常有人抛弃自己所属群体的概念,而向往其他群体的概念。对这种现象,参照群体给予了较好的解释。

1. 参照群体的定义。参照群体是一种社会群体的类型,有必要与一般的社会群体区别开来。参照群体实际上是个体在形成其购买或者消费决策时,用以作为参照、比较的个人或群体。因此,参照群体又叫寄托群体。参照群体有3种外延:①在进行对比时做参照点的群体;②行动者希望在其中获得或者保持承认的群体;③其观点为行动者所接受的群体。

如同从行为科学里借用其他概念一样,参照群体的含义也在随着时代的变化而变化。参照群体这一概念是由美国社会学家海曼(H. H. Hyman)于1942年最先使用的。海曼所说的参照群体,是指用以表示在确定自己的地位时与之进行对比的人类群体。他的定义强调了能为与他人比较而且能为解决问题而使用的参照点。

后来凯利(H. H. Kelly)把参照群体划分为:为自我评价而利用比较标准的群体和以个体的价值和规范以及态度源泉来使用的群体,提出了参照群体的规范性影响的特点。

谢里夫(M. Shelif)把参照群体划分为个体之间有实际所属关系的群体和在

心理上热望所属关系的群体。希望向上迁移的群体往往仿效上层群体的态度和行为，所以对他们来说，上层群体就是一种热望群体。

从社会距离角度分析参照群体的研究表明，个体越知觉有社会距离的参照群体成员以及群体活动，就越受到此参照群体的影响。

因此，参照群体不仅包括具有直接互动的群体，而且涵盖了与个体没有直接面对面接触，但对个体行为产生影响的个人和群体。

2. 参照群体的类型。参照群体具有规范和比较两大功能。规范功能在于建立一定的行为标准并使个体遵从这一标准。比如受父母的影响，子女在食品的营养标准、如何穿着打扮、到哪些地方购物等方面形成了某些观念和态度，个体在这些方面所受的影响对行为有规范作用。比较功能是指个体把参照群体作为评价自己或别人的标准和出发点。如个体在布置、装修自己的住宅时，可能以邻居或仰慕的某位熟人的家居布置作为参照和仿效对象。根据参照关系上个体的地位和对个体的参照人或群体的影响程度，又可以分为会员群体、热望群体、拒绝群体和回避群体。

（1）会员群体。会员群体是指个体已经享有会员资格的群体。会员群体的成员一般对群体影响持肯定态度。根据会员群体的互动作用和接触频率，可分为主要群体和次要群体；根据群体的组织程度，可分为正式群体和非正式群体。研究表明，频繁接触的群体（主要群体）成员购买相同品牌的可能性更大，也就是说，有社会关系的人比没有社会关系的人具有更高的品牌一致度。

另外一些研究也表明，在消费者的生活中，非正式群体比正式群体起更大的作用，就是说非正式群体对其成员品牌选择一致度的影响程度更大，其影响程度取决于群体的凝聚力。

主要的非正式群体，如家庭、朋友圈子等那样经常接触并以亲切感来影响消费行为的群体，虽然这些群体是非正式的，但是其互动作用较强。我们在广告中经常看到家庭成员一起消费的场面，反映的就是主要的非正式群体的重要性。

主要的正式群体虽然没有强烈的凝聚力，但是是直接影响购买行为的群体，如购物群体等。研究表明，一个消费者与其他消费者一起购物时，所购买的产品一般比原本打算要买的更多。

次要的正式群体，像同学会或者一些自发组织的学会、俱乐部那样，其成员之间并不经常接触但有一定的组织形式的群体。这一群体对消费者行为的影响相对来说较低。推销旅游产品、信用卡的企业可以利用这一群体来推销产品。

（2）热望群体。热望群体是指热切地希望加入并追求心理上的认同的群体。热望群体根据接触程度，可分为预期性的热望群体和象征性的热望群体。例如，大部分公司的职员把公司经理层理解为热望群体。因为，在市场经济背景下，人们把财富、名誉以及权力看作重要的社会特征。在高级服装、化妆品广告中强调社会成功感或荣誉感就是利用人们向往热望群体的心理。象征性的热望群体是个体并没有隶属于某一群体的可能性，但是接受向往群体的价值、态度及行为的群体。例如，广告中经常使用名人代言。

（3）拒绝群体。拒绝群体是指人们隶属于某一群体，并经常面对面地接触，但是对其群体的态度、价值观念和行为表示不满，而倾向于采取与之相反的准则。例如，有些青少年对父母的过分"教育"感到厌倦，采取与父母的要求相反的行为。

（4）回避群体。回避群体是人们不愿意与之发生联系，并且没有面对面接触的群体。只要可能，这些人都会竭力避开。为做到这点，人们会在自己身上"点缀"一些能够与之划清界限的标志，比如，穿戴某种服饰、驾驶某种汽车、使用某种保健或保洁产品、在某种饭店就餐等。又如，大部分人都会回避吸毒者、黑社会等群体的嗜好、行为。大部分消费者一般在肯定的动机下更容易产生信念或者态度，所以企业做广告时应更多地利用肯定的参照样本，回避群体极少单独在广告上出现。

三、参照群体的影响

（一）参照群体的影响方式

参照群体如何影响消费者行为？早在20世纪50年代多伊奇和朗格勒就把参照群体的影响方式分为两种，即信息性的社会影响和规范性的社会影响。后来帕克和莱斯格把参照群体的影响方式进一步扩大为3种，即信息性影响、规范性影响和价值表现性影响。

1. 信息性影响。消费者做出购买决策时的一个重要的决定因素，就是有关产品及其供应商的信息或知识，而群体的作用之一正是可以给其成员提供大量的这种信息。虽然群体的影响随着产品种类和品牌而变化，但把群体作为一个信息来源则在所有的产品和品牌上都是一样的，而且更要紧的是，群体成员容易相信参照样本提供的信息。研究表明，对具有象征性的产品，如服装等，主要的信息来源是人际沟通。如果某种产品的功能主要是社会性的，则消费者在产生购买欲望之后，更有可能到参照群体的其他成员那里去搜寻信息，而不是去找客观的或者大众的信息来源。

当消费者对所购商品缺乏了解，尤其是服务，凭眼看手摸又难以对商品品质做出判断时，别人的使用和推荐将被视作非常有用的证据。群体在这一方面对个体的影响取决于被影响个体与群体成员的相似性，以及施加影响的群体成员的专长。例如，某人发现好几位朋友都在使用某种品牌的护肤品，于是决定试用一下，因为那么多朋友使用，意味着该品牌一定有其优点和特色。

2. 规范性影响。参照群体对消费者行为的实用性影响是指由于群体规范或期待的作用而对消费者的行为产生影响。群体内的期望或规范可能不为局外人所察觉，但置身其中的成员却能明显地体验到这些规范的存在，并对他们的购买行为产生影响。规范是指在一定的社会背景下，群体对其所属的成员行为合适性的期待，它是群体为其成员确定的行为标准。无论何时，只要有群体存在，无须经过任何语言沟通和直接思考，规范就会迅速发挥作用。规范性影响之所以发生和起作用，是由于奖励和惩罚的存在。为了获得赞赏和避免惩罚，成员会按群体的期待行事。例如，大学老师购买服装的时候一般不买过于炫耀的服装，因为太炫耀的着装不符合像大学老师这样的知识分子的规范或者期待。所以，广告商声称，如果使用某种产品，就会得到社会的接受和赞许，利用的就是群体对个体的规范性影响。同样，宣传不使用某种产品就得不到群体的认可，也是运用规范性的影响。

3. 价值表现性影响。消费者为了维持与特定群体的同一性，会经常对照其他成员的偏好和购买行为，因此群体影响消费者行为的一个途径就是促进价值表现，及通过左右成员的购买行为来表现自己的价值取向。也就是说，消费者自觉遵循或内化参照群体所具有的信念和价值观，从而在行为上与之保持一致。例如，某位消费者感到那些有艺术气质和素养的人，通常是留长发、蓄络腮胡、不修边幅的，于是他也留起了长发，穿着打扮不拘一格，以反映他所理解的那种艺术家的形象。此时，该消费者就是在价值观上受到参照群体的影响。个体之所以在无须外在奖惩的情况下自觉依群体的规范和信念行事，主要是由于两个方面力量的驱动：一方面，个体可能利用参照群体来表现自我，提升自我形象；另一方面，个体可能特别喜欢该参照群体，或对该群体非常忠诚，并希望与之建立和保持长期的关系，从而视群体价值观为自身的价值观。

（二）影响参照群体的因素

在不同的情形下，参照群体对消费者行为的影响程度是不同的，那么，哪些因素影响参照群体呢？

1. 产品的可见性。一般而言，产品或者品牌的使用可见性越高，群体影响力越大，反之则越小。最初的研究发现，商品的炫耀性是决定群体影响程度的一个重要因素。后来的一些研究探索了不同产品领域参照群体对产品与品牌选择所产生的影响。

2. 产品的必须程度。对食品、日用品等生活必需品，消费者比较熟悉，并且很多情况下已经形成了习惯性购买，此时参照群体的影响相对较小。相反，对奢侈品或非必需品，如高档汽车、时装、游艇等，购买时受参照群体的影响较大。

3. 产品与群体的相关性。某种活动与群体功能的实现关系越密切，个体在该活动中遵守群体规范的压力就越大。例如，对经常出入豪华餐厅和星级宾馆等高级场所的群体来说，着装是非常重要的；而对于只是在一般酒吧喝喝啤酒或者一起打一场篮球的群体成员来说，其重要性就小得多。

4. 产品的生命周期。当产品处于导入期时，消费者的产品购买决策受群体的影响很大，但品牌决策受群体影响较小。在产品成长期，参照群体对产品及品牌选择的影响很大。在产品成熟期，群体影响在品牌选择上影响大而在产品选择上影响小。在产品衰退期，群体影响在产品和品牌的选择上都比较小。

5. 个体对群体的忠诚程度。个体对群体越忠诚，他就越可能遵守群体规范。当参加一个渴望群体的晚宴时，在衣服的选择上，我们可能更多地考虑群体的期望，而参加无关紧要的群体晚宴时，这种考虑就少得多。近年的一项研究对此提供了佐证，该研究发现，那些强烈认同西班牙文化的拉美裔美国人，比那些只微弱地认同该文化的消费者，更多地从规范和价值两个层面受到来自西班牙文化的影响。

6. 个体在购买中的自信程度。研究表明，个人在购买彩电、汽车、家用空调、保险、冰箱、媒体服务、杂志、书籍、衣服和家具时，最易受到参照群体的影响。这些产品，如保险和媒体服务的消费，既非可见又同群体功能没有太大的关系，但是它们对个人至关重要，而大多数人对它们又拥有非常有限的知识与信息。这样，群体的影响力就由于个人在购买这些产品时信心不足而强大起来。除了购买时的自信心，有证据表明，不同个体受群体影响的程度也是不同的。

自信程度不一定与产品的知识成正比，研究发现，有丰富知识的汽车购买者比那些购买新手更容易在信息层面受到群体的影响，而且喜欢和同样有知识的伙伴交换信息和意见。新手则对汽车没有太大的兴趣，也不喜欢搜集产品的信息，他们更容易受到广告和推销人员的影响。

7. 群体的安全感。如果消费者对该相关群体有安全感，其规范、模式或是禁例就会对消费者产生较大影响；相反，当消费者缺乏安全感时，就会产生脱离群体的愿望，因而该群体对他们的影响也就较小。

（三）参照群体在营销中的应用

企业市场营销活动中，运用参照群体概念比较多。

1. 亲和力营销。在市场营销活动中运用参照群体的方法之一就是亲和力营销方法。亲和力营销是指把群体识别联结到消费者个人生活，从而加深消费者对会员群体（如同学会）或象征会（球迷协会）群体识别感的方法。例如，信用卡公司为了扩大新会员，保留原有会员，就会向大学同学会发行信用卡，并且为了提高信用卡的形象，也向电视台主持人发行信用卡，这样可以使信用卡会员（消费者）更加感到群体归属感。

2. 广告。根据不同的消费者群体，采取不同效应的广告。

（1）名人效应广告。名人或者公众人物如影视明星、歌星、体育明星等，作为参照群体对公众尤其是对崇拜他们的受众有巨大的影响力和感召力。对很多人来说，名人代表了一种理想化的生活模式。正因为如此，企业花费巨额费用聘请名人来促销其产品。研究发现，用名人做支持的广告与不用名人的广告评价相比更加积极正面，这一点在青少年群体当中体现得尤为明显。

运用名人效应的方式多种多样。例如，可以用名人做证词广告，即在广告中引述广告产品或服务的优点和长处，或介绍其使用该产品或服务的体验；还可以采用将名人的名字使用于产品或包装上等的做法。

（2）专家效应广告。专家是指在某一领域接受过专门训练，具有专门知识、经验和特长的人。例如，医生、律师、营养学专家、军事各领域的专家等。专家具有丰富的知识和经验，其在介绍、推荐产品与服务时较一般人更具权威性，从而产生专家所特有的公信力和影响力。当然，在运用专家效应时，一方面应注意法律的限制，如有的国家不允许医生为药品做证词广告；另一方面，应避免公众对专家的公正性和客观性产生怀疑。

（3）普通人效应广告。运用满意顾客的证词证言来宣传企业的产品，是广告中常用的方法之一。由于出现在荧屏上或画面上的证人或代言人是和潜在顾客一样的普通消费者，这会使受众感到亲近，从而使广告诉求更容易引起共鸣。像宝洁公司、北京大宝化妆品公司都曾运用普通人证词广告。还有一些公司在电视广告中展示普通消费者或者普通家庭如何用广告中的产品解决其遇到的问题，如何从产品的消费中获得乐趣，等等。由于这类广告贴近消费者，反映了消费者的现实生活，因此，他们可能更容易获得认可。

（4）经理型代言人广告。自20世纪70年代以来，越来越多的企业在广告中用公司总裁或者总经理做代言人。例如，克莱斯勒公司的总裁李·艾柯卡在广告当中对消费者极尽劝说，获得很大成功。同样，像雷明顿公司总裁维克托·基亚姆、万豪连锁旅店的总裁比尔·马休特均在广告当中促销其产品。我国长岭集团于1994年连续在《参考消息》《光明日报》等中央报纸媒体做了"长岭冰箱，专家制造"的广告，广告代言人就是该集团的董事长兼总经理王大中等4位集团高级管理人员。

（四）广告在服务营销中的应用

2011年是中国团购网站暴增的一年，在"千团大战"中，各团购网站纷纷采用名人广告代言的方式提高自己的影响力。最早的是"拉手网"，于2011年5月份签下葛优进行代言，"团购上拉手，就这么定了！"葛优以他独有的亲和力以及名人效应再次把其所代言的产品推上风口浪尖。各团购网的代言策略也大相径庭，"拉手网"采用名人代言，"F团"则采用普通人代言，其广告片主角为一家成都小吃店的老板，是一个可爱的老头，他代表了"F团"草根阶层的市场定位。聚美优品（原为团美网）的总裁更是挺身而出，自己为网站代言。

四、服务中习惯与习俗的影响

（一）习惯

长期以来，营销人员都希望能够对消费者的个体行为进行有效预测，从而制定相应的营销策略。不仅如此，在学术界，许多学者努力探索消费者购买活动的规律，他们试图从理论上阐述、预测消费者的行为。

习惯建立理论认为，购买行为本质上是一种习惯建立过程，消费者对其所消费的对象和消费过程中采用的方式的喜好也是一种经过重复而形成的习惯建立过程。这个建立过程不需要认知参与，消费者在内资需求驱动、外资商品和服务的刺激下进行商品服务的消费，并在消费中达到了需求的满足，得到了良好的体验，在此基础上消费者有较大的概率进行再次地购买消费，如果多次的购买消费经历都是愉快而满足的，则经过多次的购买经历后该商品服务将在消费者心中形成稳定的反应，即建立了消费习惯。在消费习惯建立后，每当消费者有需求时，就会立即想起这种商品或服务，并产生购买和消费行为。

习惯建立理论完全符合斯金纳操作条件反射理论，是行为主义心理学观点在消费行为研究上的应用。消费者主动购买和使用行为在先，愉快这种正强化在后，此过程丝毫不见认知因素的影子。多次的购买和使用与愉快经验的结合就在消费者身上形成了固定的联结，一种新的条件反射就建立了（见图4-4）。

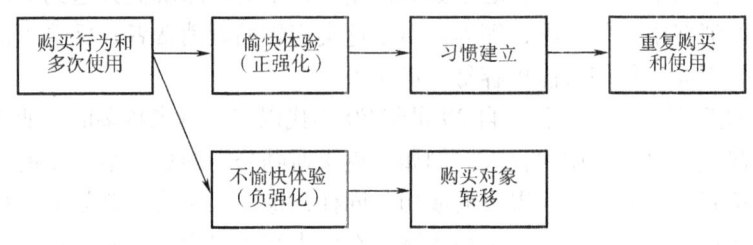

图4-4 消费习惯建立模式

参考文献：SKINNER B F. Recent issues in the analysis of behavior [M]. London: Cambridge University Press, 1989.

习惯建立理论能够解释许多现实生活中的消费行为，尤其对那些习惯性消费行为能提供满意的解释。在日常生活中，每个人都有许多这样的习惯性购买行为存在，如对牙膏、香皂等都有其固定的消费偏好，而不会轻易选择新的消费对象。这样做可以使人最大限度地节省用于选择的精力投入，同时又避免了非必要的消费风险的发生。

（二）消费习俗

消费习俗是指一个地区或一个民族的约定俗称的消费习惯，是人们在长期的消费活动中相沿而成的一种消费风俗习惯，是社会风俗的重要组成部分。在消费习俗活动中，人们具有特殊的消费模式，主要包括人们的饮食、婚丧、节日、服饰、娱乐消遣等物质与精神产品的消费。

不同国家、地区、民族的消费者在长期的生活实践中形成了多种多样不同的消费习俗。尽管如此，消费习俗仍具有如下共同特征。

1. 长期性。消费习俗是人们在长期的生活实践中逐渐形成和发展起来的。

一种习俗的产生和形成，要经过若干年乃至更长时间，而形成的消费习俗又将在长时期内对人们的消费行为产生潜移默化的影响。

2. 社会性。消费习俗是人们在共同的消费生活中相互影响而产生的，是社会风俗的组成部分，因而带有浓郁的社会色彩。也就是说，某种消费活动在社会成员的共同参与下，才能发展成为消费习俗。

3. 地域性。消费习俗通常带有浓厚的地域色彩，是特定地区的产物。如广东人素有吃早茶的习惯，东北人则习惯储藏过冬的食品。少数民族的消费习惯更是他们长期在特定的地域环境当中生活而形成的民族传统和生活习惯的反映。消费习俗的地域性使我国各地区形成了各不相同的地方风情。

4. 非强制性。消费习俗的形成和流行不是强制发生的，而是通过无形的社会约束力量发生作用。约定俗成的消费习惯以潜移默化的方式产生影响，使生活在其中的消费者自觉或者不自觉地遵守这些习俗，并以此规范自己的消费行为。

在我国的消费习俗中，以饮食、服装消费方面的差异较典型。如在饮食口味上，人们常说"东辣西酸、南甜北咸"。在副食结构上，南方十分强调汤的重要性，吃饭必定要喝汤；而北方人对汤的兴趣不大，许多人对生吃大蒜、大葱情有独钟。南方城市居民宴请客人或者在社交场合，更倾向于轻松的饮食意愿，强行劝酒的现象越来越少见；而北方地区宴请客人或者在社交场合，劝酒现象比较普通，以客人喝醉作为好客的标志。在服装消费风格上，南方人喜欢轻便型服装，要求简洁、大方，色调上相对明亮、丰富；而北方人更强调服装的实用性，要求服装合体、保暖，色调上相对稳重些，质料上倾向于皮革制品、毛、绒等。改革开放以后，由于现代化商业的快速发展，南北消费习俗方面的同质化现象在加速。

（三）*消费习俗对饮食服务的影响*

麦当劳是餐饮界的龙头企业，但其经营模式相当灵活，擅长根据当地风俗习惯进行服务改造。麦当劳在伊斯兰国家针对他们的饮食习惯，进行"清真"的饮食加工和制作。除了穆斯林们最重视的饮食材料以外，麦当劳在建筑设计上也一改其全球统一的风格，主动采取了符合当地风格的白色建筑装修。另外，在伊斯兰国家以外的穆斯林聚集地，麦当劳也提供"清真"饮食。

（四）*消费习俗对消费者心理与行为的影响*

多种不同的消费习俗对消费者的心理与行为有着极大的影响。

1. 消费习俗促成了消费者购买心理的稳定性和购买行为的习惯性。受消费习俗的长期影响，消费者在购买商品时，往往容易产生习惯性购买心理与行为，固定地重复购买符合其消费习俗的各种商品。

2. 消费习俗强化了消费者的消费偏好。在特定地域消费习俗的长期影响下，消费者形成了对地方风俗的特殊偏好，这种偏好会直接影响消费者对商品的选择，并不断强化已有的消费习惯。例如，各地消费者对本地风味小吃的偏好，各民族人民对本民族服装的偏好等,都会使消费者行为发生倾斜。

3. 消费习俗使消费者心理与行为的变化趋缓。由于遵从消费习俗而导致的消费活动的习惯性与稳定性,将大大延缓消费者心理及行为的变化速度,并使之难以改变。这对消费者适应新的消费环境和消费方式会起到阻碍作用。

正是由于消费习俗对消费者心理与行为有极大的影响,企业在从事生产经营时必须尊重和适应目标市场消费者的习俗特性。尤其是进行跨国、跨地区经营时,企业更应深入了解不同国家、不同地区消费者消费习俗的差异,使自己的商品符合当地消费者的需要。

五、服务中的家庭消费行为

(一) 家庭的概念

家庭是指两个或者两个以上的个体由于婚姻、血缘或者收养关系而共同生活的社会单位。构成家庭的最重要因素是"婚姻"和"血缘关系"。与家庭相比,住户是一个范围更广泛的社会群体或者决策单位。住户是指由生活在同一"屋檐"下或同一"住宅单元"里的人组成的群体。虽然家庭与住户有时被交替使用,但两者既有联系又有区别,一方面,住户包括了家庭;另一方面,住户强调的是其成员在同一空间居住,而不注重其中的婚姻、血缘关系。

住户可以分为有血缘关系的住户和没有血缘关系的住户。我们分析购买决策的时候,可以把家庭与住户混用。但是所有的家庭成员并不一定居住在一起,并且一个住户也有非血缘关系的成员。所以,在市场营销活动中针对不同的商品,运用家庭和住户的概念就不相同。例如,在电视机、洗衣机、冰箱等产品的营销活动中,住户概念的意义更大。但是在汽车、儿童服装或者休闲的市场营销活动中,有血缘关系的家庭更为重要。

社会学家一般将家庭分为3种类型,第一类是配偶家庭,即只有一对夫妇而没有孩子的家庭,其中又分未育配偶家庭和空巢家庭,分别为尚未生育和子女另立门户的家庭。第二类是核心家庭,即一对夫妇和至少一个孩子组成的家庭。第三类是扩展家庭,即由至少两代以上的夫妇及其未婚子女组成的家庭。

家庭作为社会的基本组织具有很多功能。与消费者行为研究联系比较的密切的功能有经济功能、情感交流功能、赡养与抚养功能、教育功能或家庭成员社会化功能。

一个家庭随着时间的推移,其成员的作用也在发生变化。家庭生活周期是指绝大多数家庭必经的历程,是描述从单生到结婚,到家庭的扩展(增添孩子),再到家庭收缩(孩子长大后独立生活),直到家庭解散(配偶当中一方去世)的家庭发展过程的社会学概念。

由于近几十年来的社会变迁,出现了许多新情况:一是平均结婚年龄有所推迟；二是抚育孩子的成本提高；三是人们的平均寿命延长，拉长了家庭生活周期；四是离婚率上升，单亲与孩子构成的家庭日益增多；五是生育率下降，极大地改变了人口的年龄分布。

（二）家庭购买决策

家庭购买决策是指两个及两个以上的家庭成员直接或者间接做出购买决策的过程。作为一种集体决策，家庭购买决策在很多方面不同于个人决策，例如在早餐麦片的购买活动中，成年人与儿童所考虑的产品的特点是不同的，因而他们共同做出的购买决策将不同于他们单独做出的决策。

在日常生活中，家庭每天都要做出许多购买决策，在这些购买决策中，有的极为重要，例如购买汽车、搬家去哪里或者去哪里度假等；另一些则普通的多，例如决定午餐吃什么。

家庭是其成员的活动与影响集体的购买群体或消费群体。作为购买群体，家庭购买决策是一个集体的购买决策；作为消费群体，家庭的购买决策会影响其成员的消费。在家庭购买决策过程中，各家庭成员之间会有相互影响。如图4－5所示。

一般而言，家庭成员在购买决策或购买行为中所扮演的角色至少涉及以下6种。

- 倡议者：首先提出或想出购买某一商品的人。
- 信息提供者：提议购买某种产品，搜集和评价有助于购买决策的信息，并控制家庭内信息流的人。
- 影响者：为购买决策提供评价标准和哪些产品或者品牌适合这些标准之类的信息，从而影响产品选择的人。
- 决策者：具有选择产品或品牌的财务权限的"家庭预算承担者"，他有权决定购买什么及何时购买的问题。
- 购买者：实际进行购买的家庭成员，购买者和决策者可能不同。例如，青少年可能会授权决定购买何种汽车甚至何时购买，但是，父母才是实际与经销商进行议价并付款的人。
- 使用者：在家庭中实际消费或者使用由他们自己或者其他家庭成员所购产品的人。这可能是某一家庭成员或者是整个家庭。

家庭成员在购买决策过程当中的不同角色相互联系、相互依托。在有的购买活动中，重大决策由一个人来承担；在另外的购买活动中，角色分工泾渭分明。一般来说，倡议者和使用者多为同一个人，他提出建议和要求，但不一定总能够被采纳，这取决于他们在家庭当中的地位和影响力。影响者是企业不能忽视的角色，因为他们能够在很大程度上左右决策者的意见。信息提供者也称为"守门者"，因为他们决定了家庭在一次购买活动中所能接触的信息，他们对信息做出分析和处理，是决策者和影响者做出决定的直接依据。实际购买者有时往往也承

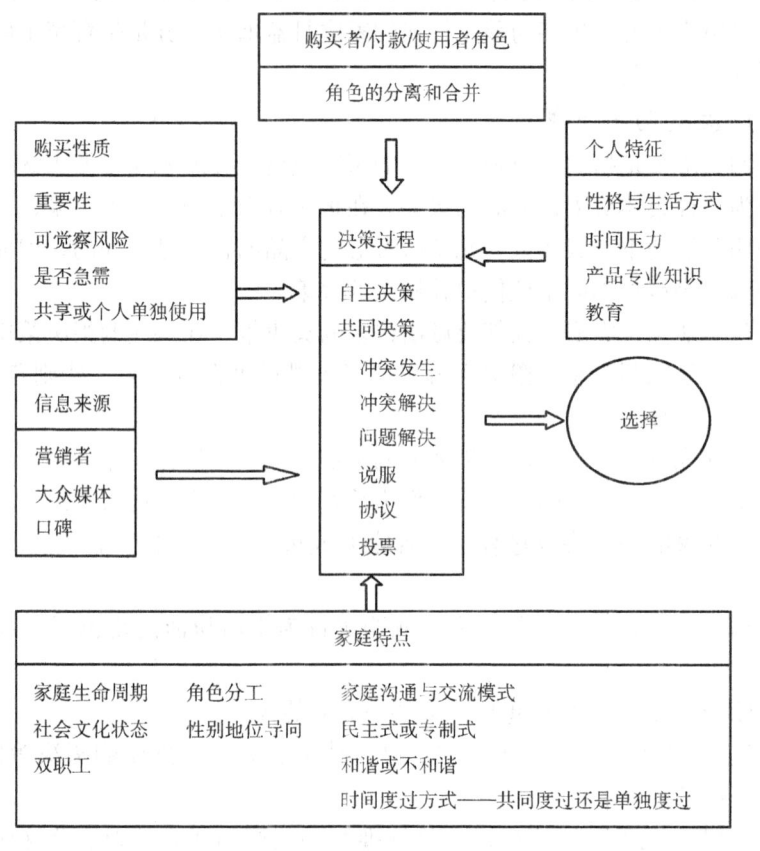

图4-5 家庭购买决策的理解框架

参考文献：SHETH J N, MITTAL B. 消费者行为学：管理视角 [M]. 罗立彬，译. 北京：机械工业出版社，2004：249.

担信息搜集的任务，因为他们对这类商品较为熟悉，所以对具体的执行工作也能顺利完成。值得注意的是，实际购买者往往也有某种程度的决定权。比如，一个家庭计划购买一台电脑，父母往往是决策者，他们决定是否购买。但由于他们对这方面的知识所知较少，可能会把买什么品牌、在哪里购买的决定权交给更了解电脑的孩子们，而他们正是这次购买的实际执行者。另外，家庭当中有些产品的使用者通常都不是购买者，比如，儿童所喝的饮料，其广告的诉求对象应该是母亲，因为她们才是产品的决定者及购买者。同样，在家庭里，母亲或者妻子是大部分衣服的购买者，包括他们丈夫和孩子的衣服。在有的购买活动中，大部分角色都由一个人来承担，而在另外的购买活动中，则可能有多人分别承担不同的角色。

(三) 家庭购买决策方式

为理解家庭决策过程，有必要研究在购买决策过程中家庭成员之间的相互作用问题，具体问题是，家庭购买决定是以什么方式做出的？家庭成员扮演哪些角色？谁在决策当中发挥最大的作用，等等。

戴维斯（H. L. Davis）和瑞加克斯（B. P. Rigaux）根据购买决策过程当中夫妇的相互作用把家庭购买决策分为4种（见图4-6）：一是自主型，对不太重要的购买，可由丈夫或者妻子独立做出决定；二是丈夫主导型，在决定购买什么的问题上，丈夫起主导作用；三是妻子主导型，在决定购买什么的问题上，妻子起主导作用；四是共同型，丈夫和妻子共同做出购买决策。

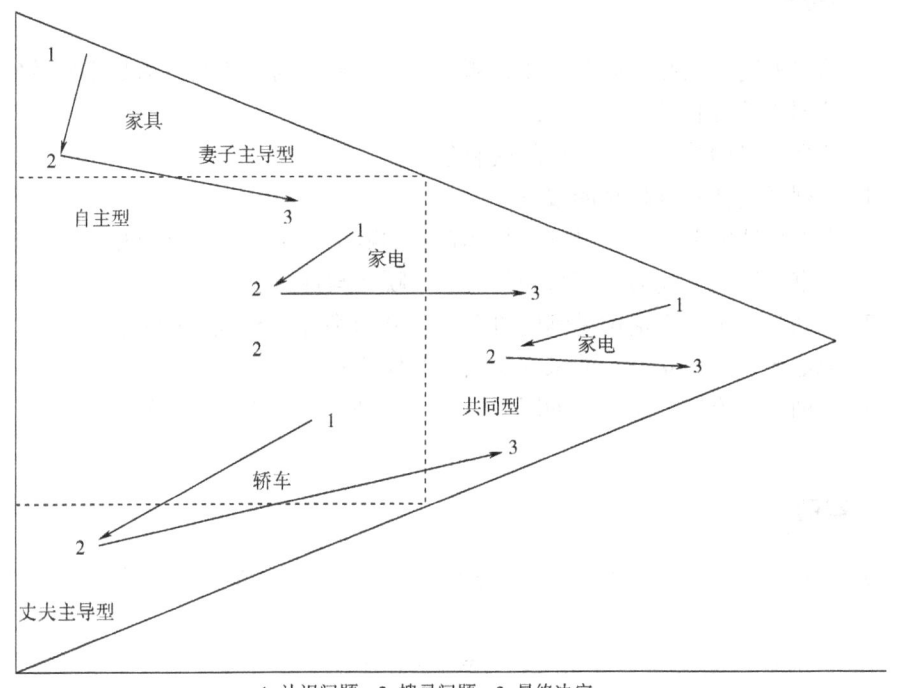

1=认识问题　2=搜寻问题　3=最终决定

图4-6　购买决策过程当中夫妻的相互作用

参考文献：DAVIS, HARRY L, RIGAUX, et al. Perception of marital roles in decision processes [J]. Journal of Consumer Research, 1974, 1 (1): 51-62.

戴维斯（H. L. Davis）和瑞加克斯（B. P. Rigaux）的研究发现，人寿保险的购买通常属于丈夫主导型决策；度假、孩子上学、购买和装修住宅则由夫妻共同决定；清洁用品、厨房用具和食品的购买基本上由妻子做主；而饮料、花园用品等产品的购买一般都是由夫妻各自决定。研究还发现，越是进入购买决策的后期，家庭成员之间越倾向于共同做决定。换言之，家庭成员在具体产品购买上确实有分工,某个家庭成员可能负责搜集信息和进行评价、比较,而最终的选择则尽可能由大家一起做出。

小结

本章讨论了服务搜寻行为及消费者的购买决策的 5 个阶段,即需求识别、信息搜索、可选方案评估、购买和消费以及购后评价,并分别讲述了服务营销当中价值观、生活方式、群体、习惯与习俗以及家庭对消费者行为的影响。

思考题

1. 消费者购买商品与服务相比,哪些行为是相似的?哪些行为是不同的?
2. 请列举搜寻特性较高的产品。
3. 请列举经验特性较高的产品或服务。
4. 请列举信任特性较高的服务。
5. 本书描述的购买决策过程,与你自己的购买决策相比,有何相似与差异?
6. 本书描述的文化对消费行为的影响,哪些与你自己的情况比较吻合?
7. 请列举一个你生活中见到的符合"消费习惯建立模式"的实例。
8. 你如何理解儿童产品的家庭购买决策模式?
9. 请列举你家庭当中购买的服务,它属于哪一种"夫妻决策模式"?

案例

想一想:餐厅天天讲服务,天天培训,却忘了细节。顾客为什么不愿意再次光临?

某餐厅内,一桌顾客正在用餐,值台服务员在为顾客上了基围虾后,又按常规给顾客端上了洗手盅。服务人员并没有告诉顾客水的用途,只说了一句"先生,请慢用"后就离开了。一位顾客见水上飘着几朵菊花,以为这是菊花茶,便一饮而尽。当其他顾客正在为这位顾客解释时,被正在上菜的服务员听到了,服务员禁不住笑出了声,使这位顾客弄了个大红脸。首先这个服务员在上菜的时候没有说明洗水盅的用处本身就是失职。其次,在顾客闹笑话的时候居然笑出声,让顾客丢脸,这是大忌。如果我是顾客,在这里丢了脸还被服务员笑话,下次还会来吗?

无独有偶。某高级酒店的西餐厅里,一位顾客正在宴请朋友,当浓汤上来后,这位顾客尝了一下,对服务员说,自己是吃西餐的行家,能够尝出来这个汤味不正,而且不热,要求重做。服务员向顾客道了歉,把汤拿回厨房。过了一会儿,汤重新端了上来,厨师长也跟在身边。当顾客对重做的汤表示满意时,冷不防厨师长说出一席话:"老实告诉你,这就是你刚才尝过的汤,只不过稍稍热了热。可见你根本不懂西餐,是个十足的外行!"顾客大怒。顾客自诩行家,也许有点夸张的成分。服务员和厨师长知道对方是外行也不应该直接当面说出来。顾客让将汤重做,如果不是菜品有问题可以直接说明。既然拿回去重做,那么就应该息事宁人。厨师长这样的做法虽然解气,但是得罪了一屋子的顾客。餐厅的名声也变差了。

　　在服务中,注重消费者的习俗也是极其重要的。几位顾客在餐厅用餐,结账时,值台服务员拿着账单走到餐桌旁,只是简单地对顾客说:"先生,二百五。"顾客听到这句话很不高兴,便提醒服务员说:"是不是算错了?"服务员快速核实后,再次向顾客说:"没错,是二百五。"这让顾客更生气了,便向餐厅经理投诉。某些地方对数字有忌讳,如广东人喜欢6、8不喜欢4,上海人不喜欢十三点。这个服务员看到账单是250元,说二百五是没有错,但是二百五还是骂人的话。顾客明明提醒了服务员是不是算错了,服务员应该换一种说法:"先生,今天一共消费了250元。"有时省事却导致了不必要的纠纷。

第三篇 外部营销

第五章 服务产品策略

【学习目标】
1. 掌握服务产品概念的主要构成
2. 分析附加性服务的几种类型以及它们与核心服务的关系
3. 掌握剖析服务流程的方法和必要性
4. 了解开发新服务的主要挑战和关键步骤
5. 理解服务品牌的内涵
6. 了解设计和管理服务品牌的主要挑战

开篇案例

麦当劳

麦当劳是全球汉堡快餐连锁店的领导品牌,它在12个国家拥有超过36 000家餐厅,每秒卖出75个汉堡。麦当劳公司的历史可以追溯到1955年克罗克(R. Kroc)在美国芝加哥附近的德斯·普兰斯(Des Plaines)创立了全球第一间麦当劳餐厅。当时的菜单上有:汉堡、芝士汉堡、奶昔、薯条、咖啡、牛奶和汽水。20世纪60年代到70年代,麦当劳在全球范围内快速成长,其注重质量、服务、清洁和价值的重要性。风靡全球的巨无霸与薯条、麦当劳汉堡大学、得来速汽车餐厅的理念……麦当劳的创新不断改变着现代商业模式,也在改变着全球消费者的生活方式。

20世纪80年代,麦当劳积极地推进海外扩张,以每年2 000家新餐厅的速度增加在欧洲、亚洲等市场的渗透率。然而,这种迅速的扩张导致新员工得不到快速完善的培训,服务水平低下,餐厅环境不够洁净。此外,消费者的口味在变化,而麦当劳的新产品并没有成功地与顾客建立联系。为了解决这些问题,使麦当劳餐厅能够提供更高质量的消费者体验,公司在2003年实施了一项被称为"制胜计划"的战略项目。制胜计划改善了公司的营销战略,并允许当地餐厅根据不同的环境和文化做相应的调整。

例如,中国现在是麦当劳全球第三大市场,也是发展最快的市场之一。从1990年深圳的第一家餐厅开业起,麦当劳现已在中国拥有约2 200家餐厅,员工人数超过100 000名。麦当劳在中国内地连续推出甜品站(1994年)、24小时营业餐厅(2005年)、得来速汽车餐厅(2006年)、麦乐送24小时送餐服务

(2008年)等品牌扩展平台。2010年开始，麦当劳餐厅全面升级，新颖的设计理念以贴近市场和消费者为主旨，融入现代人城市化的生活方式，餐厅内的McCafé休闲区也为顾客提供了时尚、休闲、物超所值的用餐享受。为了更好地阐释麦当劳的理念，自2014年开始，麦当劳在中国使用"让我们好在一起"的广告语。对中国消费者来说，麦当劳代表了现代的生活方式，带来具有中国味道的西式美味，也提供了熟悉且轻松的场所，成为消费者生活和相聚的枢纽。2015年是麦当劳引入"我创我味来"的创新模式，中国消费者今后能在"我创我味来"概念店根据个人喜好，从24种精选食材中创作专属的汉堡；汉堡、贴心服务和数字化点餐等全新体验，以满足消费者热衷于创新、追求个性化的需求。近几年，中国消费者越来越多地依赖移动互联网和智能手机，麦当劳公司的服务模式也不断推陈出新，旨在给消费者带来更多的自由和便利。2016年1月，中国内地首家麦当劳未来智慧概念餐厅在北京王府井落成。在未来智慧概念餐厅，顾客可体验更大的用餐自由，无论何时、何地、以何种方式，随心享受麦当劳的产品与服务。餐厅拥有多项与微信联手推出的创新平台，如手机自创汉堡、手机桌边加餐，及全国首个"线下游戏体验空间"等，不用排队、不必带钱包，顾客吃喝玩乐轻松实现。

资料来源：ADAMY J. McDonald's seeks way to keep sizzling [J]. Wall Street Journal, 2009, 3 (10).

阐明所提供服务的本质和内涵是服务企业制定服务营销战略的基础步骤。本章我们将首先讨论服务营销概念中的产品（product）要素。任何服务组织都必须能够对以下两个问题给出清晰、明确的回答：自己向顾客提供何种服务以及如何向顾客提供这些服务。为了更好地了解这些服务的性质，营销人员需要将服务的核心要素和那些起支持或强化作用的附加性要素区分开。将顾客与服务人员及组织之间发生的服务互动按照先后顺序分解并用图表展示出来，有助于营销人员更全面、更充分地理解服务递送的过程。随着竞争的不断加剧，服务营销人员不能满足于已有产品的成功，必须通过持续创新来满足消费者的需求，开发全新的服务产品、扩展服务产品线或者对已有产品做出改变。本章我们将研究服务产品的性质，讨论如何为它们增值，并寻找开发新服务的方法。

第一节 理解服务产品和服务理念

一、服务产品的内涵

当顾客购买一件产品（如一辆汽车、一瓶矿泉水或一台笔记本电脑）时，他们获得了实体物质的所有权。然而，由于服务的无形性和易逝性，服务产品通常只能被体验而无法被拥有。即使当顾客确实掌握了某些实体要素的所有权（如一个汉堡、一个通过手术植入的人工心脏或一张CD），顾客所支付的费用中的相当大一部分是用来换取服务要素所带来的增值，包括专业劳动和专业设备的使用。因此，一件服务产品涵盖服务表现的和为顾客创造价值的全部要素，即包括有形要素和无形要素。

在设计服务理念时，有经验的服务营销人员知道以全局的观点理解顾客服务体验的整体表现是十分必要的。服务产品通常由3个要素构成：核心产品、附加性服务和服务传递的流程。核心产品是服务向顾客提供的核心利益和解决方案，通常取决于行业的特性。核心产品的传递通常都伴随着其他一系列与服务相关联的活动，我们将其统称为附加性服务。附加性服务具有拓展核心产品效用的作用，使顾客在服务体验中获得更多价值，并使一个服务产品区别于其他具有相同核心产品的服务。随着行业的成熟与竞争的加剧，核心产品往往成为标准商品，因此企业通常通过强调附加性要素的服务表现来实现差异化和建立竞争优势的目的。

我们可以借助两个模型更好地理解服务中所涉及的要素。肖斯塔克（G. L. Shostack）试图通过一个分子式模型说明服务的一系列特征之间具有相互关联性，其中某一要素的变化可能会完全改变总体的本质。特别是，分子式模型区分了服务传递中的有形要素和无形要素，从而可以帮助营销人员更有效地制定产品策略和沟通策略。例如，对一家航空公司而言，无形要素包括飞行服务本身、服务的频率，以及飞行前、飞行中以及飞行后的多种服务。机场与飞机上提供给旅客的食物与饮料都是有形的要素。另外一个重要的模型是艾格里和兰杰德提出的模型，在模型中一系列附加性服务环绕着核心服务。它们区分了服务产品中的必需要素（如航空服务中的座椅）和能增强核心服务有助于吸引顾客的必要要素（如航空服务中的娱乐项目）。

（一）核心产品

核心产品是能为顾客提供解决主要问题功能的服务要素。例如，航空服务满足的是将某人或某物从一个地理位置转移到另一个地理位置的需求；管理咨询应当对顾客要采取的行动给出专家建议；而医疗服务则是要使某人不舒服、不健康的身体或心理状态恢复到正常的健康状态。

（二）附加性服务

附加性服务能增强核心产品，在促进后者功效的同时强化其价值与吸引力。附加性服务的范围和层次通常在核心产品与相似产品竞争中扮演着重要角色，它能有效地区分与定位服务产品。

（三）传递流程

服务产品的第三个组成要素是提供核心产品和各项附加性服务所涉及的流程。服务的传递流程分为：人体处理流程、物品处理流程、脑刺激处理流程和信息处理流程。每一类流程在服务操作流程、顾客与服务人员、设施接触的级别、对附加性服务的需要程度等方面均具有不同特征。通常人体处理流程比其他流程要求更多的附加性服务要素,因为顾客在传递期间必须亲自来到服务场所并停留一段时间。向顾客提供服务要约的设计必须解决以下几个问题:

- 如何将服务产品中不同的组成部分提供给顾客?
- 在这些流程中顾客扮演着怎样的角色?
- 提供的流程将持续多长时间?
- 将要提供哪种层次和风格的服务?

图5-1描述了一家豪华酒店所提供的住宿服务,将核心产品、附加性服务和传递流程有机整合在一起。与经济型酒店相比,豪华酒店不仅要提供更多的服务内容,而且服务的有形要素和无形要素都具有更高品质。

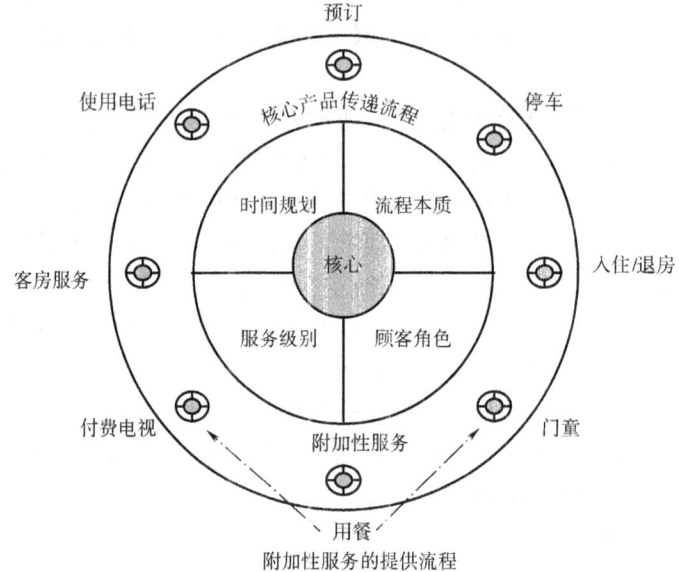

图5-1 豪华酒店所提供的住宿服务

该项服务的核心产品——酒店房间,是由服务级别(如结账前顾客可以使用房间的类型、时间)、服务流程的性质,以及顾客角色(如顾客入住要遵守哪些酒店行为规则以及酒店将为他们提供哪些服务)等维度来决定的。围绕着核心产品的是一系列附加性产品,包括客房预订、用餐以及客房服务要素。正如核心产品,那些传递流程必须根据每个服务要素加以确定。酒店越是昂贵,在每一项要素(如带停车服务的室内停车场、更优质的食品以及更广选择范围的收费电视节目等)方面所提供的服务水平也就越高。同时,顾客还能享受额外的服务,如商务中心、酒吧、泳池、健身中心等。顶级酒店的一大特色就是为顾客提供那些他们很想获得的服务,以及延长服务时间,如提供24小时的客房服务等。

下面我们将深入探讨不同类型的附加性服务所扮演的角色,帮助大家理解设计服务理念的重要性。理想的状态是，在服务理念的指导下，核心产品和附加性服务都能达到标准并能相互促进。

二、附加性服务和"服务之花"

总的来说，附加性服务包括支持性附加服务和增强性附加服务。支持性附加服务通常在传递或者使用核心服务的流程中起重要作用，包括信息服务、订单处理、账单服务和付账服务。增强性附加服务则能为顾客带来额外的价值，包括咨询服务、接待服务、保管服务和额外服务。大部分附加服务都可以归到以上8种类型中。

在"服务之花"中，这8种附加性服务作为8片花瓣围绕着核心服务的花心。按照顺时针的方向将它们以顾客通常会接触的次序进行排列。在一个设计良好和管理优良的服务组织，"服务之花"的花瓣和花心呈现鲜活健康的状态。相反，设计糟糕并且管理混乱的服务就好似缺失花瓣而枯萎失色的花朵。这时，即使核心服务是完美的，但服务之花的整体印象还是令人失望的。回想一下你作为顾客的亲身经历（或者代表某个组织进行采购的经历），当你对某次购买感到不满的时候，是由于其核心服务的缺陷还是对某些附加性服务感到失望。

（一）信息服务

顾客一般需要掌握与服务相关的信息，来充分体验产品或者服务的价值。新顾客和潜在顾客对信息的需求尤其迫切。顾客对信息的需求可能包括产品销售地点、订购服务的细节、服务时间、价格和使用说明、销售与使用的各种条件、注意事项、使用提示、变更通知、消费建议等。此外，顾客还希望得到完成事项的记录证明，如客房预订确认、开具发票和收据、每月账目明细等。

服务企业应当确保所提供信息的及时性和准确性。为顾客提供信息的传统方式包括一线员工告知、打印通知单、产品宣传手册、说明书等。其他传递信息的媒介还包括录像带、软件驱动说明、触摸屏展示、语音电话菜单查询等。现在，很多企业开始以互联网为载体向顾客提供信息。例如，DHL快递公司向顾客提供即时追踪其包裹的服务——通过给每件包裹标志特有的识别编码来实现。

（二）订单处理

一旦顾客决定购买，开始预订服务，服务企业就要开始接受服务申请和下订单。处理订单过程中的服务应快捷、准确并有礼貌。否则，顾客认为自己浪费了时间，在身体或精神上遭受了损失。此外，还可以运用技术手段简化订单处理的流程。订单处理的关键在于，在实现服务的完整性和准确性的同时最大化地减少交易双方投入的时间和精力。

银行、保险公司和公共服务机构通常要求其潜在顾客完成申请流程，该流程的设计目的在于收集有关信息并剔除那些没有满足基本注册要求的申请者。服务预订（包括预约和入住登记）是授予顾客使用某种服务权利的订单处理服务，如预订飞机上的座位、餐厅餐位、酒店客房、与资深专家咨询的时间、剧院的特定座位等。无纸预订系统（如电话预订或网上预订）为航空公司节省了大量成本，降低了管理需求。

（三）账单服务

顾客对账单服务的需求在大部分服务行业都非常普遍。不准确、字迹不清或不完整的账单都会让原本满意的顾客感到失望。这样的失误在顾客对服务不满的情况下，会让顾客更为失望。服务企业应该向顾客提供清晰明了的账单，清楚地罗列出消费记录和费用总额，避免采用难以理解的晦涩符号。及时提供账单才能起到敦促顾客及时支付的作用。时间紧张的顾客不愿意消费结束后等待服务人员开列账单。很多酒店和汽车租赁公司都采用快速结账的方式，即先记录顾客信用卡详细信息，之后再通过信件向顾客收取费用。采用这种方法的关键是保证账单的准确性。顾客选择快速结账方式的目的是节省时间，他们更不希望之后在更正账单和获取返款上浪费时间。很多酒店在顾客退房当天的清晨将费用清单放在房间门口，或让顾客在退房前通过客房内的电视屏幕核查账单。

（四）付账服务

现在，无论是国内购物还是出国旅游，顾客都越来越期望能够采用简单方便的付款方式，如使用信用卡。顾客可以选择多种付款方式，如面对面的现金交易或支票交易，通过信用卡和借记卡付款。其他的付款方式还包括优惠购物券、代币券、预付券。顾客即时付款能够减少企业的应收账款而使企业受益。为了确保人们按时付款，一些服务企业设有控制系统，例如在进入影院前或者上火车前的检票。然而，检票人员和安保人员必须训练有素，工作时礼貌和原则兼顾，避免使那些有诚信的顾客感到不快。

接下来，我们来讨论增强性附加服务，包括咨询服务、接待服务、保管服务和额外服务。

（五）咨询服务

与简单地回答顾客提问不同，咨询服务要求通过与顾客的深入交谈为其提供量身定制的解决方案。最简单的咨询服务是服务人员根据顾客的问题当场给出建议。例如，在商店购买服装时，你可能会向销售员询问关于颜色搭配的建议。为了保证服务的有效性，服务人员在提供合适的解决方案之前应充分地了解顾客的状况。因此，保存详细完整的顾客记录是很有意义的工作。与一般的咨询服务相比，专业咨询服务需要为顾客提供更细致、体贴的服务。这种专业咨询方式对某些服务来讲是很有价值的附加性服务。例如，一些B2B企业向企业客户提供管理或技术类的咨询服务，包括工业设备与服务的"解决方案销售"。服务企业可以对咨询服务实行分类计价，也可以为了达成最终的销售而免费提供咨询服务。

（六）接待服务

接待服务的理想状况是为顾客营造一种愉快的氛围，无论是新顾客还是老顾客。卓越的服务企业总是要求员工无论是在面对面的顾客接触还是在电话通话中，都要关注顾客的需要并殷勤有礼。在某些情况下，接待服务是以接送顾客到某一场所作为服务的起点或终点（如免费往返巴士）。如果顾客在服务消费之前必须在户外等候，那么体贴的服务供应商应提供保护措施使顾客免受恶劣天气的影响；如果顾客要在室内等候，就应配备顾客休息区，包括座位及娱乐设施。例如，海底捞公司就在顾客等候区备有饮料、小吃、跳棋，甚至免费提供擦鞋和美甲的服务。招聘性格热情、友好和细致体贴的服务人员能有效地帮助服务企业营造出一种轻松愉悦的氛围。接待服务的质量对顾客满意度有重要影响。服务提供商通常通过添加或改善附加服务来使顾客更满意。例如，英国航空公司向头等舱和公务舱的旅客以及英航俱乐部金卡会员提供贵宾休息室，旅客可以在休息室内洗澡、更衣、享受 SPA、吃早餐、查电子邮件、打电话，然后精神饱满地继续前往目的地。这种举措为英航提供了竞争优势。

（七）保管服务

自己的财物在服务场所能得到妥善保管，是顾客对服务企业的一个基本要求。事实上，如果一个服务提供商不能提供特定的保管服务（如安全便捷的停车服务），一些顾客根本不会光顾。在服务现场的保管服务包括衣物保管、贵重物品保管、行李托运、处理与储存，甚至是儿童或宠物的看管。有责任心的企业还很重视为顾客提供财产保管与人身安全服务。美国的富国银行向顾客邮寄账单时，还派发册子介绍安全使用 ATM 机的窍门，向顾客宣传如何保护好他们的银行卡以及如何避免盗窃与人身伤害。

（八）额外服务

额外服务是常规服务传递以外的那些附加性服务。聪明的企业能提前预测可能发生的意外情况，并事先设定应急预案。当顾客提出特殊需求时，员工就不会感到无助和慌乱。额外服务大致分为：①特殊要求。有些顾客可能会需要常规服务流程以外的服务，比如，照顾儿童、饮食、医疗、宗教信仰、身体残疾等方面的特殊需求。这些特殊需求在旅游和餐饮娱乐行业中非常普遍。②解决问题。解决问题的需求会在常规的服务传递因事故、延迟、设备故障或使用困难等原因而无法正常顺畅地进行时产生。③处理顾客投诉、建议、表扬。企业应该提供便捷的渠道让顾客表达不满、提出改进建议，或给予表扬，并且还应尽量迅速地就顾客的意见给出反馈。④赔偿。企业应在发生严重的服务问题后，给予顾客恰当的赔偿。赔偿包括保质期内的免费维修、退款、免费服务、司法调解或其他形式的退款。需要注意的是，服务管理者需要关注顾客的额外服务需求，当额外需求过多时，会导致服务的安全保障降低或员工负担过重，管理者应意识到原来的标准化流程很可能需要改进。

但是，并不是每项核心服务产品都必须具备以上 8 种附加性服务。营销人员应根据服务产品的本质决定哪些附加性服务是必须提供的，哪些附加性服务能增强产品价值，哪些能为服务传递提供便利。一般而言，一家以低成本、不提供多余服务为竞争策略的企业所需要的附加性服务要素远少于那些以提供价格高昂的高附加值服务为竞争策略的企业。围绕核心服务产品渐进地提供不同级别的附加性服务是产品差异化策略的基础，正如航空公司提供不同级别的航空服务（头等舱、商务舱和经济舱）。无论企业决定提供哪些附加性服务，都应重视"服务之花"中的各种要素，确保达到既定的服务标准。

三、服务传递的流程

服务流程图是展示服务的不同步骤序列和性质的图片。服务流程图提供了理解顾客整体服务体验的方法，服务过程中涉及的不同人员可以理解并客观地使用它。绘制服务流程图并非一成不变，应将其视为一个把服务过程以及消费者体验合理分块的工具而非束缚。

（一）服务传递流程示例

营销人员可以利用服务流程图把核心服务和强化核心服务的附加性服务要素有效地区分开。例如，对饭店而言，食物和酒水构成了其核心服务，而附加性服务则可能包括预订、停车、服装间、就餐引位、菜单点菜、账单服务等。对不同的服务而言，尽管核心服务可能有很大差异，一般的附加性要素——从问询到账单服务，从预订/点菜到问题处理——都在不断重复发生。图5-2是酒店住宿和修理电视机两类服务的简单流程图。

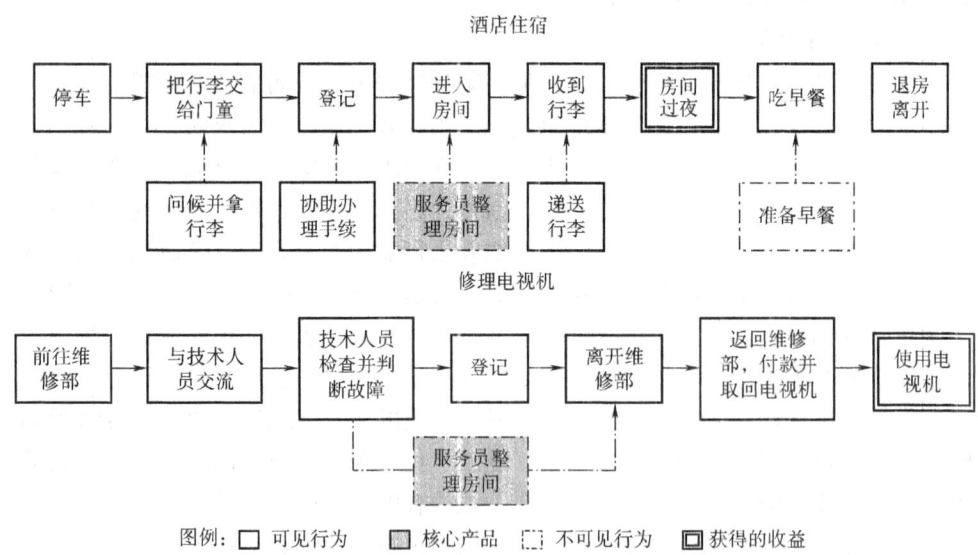

图5-2　酒店住宿和修理电视机两类服务的流程示意图

(二) 服务传递的时间流程

下一步，需要考虑顾客使用核心服务和附加性服务的时间序列，并估计每项服务要素大致需要的时间。各服务要素的流程序列可能必须以既定的方式提供给顾客，也可能比较灵活。这项工作对营销活动、运营管理以及人员的调配都很重要。营销人员掌握流程序列和时间的信息后能更好地了解顾客需求、习惯和预期。在提供酒店住宿服务时，有些服务要素的提供必须先于其他要素，而核心产品在服务传递流程中位于附加性服务之间。顾客可能会需要和使用不同的服务要素，因此流程安排也要做出相应调整。服务规划的一个重要工作是决定顾客在不同服务要素上的停留时间。有时，顾客希望在某些重要的服务活动上预留一定时间，有时则希望尽可能缩短那些在他们看来完全没有创造价值的活动上消耗的时间（如客房预订、入住和退房、等待开具发票）。

在理想的情况下，服务提供商应当在服务传递流程的各个阶段保持一贯的高质量，但实践中，服务表现很难始终如一地保持高水准，而是经常出现差异和波动。在这种情况下，保证结尾令人满意比好的开端更重要。一些餐厅在客人刚刚到店时非常热情，但是当客人完成点餐后，则发现由于人员不足或管理不善等原因令服务人员对他们的需求反应缓慢或冷淡，这很可能会使顾客感到非常十分失望。

第二节　新服务的设计与开发

激烈的市场竞争和顾客不断提高的期望是所有服务行业都必须面对的现实。因此，服务企业想要获得成功，不仅要向顾客高质量地提供现有服务，还要不断研发如何提供更优质、更独特的新服务。服务的无形性加剧了开发新服务的难度，营销人员面临着新服务的设计不全面、过于简单或过于主观的风险。和实体产品一样，新服务推出后被市场接受并获得成功的比率很低。没有对市场、顾客、竞争对手的了解，新产品开发很难成功。只有那些确保服务产品的总体质量并为确保服务质量提供充足营销支持的企业，才能使新产品成功地经受住市场的严峻考验。

一、设计新服务的挑战

服务的无形性特征使人们较难对服务进行描述并传递给别人。当服务要持续很长一段时间时，其复杂性将大大提高，且更难以定义和描述。这是服务设计的最大挑战。由于服务无法触摸，不能被试验，人们通常采用语言来描述它。林恩·肖斯塔克认为，单纯用语言描述服务很可能导致过于简单、不全面和主观的危险。肖斯塔克指出："不能把证券管理说成买卖股票，就像不能把'宇宙飞船'说成'能飞的东西'一样。"要描述一个完整而复杂的服务系统，单靠语言太不充分了。此外，员工、经理以及顾客在描述服务时可能忽略细节或服务中他们不熟悉的要素。也许有人能非常准确地描述出一位收取佣金的股票经纪人如何获得顾客订单，但是如果让他全面地描述每月的财务报表如何产生、电脑系统如何运行以及服务中这两个因素如何协调配合受理订单，就非常难了。

而且，当人们用语言来描述服务时，会因个人经历不同以及接触服务的程度不同而产生差别。因此，会导致过于主观性的危险。在一家服务企业中，不同部门的工作人员（如营销员、生产人员和财务人员），对该企业服务产品的描述很可能大相径庭。还需要注意的是，人们会以不同的方式来定义同一个概念。比如，主管或经理会向一线服务员工建议尽可能灵活地向顾客提供服务，如果灵活性没有被进一步定义，员工可能会以不同于经理的理解方式来解释该词，从而导致不一致的服务行为。

推出一项服务要建立在对顾客感知、市场需求和可行性数据与客观设计进行综合评定的基础上，而不能以经理和员工认为服务应怎样的主观看法为基础。由于服务的提供与消费同时进行，并且员工与顾客存在互动，因此在开发、设计和实施新服务时让员工和顾客参与将极有益处。例如，万豪国际酒店公司让顾客参与酒店客房的设计，使客房更受住客欢迎。

二、新服务分类

对服务供应商来说，有多种服务创新的方式可供选择。并不是所有新服务的创新程度都一样，新服务的类型可以大到主体服务创新，小到风格转变。新服务的定义取决于对现有服务体系做出变革的程度，包括参与方之间的互动、流程、实体要素。下面列举七种服务创新的方式。

（一）主体服务创新

针对尚未确定的市场提供新的核心服务，通常包括崭新的服务特征和崭新的服务流程。例如，联邦快递于1971年在全国范围内推出的隔夜小件快递服务，以及eBay首创的网上拍卖服务。未来的许多变革会在信息、计算机和互联网的基础产生。

（二）主要的流程创新

使用新的服务流程来提供现有的核心服务，通过新的模式提供额外的益处。近年来，随着信息技术的发展，很多新兴的企业采用新型的销售模式（如网络销售、电话销售、目录销售）取代传统的实体零售方式，既节省了顾客的时间，也使企业减低了运营成本，掌握了更多顾客信息，从而提供更符合顾客需求的定制化方案。

（三）服务产品线延伸

扩大现有的服务产品线，如饭店增加新的菜单、航空公司增加新的航线、法律咨询公司增加新的法律服务项目、大学开设新的课程或学位。这些新服务是为了满足现有顾客更广泛的需求或吸引具有不同需求的新顾客。很多银行现在代售保险产品，就是希望借此提升与现有顾客的营利性关联。

（四）服务流程延伸

采用新的服务传递过程，其创新性低于服务产品线延伸。这种延伸的目的是增加便利性，为现有顾客提供不同的服务体验，吸引那些对原有服务不感兴趣的新顾客。通常情况下，服务供应商会在现有的高接触性分销渠道的基础上，添加低接触性分销渠道，如电话银行或网络银行服务。网络销售和实体店并存的双渠道被称为"鼠标＋水泥"的运营模式。此外，自助式服务是员工服务之外的一种服务流程延伸创新。沃尔玛超市在美国增加了自助服务的结账通道，允许顾客通过扫描产品条形码的方式自己完成结账手续，从而缓解顾客过多而工作人员人手不够的问题。

（五）附加性服务创新

为现有核心产品增加新的便利性或增强性的服务要素，或大幅革新现有附加性服务。低技术含量的创新较为简单，例如，零售店增加停车场，或开始接受信用卡支付方式。多项附加性服务的改进可能为顾客带来全新的服务体验。书店开始提供咖啡饮品服务、健身俱乐部开设营养课程、航空公司提供空中传真和电话服务都属于附加性服务创新。

（六）服务改进

服务改进或许是服务创新中最普遍的一种形式，它主要是对现有服务进行轻微调整，改进核心产品或现有附加性服务的性能，包括加快已有服务过程的执行、延长服务时间、扩大服务内容。例如，在酒店的客房中增添一些便利设施。

（七）风格改变

风格改变是一种最简单的创新方式，通常不会涉及流程或服务内容的变化。然而，这种改变非常明显，可能激发顾客感知、情感与态度上的显著改变，甚至能调动员工的积极性。例如，把酒店房间墙面粉刷成另外一种颜色，为员工定制新颖时尚的工作服，改变银行支票的图案设计，或者稍微修改服务组织的标志等，都是风格转变。但这些改变只是改变服务的外表，并不是从根本上改变服务本身，就如为消费品改换包装一样。

如上所述，服务创新可以在多种层面上进行，并不是每一种服务创新都涉及服务产品特征和流程的改变。改善服务中涉及的实体产品也是服务创新的一种方式，当产品与服务提供相同的核心利益时，它们之间是可以相互替代的。另外，任何新的实体产品都有创造相关服务的潜力，特别是价值较高、使用年限较长的实体产品。工业设备可能需要终身维修服务，从一开始的融资与保险、运输、安装，到接下来的维护、清洁、维修、咨询建议、故障排除、升级，直至最终的废弃处理等。因此，此类产品在销售之后的很长一段时间内，其售后服务仍可成为企业重要的收入来源之一。

三、开发新服务的步骤

开发新服务的步骤与制造业中开发新产品的步骤类似,但是在实际应用中却存在重大差别。而且由于服务本身的特性,新服务的开发步骤更为复杂。新服务产品的开发并不是简单线性过程,一些步骤可以同时进行,甚至在某些时候有的步骤可以越过,从而加速新服务的开发进程。服务开发的过程可分为前期计划与实施两个阶段。前期计划阶段包括:企业战略开发与评价、新服务战略开发、创意产生、服务概念开发与评价、业务分析5个步骤。这个阶段的主要任务是决定服务概念的内容。实施阶段包括:服务开发与检验、市场测试、商品化和引入后评价4个步骤。这个阶段的主要任务是执行或实施服务概念的内容。相对于制造业产品而言,服务创新的前期阶段其抽象性更为明显。

(一) 前期计划阶段

1. 企业战略开发与评价。新服务开发的第一步就是回顾组织的规划与使命。因此,企业应该具有清晰、明确的整体战略规划,作为新服务开发的前提。新服务的战略必须与企业层面的战略规划保持一致,并且有助于企业战略的实现。此外,一家企业对发展的潜在导向会影响它对新服务战略的定义。企业战略导向决定了它希望如何通过开发新服务来实现成长。因此,了解组织的整体战略规划和导向是确定新产品发展方向必不可少的一环。

2. 新服务战略开发。产品组合战略与针对新服务开发所确定的组织结构对新产品服务开发尤为重要。企业需要明确的新产品战略、详细的新产品/服务组合计划、建立在现有沟通和跨职能责任分配基础上的组织结构,以确保前期决策的有效性。

开始制定新服务战略时,可以采用表5-1来识别增长机会。该框架可以作为基本思路的指南,帮助组织识别出增长的可能性方向。公司的增长战略可以关注现有顾客或开发新顾客,可以集中兵力于现有范围的服务或开发新服务。新服务的类型有赖于组织的整体目标、规划、生产能力和发展计划。通过制定新服务战略,组织更容易产生具体的想法。比如,尽可能用市场、服务类型、发展时间的跨度、利润标准或其他有关因素来表示。

表5-1 新服务战略框架——识别增长机会

服务	市场	
	现有顾客	新顾客
现有服务	增加份额	开发市场
新服务	开发服务	多元化

3. 创意产生。新服务的创意可以来源于企业内部,也可能来源于企业外部。

在企业内部，产生新服务创意的常用途径有头脑风暴法、雇员与顾客征求意见法、首用者调研法和竞争者产品分析法。观察顾客以及他们如何使用公司的服务也可能为创新提供有价值的想法。观察法在顾客无法意识到自己的需求或难以用语言描述其需求时更为有效。在服务业中，那些为顾客提供服务且直接打交道的一线员工通常更了解顾客的需求和体验，因此是服务改进和服务创新想法的重要来源。

无论新想法来源于企业内部，还是企业外部，都应该有正式的机制来确保新想法能够源源不断地产生。正式的机制可以是一个正式的新服务开发部门，或是定期开会的新服务开发小组、顾客与雇员参加的研究团队，或是雇员和顾客意见箱，一个为确定新服务所做的正式的竞争分析。一些营销专家认为，新产品/服务最好的机遇和最大的影响力是通过发现未获得满足的顾客需求或技术创新的最佳可能组合中获得的。在这一阶段形成的创意可以通过上一步的战略来筛选。由于新服务开发的后续阶段成本增长很快，因此大多数公司采用标准的方法对服务创意进行描述并审核。

4. 服务概念开发与评价。公司可以以经过筛选的创意为基础开始服务开发的步骤了。在开发有形产品时，开发人员需要给出产品定义，并将产品说明和图纸一起呈现给顾客。服务的特性，尤其是无形性和生产消费同时发生的特征，增加了这个阶段的复杂性。用画图或语言的形式描述抽象的服务很难，在开发服务概念时，往往会出现参与的多方人员对同一概念的理解并不相同的情况。因此，首先需要参与概念开发的各方人员对服务的概念到底是什么达成共识。确定服务概念的定义之后，需要形成服务的说明书，阐述新服务概念的具体特性，然后预测顾客和员工对概念的反应。服务设计文件需要包括该项新服务旨在解决的问题、提供新服务的原因，列明服务过程及其收益，并提供服务的合理价格，顾客与员工在服务传递中分别扮演的角色也应列入其中。之后，可以分别让员工和顾客对新服务的概念进行评价。

5. 业务分析。如果服务概念在上一阶段获得顾客和员工的积极评价，接下来的任务就是确定预期利润并评估其可行性。在这个阶段需要进行需求分析、收入计划、成本分析和操作可行性分析。由于服务概念开发与组织运营系统紧密相连，因而该阶段还涉及雇用、培训人员的费用，加强服务实施系统的费用和其他相关的运营费用。企业以回报率和可行性分析结果为依据对业务进行筛选，确定新服务创意是否满足最低要求。

（二）实施阶段

如果一项新服务的概念通过前期计划各个步骤的层层筛选，接下来将进入实施阶段。

1. 服务开发与检验。服务开发阶段应当涵盖所有将与新服务有关的人的意见，如顾客、一线员工以及来自营销、运营、人力资源职能部门的代表。此时，通过上述各方人员再三推敲，把服务概念进一步细化，生成实施服务的服务蓝图。例如，一家大型银行计划在全国范围内为顾客提供新的理财服务，在服务开发和评估阶段，各方相关人员都应该参与进来，如银行主管、客户经理、负责柜台交易的一线员工、维护顾客数据的信息技术人员，甚至顾客。

诠释服务的最后一步是把服务蓝图变成具体的实施计划。由于服务开发、设计与实施相互纠缠、错综复杂，因此在此阶段，新服务涉及的所有人员必须密切合作，使新服务具体化、细节化。例如，Expedia.com 是一家大规模的旅游服务预订网站。在网站启动任何新软件或者进行网站再设计时，公司都要与设计团队召开大量会议评估顾客需求，进行详细的服务开发以及大量的测试，收集顾客对该设计的反馈。

2. 市场测试。在有形产品的市场测试阶段，通常会在事先限定的地区试销产品，检验该产品以及其他营销组合变量（促销、价格和分销系统）的市场接受度。对服务行业而言，要推出的新服务常常与现有服务纠结在一起，单独考察新服务的表现并不容易。服务的市场测试可以通过向企业员工及其家庭成员提供新服务来了解他们对营销变量的反应。或者，可以向顾客提供假设的营销组合，从而检验价格与促销的变量关系。虽然与实际的市场测试相比，这种方法存在一定的局限性，但总比完全得不到市场反应好。

市场测试有助于提前识别新服务在内容、流程和系统上可能存在的问题，确保服务在引入市场后能够平稳运作，但这一作用经常被忽视。如果在全面引入市场时才开始测试服务系统是否能像计划的那样正常运行，那么此时一旦发现问题也难以改正了。

3. 商业化阶段。企业在这一阶段开始实施新服务并将其广泛地推向市场。在该阶段，企业需要考虑制定怎样的推广活动、选择恰当的时机和市场进入战略，并瞄准最有希望的潜在顾客。企业必须制定一个将新服务引入市场的行动方案，在服务引入期的全过程监测所有方面的表现。所有细节都要兼顾，包括与顾客通过电话或面对面的交流、投诉和服务提供问题，跟踪记录运营效率和成本。此外，企业需要在服务提供人员当中形成对新服务的认可度。

4. 引进后评价。此阶段可以根据从服务商品化阶段收集到的信息，并在市场实际反应的基础上，对服务提供过程、其他营销组合变量以及所有配置的人员进行评估，并做出必要的调整。

第三节　设计并管理服务品牌

一、服务品牌的内涵

美国营销协会（American Marketing Association）将品牌定义为："一个名称、

术语、标志、符号或设计,或者是它们的结合体,用以识别某个销售商或某一群销售商的产品或服务,并使其与竞争者的产品或服务区分开。"因此,服务品牌是通过某些方式将自己与满足同样需求的其他服务区分开的一种服务。这些差异可以是在功能性、理性或有形性方面,也可以体现在象征性、情感性或无形性方面,即该品牌所代表的更为抽象的含义。

一个可信的品牌代表着一定水平的质量,因此,满意的顾客可以很容易地再次光顾一家服务提供商。特别是对具有无形性和异质性的服务而言,品牌的价值更为显著。尽管竞争对手能复制服务流程和有形展示,但是它们很难与品牌经过多年的营销活动和服务经验在人们心目中留下的持久印象相匹敌。从这个意义上讲,品牌是确保竞争优势的有效手段。

品牌资产是向产品或服务赋予的附加价值。它可以反映在消费者对品牌的思考、感受和行动方式上,同时也反映在品牌的价格、市场份额以及盈利能力上。营销人员和研究人员采用多种视角来研究品牌资产。基于顾客的方法是从消费者——无论是个体还是组织——的视角来看待品牌资产,认为品牌力量在于随着时间的推移顾客对品牌的所看、所读、所听、所学、所想以及所感。拥有不同的品牌知识是导致消费者对不同品牌的反应存在差异的主要原因。品牌知识包括与该品牌相关的所有想法、感受、形象、体验和信念。因此,服务营销人员的一项重要工作就是确保顾客对服务和营销方案持有正确的体验,从而形成恰当的品牌知识。从抽象的意义上来说,我们认为品牌资产为营销人员提供了一座至关重要的、从过去通往未来的战略"桥梁"。

二、设计和管理服务品牌

服务营销人员通过与恰当的消费者创建恰当的品牌知识结构来创建服务品牌资产。这个过程依赖于所有与服务品牌相关的接触点。从营销管理的视角来看,品牌资产的驱动因素主要有以下3类:

● 构成品牌的品牌元素和身份的初始选择(如品牌名称、网址、标识、符号、特征、代言人、广告语、广告音乐、包装和签名等)。微软公司将它新推出的搜索引擎命名为Bing,因为公司认为这个名字清晰地传达出了搜索和人们找到想要找寻的内容的惊喜时刻。

● 服务和所有相应的营销活动和营销支持方案。

● 通过与其他一些实体(一个人、地方或事件)联系起来而间接转移给品牌的联想。从1968年开始麦当劳就赞助奥林匹克运动,2012年伦敦奥运会已经是麦当劳连续第9次成为奥运官方餐厅,它是向运动员提供餐饮服务的唯一一家品牌零售食品服务供应商,并且奥运赞助商资格延续到2020年。通过与奥运会联系来,麦当劳强调了它的金牌品质的服务定位。

(一)选择品牌元素

品牌元素是那些可以识别并区分品牌的特征化设计,并且可以用于注册商标。大多数强势品牌都采用多重品牌元素。选择品牌元素的标准包括：①印象深刻。印象深刻的品牌元素使消费者能轻易地再认和回忆该品牌元素，如简短、朗朗上口的品牌名称。②富有意义。富有意义的品牌元素能够暗示相应的服务类别或者哪种类型的人是该品牌的顾客，并值得信任。③受人喜爱。品牌元素应具有审美的吸引力。很多服务企业开始采用有趣的品牌名，同时提供一个容易接入的URL，例如，Instagram 照片共享和 Facebook 社交网络。④可转换——品牌元素能否在同品类或者不同品类中推出新产品？它能够跨越地理边界和细分市场来增加品牌资产吗？虽然亚马逊（Amazon.com）最初是在线图书销售商，但它非常明智，没有称"我们就是图书"。亚马逊这个名字表明该网站可以销售品种广泛的商品。⑤可调整。确保品牌元素在必要的时候能够被调整和更新。例如，星巴克公司在2011年对它的品牌标识进行了更新（见图5-3）。⑥可保护。品牌元素应该能够得到法律保护。

一般而言，品牌利益越不具体，品牌元素能够抓住无形特征就越重要。许多保险公司都为品牌采用象征力量、安全或者是某种两者相结合的符号。和品牌名称一样，广告语也是建立品牌资产极为有效的手段。例如，选择一个具有固有含义的名字会使增添其他的含义或者更新品牌定位变得很困难。

1992　　　　　　　　　2011

图 5-3　星巴克的品牌更新

（二）设计和管理品牌策略

绝大多数服务组织并不是只提供一种产品，而是一条产品线。因此，如果企业准备对服务进行品牌化，就必须决定每个服务产品使用何种品牌名，企业可以在以下三种通用策略中进行选择。

1. 单个品牌名。即对不同服务产品采用不同的品牌名。这种策略的主要优势是，如果一种服务失败了或者呈现出低质量，公司并没有将其声誉与这项服务拴在一起。公司通常在同一种服务中为不同质量的服务产品线使用不同的品牌名称。

2. 公司通用品牌伞或公司品牌名。这种策略的优势是开发成本更低，因为公司不需要进行"品牌名称"研究或花费大量广告费用创建认知。创新、专业以及可靠的公司形象联想会直接影响消费者的评价。

3. 子品牌名。子品牌结合了两个或更多个公司品牌、家族品牌或单个产的品牌名。公司名称能够为新产品取得合理地位，而单个名称能够使用其更为个性化。

所有品牌都有界限，公司瞄准的不同目标细分市场可能对同一个品牌的喜爱程度存在差异。营销人员通常需要多个品牌来追求这些多重细分市场。一家公司为在一个特定的品类或细分市场中销售而提供的所有品牌和品牌线的集合称为品牌组合。品牌组合的最佳状态是，组合中的每个品牌与其他品牌联合实现资产最大化。总的来说，营销人员需要在市场覆盖与成本和盈利能力之间进行权衡。如果能够通过削减品牌数量来提高利润的话，那么这个品牌组合就太大了；如果能够通过增加品牌数量来提高利润的话，则这个品牌组合还不够大。设计一个品牌投资组合的基本原则是最大化市场覆盖，这样才能不忽略任何潜在顾客，但是也要最小化品牌之间的重叠，这样品牌就不会相互竞争争夺顾客的认可。每个品牌都应该有清晰的差异化，并能吸引住一个足够大的细分市场来证明其营销和生产成本的合理性。营销人员需要长期仔细监视品牌组合，识别出弱化的品牌并剔除不盈利的品牌。差异化不佳的品牌线可能具有更强的相互蚕食的特征，需要修剪处理。

品牌并不只是通过广告建立起来的。顾客可以通过广泛的体验接触点来了解一个品牌：个人的观察和使用、口碑、与公司员工的互动、网上或者电话体验，以及支付交易。营销人员通过许多新途径来形成顾客对品牌的体验，如俱乐部、消费者社区、展销会、事件营销、赞助，以及公共关系和新闻发布会。

营销人员需要采用整合营销的观点，即开展多种多样的营销活动，并以一致的方式将这些活动匹配和调和在一起，使它们各自和综合的效果都得到最大限度的发挥，强化品牌承诺。

【服务营销实践】

美国银行开发新服务

经过30多年的并购，美国银行（Bank of American）已经变成了美国最大的银行之一。近些年来，美国银行开始转变其成长战略，特别关注如何通过提供新服务或改善服务增加收入。美国银行的一大举措是成立创新发展小组（I&D），目的是通过开发新的服务内容或新的递送方式来强化顾客关系。创新发展小组关注如何吸引更多的顾客，满足不同顾客的需求。在意识到缺乏规范的新服务开发流程之后，美国银行从传统和成熟的制造业流程中寻求借鉴。美国银行开始采用实验对新的服务创意进行测试。

创新发展小组在亚特兰大市成立了一个"革新市场"，并在那里开展了一系列实验以检验公司希望推出的新服务和新方法。这些"创新实验"是以该市场中的真实顾客为目标展开的。第一步，公司先将亚特兰大的20个分行分为3组。

第一组是"便捷中心",意味着效率、现代、快捷,这组中的分行配备了现代化设施,它们关心的是顾客进出银行的效率。第二组是"金融中心",宽敞而闲适,接受培训后的员工和高级专家为顾客提供体贴入微的银行服务,如股票交易和证券管理等。第三组是"传统中心",主要提供传统的银行服务。3类测试小组分配好以后,创新发展小组依据结构化的流程进行服务测试和服务改进。每一条建设性意见都被添加到一个名为"创意库"的电子表格中,表中包括创意描述、流程或问题、以此创意作为基础的顾客细分等。然后,创新发展小组按照顾客反馈和银行战略将所有创意分门别类。

截至2002年5月,该方法已经产生了200多条创意。其中有40条已经在正式实验中得到检验。例如,有一项检验是考察,如果在银行里放置一台电视机播放CNN的节目,是否能降低顾客对等待时间的感知。经过验证,创新发展小组给出了肯定的答案。因此,美国银行在所有支行里增设了电视机。美国银行从这种规范的创意产生流程和创新实验中获得了巨大收益。在创新市场上,顾客满意度得到了大幅度的提高,参加实验的支行吸引到了更多的新顾客。在开发新服务的过程中,美国银行也吸取了很多教训,成为保持其持续服务创新的宝贵财富。

资料来源:THOMKE S. R&D comes to services: bank of america's pathbreaking experiments [J]. Harvard Business Review, 2003 (4): 70 - 79.

【服务营销前沿】

服务的可分离性

不可分离性是服务的典型特征,即服务的生产和消费是同时发生、不可分割的。比如,在剧院观看演出、到美发店剪头发等。服务的不可分离性向营销人员提出了挑战。那么,不可分离性是不是放之四海皆准的服务特性呢?随着技术的发展和服务的创新,有些服务的生产和消费可以分离开来,比如,网络课程、餐厅外卖等。

研究人员通过一系列的定性和定量研究发现,服务的可分离性可以有效提升消费者的利益,比如,节省时间和精力、更有灵活性。消费者很容易感受到可分离式服务带来的便利,例如,网络课程允许学生在家或任何合适的场所学习,而无须在固定的时间到达固定的地点。但也会增加消费者对服务的心理风险和绩效风险的感知。研究还发现,虽然所有分离式服务都是收益和风险并存,但是不同服务类型下的风险和收益其强度存在差异。对信用型服务来说,风险被放大,收益相对降低。而对体验型服务来说,当消费者与服务提供商之间保持长期交易关系,并且信赖服务提供商时,消费者期望得到分离式服务。消费者在消费过程中会感到由服务分离带来的方便,而这也会强化他们对服务质量的感知并提高满意度。

对服务提供商而言,可分离式服务一方面可以降低的生产成本,比如,网络课程不需要花费教室的租金，而且录制好的网络课程可以被重复地使用。因此，定价也会相应降低，从而吸引更多的消费者。另一方面，可分离服务也存在一定的弊端。比如，网络课程缺少师生之间的互动性，可能使学习效果大打折扣。而且由于网络课程的重复使用，在道德和公平方面也受到质疑。另外，当分离式服务失败时，企业无法在第一时间进行服务补救。因此，对分离式服务的定价需要谨慎行之。

资料来源：KEH H T, PANG J. Customer reactions to service separation [J]. Journal of Marketing Research, 2010, 74 (3): 55 - 70.

小结

本章首先介绍了服务产品的内涵以及各构成要素之间的关系。服务产品由一项核心产品与一系列附加性服务要素组成。核心产品满足了顾客的基本收益需求，而附加性服务具有支持或增强核心服务的效能。为了更好地设计服务流程，阐明核心产品与附加性服务之间的序列和关联，营销人员可以利用流程图了解顾客的整体服务体验。流程图是一种用来描述服务递送流程中各步骤的性质与顺序的技术手段。不同类型的核心产品常常伴随着相似的附加性服务要素。"服务之花"的概念强调服务要素之间相互依赖的关系，它将附加性服务分成8类：信息服务、订单处理、账单服务、付账服务、咨询服务、接待服务、保管服务和特殊服务。增添和改善附加性服务是提高服务整体质量的主要途径。服务企业需要持续创新来应对市场环境和消费者需求的不断变化，但是重大的服务变革相对罕见，比较常见的创新是采用新技术以新方式传递现有的服务产品。创新性服务往往面临着很高的市场淘汰率，因此需要企业对前期计划和实施阶段均做出系统筹划和管理，开发新服务通常包括以下步骤：企业战略开发与评价、新服务战略开发、创意产生、服务概念开发与评价、业务分析、服务开发与检验、市场测试、商品化和引入后评价。品牌是最有价值的企业资产之一，在开发和管理服务品牌时，企业需要精心选择品牌元素，决定采用哪种品牌策略，并开展综合性的营销活动向顾客传递品牌形象，努力构建品牌资产。

思考题

1. 服务产品由哪些要素构成，各要素分别扮演着怎样的角色？以航空服务为例，分析附加服务与核心服务之间的关系。

2. 根据"服务之花"说明附加性服务的主要类型。"服务之花"对服务营销有哪些重要启示？

3. 服务流程图能够帮助营销人员解决哪些问题？以通过手机 App 叫外卖为例，尝试简要描绘顾客接受服务的流程图。

4. 企业可以通过哪些方式进行服务产品创新？哪种服务创新最为常见？

5. 在开发新服务的战略时，如何识别新的市场增长机会？

6. 如果你是一家服务公司的经理，希望通过增加新服务来增加收入，试述开发新服务通常要经历哪些步骤？各步骤的主要目标是什么？

7. 在开发服务品牌时，应该如何选择品牌元素？

8. 当服务企业提供的是一个产品线而不是单一的服务产品时，应该采用怎样的品牌战略？为什么喜达屋国际酒店集团（Starwood Hotels & Resorts Worldwide）提供"喜来登"（Sheraton）、威斯汀（Westin）、喜来登福朋（Four Points by Sheraton）以及W. W.等多个酒店品牌？它们的定位和品牌形象有哪些区别？

案例

塔吉特百货

塔吉特（Target）百货公司的起源要追溯到1902年，当时戴顿（G. Dayton）在明尼阿波利斯市的市中心创建了Goodfellows百货公司。1962年，戴顿公司（即现在的塔吉特集团）在明尼苏达州的罗斯维尔开设了第一家塔吉特商店，正式进入折扣店行业。

20世纪80年代中期，塔吉特意识到"平民时尚"存在市场空缺后，努力使自己区别于其他大众零售商。为了与强大的竞争对手抗衡，塔吉特开始强化其产品的设计质量，强调现代而独特的产品。公司的采购团队周游世界，寻找下一个热销的商品和潮流趋势。塔吉特也在商品的陈列上与众不同，它采用了低货架、卤素灯照明、更宽敞的过道，并在商店内避免"视觉混乱"。

塔吉特持续地开展体验式营销，在本土和国际市场都赢得好评。特别是2005年，它在纽约进行了一场"垂直时装表演"，模特们带着攀爬工具，要在紧贴着洛克菲勒中心外墙的垂直"跑道"上表演。这些活动在吸引本地顾客购物的同时，也让塔吉特在世界范围内受到了媒体的关注。塔吉特也不断努力改善顾客的购物体验，2014年，它推出了一款装载图像识别技术的购物App，这款名为"In a Snap"的App将发布在10本家装杂志上，消费者可以轻松扫描杂志广告中的图像，扫描之后即可使用智能手机在线购物。

2014年上任的首席执行官科内尔（B. Cornell）认为，公司将重新专注于时装、婴儿、儿童、健康和家居等几个最具潜力品类的自营品牌商品供应，并更加强调有机健康的生鲜杂货业务。2016年，塔吉特推出"猫与杰克"最新系列婴儿与儿童服装。从一开始，"猫与杰克"定位将价值上亿，而且有望成为美国最大的儿童品牌之一。这是塔吉特管理层长期复兴计划的重要一步，目的是让塔吉特变成"猫与杰克"一样的乐观、现代、健康、包容和愉快。为了开拓更广阔的市场，塔吉特2016年推出了国际版网站来服务超过两百个国家和地区的国际消费者。同时，美国的消费者也可以通过该国际版网站将购买的商品运输到其他国家，这些商品的价格可以转换为近60种不同的货币。

资料来源：TARGET. COM；ANN ZIMMERMAN. Staying on target [J]. Wall Street Journal, 2007, 5 (7)；JULIE SCHLOSSER. How target does it [J]. Fortune, 2004, 10 (18): 100; http://money.163.com/14/0730/01/A2C8A7DC00253B0H.html; http://stock.qq.com/a/20151030/067048.htm; http://www.ebrun.com/20160307/168056.shtml.

第六章 服务定价策略

【学习目标】
1. 理解服务定价的特殊性
2. 了解服务定价的目标和基础
3. 掌握服务定价的不同方法以及各种方法的适用范围
4. 归纳服务定价过程中需要考虑的道德问题
5. 了解确保定价策略有效执行的主要因素

开篇案例

如家酒店

2001年,携程网(Ctrip.com)的创始人季琦注意到一位网友抱怨预订酒店的价格太贵。于是,他对携程网上的订房数据进行了分析,发现中国酒店市场上缺少价格适中、但既干净又值得信任的经济型酒店,而这个市场存在巨大潜力。由此他产生了创建一个经济型全国连锁酒店品牌的想法。2002年,携程旅行服务公司和首都旅游国际酒店集团签订战略合作协议,成立了如家连锁酒店集团。如家很快实现了跨越式的成长,并于2006年10月在美国纳斯达克市场挂牌上市。截至2015年12月31日,如家酒店集团在全国355个城市共有2922家酒店正式运营,并且入选了《财富》杂志2011年全球"100家增长最快的公司",成为全球服务业增长冠军。

如家创始人将如家的成功归功于准确的市场定位,如家以"成为全球酒店行业前三甲的酒店管理企业"为愿景,始终秉承"家"文化,用真挚的如家招牌式的微笑和贴心的服务使住"家"者宾至如归。如家酒店集团旗下现有12大住宿品牌:和颐至尊酒店、和颐酒店、如家精选酒店、素柏·云酒店、驿居酒店、如家商旅酒店、睿柏·云酒店、如家酒店、莫泰酒店、派柏·云酒店、云上四季酒店及云上四季民宿。每一个品牌都有自己独特的定位和目标顾客群。如家快捷酒店提供"标准化、干净、温馨、简洁、贴心的酒店住宿产品"。莫泰酒店定位于时尚、新概念连锁酒店,强调时尚理念和满足消费者个性化的住宿需求。和颐酒店则定位于中高端商务酒店品牌,提供便捷、高效的商务配套,旨在给宾客带来旅行新乐趣。睿柏·云酒店是如家酒店集团全新打造的酒店品牌,它定位为"品质升级的个性商旅连锁酒店品牌",具有个性、自由和多样的基因。

如家快捷酒店极具竞争力的价格水平来自于公司严格有效地成本控制。为了既能保证市场扩张的速度，又能同时压缩扩张成本，如家采用了"租用硬件"的方案，即通过租用改建一部分酒店。这样也实现了快速抢占有利位置的战略部署。如家的人员配备只有同等规模星级酒店的1/4，客房的客用品的成本控制在每间2.6元/夜。同时，如家塑造了新的价值曲线，避免陷入与同类酒店的同质化竞争。根据顾客的实际需要，如家减弱或剔除了不必要的服务元素，如高档星级酒店豪华的外表和公共空间，无所不包的服务，从而为顾客节省了成本。而且如家还在不断努力提供新的顾客价值。

如家酒店集团旗下如家酒店连续3年入选BrandZ中国品牌百强榜单，2016年以4.79亿美元的品牌价值排名74位，蝉联酒店行业排名第一。

资料来源：樊兰．如家酒店：二星的价格，五星的床[J]．当代经理人，2006（6）．；石章强，孙瑜．如家VS锦江之星：谁能领跑[J]．中国商业评论，2006（9）．；汪若菡．如家：利润机器[J]．环球企业家，2007，134．

营销是组织中的核心部门，也是可以为企业带来收益的职能部门，而定价就是把销售转化为收益的机制。有效的定价策略不仅能够使产品得到顾客的青睐，而且能够使利润最大化。比如，根据消费者感知价值和支付能力的不同，可以采取不同的定价策略，或者是不同的消费时段，由于需求量不同，也可以采取不同的定价策略。因此，有效的定价策略是服务提供商获得收益和成功的基石。

但是，服务的特殊性给营销人员的定价实践提出了挑战，服务行业的定价过程相对比较复杂。由于服务具有无形性并且服务产品往往没有所有权的转移，因此，确定服务为每个消费者创造价值过程中的财务成本比确定制造和运送一件实体商品更难。而且，服务的生产和消费是不可分离的，因此无法提前将服务生产并储存起来，之后再进行销售。这就意味着服务提供商只能根据供需平衡来定价。如果定价偏低，会出现供不应求的局面，使企业收益大打折扣；如果定价偏高，则可能无法使产量达到最优水平，导致利润降低。

另外，顾客在体验和消费服务的过程中，并不能像使用实体产品一样对其质量做出客观地评估。顾客往往除了对服务的货币成本进行评价外，还会牵涉服务消费过程中所耗费的时间成本、搜寻成本、体力成本和心理成本。因此，加快传递速度和避免消费者的等待时间也会增加服务产品的价值。通过本章的学习，你将了解更多服务定价背后的奥秘。

第一节　服务定价的特殊性

一、对价格的了解存在局限

顾客通常对服务持有不准确或有限的参考价格，其主要原因有以下几个方面。

（一）服务的异质性

与实体商品相比，服务的标准程度较低，服务企业在提供服务时具有很大的灵活性。尽管核心产品相同，附加性服务的不同组合和变化将使定价机制变得非常复杂、烦琐。例如，在购买人寿保险时，报价将随险种类别（如投保年限）、顾客情况（如年龄、健康状况）、特殊条款等因素的差异而不同。只有掌握足够专业知识的顾客，才有可能弄明白不同保险公司的服务谁优谁劣。

（二）服务商不愿意评估价格

许多服务提供商不能或不愿意提前确定服务价格。例如，大部分医疗机构或法律咨询机构无法预先确定价格，因为只有在提供服务之后，才能够确定其成本和合适的价格。

（三）差异化的顾客需求

即使是比较简单的服务，由于顾客的需求多种多样，价格也会随之发生改变。例如，美发师会根据顾客头发的长短、使用美发产品的等级、美发师的资质等来制定不同的价格。随着服务复杂性的提高，顾客需求的差异将显著影响服务的定价。

（四）服务的价格信息难以收集

对实体商品来说，顾客很容易在线下零售商或网络店铺的陈列中通过品牌、包装、尺寸等产品属性来了解和比较价格。但是，服务提供商无法在消费之前将服务展示给顾客，顾客需要光顾服务地点，甚至亲身体验之后才能确定服务的定价是否物有所值。

（五）服务的价格可见度低

一些服务的价格是隐藏或含蓄的。例如，很多消费者并不了解自己要为购买的金融服务（如信用卡和证券投资）所支付的费用是如何产生以及如何支付的。

二、非货币成本的作用

在购买商品和服务时，货币价格并不是顾客支付的唯一成本。非货币成本是顾客在寻找、购买和使用一项服务时付出的其他代价，包括时间成本、搜寻成本、体力成本和心理成本等。

（一）时间成本

顾客在等候接受服务和参与服务传递时都需要花费时间，有时等候的时间比接受服务的时间还要长。如今，顾客往往时间有限，希望计划和节约时间这种稀缺资源。他们会用界定金钱的方法定义时间，在每个活动上花费的时间都代表了机会成本。

（二）搜寻成本

搜寻成本是顾客在确定和选择所需的服务上付出的努力。由于服务的质量和价格均难以确定,而且消费者需要奔波于不同的地点才能比较不同服务提供商之间的差别,因此服务的搜寻成本远远高于实体商品。随着基于网络的各种比价网站的出现(如去哪网提供主要机票订购网站的价格比较),使降低服务的搜寻成本成为可能。

(三) 体力成本

顾客等候接受服务和参与服务传递往往需要耗费体力。如果排队的顾客过多或服务流程安排不合理,会让顾客感到疲劳或不舒服。体力成本消耗过大,还会导致情绪上的沮丧和不满,因此在流程设计和管理中应考虑到尽量帮助顾客节省体力。

(四) 心理成本

心理成本是由人们的认知活动引发的。当顾客对烦琐的手续或不确定的过程和结果感到担忧、焦虑、紧张时,接受服务的心理成本就增加了。

三、价格的信号作用

在一些情况下,顾客倾向于将价格作为判断服务质量的线索。特别是,当服务的质量难以判断和购买服务的风险很高时,价格的信号作用更明显。由于顾客会根据价格对服务质量产生预期,制定服务价格时需要特别注意是否传达了恰当的质量信号。定价过低,可能会使企业失去那些对质量要求较高的顾客,并影响企业盈利;定价过高,会导致顾客形成不切合实际的预期,增加一线员工的工作压力。

四、服务定价的目标和基础

(一) 服务定价的目标

服务企业和产品的定价目标是企业制定价格策略的基础,是指导企业进行价格决策的主要影响因素。定价目标要与企业的整体战略目标相一致,只有这样,才能有助于企业战略目标的实现。定价目标并不是一成不变的,而是随着企业发展阶段的不同,企业定价目标也会随之改变。此外,不同的行业,同行业的不同企业,或者是不同市场条件下,企业的定价目标也会有所不同。

1. 以利润导向为目标。获取利润是企业开展经营活动的基本目标,是企业赖以生存的基本条件。一般来说,根据企业对利润期望的不同,可以将利润导向目标分为投资收益目标、最大利润目标以及适当利润目标。

投资收益定价目标是根据企业在某个特定时期内能够收回投资,并能获取预期投资报酬而设定的定价目标。采用这种定价目标的企业,一般是根据投资额规定的收益率,计算出单位产品的利润额,加上产品成本作为销售价格。在制定投资收益定价目标时,需要确定适度的投资收益率。一般来说,投资收益率应该高于同期的银行存款利息率。但不可过高,否则消费者难以接受。

最大利润定价目标是根据企业在某个特定时期内能够获得的最高利润或投资收益而设定的定价目标。特别是对新研发产品而言，由于市场上缺乏必要竞争，企业往往通过设定较高价格在短时间内获得较大利润。但是，利润额最大化往往取决于合理价格所推动的销售规模，因而追求最大利润的定价目标并不意味着企业一定要制定最高单价。最大利润有长期和短期之分，有远见的企业经营者都着眼于追求长期利润的最大化。

适当利润定价目标是指企业在全面分析自身和市场竞争情况后，为避免不必要的价格竞争，采取适中价格策略以获取适当利润的定价目标。采用这种定价目标的企业，一方面是为了减少风险和保护自己，另一方面限于竞争力不足，只能在补偿正常平均成本的基础上，加上适度利润作为产品价格。

2. 以市场份额导向为目标。市场份额是指服务产品销售额在同类服务产品市场销售总额中所占的比重，获取较高的市场份额是许多企业经常采用的定价目标之一。市场份额的高低可以反映企业的经营状况和市场竞争力，较高的市场占有率可以保证企业产品的销路，巩固企业的市场地位，从而使企业的利润稳步增长。因此，服务企业通过扩大市场份额，提高销量，进而获得最大的销售收入。比如说，沃尔玛就是通过采用天天低价策略来维持较高的市场份额，进而获取较高的利润。我们平常所说的"薄利多销"就是在此目标指导下采用的定价思路。

3. 以顾客导向为目标。顾客是企业的生存之本，是企业获取利润的源泉，以顾客为导向的定价目标是指企业以赢得顾客和提升顾客满意度为目标而设定的定价策略。当市场竞争加剧或者市场萎缩时，良好的顾客基础可以使服务企业依然保持原有价格而不致顾客流失。

（二）服务定价基础

按照价格理论，影响服务企业定价的因素主要包括3个方面，即成本、需求以及竞争。成本是服务企业制定价格的基础，如果价格低于成本，则服务企业无法继续维持生产；市场需求则是顾客对服务产品价值的感知，如果顾客感知价值高的话，就会成功吸引顾客；竞争则决定了服务产品在市场中的波动情况，维持市场中的竞争力。

1. 成本因素。服务成本主要分为固定成本和变动成本。固定成本是指不随产出而变化的成本，在一定时间内表现为固定的量，如服务设施、薪酬等，但是单位固定成本则随产出的增加而下降。变动成本则是随着服务产出的变化而变化，如电费、运输费等。一般来说，固定成本在总成本中所占比重较大，如航空运输与金融服务等；而变动成本所占比重相对较低，如火车和戏院等。

2. 需求因素。服务企业在制定价格目标时，需要考虑需求弹性的影响作用。需求的价格弹性是指因价格变动而相应引起的需求变动比率，它反映了需求变动对价格变动的敏感程度，具体计算公式如下：

$$价格弹性 = \frac{顾客需求的百分比变化}{价格变化的百分比变化}$$

需求价格弹性系数的大小与销售者的收入有着密切联系：如果需求价格弹性系数小于1，价格的较大变化对需求的影响较小，因此价格上升会使销售收入增加；如果需求价格弹性系数大于1时，那么价格的微小变化就能导致需求的较大改变，此时，价格上升会使销售收入减少，价格下降会使销售收入增加；如果需求价格弹性系数等于1，那么价格变动不会引起销售收入变动。这就是企业实行薄利多销策略的一个主要理论基础。价格弹性如图6-1所示。

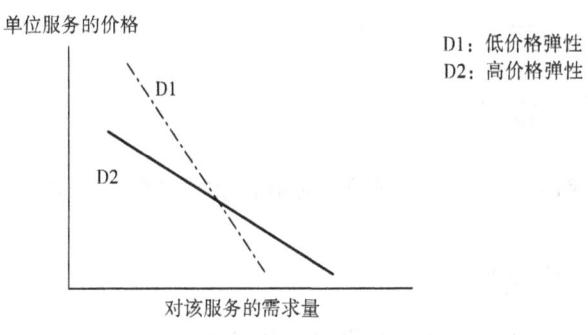

图6-1 价格弹性

3. 竞争因素。由于服务的固有特性，即无形性，使消费者在服务消费过程中伴随较大的感知风险，在购买之前，消费者往往会对同类型的服务进行横向比较，因此，市场竞争状况会直接影响到服务企业的价格策略。如果行业内的产品差异较小，市场竞争就会比较激烈，企业在价格方面的活动余地就相对较小。反之，如果行业内的产品差异较大，市场竞争程度不高，企业就具有较大的定价区间。

第二节 服务的定价方法

影响服务产品定价的主要因素包括生产成本、竞争者以及顾客感知价值。其中，生产成本是服务企业决定产品价格的主要影响因素，决定了服务价格的底线。竞争者是决定价格制定的另一个影响因素，直接关系到产品在市场上的竞争力。顾客对服务产品感知价值的高低决定了服务企业所能采取的最高限额，如果超出顾客的感知价值，则无法成功吸引顾客。因此，基于这3种影响因素，主要有3种服务定价方法，分别是成本导向定价法、价值导向定价法和竞争导向定价法。如图6-2所示。

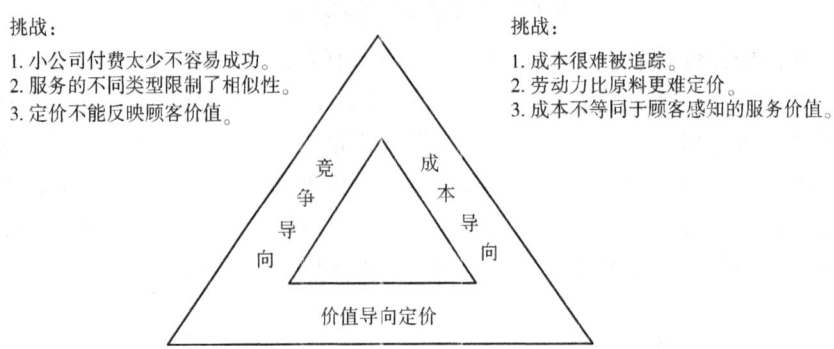

图 6-2　服务行业采用 3 种基本定价导向所面临的挑战

一、成本导向定价法

成本导向定价是指企业依据提供服务的成本，并在成本基础上通过利润加成来决定服务价格。基本公式如下：

价格 = 直接成本 + 间接成本 +（边际）利润

其中，直接成本是指与服务有关的材料和劳动力，间接成本是固定成本的一部分，边际利润是直接成本与间接成本之和的某个百分比。企业把三者相加，以便确定最终的价格，此种方法广泛应用于公共事业、承包业、批发以及广告业中。比如，在打印复印服务中，提供商需要计算出打印每张纸的成本，包括纸张费、墨水费、固定资产折旧费等，然后加上他希望获取的利润，就可以确定价格了。成本导向定价法简单明了，并且能够保证服务商品合理利润的实现。特别是，当需求较大时，企业能够维持在适当的盈利水平上。采用这种定价方式，一要准确核算成本；二要确定恰当的利润百分比（加成率）。成本导向定价法主要包括成本加成定价法、目标利润定价法和盈亏平衡定价法等。

（一）成本加成定价法

成本加成定价法是一种最简单的定价方法，是指在单位服务的成本中加入一定比例的利润作为服务的销售价格的定价方法。即：

价格 = 单位成本 + 单位成本 × 成本利润率 = 单位成本（1 + 成本利润率）

在正常情况下，采用这种方法可以使企业获得预期的利润，但是如果企业所处的市场环境竞争非常激烈，由于该定价方法缺乏对市场变化的动态适应性，则不宜采用这种定价方法。成本加成定价法在实体产品较多的服务行业中广泛应用，如餐饮业、零售业和批发业；另外，在专业服务领域，由于劳动力成本难以量化和确定，服务费作为一种成本加成定价法得以广泛应用。

成本加成定价法的优点是：计算方法简便易行，资料容易取得；根据成本定价，能够保证企业所耗费的全部成本得到补偿，并在正常情况下能获得一定的利润；有利于保持价格的稳定；同一行业的各企业如果都采用完全成本加成定价，只要加成比例接近，所制定的价格也将接近，可以减少或避免价格竞争。当消费者需求量增大时，按此方法定价，产品价格不会提高，而固定的加成也使企业获得较稳定的利润。

成本加成定价法的缺点是：首先忽视了产品需求弹性的变化。不同产品在同一时期，同一产品在生命周期的不同阶段，同一产品在不同的市场，其需求弹性都不相同。其次，成本加成定价法缺乏灵活性，不能适应迅速变化的市场要求，缺乏应有的竞争能力。最后，成本加成定价法是典型的生产者导向定价法，现代市场需求瞬息万变，竞争激烈，产品花色品种日益增多。只有那些以消费者为中心、不断满足消费者需求的产品，才有可能在市场上站住脚。

（二）目标利润定价法

目标利润定价法又称目标收益定价法、目标回报定价法，是在成本定价的基础上，按照目标利润率的高低计算价格。其计算步骤如下。

1. 确定目标利润率。目标利润率有多种表现方式，包括投资利润率、成本利润率、销售利润率和资金利润率等，其计算公式也不尽相同：

$$目标利润 = 总投资额 \times 目标投资利润率$$
$$目标利润 = 总成本 \times 目标成本利润率$$
$$目标利润 = 销售收入 \times 目标销售利润率$$
$$目标利润 = 资金平均占有额 \times 目标资金利润率$$

2. 计算单位服务产品价格。

$$单位服务产品价格 = \frac{总成本 + 目标利润}{预计销售量}$$

目标利润定价法的优点是可以保证企业既定目标利润的实现。目标利润定价法的不足之处在于价格是根据估计的销售量计算的，而实际操作中，价格的高低反过来对销售量有很大影响。销售量的预计是否准确，对最终市场状况有很大影响。企业必须在价格与销售量之间寻求平衡，从而确保用所定价格来实现预期销售量的目标。

因此，目标利润定价法一般适用于价格弹性较小，而且在市场中有一定影响力的企业，或是市场占有率较高，具有垄断性质的企业。该定价法对大型的公用事业类服务机构更为适用，因为这类企业投资大，业务具有垄断性，又和公众利益息息相关，需求的价格弹性较小。

（三）盈亏平衡定价法

盈亏平衡定价法又称损益平衡定价法或收支平衡定价法，是根据固定成本与变动成本的不同运动形态，采用盈亏分界点分析法来确定服务价格的。其计算公式如下：

$$保本价格 = \frac{单位固定成本 + 单位变动成本}{1 - 营业税率}$$

盈亏平衡定价法只能确保服务企业的生产消耗得以补偿，而不能得到收益。因此，在实际执行中，通常将盈亏平衡点价格作为价格的最低限度，再加上单位产品目标利润后才作为最终的市场价格。

总的来说，成本导向的几种定价方法具有共通之处，即均以产品的成本为定价的出发点，然后在成本基础上加上一定的利润，而不同之处在于对利润的确定方法有所差异。它们的共同缺点是都没有考虑市场需求和竞争状况。

二、竞争导向定价法

竞争导向定价法是指服务企业通过研究竞争对手的生产条件、服务状况、价格水平等因素，依据自身的实力，参考成本和市场供求状况来确定服务产品的价格以求在竞争环境中生存和发展。竞争导向定价法的主要特点是，价格与服务成本、需求状况不发生直接关系，而只是与竞争者的价格直接发生联系。此种定价法主要适用于服务标准化或市场上只有少量的同类服务提供者，如快递公司、干洗店、通信业和航空业等。竞争导向定价法主要有随行就市定价法和产品差别定价法。

（一）随行就市定价法

随行就市定价法也称参考行业定价法，是指某些企业在一个竞争激烈的行业或部门中，为避免竞争风险，根据市场竞争格局，跟随主要竞争者的价格，或各企业的平均价格，或市场上一般采用的价格来进行综合评估分析，并确定自己的产品价格。随行就市定价法是一种防御性的定价方法，在实践中应用相当普遍。一方面，采用随行就市定价法可以避免企业之间的相互残杀和陷入残酷的价格竞争；另一方面，行业价格水平被认为是集体智慧的结晶，可以获得行业内平均报酬。

随行就市定价法的优点有：市场平均价格比较容易被消费者接受；避免竞争者之间发生激烈的价格竞争；为企业赢得合理的利润，有利于行业的良性发展和维护行业的整体利益；企业不必全面了解消费者对不同价差的反应，节省了营销人员的很多时间和开支；企业还可以集中精力和资源致力于企业管理和市场经营方面。但是，运用随行就市定价法，要求服务企业的生产成本必须等于或低于行业平均成本，否则在成本高于行业成本的情况下，企业无法获取利润。

（二）产品差别定价法

产品差别定价法是指企业通过不同的营销努力，使同种同质的服务产品在顾客心中树立起不同的形象，进而根据自身的特点，选取低于或高于竞争者的价格作为本企业服务产品的价格。与随行就市定价法相比，产品差别定价法是一种进攻性的定价法。

产品差别定价法的运用，首先要求服务企业必须具备一定的竞争实力，在某一行业或某一区域市场占有较大的市场份额，顾客能够将企业产品或企业本身联系起来。其次，在质量大体相同的条件下，由于广告、包装和售后的费用较大，企业必须通过提高产品质量，才能赢得顾客的信赖，才能在激烈的市场竞争中立于不败之地。

实践中，产品差别定价法主要包括以下三种情况。

1. 如果企业的产品与主要竞争者的产品相类似，那么企业制定的价格也必须与竞争者差不多，否则就会像完全竞争市场一样，价格上微小差别就会失去整个市场，使企业的预期目标不能得以实现。

2. 如果企业的产品次于竞争者，就不能和竞争者一样去制定相同的价格，应该根据企业的市场定位，制定与市场定位一致的产品价格。

3. 如果企业的产品优于竞争对手，价格则不妨高于竞争者的价格。

此外，企业还必须清楚竞争者对自己的价格会做出什么样的反应，只有这样，才能在竞争激烈的市场中赢得先机，获取利润。

三、价值导向定价法

价值导向定价法是以顾客为导向，定价与顾客对服务的价值感受相一致，以顾客愿意为服务支付多少为依据。该方法的主要特点是，在计算顾客感知价值的同时必须考虑非货币成本的作用。如果服务需要花费时间，造成不便，增加心理和搜寻成本，必须降低货币价格以做出补偿，反之亦然。

（一）感知价值

当顾客购买一项服务时，他们总是在衡量他们从这项服务中得到的好处和他们为这项服务付出的成本，即感知价值和感知成本。如果感知价值不低于感知成本，才会发生真正的购买行为。泽丝曼尔（V. A. Zeithaml）认为，不同类型的顾客对感知价值有以下四种不同的表述和定义。

1. 价值就是低价。一些顾客将价值等同于廉价，表明在其价值感受中所要付出的货币是影响其感知价值最为重要的因素。例如，航空业可以通过折扣价来吸引这部分顾客。

2. 价值是从产品或者服务中想要得到的东西。有这样认识的顾客把能从服务中获取的利益作为判断其感知价值的重要依据。因此，服务提供商需要向这类顾客强调服务价值。

3. 价值是用所付出的价格换来的质量。这类顾客认为一分价钱一分货，把价值看作其付出的金钱和所获得的服务质量之间的交易。比如商务酒店通过提供高质低价的客房服务吸引这类顾客。

4. 价值就是付出的全部东西所得到的全部回报。这里的付出不仅仅是金钱，还包括时间、精力等其他因素，收益也不仅仅是指产品的质量，还包括心理、精神等方面的收益。比如，教育培训提供商可以通过强调付出与回报的关系来提升顾客满意度。

(二) 具体的价值导向定价方法

采用价值导向定价法的关键是获得顾客对有关服务价值理解的准确资料。企业如果过高估计顾客的感知价值，其价格就可能过高，难以达到应有的销量；反之，若企业低估了顾客的感知价值，其定价就可能低于应有水平，导致企业收入减少。因此，企业必须通过广泛的市场调研，了解顾客的需求偏好，根据服务的性能、用途、质量、品牌等要素，判定顾客对服务的感知价值，制定服务的初始价格。然后，在初始价格条件下，预测可能的销量，分析目标成本和销售收入，在比较成本与收入、销量与价格的基础上，确定该定价方案的可行性，并制定最终价格。

根据顾客的需求特性，价值导向定价方法包括以下几种。

1. 歧视定价。根据顾客类型、地点、时间、交易条件等实施的差别定价。比如，针对新客户和老客户、长期客户和短期客户、儿童与成人等，分别采用不同的价格。针对影剧院、飞机、体育场的不同座位设定不一样的价格。针对电影院白天和晚上，或者游乐园的淡季和旺季，而设定不同的价格。针对交易批量大和零散顾客而采用不同的价格。由于根据顾客的不同需求采用不同的价格，实现顾客的不同满足感，能够为企业谋取更多的利润，因此，歧视定价在实践中得到广泛运用。但是，采用歧视定价的基本条件是顾客对服务需求有明显的差异，需求弹性不同，市场能够细分，不会因差别价格而导致顾客的反感。

2. 心理定价。心理定价是根据顾客的心理感知价值进行定价的方式。比如，高档服务组织（高档会馆、高档酒店等）会采用声望定价，因为昂贵的服务在价值和奢望表现方面具有更高的价值。以"8"或"6"为结尾的定价让消费者更容易接收。此外，调查发现，在北美地区，顾客普遍认为单数比双数好，奇数比偶数显得便宜，所以，零售价为49美分的商品要比价格为50美分的商品更容易让顾客接受，销量也会增加。但是，在日本，价格多以偶数结尾，特别多以"0"结尾，这是因为偶数在日本体现着对称、和谐、吉祥、平衡和圆满。

3. 折扣定价。在大多数的服务市场上都可以采用折扣定价法，折扣定价既可以作为商家的促销手段，吸引消费者，又可以鼓励高峰期以外的消费。折扣定价法一般会根据不同的付款方式、购买数量、季节性、是否预订等采用不同的折扣定价。比如，如果企业鼓励消费者使用信用卡结算，就会对持特定信用卡付款的消费者进行适当的价格折扣。服务提供商还可以根据买方购买产品的数量多少，给予不同的折扣。服务提供商也会向提前购买季节性强的产品的顾客给予一定的价格折扣。一些服务提供商为了鼓励顾客提前预订，也会对提前预订的顾客给予价格折扣。

第三节 服务的收益管理

一、服务收益管理的适用范围

收益管理是通过建立实时预测模型和对以市场细分为基础的需求行为进行分析，确定最佳的销售或服务价格。其核心是价格细分，亦称价格歧视，就是根据客户不同的需求特征和价格弹性向客户执行不同的价格标准。这种价格细分采用了一种客户划分标准，这些标准是一些合理的原则和限制性条件。在酒店业，由于收益管理系统对公司决策和创利的巨大影响，世界许多著名的酒店集团，特别是欧美的主要酒店集团管理层都高度重视收益管理，先后建立了专门的收益管理部门，并配置了能进行大量数据分析和实时优化处理的计算机系统。

收益管理并不适用于任何行业，具有下列特征的行业才适合采用收益管理谋求收入最大化：

（1）服务消费的及时性。服务的主要特征是生产和消费同时进行，不可分割，而且服务也不能储存。因此，服务企业并不能向实体产品企业那样可以通过库存来调节需求。如果在一定时间内，需求量明显不足的话，服务提供商将会面临永久性损失。因此，服务提供商需要通过收益管理提高需求量。

（2）提供服务的能力有限。由于提供服务的能力在一定时间内是不会变化的，而且不可能在短时间内得到明显改变，或追加新能力需要大量的投资，因此，在高峰和低峰消费时间段会出现供需不平衡的状态，也会需要服务提供商通过收益管理来调节供需的平衡。

（3）顾客可以按照某个标准进行细分。顾客可以按照收入水平、消费特点等因素进行有效细分。只有可以细分的市场，才能针对不同的细分市场采取不同的定价策略，实现真正的收益管理。

（4）服务可以提前预订。服务提供商可以根据需求的变化在销量和价格之间进行权衡。比如航空市场，机票价格可以随时间和需求的变化进行不断地调整。

（5）服务的变动成本较低。当变动成本较低时，服务的边际收入会远远大于边际成本，而销量的增加并不会大幅度提高生产成本，从而通过收益管理提高收益。

（6）服务的需求随时间变化。一般来讲，在高峰时期供不应求，而在低峰时期又无法发挥最大的生产能力，服务提供商可以通过收益管理起到平衡作用，在需求高峰时期，提高价格，使供需平衡，增加收入；在低峰需求时期，降低价格,增加需求,从而提高生产效率,增加收益。

二、服务收益管理的执行

收益管理最开始是由民航开发,目的是以最大盈利方式分配一趟航班的座位,以达到固定能力来匹配各细分市场的潜在需求。随着收益管理技术的成熟,其应用领域逐步向酒店、银行、汽车租赁、交通运输、电信、电力等服务性行业拓展。执行收益管理的步骤如下:

(1) 竞争性分析。通过竞争性分析,可以清楚了解市场的竞争情况。在产品、地理位置以及客户方面确定主要竞争对手和次要竞争对手。

(2) 市场需求预测。如果价格弹性较大,意味着消费者的价格敏感度高,价格的些许变化会大幅度地影响需求量。通过市场需求预测,了解不同细分市场和不同类别顾客的价格弹性。一般来说,服务提供商可以根据历史数据、经济发展状况以及市场发展趋势等方面进行需求预测。

(3) 定价策略。即基于某种定价基础实施定价策略。比如,酒店可以根据入住时间和时间长短、服务项目以及是否是散客等进行定价。一般来说,周末的房间价格要高于平日价格、团体价格要低于散客价格等。

(4) 库存控制。即根据需求状况及时调整库存状况。比如,航空公司预测到暑期期间游客增多,可以把更多的座位留给暑期客户,减少早期可预订的座位数。

(5) 绩效评估。要对单位服务收益进行评估,并与去年同期收益以及竞争对手等进行比较,进一步优化收益管理。

第四节 定价政策的道德问题和感知公平

由于服务的特殊性,消费者一般都很难估计他们使用的某项服务成本究竟是多少,而且通常认为所定价格要远远高于应有的定价。此外,由于服务是无形的,而且对一些服务来说,在消费之前,根本无法对其进行有效的评估,如电影、健身中心等,这类服务被称作体验型服务。甚至有一些服务,即使消费之后,也无法做出正确的评价,如心理咨询、牙医等,这类服务被称作信用型服务。因此,很多消费者都会通过价格来估量服务的质量,一般认为高价的服务肯定要优于低价的服务。例如,在选择心理咨询的时候,人们往往会认为收费高的心理诊所要比收费低的心理诊所更值得信赖。虽然价格确实可以在某种程度上反应服务的质量,但是有些时候并非如此,或者是很难确定其所提供的服务是否物有所值。此外,在服务消费过程中,往往伴随有较大的风险,特别是对于信用型服务,消费者的感知风险会更高,而价格往往会作为判断服务质量的标准。因此,服务提供商在实施定价过程中,要注意道德问题,并且尽量确保定价的公平性。

一、定价政策的道德问题

由于服务是摸不着和看不见的，消费者并不能确定他们从服务提供商那里会得到什么，不能在服务提供的现场或没有能力判断一项服务是否被很好地完成时，虽然有的消费者会对服务定价产生疑问，但是更多的消费者很容易给没有完成的、不必要的或没能很好执行的工作付钱。为了避免这种情况的发生，服务提供商应该事先告知服务的过程和结果，甚至通过必要的文字和图示等方法向消费者展示服务的各个阶段，使消费者明白地消费。

定价的复杂性也使公司很容易发生不道德的行为。比如，在超市，虽然标明本商品八折销售，但是超市为了欺骗消费者，提高原本的价格，使折后的价格有时候甚至高过原本的价格，误导消费者。特别是对于当今的超大型商场，产品琳琅满目，消费者根本无法知晓全部商品的精确定价，这样就给了黑心超市可利用之机来骗取消费者的信赖。有些商家的促销广告故意把优惠信息利用醒目的字体来吸引消费者，而利用消费者不会注意的小字标明优惠的限制条件，这无疑会降低消费者满意度，减少长期收益。

在收益管理过程中，也会出现不道德行为。比如，某航空公司为了防止有些乘客临时改签，使上座率降低，而超额出售预订机票，最终使多名乘客无法按时登机。在发生此类事件后，航空公司一般都以国际惯例搪塞消费者，而没有提供真正切实可行的解决方法。在消费者知道自己上当受骗后，他们开始对公司、公司职员和公司服务变得不信任，这将直接影响企业的促销活动和服务。

二、定价政策的感知公平

价格制定除了要注意道德问题，还要确保消费者的感知公平。一个执行很好的收益管理并不是盲目地寻求短期收益的最大化，而是要确保长期收益最大化。在价格制定过程中，要从以下几个方面着手，确保定价的公平性：

（1）价格制定要清晰、合理和公平。服务提供商应该在消费前期就要清楚地标明所有的费用和花销，这样就不会产生任何的意外。可以通过费用展示图，让消费者了解定价过程和定价逻辑，使其明白收费的合理性，从而确保顾客的感知公平。

（2）价格公开化，折扣技巧化。在服务提供商制定价格的过程中，往往会根据不同的消费者、消费时间等因素制定不同的价格。比如，某公园的淡季门票是20元，而旺季的时候要多收取10元，那么，这种定价方式虽然无可厚非，但是很容易让消费感受到不公平。如果该公园换一个角度进行收益管理的话，却会取得意想不到的效果。比如，该公园的门票定价为30元，但是在淡季的时候，顾客可以享受折扣，只需20元。

(3) 客户关系管理。是否与顾客保持良好的关系，特别是维持与忠诚顾客的长期关系，直接关系到服务提供商的长期收益。老顾客希望得到与新顾客不一样的对待，希望在某些方面能够享受到优待。但是在确保满足老顾客这些要求的同时，也要确保其他顾客的感知公平。比如，在饭店订餐时，老顾客会享有优先等位权等。

(4) 服务补救的重要性。作为收益管理的一部分，要关注服务补救的重要性。由于服务的特殊性，任何服务都不能被确保百分之百地传递和生产，总会出现或大或小的服务失败。比如，航空公司为了减少浪费超额预订机票、某饭店的厨师发挥失常等，都属于服务失败。如果服务提供商不能及时处理服务失败，就会降低消费者的忠诚度，对公司的信誉造成恶劣的影响。通过及时的服务补救，可以有效降低服务失败的负面影响作用，避免顾客的流逝和收益的减少。

第五节　执行服务定价策略

虽然服务定价的主要目标是确定所提供服务的价格，但是为了保证服务定价策略的顺利执行，需要仔细考虑如下几个问题：

(1) 服务的最终定价。成功的定价策略直接关系到服务提供商的财务偿付能力。在定价过程中，需要考虑3个基本因素，即成本、市场和竞争者。通过对生产成本的分析可以确定该服务价格的最低线。通过对市场需求的分析，可以了解顾客的感知价值，确定该服务在各细分市场的最高价格。通过对提供相似服务的其他竞争者进行分析，可以了解市场的竞争程度，最终确定服务的最终价格，即消费者对该服务需要支付的费用。

(2) 确定定价的基础。在定价过程中，既可以根据利润最大化或竞争程度进行定价，也可以根据顾客需求情况来进行定价。不管采取哪种定价目标，最终的目的都是要消费者接受此定价，并能够取得公司期望得到的收益。比如，在采取折扣定价的过程中，要确保那些需要支付全额费用的顾客并不会感到不公平，否则会适得其反，并不能达到收益最大化。此外，还需要确定服务单元。比如，修理器械、干洗店、理发店等都是基于完成某项工作进行定价。而律师、网络服务、有线电视等则是基于时间段来定价。

(3) 确定付款的方式。付款方式包括谁负责收费、付款地点、付款时间、付款形式等问题。除了能够顺利地获得服务，消费者也希望能够在付款方式上尽量简便和安全。比如，演唱会、运动会等服务提供商一般会通过门票代售点等方式进行收费。而随着互联网的普及，许多服务提供商允许消费者在网络上直接付款。有的服务需要消费者在使用之前付费，如买电影票等。而有的服务需要消费者在使用之后付费，如到高档餐厅用餐等。还有的服务需要消费者在使用之前付一笔初始费用,在使用之后再付清,如电器修理等。付款形式有很多种,主要包括现金支付、支票、信用卡等。随着技术的发展,现在基于卡片的服务系统越来越流行,可以通过磁条或者卡片内安装微芯片把价值存储在卡片上。例如,在北京,交通一卡通既可以乘坐地铁和公交车,也可以在许多超市和便利店直接购买商品。不管采用何种付款方式,简便性和付款速度会直接影响消费者对整体服务质量的感知。

(4) 与目标市场沟通价格。在服务定价方式、定价基础和付款方式确定以后,接下来的工作需要与目标市场进行价格沟通。消费者在购买之前需要了解一些产品的价格,也需要了解如何进行支付等问题,这样就不会误导顾客,让顾客心中有底,顾客也就不会质疑企业的道德问题。随着网络的发展,比价网(去哪儿)不仅提供机票预订,而且提供各航空公司同样航段的机票价格。另外,服务提供商有时候也需要通过必要的宣传手段,比如广告等方式,对服务进行宣传。而在宣传过程中,需要决定是否在广告中包含价格信息。比如飘柔在广告宣传中,强调其产品定价为9.8元,以此吸引消费者的注意和购买。当然,还需要向消费顾客提供必要的账单,让消费者感知到定价的公开和公平。

【服务营销实践】

中国移动是中国最大的移动服务提供商之一,它旗下共有3个子品牌,分别是全球通、神州行和动感地带。"全球通"面向高端商务客户,是中国移动通信的旗舰品牌。全球通已经成为国内网络覆盖最广泛、国际漫游国家和地区最多、功能最为完善的移动信息服务品牌。因此,全球通定价较高,月租费每月50元。而"神州行"面向的是普通客户群,其职业、年龄等跨度较大。使用语音和短信业务为主,注重实惠、大众化的资费和自由、便捷的服务方式。因此,神州行无月租,而且资费便宜。"动感地带"面向15~25岁的年轻一族,ARPU(每用户月花费值 Average Revenue Per User)值较低,但数据业务比重高,其最大卖点在于短信套餐,分别为每月支付20元可发300条短信或者每月支付30元可发500条短信。同时为配合这项业务的推广,中国移动特别在"动感地带"中采用了STK卡,扩展了存储空间,受到广大年轻人的喜爱。而且,中国移动还经常推出各种促销活动,吸引消费者。

中国移动的资费由语音资费、流量资费、数据业务资费3部分组成,消费者可自由选择。资费的计费原则包括:①语音类资费标准计费规则:通话时长计费单元为分钟的不足一分钟部分按一分钟计,计费单元为6秒的不足6秒部分按6秒计;②流量类资费标准计费规则:数据流量按照KB计算,不足1KB部分按1KB计;③有效计费时长自被叫应答开始至任一方挂机或无线信道释放为止。图6-3是全球通的多种套餐和价格。

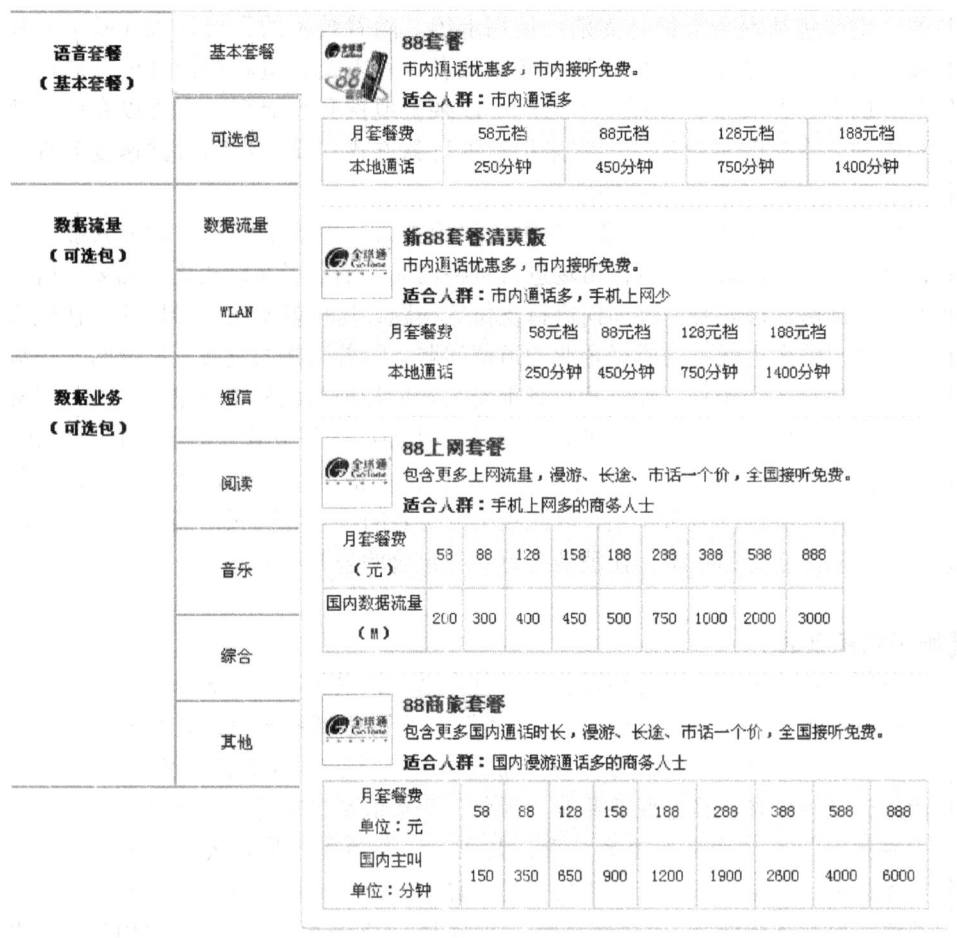

图6-3 全球通的多种套餐和价格

【服务营销前沿】

当消费者预见困难时的定价策略

对于像移动电话、互联网或有线电视这样的服务类型，消费者通常要与服务公司签订一份持续多个时段的合同，通常是几个月。一般的经济理论认为，消费者会评估自己在整个合同期间的收益和支出。但是在一个合同期内，只要合同的总体净折现价值不变，消费者对收益和支出的分布并不在意。

两位营销学者提出了新的理论，他们认为，消费者采用时段层次法评估自己的收益和支出。在时段层次法中，消费者评估合同期间内每个时间段的收支，因此他们会关注收益和支出的分布情况。当服务的价值随时间改变时，时段层次法会影响消费者的决策制定。导致价值变化的一个重要原因是"困难成本"。在服务合同期内，消费者通常在开始一项服务（如在家里安装无线网络）、维护一项服务（如等待卫星电视公司的人员来修理中断的信号连接）或在合同快结束时（如终止一项电话合同），不同的时段都可能经历困难或麻烦。研究人员将"困难成本"定义为消费者在开始、维系或舍弃一个产品或一项服务时所产生的非货币努力和不方便。困难成本可能会阻止消费者选择服务合同或降低他们对服务提供商的满意度。如果消费者采用时段层次法，他们就会关注困难会在合同期间内的什么时间发生，并希望在困难成本比较高的时段降低支出（如折扣）。首先，研究人员在一项现场试验中通过搜索广告识别出消费者对困难成本的预期会对如何选择定价方案产生影响。在接下来的5个实验中，他们验证了在困难成本较高的时段内提供折扣的定价方案更有吸引力，无论这项困难成本产生于服务合同的开始、中间还是结束阶段。而且，研究人员还排除了其他可能的解释。

该研究对管理者的重要启示是：当推出一项新服务时，公司提出的定价方案应该能够反映困难成本的预期时间，并且应该将折扣瞄准那些没有经验的使用者，因为他们更可能遇到困难。而且，公司如果预期在未来的某个时段消费者可能会有困难，就应该在那个时段给消费者提供折扣。在困难期内提供补偿比提前或事后的补偿更有效。

资料来源：LAMBRECHT A, TUCKER C. Paying with money or effort: pricing when customers anticipate hassle [J]. Journal of Marketing Research, 2012, 49 (1): 66-82.

 小结

本章介绍了服务定价的特殊性、定价的目标和基础、服务定价的主要方法以及定价策略执行中需要注意的问题。服务的本质决定了服务定价的特殊性，要求营销人员必须应对更复杂的定价过程。定价目标是企业制定价格策略的基础，是指导企业进行价格决策的主要影响因素，主要定价目标包括或以利润导向或以市场份额导向或以顾客导向。影响服务企业定价的因素主要包括3个方面，即成本、需求以及竞争。成本是服务企业制定价格的底线，市场需求则是顾客对服务产品价值的感知，竞争则会决定服务产品在市场中的波动情况。基于上面的3种影响因素，主要有3种服务定价方法，分别是成本导向定价法、价值导向定价法和竞争导向定价法。成本导向定价法包括成本加成定价法、目标利润定价法和盈亏平衡定价法。价值导向定价法主要包括随行就市定价法和产品差别定价法。竞争导向定价法主要包括歧视定价、心理定价和折扣定价等。收益管理主要通过建立实时预测模型和对以市场细分为基础的需求行为分析，确定最佳的销售或服务价格。其核心是价格细分亦称价格歧视，就是根据客户不同的需求特征和价格弹性向客户执行不同的价格标准。但是收益管理并不适用于任何行业。定价目标的确定必须注重道德问题以及顾客的感知公平。在确定定价策略后，必须关注价格的执行过程。

 思考题

1. 与实体商品相比，服务的定价具有哪些特殊性？服务提供商应该如何应对这些特殊性带来的挑战？
2. 以健身俱乐部为例，分析影响服务定价的主要因素有哪些？
3. 顾客在接受一项服务时会涉及哪些成本？服务提供商如何在不改变价格的情况下提高顾客的感知价值？
4. 列举适用于服务业的3类定价方法，试述它们各自的优缺点。
5. 什么是收益管理？在执行收益管理时，需要遵循哪些基本原则？
6. 在执行服务定价策略时，应该注意哪些问题？
7. 根据你自己的经历，试举出一种服务提供商实施的不公平或不道德的定价政策。消费者对这种定价政策的反应如何？

 **案例**

eBay

eBay 的创立出于偶然。1995 年 9 月，公司创始人奥米迪亚（P. Omidayar）的女朋友酷爱 Pez 糖果盒，却为找不到同道中人交流而苦恼。于是皮埃尔建立起一个拍卖网站，这就是 eBay。网站大受欢迎，很快成长为一个更大的拍卖站点，消费者可以拍卖自己的各种收藏品。eBay 网站发展迅速，并进入全球市场。

eBay 通过帮助买方得到最佳的买价并让顾客决定他们愿意支付的价格，创造了一场定价的革命。顾客在选择价格时掌握更多的话语权和控制力，站点的效率和广泛度让卖方可以更好地讨价还价。然而，eBay 本身并不购买或拥有站内的任何商品。它的收入来源方式是对拍卖列表收费，加上交易完成时 1% ~ 5% 的佣金。虽然 eBay 从一个拍卖网站起步，它也逐渐开始提供当时就可以购买的固定价格的商品，适用于那些愿意支付卖方价格而不想等待拍卖的消费者。现在，收藏品的交易只占 eBay 总销售额很小的一部分，它已经将业务扩展涵盖广泛的产品类别，从旅行和机票，到健康美容产品和家居园艺用品。买方和卖方倾向于将 eBay 当作一个非正式的市场价值向导，想知道"现行价格"的消费者、商家，甚至是设计新产品的公司，可以在 eBay 上查到任何产品的价格。

消费者的信任是 eBay 成功的关键因素。公司追踪每项交易的反馈，公布卖方和买方的信誉评价。数以百万的热心用户通过"顾客之声"对公司的所有重大决策发表意见。eBay 在网站上为卖家提供物流服务、增值税服务和金融贷款服务。还有专门的 eBay 大学帮助用户了解平台的运营规则，提供注册、订单管理、财务管理、店铺管理等方面的服务。eBay 将店铺卖家分为基础店铺卖家、高级店铺卖家和超级店铺卖家，并针对店铺卖家推出促销活动。例如，2016 年 5 月，eBay 为三类店铺卖家提供不同额度的免费刊登配额。

eBay 的 CEO 惠特曼（M. Whitman）认为，eBay 在 2002 年收购网上支付服务 PayPal 和在 2005 年收购 Skype 网络沟通服务中产生了协同作用，扩展了公司的拍卖能力和收入来源。而且为了应对全球市场的新挑战，eBay 不断拓展新的业务和新的营销方式。例如，2012 年，eBay 宣布已收购了只有 6 名员工的社交购物推荐平台 Svpply。公司表示，这笔收购将有助于改进在线购物平台，尤其是平台的个性化体验和营销方式。2014 年，eBay 宣布收购电脑图像公司 PhiSix。PhiSix 能够根据照片、图形文件及其他来源创立 3D 模型，并模拟服装上身后的试穿效果。2015 年 4 月，PayPal 从 eBay 分拆，协议规定，eBay 在 5 年内不得推出支付服务，而 PayPal 则不能为实体产品开发自主的在线交易平台。

资料来源：BETSY STREISAND. Make new sales, but keep the old [J]. U. S. News & World Report, 2004, 2 (16): 40; ADAM LASHINSKY. Building eBay 2.0 [J]. Fortune, 2006, 10 (16): 161 - 164; GLEN L URBAN. The emerging era of customer advocacy [J]. MIT Sloan Management Review, 2004: 77 - 82; ROBERT D HOF. The eBay economy [J]. Business Week, 2003, 8 (25): 125 - 128; MATTHEW CREAMER. A million marketers [J]. Advertising age, 2006, 1 (71); www.ebayinc.com; http://finance.qq.com/a/20140221/000260.htm; http://www.ebay.cn/.

第七章 服务渠道策略

【学习目标】
1. 掌握服务渠道的定义,理解服务渠道的基本职能和渠道原则
2. 了解服务渠道的基本形态和模式,区别不同渠道类型的特性和中间商在渠道策略中发挥的作用
3. 掌握服务渠道设计的基本策略和步骤
4. 理解服务渠道中的特许经营模式和电子渠道模式的基本特征及其在实践中的挑战和困难

 **开篇案例**

"来份主席套餐!"

因为一位意外来客,北京月坛庆丰包子铺火了。这位意外来客是中共中央总书记、中国国家主席习近平。2013年12月28日中午,总书记在这里排队点了二两猪肉大葱包、一碗炒肝、一份芥菜,花了21元,用餐20分钟。

庆丰包子铺距今已有60多年的历史,当时叫"万兴居",现位于北京西安门,经营包子、小吃、饭、菜等。因选料严格,制作精细,味醇正,生意十分红火①。因为这一意外来客,"我们包子店头一次要领号,等着取包子的人最多排到了400多号。"习近平总书记到月坛北街的庆丰包子铺就餐,引起市民们的疯狂"追随",月坛店迎来开业以来的销售高峰,总书记点过的猪肉大葱馅包子和芥菜"套餐"一度脱销。市民们也为了能在总书记就餐的桌子上就餐合影,不惜排队半小时。不止月坛店,庆丰包子铺在金台路、奥体中心、健德门等地的多处分店都发现"主席套餐"成为餐桌上的固定搭配。从郑州前来的卢先生告诉记者,他是专门前来吃这个套餐的,"下午就离开北京,特地尝尝习主席吃过的饭。"

2014年2月13日,20余家西城区老字号企业带着正宗北京美食到访台湾高雄,其中最受瞩目的当属庆丰包子。食客在摊位前排起长队,要想吃到包子,至少等两个小时。制作庆丰包子的厨师常金生表示:"主席套餐"的多数食材都是在台湾当地购买,比如猪肉大葱包子的肉馅选用猪的前腿肉,不过大葱是从山东

---

① 资料来源:庆丰包子铺官方网站.

空运来的,"主要是山东葱香气比较足,能保证地道的味道。"常金生说,尽管和大陆庆丰包子口感上有点差异,但是八九不离十,台湾民众还是可以吃到相对正宗的包子。

嗅觉敏锐的商人们立马想到了加盟连锁这一招。庆丰包子铺的加盟热线被打爆,很多人致电庆丰包子铺,希望能够加盟"庆丰包子铺"来分一杯羹。而庆丰包子铺官网也在第一时间将《加盟庆丰包子铺连锁店流程》放在官网最醒目的位置。

在传统服务业之一的餐饮行业,加盟连锁经营模式已经不是稀奇事。但是,服务业因为连锁加盟管理不善而破产、失败的案例比比皆是,比如"土得掉渣烧饼",又比如"天津狗不理包子"。如何通过渠道扩张来实现服务的增长,如何构建服务企业常用的连锁加盟商业模式、如何合理控制连锁加盟的扩张规模、如何统一加盟店所提供服务的质量和标准、如何在连锁加盟的过程中管理和维护服务品牌……这一系列问题成为服务企业渠道管理的难题。

第一节 服务环境下的渠道

说起"渠道",很多人想到的是企业为了向最终消费者销售产品,向零售商或者其他销售渠道输送产品。而在服务行业中,很多时候并没有有形的东西需要搬运。比如,"体验"不能搬运和存储,而"信息服务"也大多是通过电子渠道而非物理渠道来传递。那么,服务行业是通过怎样的渠道来销售服务产品的呢?

一、服务渠道的定义和基本职能

(一) 服务渠道的定义

服务渠道是指服务提供商(生产商)将服务产品销售给消费者的中间通道(中间环节),即使服务顺利地被使用或消费的一整套相互依存的组织。服务渠道也是服务提供商为了实现自身的功能而可以有效利用的外部资源。完善、畅通、合理的渠道将给服务企业带来更多的收益。一般来说,服务渠道中包含了3个相互关联的要素。

1. 信息和促销流。这是指为了吸引消费者购买服务而提供的有关服务提供的信息资料和促销资料的传递。

2. 谈判流。这是指买卖双方对服务特点、形式和内容达成一致意见而签订购买合同。

3. 产品流。很多服务,尤其是作用在人身上的或者作用在物体上的服务,在传递时都需要一定的物理设备。此时,渠道策略要关注合理设置服务网点。而对信息处理服务,如天气预报、网上银行交易、远程教育、广播新闻和娱乐节目等,产品流可以通过电子渠道传递,仅使用一个或多个中心服务点即可。

(二) 服务渠道的基本职能

从服务运营的角度看，服务渠道通过传递上述 3 类要素实现了一系列的职能，包括扩大市场覆盖面、促进销售、传播和搜集信息以及实现规模经济。

1. 扩大市场覆盖面。服务产品的消费必须有顾客的高度参与，因此，提供服务的地点应当尽可能地接近顾客，宽广的网络会使更多的顾客接触或消费服务。利用渠道的目的在于更加有效地将服务产品渗透到目标市场。

2. 促进销售。多种渠道、多个服务地点可以增加顾客消费的便利性，以此节约顾客的消费成本，包括财务成本（如顾客为体验服务必须支付的交通费用、通话费用等）、时间成本、体力成本和精力成本。同时，也可以利用中间商的声誉、品牌、市场规模、销售网络、经验、专业知识等资源促进服务销售。

3. 传播和搜集信息。渠道可以将公司或产品的信息传递给消费者和用户，促进双方的了解和信赖，同时也可以搜集潜在的和现有的顾客、竞争对手以及其他影响者的信息，为公司预测和把握市场变化提供准确的参考依据，使公司能及时改进自己的营销措施，完善自己，提高自身的竞争能力。

4. 规模经济。利用渠道的资金和实力能有效降低企业的运营成本，快速、顺利地实现服务的规模化生产和规模化消费。

二、服务渠道的分类

服务有别于有形产品，因此，服务渠道也有其特有的特征。在有形产品的营销组合中，渠道策略直接受其他 3 种策略（产品、定价和沟通）的制约和影响，而在服务业，这种影响要小得多。服务产品具有无形性、不可分离性、可变性、易逝性和地域性，这些特性使服务渠道具有①渠道层级少；②渠道控制难；③渠道服务质量不稳定等特点。

除上述这些特点之外，服务渠道还有一个重要特征，那就是服务渠道所传递的内容可分为核心服务和附加性服务两类。观察服务之花的 8 个花瓣，会发现多达 5 类附加性服务是以信息为基础的服务（见图 7-1）。信息服务、咨询服务、订单处理、开账单和付款（如通过信用卡或者电子资金转移）都可以在非接触的情况下完成交易传递。

附加性服务产品与核心服务产品的重要区别在于，核心服务通常对物理位置有要求，从而限制了企业分销渠道的选择。例如，想要现场观看 2014 年冬奥会，顾客就必须来到冰天雪地的俄罗斯索契[①]。但是，很多附加性服务本质上是信息服务，可以被大规模分销或通过其他手段降低成本。观众可以通过新闻播报、赛后点评、赛事集锦回放、预付费电视服务等渠道获取除了现场观看之外对本赛事

[①] 2014 年索契冬季奥运会（2014 The Winter Olympics in Sochi），即第 22 届冬季奥林匹克运动会，简称 "索契冬奥会"，于 2014 年 2 月 7—23 日在俄罗斯联邦索契市举行。

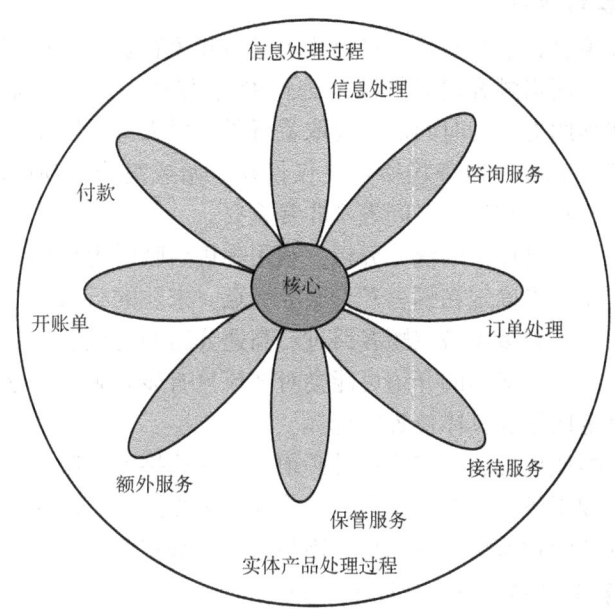

图7-1 附加性服务产品的信息处理过程和实体产品处理过程

的其他深度报道信息。类似地,赛事的门票可以通过代售点购买,而不用到现场购买;赛事咨询可以通过网上查询而非向现场工作人员咨询等。

因此,在何时、何地、采用何种渠道来购买服务产品,这一系列问题很大程度上会影响顾客的服务体验,而且上述决策也决定了顾客与员工的交互方式(在有人员接触的情况下)、产品价格以及其他为获得服务而发生的成本。

归纳上述特征,根据是否必须有物理接触以及是否有多个渠道网点(即分销点),可以将服务渠道(以及顾客在服务渠道中的体验或者互动)分以下6类(见表7-1)。

表7-1 服务传递的方式和服务渠道的分类

顾客与服务企业之间的互动	服务渠道网点	
	单个	多个
顾客到服务场所	剧院 赛场	快餐店 连锁健身俱乐部
服务企业派人到顾客所在地	家政服务 物业修理	汽车品牌的道路救援服务 跨境邮件快递
顾客与服务企业非接触式交易(如通过邮件、网络)	当地有线电视台 信用卡公司	全国性广播网络 电信公司

（一）顾客到服务场所

为了理发和美容，顾客必须亲自前往美发店和美容院，而且在整个服务过程中要全程在那里。而当顾客需要将汽车送到4S店修理时，他可能只需要将汽车送过去，然后在预约提取的时间前往提取就行了。但无论顾客是被要求在整个服务传递过程中都"光顾"服务场所还是仅仅在开始或终止交易的时候"光顾"，服务场所位置的便利性和运营时间表都非常重要。

服务企业可以通过详细的统计分析，利用零售店吸引力模型，根据目标消费者的居住地和工作地来确定在哪里开设服务网点。来往的行人、车辆数目可以帮助估计某个区域一天有多少潜在顾客路过。高速公路的建设、新公交车线路的开通以及有关零售店或公交车的介绍可能会对客流量有显著影响。这些因素都可以帮助服务企业决定区域和具体位置的选择。

但是，除了类似理发和美容这一类必须存在人体接触的服务之外，那些要享受服务就必须光顾服务场所的传统服务经营模式正受到先进的通信技术、互联网的发展和快捷的商业物流的挑战，从而逐步向非接触式服务传递转变。

（二）服务企业派人到顾客所在地

在某些服务情景下，服务企业会拜访顾客。如果服务目标是一些不可移动的实体，那么企业就必须到顾客所在地提供服务，如家政保姆服务、修理和安装机器等。海尔公司在面临巨大的同质化产品的竞争下，就是依靠其卓越的"海尔服务模式"赢得竞争。

【服务营销实践1】

海尔模式——12345服务规范

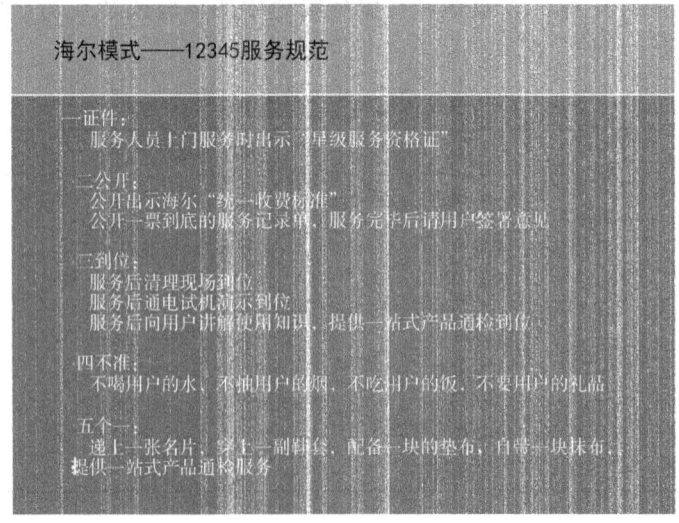

一般而言，服务提供者更希望顾客到自己的前台来接受服务，从而实现规模效应，因为员工带着设备到顾客所在地服务比顾客来服务场所消费更贵而且更浪费时间。尽管如此，服务单个客户也存在利基市场，因为有些客户愿意为私人拜访而带来的便利多支付一定的佣金。比如，某些宠物诊所提供宠物诊断的上门服务，这些诊所发现，相比需要等候在拥挤的宠物医院，顾客更乐意为上门服务多支付费用，因为上门服务不仅节省了主人时间而且减少了宠物的压力。类似的服务还包括上门美容美甲、办公室和家庭送餐服务以及为商业人士定做服装等。

现在，"要求服务提供商走向顾客"正成为一种趋势，而服务价值共同创造这一新兴商业模式的出现将帮助这一趋势的实现。

（三）非接触式服务交易

非接触式服务交易是指顾客不接触服务设备，不与企业员工进行面对面的沟通而进行的服务交易。非接触式服务交易使服务接触的次数越来越少，服务提供商越来越多地通过电话、信件、传真、电子邮件或者移动通信工具完成服务传递。

随着快递服务的飞速发展，很多服务企业开始利用这个物流平台尝试非接触式服务交易。他们在邮政、快递和其他物流服务商的帮助下开始执行整合方案，以增强对客户的吸引力。整合方案的范围涉及从存储快递飞机零件这样的 B2B 业务到手机修理上门服务（取走顾客需要修理的坏手机然后将修好的手机送还给顾客）等 B2C 业务。比如，小件物品维修可以要求顾客把产品运送到一个维修站，修好后会再用快递将包裹给顾客寄回来。

任何信息服务产品都可以通过远程通信渠道被及时地送往全球的任何一个地方，只要接收地有合适的终端。因此，实体物流运输服务现在正面临与远程通信服务的竞争。

（四）不同消费者之间渠道偏好的变化

出于方便顾客的目的以及应对日益激烈的竞争，越来越多的服务企业会选择提供多种渠道的服务。比如，银行服务可以通过互联网、手机界面、语音自动回复系统、热线电话、自动服务终端（ATM 机）、在各分行面对面的接触或到顾客家里拜访等方式传递。然而，不同的服务传递方式不仅成本不同，而且顾客服务体验有很大差别。

研究显示，顾客对人员接触式服务、非人员接触式服务、自助服务的选择具有以下关键驱动因素。[①]

[①] BLACK N J, LOCKETT A, ENNEW C, et al. Modelling consumer choice of distribution channels: an illustration form financial services [J]. International Journal of Bank Marketing, 2002, 20 (4): 161 - 173. JINKOOK LEE, Journal of marketing financial services: The Right Mix of Products , Services, Channels and customers [J]. GREWAL D. Understanding service convenience [J]. Jounal of Marketing, 2002, 66 (3): 1 - 17.

1. 对服务传递或购买的感知风险越高越复杂,对人员接触式服务渠道的依赖度就越高。例如,顾客很愿意通过远程通信的方式使用信用卡,但是当申请抵押贷款服务时,则更喜欢面对面地交易。

2. 对一项服务或渠道拥有更高信心和知识的顾客会更喜欢使用非人员接触式服务和自助服务渠道。

3. 对交易工具很在意的消费者喜欢更方便的渠道,如使用非人员接触式服务或自助服务。具有社会交往动机的消费者倾向于使用人员接触式服务。

4. 对大多数消费者而言,交易的方便性是渠道选择的重要驱动因素。便捷的服务不仅能节省顾客的金钱,更重要的是节省顾客的时间和精力。一个寻求方便的顾客不仅局限于购买核心产品,还很在意购买时间和地点的方便性。顾客都想得到便利的辅助性服务,尤其是方便的信息服务、预订服务和服务失败的补救解决。

当各个渠道的定价没有区别的时候,服务提供者必须意识到成熟的顾客会使用不同渠道来套利。[①] 例如,顾客会在服务周到的实体服饰店试衣并接受专业店员的信息咨询(也许会下少量的订单),然后在收费低廉的网上店铺里进行大量交易。因此,服务提供商应该要制定有效的服务渠道和定价战略,使渠道能够传递正确而全面的价值。

三、渠道原则

渠道原则是进行渠道设计、评价、选择和渠道调整的基本准则,是进行渠道管理的主要依据,也是对渠道成员进行衡量的标准。渠道原则主要包括:

(1) 目标一致性原则。渠道的选择要与本企业的战略目标一致,这是进行渠道设计的根本前提。并且本企业与渠道成员在渠道建设上的目标也应当一致,在相同目标的指引下,才能减少冲突,促进合作,增进相互了解,发挥渠道优势。

(2) 经济性原则。所选择的渠道一定要经济合理,正确评估各渠道的销售量与销售成本,在双赢原则的指引下,选择盈利能力较强的渠道。

(3) 可控性原则。服务渠道成员的可控性较差,容易导致服务质量的不稳定。一旦发生渠道冲突,协调难度加大,因此应当尽量选择易控制的渠道。

(4) 适应性原则。公司提供的服务产品应当与渠道成员的经营范围有紧密联系。渠道应有灵活性,可以根据内外环境的变化及时调整。

(5) 发展性原则。选择的服务地点应为公司提供发展机遇。渠道成员间应当优势互补,共同发展,只有这样,才能建立起持久、稳固的伙伴关系,从而为

---

① NUNES P, CESPEDES F V. The customer has escaped [J]. Harvard Business Review, 2003, 81 (11): 96 – 105.

公司带来长期收益。

（6）好声誉原则。由于服务生产商提供的服务往往与中间商提供的服务融为一体，而中间商也是追求利润的独立组织，导致服务生产商对服务产品质量的控制、对服务渠道成员的控制很难，所以选择一个声誉好的中间商极其重要。声誉好、规模大、财务状况优良、竞争能力强的中间商可以减少公司的协调成本，同时也有利于服务产品的销售。

第二节 服务渠道设计

根据上述渠道原则，在面对竞争者多渠道竞争的背景下，服务公司应当生产、提供什么样的服务？投资建设什么形式的渠道组合？如何通过不同的渠道传递这些服务？采用直接销售还是中间商销售的形式？本小节所探讨的服务渠道设计就是对这些问题的回答。

一、服务渠道设计的原则

首先，服务渠道的设计要讲究业务的优良性和顾客的亲密性。[①] 业务的优良性是指服务组织应以具有竞争力的价格向客户提供可靠的产品和服务，同时把困难和不便减到最少。顾客的亲密性是指对市场进行精确的市场细分和目标市场定位，更好地满足每个细分市场顾客的特殊需求。比如，服务企业的服务地点越贴近顾客，或者具有提供定制化服务的能力等，服务机会就越大，赢得的顾客就越多。

二、服务渠道的中间商

越来越多的服务企业发现，业务外包可以提高成本效率。通常情况下，业务外包会涉及附加性服务要素。例如，虽然呼叫中心和互联网现在已被广泛使用，但客运企业和酒店等仍然在很大程度上依赖旅行社承揽相当大部分的业务，如传播服务信息、接受预订、售票等。随之而产生的渠道问题会使服务企业相当头痛，例如，应该怎样和一个或多个服务中间商合作向顾客传递完整的服务包呢？

首先，渠道的中间机构可分为经销商、代理商和经纪人3大类，它们在渠道中的作用、影响、角色、获取利润的方式不同（见表7-2）。

从表7-2中可以看出，同样的中间机构，由于经营的产品不同（有形产品和服务产品），表现出的职能也大不相同。服务产品的所有权不会随中间机构的存在而发生转移；服务产品的经销商只有服务、品牌、运行机制的使用权而没有

---

① STERN L W, ANDERSON E, COUGHLAN A T. 市场营销渠道 [M]. 赵平，廖建军，孙燕军，译. 北京：清华大学出版社，2001.

所有权，通常表现为特许经营的方式；服务产品的代理商和经纪人通过销售后提取佣金获得利润。

表7-2 中间机构与产品的关系

	有形产品	服务产品
经销商	有所有权，有现货，获取差额	获得使用权，没有所有权，原价销售
代理商	没有所有权，有现货，获取佣金或差额	没有所有权，获取佣金
经纪人	没有所有权，没有现货，获取佣金或差额	没有所有权，获取佣金

在某些情况下（见图7-2），一些专业的服务外包人员会以中间商的形式来负责传递服务产品中的部分特殊元素。在这种情况下，服务产品的所有者所面临的挑战是如何作为整个过程的引导者，保证中间商提供的每一个元素都和整体的服务概念相吻合，从而创造一个持续的、无缝的品牌服务体验。

图7-2 分散附加性服务传递的责任

而在另一些情况下，核心产品的传递也可以委托给一家中间商，这就是特许经营模式。特许经营已经成为服务概念扩张的有效手段，因为它可以使企业在不占用大量投资的情况下开设多个服务点。这一战略对增长导向的公司很有吸引力，因为获得授权的特许加盟店由于受到高度激励，从而保证了服务企业的顾客导向和高质量服务目标得以实现[1]。虽然特许经营模式广泛应用于快餐行业，但现在这种经营模式已经被越来越多地引入消费品领域和B2B行业中[2]。在本章的第三节，我们还将对这一内容进行深入介绍。

三、服务渠道设计

服务渠道的设计是一个开放型系统工程，服务公司首先应该对自己所处的行

---

[1] CROSS J, WALKER B J. Addressing service marketing challenges through franchising [M]. Thousand Oaks, CA: Sage Publications, 2000, 473-484.

[2] HOFFMAN R C, PREBLE J F. Global franchising: current status and future challenges [J]. Journal of Services Marketing, 2004, 18 (2): 101-113.

业和竞争环境以及自身的资源能力等进行全面而系统的分析，然后在企业的战略目标和渠道目标的指引下对渠道方案进行评价、比较、选择，最后还要根据环境的变化做相应的调整（见图7-3）。渠道策略一旦制定，需要稳定运行一段时间，如果变动过于频繁，将影响公司的形象，也不利于服务质量的稳定。

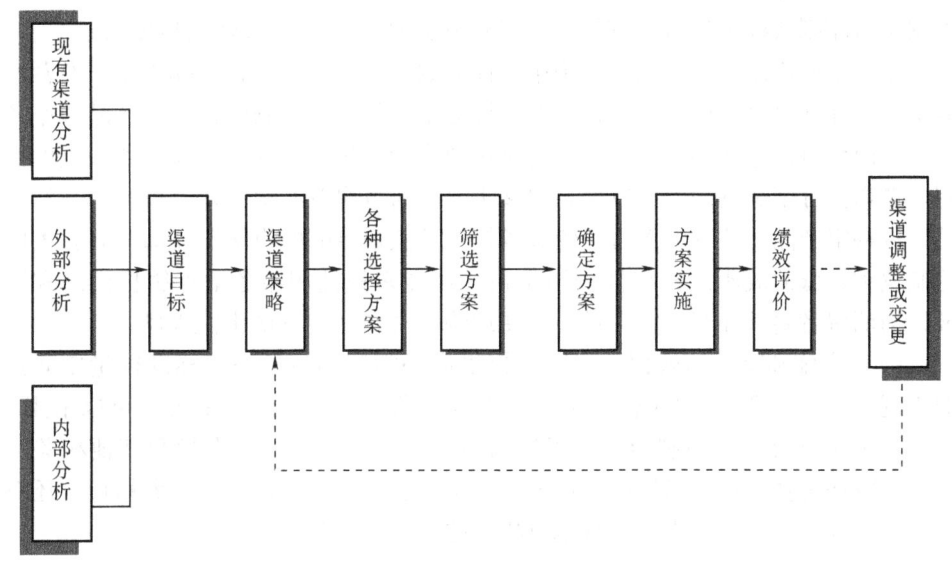

图7-3 服务渠道设计的步骤

（1）现有渠道的分析。这主要包括现有渠道的结构和类型、渠道的盈利能力、与公司产品的适应程度，等等。分析的目的在于如果现有渠道不符合产品要求，就应当及时进行调整。信息的来源可以通过市场调研、专家咨询或直接观察。新成立的公司没有这一步骤。

（2）外部分析。这主要包括宏观分析和微观分析。宏观分析的内容包括国家法规、政策、经济、社会、文化、信仰、价值观、产业链等，微观分析则包括竞争对手分析和顾客分析。竞争对手分析包括竞争对手的实力、规模、战略、渠道策略、渠道结构、支持渠道的营销计划等；顾客分析包括消费者的消费心理、消费习惯、消费者的年龄、教育、性别、收入、生活方式，等等。

（3）内部分析。这主要包括企业的战略和目标、提供的服务产品、企业的规模和信誉、企业管理渠道的能力和愿望、内部业务流程、人力资源分析，等等。其中，服务产品分析包括服务提供方式分析、产品的种类、标准化程度、附加服务的多少、知识含量分析，等等。

（4）渠道目标。这主要包括满足公司战略需要、提高市场占有率、盈利最大化、提高知名度、增加品牌价值、减少销售费用、提高用户满意度，等等。

（5）渠道策略。在对内外环境进行充分分析的前提下，确定渠道成员的责任、价格政策、地区权利、销售条件、双方的责任,然后制定切实可行的渠道策略,主要包括直销策略、多地点策略、特性经营策略、战略联盟(合作伙伴)策略和电子商务策略。实力较强、规模较大的公司还可以采用国际化营销策略。这一步骤主要是确定渠道的级数。

(6) 提出、筛选、确定方案。在初始阶段,可以提出多种可行方案,然后根据渠道原则或标准进行仔细筛选,最后找到适合公司的最佳渠道或渠道组合。这一步骤主要确定在同一级渠道中间商的数目,一般有 3 种选择方案:专营性分销、选择性分销和密集性分销。专营性分销是指严格限制经营公司产品或服务的中间商数目,它适用于生产商想对再售商实行大量的服务水平和服务售点的控制。选择性分销是利用一家以上,但又不是让所有愿意经销的几家机构都来经营某一种特定产品,这种方案可以使服务提供商获得足够的市场覆盖面,有较大的控制权和较低的成本。密集性分销是指尽可能多地使用服务地点销售商品和服务,当消费者要求在当地能大量、方便地购买时,这种策略比较适宜。

(7) 实施和渠道绩效评价。服务提供商必须定期按照一定标准衡量中间商的表现。为了激励中间商或合作伙伴向消费者提供优质优价的服务,可以采用 5 种力量来获取合作:强制力量、报酬力量、法律力量、专家力量和其他相关力量。绩效评价技术可以采用综合计分卡方法,这种方法不仅包含财务指标,还有非财务指标,是一种全面、系统地分析方法①(见图 7-4)。

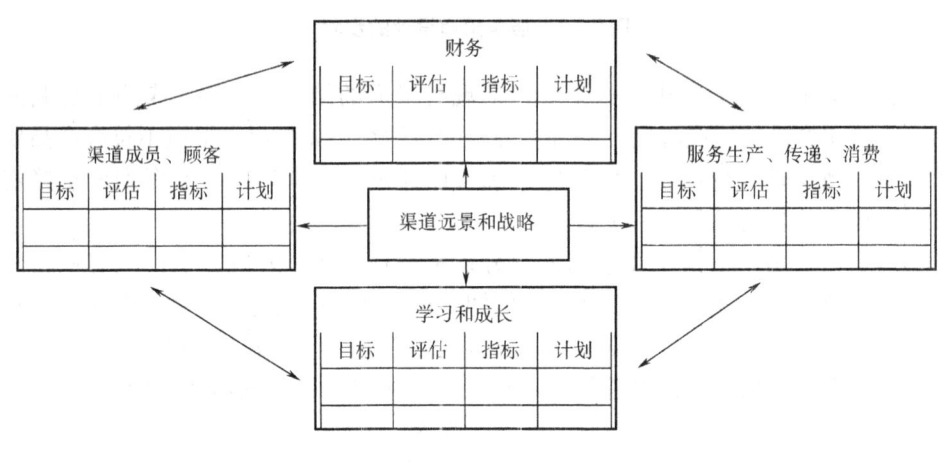

图 7-4 渠道综合计分卡

(8) 渠道调整或变更。当外界环境发生变化,渠道成员没有履行好自己的责任,消费者的购买方式发生变化、企业要采用扩张策略、竞争者的渠道发生变

---

① 卡普兰,诺顿. 综合计分卡——一种革命性地评估和管理系统 [M]. 王丙飞,温新年,尹宏义,译. 北京:新华出版社,1998.

化、新的竞争者出现等情况发生时，就需要对渠道进行调整或变更。一般包括4种变更方式：增减个别渠道成员、改变渠道层级结构、增减渠道成员的服务内容、创建全新的渠道。

四、服务传递的地点和时间

关于服务地点和时间的决策应该反映消费者的需求和预期、竞争行为以及服务运营的本质。附加性服务和核心产品的分销有很大的不同。例如，顾客可能喜欢在某个特殊的时间去某个特殊地方参加某项运动或者娱乐活动。但是，当他选择提前预订座位（附加性服务类型之一）的时候，他可能更希望有较大的灵活性，比如，预订服务的时间能够延长，可以通过电话或网络预订，可以使用信用卡支付，可以通过邮局或电子渠道拿到门票等。

（一）服务传递的地点

我们先来研究服务地点的问题。服务地点的地理位置选择标准有3个，即最大程度的利用、每区距离最小化、每次距离最小化。最大程度的利用是指服务能力必须与顾客的需求量相符，服务产出的过剩或者短缺都将影响到服务质量；每区距离最小化是指服务地点应当尽可能贴近目标顾客，使目标市场的所有顾客到服务地点的距离最小；每次距离最小化是指单位顾客到服务地点应当最近。不难发现，这些标准就是要帮助服务企业使"业务的优良性"和"顾客的亲密性"与某些限制因素之间达成平衡或者有所创新。

比如，尽管消费便利性（业务优良性的体现之一）很重要，但一些服务运作方面的要求制约性更强。例如，通常飞机场离旅客的家、办公室或目的地都较远，其原因是噪声和环境的限制。能够减少这种不便性、提升业务优良性的唯一办法就是把飞机场建设和道路设施的建设相连接，上海于2003年1月正式投入运营的磁悬浮列车运营速度达430千米/小时，连接上海轨道交通2号线的龙阳路站和上海浦东国际机场，全长29.863千米，只需8分钟①。

又比如，一些多元化服务公司正在采取的创新是——每个服务点的建设规模较小，但服务点覆盖的地理区域较大。自动化是途径之一，以银行的自动取款机（ATM机）为例，利用一个放置在商场、医院、学校、飞机场或者办公楼里的小型自助机器就可以提供多种银行服务。另一种途径是重新思考服务传递过程中前一阶段和后一阶段的衔接。香港服装零售商佐丹奴，因店内空间革新而闻名，包括利用小储藏室来出售衣服。这家公司为了充分地利用商店空间和降低租金，不设库存。每个分店都和中心分销网络相连，当存货减少时，分店会提醒总部补充存货。还有的服务企业从其他的供应商那里购买空间作为附加的销售场所。例如，各个品牌的珍珠奶茶铺店通常会在餐馆、百货店甚至服装商场内租用一个角

---

① 资料来源 http://www.smtdc.com/cn/index.html.

落向路过的消费者出售饮料。

(二) 服务传递的时间

关于服务传递时间的问题，过去，大多数经济发达国家的零售机构和专门服务机构都遵循传统模式，服务时间均限制在每周 40 到 50 小时内。大体上说，这一工作时间反映了人们工作和公司销售时间的合理社会标准（甚至在有些国家是有法律规范的）。但这给消费者带来了诸多不便，试想，如果周日大多数公司都停业休息的话，商店一周只营业 6 天，那么上班族就必须利用午休的时间或周六去购物。

现在，出于对高响应性服务的需求，越来越多的服务企业开始提供 7 天 24 小时的全天候服务。至少有如下 5 个因素驱动服务企业延长工作时间和提供全天候工作。

1. 来自消费者的经济压力。双职工家庭和独自居住人群需要在正常的工作时间之外购物和享受其他服务。一旦某个领域的一个商店或公司延长工作时间来满足这个细分市场的需求，竞争者就会马上追随。连锁零售店在这方面是领头羊。

2. 法律规定的改变。对于某些具有公共服务性质的服务企业，法律政策会鼓励和激励延长服务时间，从而提高消费者的生活质量。

3. 企业有提高资产利用率的经济动机。服务设施占用了大量资金，而延长工作时间增加的成本却是有限的。如果延长工作时间能降低拥挤现象并且增加收益，那这种方法就具有经济吸引力。

4. 雇员在"非社交"时间工作的可能性。现代人生活方式的改变和对兼职工作的需求为企业提供了一个庞大的愿意晚上或非常规工作时间工作的劳动力群体。

5. 自助服务设施的广泛使用。自助服务设施已经变得越来越可靠和友好。在没办法提供人员服务的时间和地点安装自助服务机器可能更经济方便。除非一个机器要求频繁的维护或容易受到破坏，否则从有限工作时间变成 24 小时全天候工作所增加的成本是很小的。

第三节　服务渠道管理中的特许经营策略和电子渠道策略

特许加盟是服务企业拓展业务的重要方式，在酒店、餐馆、零售等行业表现尤为突出。然而，从实际情况看，由于特许加盟管理不善导致破产倒闭的事例比比皆是，如何构建特许加盟模式、如何合理管控扩张、如何确保统一服务品质等成为服务企业发展特许加盟要重点关注的问题。随着互联网的普及，电子商务发展迅速，服务企业将业务从线下拓展到线上存在重大的发展机遇，也面临一系列挑战。

一、特许经营策略

特许经营是指特许经营人将自己所拥有的商标、商号、产品、专利和专有技术、经营模式等以特许合同的形式授予被特许人使用,被特许人按合同规定,在特许人统一的模式下从事经营活动,并向特许人支付相应的费用。

(一) 特许经营与直营连锁、自愿连锁、直销的区别

特许经营是连锁经营的一种高级形式。连锁经营是指在相同目标的指引下,用某种运行机制将一些经营单位联系在一起的组织方式,包括直营连锁、自愿连锁和特许经营3种。直营连锁是指公司连锁,即同一资本所有,经营同类商品或服务,由同一个总部集中管理领导,共同进行经营活动的组织化零售企业集团,即总公司直接投资开设连锁店。自愿连锁是指各连锁商在保留自己独立的资本所有权前提下建立起的一种合作组织,各连锁商之间的联系比较松散,法律约束力不强。直销是指在固定零售店铺以外的地方,独立的营销人员以面对面的方式,通过讲解和示范将产品和服务直接介绍给消费者的一种行销方式。四者之间的区别见表7-3。

表7-3 特许经营与直营连锁、自愿连锁和直销的区别

	特许经营	直营连锁	自愿连锁	直销
特点	特许权转让	总部对分店有所有权	资本独立,自愿联合	面对面直接销售
经营范围	制造业/流通业/服务业	流通业和服务业	流通业和服务业	制造业/服务业
组织机构	单层次,最多到两三层	单层次	单层次	多层次,不限层次
市场推广	靠宣传和好品牌	靠公司势力	靠信誉和好产品	靠口碑和好产品
法律关系	合同关系	隶属关系	合作关系	买卖关系
运作方式	特许人需要开发一整套经营模式或某项独特商标/商号,将其转让给受许人	只需要足够的资金和合适的业务类型	用独特商品、服务、商标吸引合作方	发展、培养下线,推广产品
发展方式	选择、培训被特许人	充足资金,合适位置	选择连锁商	更多的人员加入

特许经营作为一种现代营销方式进入我国是在1987年。肯德基在中国第一个发展特许经营[①]。20世纪90年代初,国内服务企业才开始涉足这一领域。

---

① 百胜餐饮2013年报显示,截至2013年年底,肯德基在中国内地的门店数为4 563家,特许经营门店278家,占比为6.09%。遍及中国内地除西藏以外的所有省、市、自治区,是中国规模最大、发展最快的快餐连锁企业之一。

1993年,全聚德集团成立后,开始探索运用特许经营的方式发展分店。随后,上海华联、联华超市、东来顺等知名服务企业都快速发展了特许加盟店。发展至今,特许经营已经是服务企业广泛采用的渠道策略之一了。

在服务业中,比较多的是水平特许,即特许方和被特许方从事基本相同的服务生产经营。在服务特许中,目前比较流行的一种形式是企业模式特许,即某个组织允许其他组织照搬它的经营模式,从设施的外表到培训等几乎包括企业的每个方面都要有规定和说明。特许经营为劳动密集的服务业提供了很大的机会,因为它结合了自我雇用的被特许方的激励和特许方的质量控制和品牌价值。特许经营覆盖了很多服务领域,如快餐、厨房设计服务、家政和护理服务、酒店。在最大的10种企业特许经营中,几乎所有的都是以服务为基础的活动。特许经营最适合于那些服务能够标准化和照搬的服务,特别是通过传递过程、服务政策、担保、促销和品牌等。较为复杂和专业化的服务,如企业咨询和医疗等,完全仿照或重现的可能性就较小。

(二) 特许人与被特许人的关系

特许经营中特许人和被特许人以合约形式确认二者之间的关系,在签订的合同中明确各自相应的权利和义务,并且在实现"双赢"的同时,双方都要面对一些风险(见表7-4)。

表7-4 特许人和被特许人的关系表

	特许人	被特许人
权利	·商标、品牌等无形资产的所有权 ·经营模式的所有权 ·收取加盟费和营业费 ·可以按合同解除合约	·商标、品牌等无形资产的使用权 ·经营模式的使用权 ·在权限范围内进行经营 ·具有独立的法人资格
义务	·对被特许人实施培训、指导、监督 ·提供广告宣传支持 ·提供全部的经营模式	·交纳加盟费和一定比例的营业费 ·按照特许人要求经营加盟店 ·接受特许人监督
利益	·迅速实现扩张 ·稳定利润来源 ·实现规模经济	·以低廉价格获取成功的管理经验 ·降低风险,成功率高 ·降低成本,提高收益
挑战	·管理难度加大,品牌资产易受损 ·被特许人的选择相当重要	·必须接受特许人的指导和监督 ·自主权相对较少

(三) 特许经营模式的挑战

斯科特(Scott Shame)和切斯特(Chester Spell)的研究显示,在实施特许经营的最初几年里,特许人与被特许人之间明显存在摩擦,大约有1/3的特许经营会在最初的 4 年失败,有 3/4 的特许经营合作在 12 年后终止[①]。他们发现影响特许经营成功与否的关键因素包括:能否通过一个公认品牌达到较大的市场容量,能否给加盟者提供较少的支持但保持长久的联系,每个销售点配备的总部员工是否足够,等等。由于增长对实现规模效应是非常重要的,一些特许人会选择"总代理"战略,将一定地理区域的招聘、培训和支持服务全部外包给总代理。通常总代理是那些已经成功地被特许人。

特许经营的挑战之一是,它可能会导致服务传递系统失去控制,特许人由于不参与实际服务运营管理而不知道顾客的实际服务体验如何。因此,保证被特许人能精确地复制特许人的运作过程是非常困难的,对质量的控制也是至关重要的。

特许经营的另一挑战是,当被特许人获得足够经验后,他们就开始抱怨向特许人交纳的各种费用过高,并认为没有那些合同强加的限制的话,他们可以把生意做得更好,而这些争论和矛盾的结果导致双方产生法律上的纠纷,从而造成特许经营合作的终结。

(四) 特许经营的运行机制

如果特许经营失败,必将给特许经营双方带来很多财务和非财务上的损失,因此,特许经营模式应该要有一套严格的审批制度,以确保特许经营的成功。

特许经营的建立步骤如图 7-5 所示。

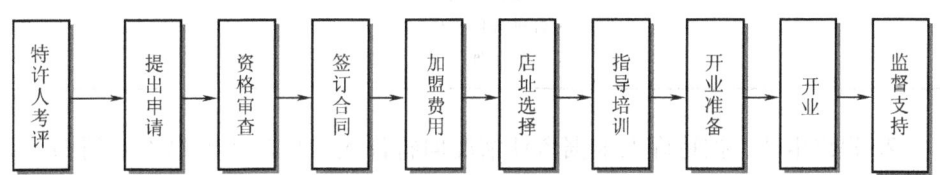

图 7-5 特许经营运行步骤

1. 特许人考评。特许人考评是指被特许人在对特许经营感兴趣时,对特许人进行的综合性的测评。被特许人不会随便进入某个行业或经营某种产品,会对拟进入的领域进行严格考核,以降低投资风险(见表 7-5)。

表 7-5 对特许人的考评指标[②]

特许人行业所在	·该行业的前途 ·该行业在本地区的发展密度 ·该行业是否适合自己

---

① SHANE S, SPELL C. Factors for new franchise success [J]. Sloan Management Review, 1998 (Spring): 43-50.

② 资料来源:赵涛. 特许经营管理 [M]. 北京:北京工业大学出版社, 2002.

续表

特许人竞争力状况	·发展及所处阶段 ·财政状况 ·市场竞争力
特许人的企业管理水平	·企业是否具备明确的发展目标 ·企业组织结构图能否显示企业的动作方式 ·管理层素质 ·员工流失率 ·其他加盟店经营情况
特许人可提供的支援	·培训支援 ·业务指导和协助 ·开业后的各种后续服务
特许人收费的合理性	·加盟费 ·保证金 ·其他费用
合约条件及合约内容	·特许人概况 ·加盟者义务 ·加盟者权利 ·各种合作条件 ·其他条件

2. 提出申请。被特许人根据考评情况向特许人提出口头或书面申请书，提出合作意向。

3. 资格审查。特许人需要对申请人的资格进行全面审查，以确保合作成功。资格审查主要包括：被特许人的品质和领导能力，被特许人的资金状况和实力，被特许人的管理经验、管理理念和经营思路、经营地点选择，有时还要调查被特许人的历史或参考业内人士的评价。

4. 签订合同。在认可被特许人后，根据公司有关特许经营章程，双方签订合同。特许合同的主要内容可参见表7-6。

表7-6 特许合同的基本内容[①]

项 目	内 容 简 要
合同当事人	指出合同的当事人以及当事者的关系
序言	即合同的宗旨、目地以及合同解除的标准与合同的适用范围

---

① 资料来源：赵涛. 特许经营管理 [M]. 北京：北京工业大学出版社，2002.

续表

项　　目	内　容　简　要
定义	对合同中出现的具有特定意义的专有名词给予定义
特许体系商标、标志的内容	特许人授予受许人使用统一商标、标志的权利
商品提供和使用	总部需提供的招牌，统一采购的商品、材料、包装物等物品的种类、数量、购买方式、支付时间及方法等内容
提供经营技术的内容	通常采用经营手册、技术培训、经营指导等形式实现
特许经营合同中的第三方	其他受许人与社会公众
质量管理方面的内容	明确规定产品的质量标准、保持特色的方法、质量检验和控制
加盟金	权利使用费、附加费、利润、股份参与
合同的期限、更新和解除	涉及合同是否顺利执行及是否续约
受许人的转让和回购	受许人不继续经营时，店铺出让方面的规定
限制竞争	限制受许人参与同类型业务
其他事项	保密、争议的解决等

5. 加盟费用。加盟费用是被特许人为获取现有经营模式必须支付的费用。主要包括前期加盟费、后续加盟费、租金和其他资金。前期加盟费是指在开业之前向特许人支付的一笔特许经营权使用费。后续加盟费是指开业后每隔一定时期支付的一笔费用，包括特许权使用费、购买特许人产品费用、总部提供服务费、广告费等。租金是指租赁经营场所必须支付的费用。其他资金是指用于装修店铺、购买设备、购买原材料或货物、支付人员工资、水电费、电话费及其他各项收费。我们通常所说的加盟费是指前两项。

6. 店址选择。特许人有权帮助被特许人选择理想经营场所。店址的选择可以参考多地点策略定位方法。

7. 指导培训。特许人在开业前向被特许人提供各种技术、人员、工艺、服务、店面设置、销售技巧等方面的指导培训，使被特许人能在较短时间内掌握经营技巧，尽快熟悉业务，防止出现偏差，也有利于服务质量的稳定。

8. 开业前准备。包括广告宣传、人员配备、设施完善、公共关系的协调等。

9. 开业。用营销策略吸引顾客，争取在短时间内树立良好经营形象，提高服务点的知名度。

10. 监督支持。特许人经常对被特许人进行监督，以确保被特许人能按照合同正常经营，防止品牌形象受损，同时也要给被特许人广告和管理上的支持。

特许经营的商业模式在服务行业的迅速发展，催生出不少独特的创新特许经营模式，比如肯德基的"不从零开始"特许加盟模式，就可以有效地在遵循基本运行模式的基础上，更好地建立和维护特许人和被特许人之间的合作关系。

【服务营销实践2】

肯德基"不从零开始"特许加盟模式①

肯德基（见图7-6）在中国采取"不从零开始"的特许经营模式。"不从零开始"的特许经营，就是将一家成熟的肯德基餐厅整体转让给通过了资格评估的加盟申请人，同时授权其使用肯德基品牌继续经营。即加盟商是接手一家已在营业的肯德基餐厅，而不是开设新餐厅，加盟商不用从零开始筹建，避免了自行选址、筹备开店、招募及训练新员工的大量繁复的工作。选址往往是事业成功的关键，从中国百胜接手一家成熟的肯德基餐厅，加盟商的风险会大大降低，提高成功的机会。

图7-6

根据肯德基加盟发展规划，肯德基从现有的肯德基餐厅挑选适合的"备选加盟店"。针对通过了资格评估的加盟申请人，在"备选加盟店"范围内推荐餐厅供其评估。加盟申请人不可指定某一家餐厅，或者某一个城市进行加盟。

肯德基采取单店加盟形式，所有的特许加盟商都不享有区域性的或商圈的专有权。

特许经营申请者必须符合以下条件：

1. 认同肯德基的企业文化，
2. 有企业家精神，
3. 具有大专以上的学历，
4. 在相关的行业中有很好的企业人员管理经验，
5. 愿意从事服务行业的经营管理，

---

① 资料来源：http://www.kfc.com.cn/franchise/join.html

6. 愿意处理日常经营事宜及亲自管理餐厅;
7. 没有犯罪及破产的记录;
8. 有为了事业迁移到其他城市的意愿;
9. 与肯德基品牌没有利益冲突;
10. 足够的资金。

加盟申请人必须愿意处理日常经营事宜及亲自管理餐厅。如果申请人资金不够,申请人也可以找合伙人,合伙人也必须接受肯德基的了解和调查,并与主要经营者一同进行申请流程,而且主要经营者的资金比例必须大于30%。但在加盟成功后,主要的申请人即主要经营者必须全职参与今后餐厅的日常经营管理,合伙人可以不参与餐厅的日常经营管理。目前,肯德基仅采取"不从零开始"加盟模式,暂不受理指定在某一地区开新店的加盟申请。

二、电子渠道策略

在过去的20多年内,技术的发展已经对服务的生产和传递产生了巨大而深远的影响。远程通信,特别是计算机技术的持续发展导致服务传递的很多变革。例如,很多银行已经开始着手调整和关闭银行分支机构,引导顾客使用更便宜的电子银行渠道以及电话银行系统,从而控制成本、提高生产率,以保证自己在日益激烈的金融市场竞争中保持优势。

2017年8月4日,中国互联网络信息中心发布的第40次《中国互联网络发展状况统计报告》显示,截至2017年6月,中国互联网普及率达到54.3%,网民规模约7.51亿人。其中,手机网民占总网民比例高达96.3%,达近7.24亿。

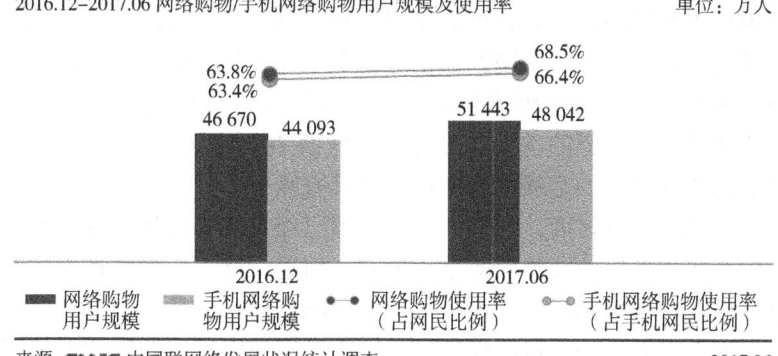

图7-7

但是,并不是所有的顾客都喜欢自助式服务,因此,针对不同细分市场,服务企业在引导顾客转向使用电子渠道消费时需要采取不同的沟通策略,并且要意识到,一部分消费者永远不会自愿放弃他们喜欢的高接触度服务传递环境而转向依托高科技平台的自助服务设施或者网络平台。对这些细分群体来讲,比较有吸引力的手段是开通语音电话服务,因为相比其他手段,他们对语音较为熟悉且更易接受。

(一) 电子渠道中的服务变革

迄今为止,中外服务企业利用互联网已经做了相当多的服务创新,不少新型服务可以通过顾客办公室或家里的电脑、手机连接的电子渠道进行传递。以下是四种有特殊影响的服务变革:

1. 智能手机电话和掌上电脑(PDA)的开发,使用户可以在任何地方连接互联网。

2. 语音识别技术的使用,允许消费者通过电话或麦克风发出服务请求或传递信息。

3. 网页制作技术的成熟使企业可以通过网络提供信息服务,进行订单处理,网站甚至可以成为信息服务的一种传递渠道。

4. 智能卡的商业化。智能卡中有一个可以存储消费者详细信息的微芯片,包括可以用于购物的电子货币。自助银行发展的最高境界是不仅可以使用智能卡作为很多交易的电子钱包,而且可以利用一个与电脑连接的特殊读卡器进行充值。

毋庸置疑,电子渠道的出现为传统的信息服务传递渠道提供了一个辅助性的或可选择的机会,而电子商务则是其中为众人所看好的一个新商机、新模式。

(二) 电子商务简介

作为一种分销渠道,互联网方便了信息流、谈判流、服务流、交易流和促销流的流动。与传统渠道相比,互联网对顾客信息搜索行为的研究无疑更有效、更高效。因为有了互联网,企业就可以在短时间内收到消费者的反馈,进行互动沟通,还可以建立虚拟社区来促销产品或服务[1]。而从顾客的角度来看,促使顾客走向虚拟的网上商店购物的因素包括便利、方便搜寻更全面和完整的信息和产品、更低价格以及更广泛的选择。另外,互联网24小时全天候服务以及传送及时的优势对那些视时间如金钱的人来说尤其具有吸引力。

越来越多的传统零售商,比如,苏宁电器已经在战略性地策划、开展和实施线上线下整合协同发展的新型服务渠道模式。但是,这一新型渠道模式的挑战之一是,已经建立的物理渠道再增加了一个互联网渠道是一种双重战略。这要求高资本设置,而且没有一个人可以保证是否这项投资一定可以获得预期的利润和潜在的高增长[2]。但毫无疑问,随着互联网对每一个人生活的改变和新科技的不断

---

[1] KANNAN P K. Introduction to the special issue: marketing in the e–channel [J]. International Journal of Electronic Commerce, 2001, 5 (3): 3–6.

[2] GEYSKENS I, GIELENS K, DEKIMPE M G. The market valuation of internet channel addition [J]. Journal of Marketing, 2002, 4 (2): 102–119.

变革，以电子商务为代表的新型服务渠道模式一定是具有巨大发展前景的。

小结

服务渠道可以帮助公司扩大市场覆盖面、促进销售、搜集和传播信息，并且有助于实现规模经济。服务的特性决定了服务渠道的特点：短、难控制。中间商在服务渠道中的作用和角色也会根据渠道模式的变化而发生变化。

根据服务传递方式的不同和服务网点数量的差异，服务企业可以选择请顾客到服务地点、服务企业上门提供服务以及远程非接触式服务等服务渠道类型。但是，不同细分市场的顾客具有不同的消费行为，从而对不同的服务渠道有特殊偏好。但不论顾客的渠道偏好如何，建立服务渠道必须遵循目标一致原则、经济性原则、可控性原则、适应性原则、发展性原则和好声誉这6个原则。

尽管服务公司现在比制造商更容易控制他们的分销系统，但是中间商对传递核心服务（如特许经营）或附加性服务（如旅行社）都起着一定作用。因此，在渠道设计过程中，首先应该明确不同中间商的定位和相互之间的区别，从而在中间商选择和合作关系处理方面做出好的决策。与此同时，应在渠道地点选择和时间选择上做好谨慎而细致的战略策划。

本章还特别介绍了在服务行业较普遍采用的特许经营策略和新型渠道策略之一的电子服务渠道，并以相应的服务营销实践案例加以进一步说明和阐述。

思考题

1. 服务渠道在服务传递过程中起到怎样的作用？
2. 服务渠道是怎样传递一种体验或一些无形的物质？
3. 为什么在服务渠道管理中对核心产品和附属产品分开考虑很重要？
4. 在服务业中，使用中间商进行分销会给企业的营销和管理带来什么风险？
5. 相比传统服务渠道，电子渠道的特殊价值是什么？

练习题

1. 选择一家服务企业，分析它在服务渠道中所使用的技术。请思考这家服务企业在利用现有技术的前提下，是否还有其他获得收益的机遇？如果是的话，这些新的收益机会是什么？
2. 在下列两种情况下，电子渠道对现有零售业有哪些机遇和挑战？①电子渠道作为和实体商店平行的渠道；②用互联网、电话服务中心等电子渠道彻底取代实体店。请举例说明和解释。

3. 根据你使用自助服务的体验，归纳自助服务模式的3个优点。并思考你选择使用自助服务而不选择人工服务的原因是什么。

 **案例**

苏宁"云商"模式转型

2013年2月21日，"苏宁电器"正式结束长达13年的使命，集团名称更改为"苏宁云商"，苏宁第三次战略转型全面启动。这一次，苏宁将依托互联网，成为科技型零售服务商，开启苏宁革命性的"云商"零售模式。

同年9月，苏宁云商董事长张近东在《苏宁云商模式的转型与零售发展趋势》主旨发言中详细阐述了苏宁云商模式的核心理念，即"一体两翼互联网路线图"，明确指出中国零售业未来发展的方向是互联网零售，重点是O2O和开放平台。2013年四季度，苏宁将推出互联网化门店——"云店"，把门店开到消费者的口袋里、客厅里去，并通过开放平台"苏宁云台"，将自身物流、信息流和资金流等资源全面向社会开放①。

1. 苏宁转型互联网"一体两翼"路线图释全貌

经过近几年的电商实践，苏宁认识到传统电商虽然对实体零售模式产生冲击、销售分流，但不可能完全替代实体经营，两者之间应是相互融合、相辅相成的关系。传统电商平台存在商品性能展示不充分、商户信息不对称的问题，不能满足消费者的立体式购物体验，无法全面地服务商户、培育品牌。

通过不断探索，苏宁由传统零售企业转型互联网零售企业的路径已清晰明确，就是系统推进"一体两翼"的"互联网路线图"。"一体"就是以互联网零售为主体，"两翼"就是打造O2O的全渠道经营模式和线上线下的开放平台。综合来讲，就是将线上线下的资源融为一体，然后按照平台经济的理念，最大限度地向市场开放、与社会共享，从而实现流通领域新一轮的资源重组与价值再造。2013年9月12日，苏宁在水立方第一次以产品发布会的方式，发布了开放平台3.0模式——"苏宁云台"，标志着苏宁真正实现了向互联网零售企业的转型，成为中国实体零售企业迈向互联网零售的里程碑事件。

2. 云商模式解析"电商+店商+零售服务商"

张近东指出，苏宁的云商模式就是"电商+店商+零售服务商"。一是要建立O2O融合的、多终端互动的全渠道经营模式。首先苏宁要坚持继续发展实体门店，作为互联网时代O2O融合零售的核心一环，苏宁在店面布局进一步优化的基础上，将以消费者的购物体验为导向，全面建设互联网化的门店，将原先纯

---

① 资料来源：http://esqb.sanqindaily.com/sqdsb/20130927/index.htm.

粹的销售功能升级为集展示、体验、物流、售后服务、休闲社交、市场推广为一体的新型实体门店。苏宁于2013年第四季度在北上广深等一线城市推出第一批1.0版本互联网门店，并逐步开始向二、三级城市推广；同时，苏宁将积极推进移动互联网和家庭互联网的发展，要将门店开到消费者的口袋和客厅里去。

二是要回归零售的本质，建立全资源的核心能力体系。苏宁所定义的线下，涵盖店面、物流、服务、供应链，以及用互联网思维武装的新型销售团队在内的全资源能力体系，这是对空中的互联网经营最为有效的实体支撑体系。它解决了在传统电商形态下，消费者缺乏产品体验、品牌认知的弊端，可以将物流、售后服务、社交进行本地化的支撑，并利用既有资源提升供应链效率。

三是建立起开放平台的经营模式。相比传统门店辐射范围有限，互联网世界是无限延展的，只要一触网，就面对全国甚至是全世界的消费者，各种个性化的需求便会扑面而来。因此，仅仅通过自身的商品经营和物流服务能力是很难满足消费者的需要的，线下资源优势也不能最大化地发挥效用。互联网经济的重要特征是开放和共享，苏宁全面互联网化本质上就是要按照开放平台的方式把企业资源最大限度地市场化和社会化。

3. 企业资源共享全方位资源辐射保王牌品质

在张近东看来，开放不仅是一种态度，更是一种能力。作为全国领先的零售企业，苏宁20多年来积累了上亿的客户资源、遍布全国的1 600多家门店资源、通达全国2 000多个区县的物流网络资源、丰富的零售运营经验和供应链管理经验，这些能力与资源都从"苏宁云台"发布之时起，对全社会开放。其中包括把企业内部物流转型为第三方开放物流，全面加快建立从消费者到商户的端到端的金融解决方案和增值服务能力，将对大数据深度挖掘的能力向合作伙伴开放等，从而集聚品牌商、零售商和第三方服务商的资源与智慧，为消费者提供丰富的商品选择、价格比较和个性化的服务体验，从而实现商流、物流和资金流的整合。

业内人士认为，从零售业的本质来看，这种商业模式是一种可持续的发展模式。相比传统电商一味主打广告服务，刺激商户竞相广告引流，综合资源的服务对提高整个流通领域的效率来说有着更大的促进作用。这不仅是苏宁所需要的，也会成为零售业的发展趋势。

第八章 服务沟通策略

【学习目标】
1. 了解在服务领域开展营销沟通面临的主要挑战
2. 分析营销沟通的作用和目标
3. 理解整合服务营销沟通的4种战略
4. 掌握营销沟通组合的关键要素和优缺点
5. 了解互联网等新型电子媒体沟通渠道的价值

开篇案例

汇丰银行

香港上海汇丰银行有限公司（HSBC）成立于1865年，其前身是香港和上海银行有限公司，主要为中国和英国间往来贸易提供服务。现在汇丰银行已经成为世界规模最大的银行及金融服务机构之一，也是香港特别行政区最大的本地注册银行及3家发钞银行之一。

汇丰银行从1998年起开始统一使用一个品牌名和六角形的品牌标志。2002，汇丰开始采用"环球金融，地方智慧"的广告语，并以此构建了公司独特的市场定位。这一广告理念来源于以下发现：人们在接受全球性组织所提供的价值的同时，也开始怀疑全球适用的模式。汇丰广告口号背后的哲学是世界是丰富而多样的，应该尊重不同文化和人群。"环球金融"阐明汇丰是一家国际银行，强调汇丰的全球能力和全球经验。而"地方智慧"则拉近了顾客与银行的距离，努力为顾客提供个性化的服务和舒适感，体现了对顾客的重视。正如汇丰银行的主席邦德（J. Bond）所说："'环球金融，地方智慧'的定位，能让我们将本土知识与世界范围的运营平台融合在一起，以独特的方式进入每一个国家。"

汇丰银行在营销沟通传播方面不断努力进行本土化和创新化。例如，2012年，汇丰在香港港铁人流量最大的香港站推出15米长的互动电视墙，这是汇丰银行定位于"世界级财富管理提供者"整合传播活动的重要活动，旨在引人深思：在面对生活中的各种状况时，如何实现财富的保值和增值。这种极具创意的方式吸引了众多行人的关注和参与。汇丰于2005年创办了高尔夫球"汇丰冠军赛"，现在已成为中国乃至全亚洲水平、规格和总奖金最高的高尔夫球赛事。赞助这一赛事有助于推广汇丰的品牌，加深与客户的联系。2015年，汇丰冠军赛在上海召开期间，公司推出了一个全民皆可轻松参与的手机互动游戏——"挥杆吧！超级英雄"，旨在让消费者充分体验挥杆挑战的乐趣，释放内心的超级英雄。2016 年，汇丰卓越理财（HSBC Premier）发起全球广告战役，以"Life Writes the Best Stories"（生命书写最好的故事）为广告主题，强调生命的不可预测性，鼓励人们计划他们的未来，希望借此提升品牌形象以获得更多投资机会。广告片主要在中国香港、英国和阿联酋市场投放。汇丰银行全球营销主管表示："我们希望通过此次广告战役与客户产生共鸣，增强客户对我们的信任与好感。"

资料来源：KATE NICHOLSON. HSBC's global marketing head explains review decision [J]. Adweek, 2004, 1 (19)

在服务营销过程中，服务企业需要针对顾客或潜在顾客开展营销沟通活动。通过沟通，营销人员向顾客解释并宣传企业的价值主张，向现有的或潜在的目标市场群体中的顾客传递有关服务产品的特征与益处、价格与其他成本、服务传递的渠道，以及什么时候、在哪里能享受这种服务。在复杂的市场环境中，有效的营销沟通是吸引潜在顾客和维系现有顾客群的必要手段，有助于加强品牌偏好和顾客忠诚。越来越多的企业开始采用整合营销沟通（Integrated Marketing Communications，IMC）战略来整合并组织所有的外部沟通渠道。整合营销沟通要求企业的各种媒介都能传递一致的信息，能够有机地结合所有的沟通方式并增强沟通效果，带给消费者统一的形象，在消费者心中树立强有力的品牌形象。在服务领域，服务企业开展整合营销沟通，即整合服务营销沟通（Integrated Services Marketing Communications，ISMC），需要考虑服务的特殊性和复杂性，必须有效组织服务与协调外部沟通渠道和交互传播渠道。

第一节 制定协调一致的整合营销沟通策略

如今的营销沟通变得日益复杂，顾客可以通过多种多样的信息媒介获取商品和服务的信息，如杂志、网站、印刷品、电子邮件、服务场景和客户服务部门等。这些媒介无疑增加了信息的类型和数量，特别是提高了信息的复杂程度。对服务企业而言，一个主要的挑战就是如何确保顾客从不同来源获得的信息是一致的。因此，通过多种渠道传播信息的企业，需要特别关注信息的整合。例如，许多服务企业在最初设计网站和开展网上营销活动时，将其视为独立的营销沟通类别，脱离企业的其他营销活动。然而，这样做的结果是通过网络传递的信息可能会与其他企业活动产生矛盾冲突并误导消费者，使他们无法清晰地了解企业的定位和价值主张。由专人负责制定全面整合的沟通策略在实践中仍然是不多见的，不同类型的营销沟通活动往往是由企业的不同部门负责的。导致营销沟通之间出现冲突的主要原因是职能部门之间没有有效协调沟通。企业通过制定和执行协调一致的整合营销沟通策略，有效利用内外部沟通渠道，有助于引导顾客形成合理的服务预期，缩小企业所承诺的服务水平与顾客实际获得的服务表现之间的差距。这种差距正是导致顾客认为服务质量不高的最主要原因。由于服务过程和结果都难以高度标准化，因此，出现顾客期望与真实服务感知不一致的概率就会相当高。顾客期望受企业可控因素（如广告、人员销售和销售促进）和企业不可控因素（如口碑传播、顾客以往的服务体验和需求强度）的共同影响。下面，我们将关注企业可控的那部分因素。

由于**众多渠道都能向顾客和潜在顾客传递信息，运用整合营销沟通策略对企业来说就变得日益重要**。整合营销沟通将企业所有的沟通方式有机结合起来，即企业的各种媒介都传递同样的信息，强化沟通效果，在消费者心中树立一致、牢固的品牌形象。对服务企业而言，整合服务营销沟通要求每个相关人员都清楚地理解公司的营销战略和对顾客做出的承诺。如图 8-1 所示，营销沟通在服务营销的 3 个关键方面均有所体现。首先，外部营销沟通包括传统的营销渠道，如广告、促销和公共关系。其次，交互营销沟通包括企业员工通过人员销售、与顾客的服务交互活动、服务场景等来传递信息。而顾客则是外部营销和交互营销的目标。服务企业必须保证这些信息彼此之间保持一致，因此，企业要同时协调管理对内和对外的营销沟通渠道。通过畅通的垂直沟通以及跨部门、跨地区的水平沟通，使服务一线的员工能够先于顾客获得完整、准确的信息，且与顾客听到或看到的相一致。

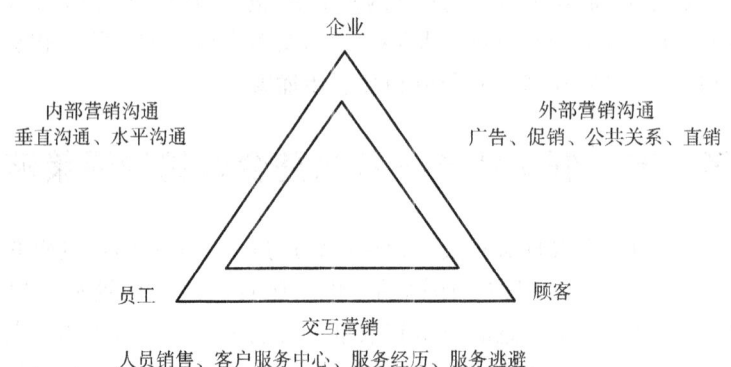

图 8-1　营销沟通与服务营销三角

资料来源：ZEITHAML V A, BITNER M J, GREMLER D D. Service Marketing [M]. 4th ed. 2006.

第二节　服务营销沟通面临的挑战及其原因

一、无形性带来的挑战

服务营销沟通是借助广告、公共关系、人员推销、销售促进等沟通工具来突出服务企业的差异化竞争优势，展现具体服务项目的特点和价值。但是，考虑到服务产品的无形性、顾客参与服务过程的必要性、服务评估的困难程度、与顾客互动的服务人员的重要性，以及平衡需求和供给的必要性等，服务营销沟通面临巨大的挑战。服务是一个过程、一种体验，而不是一件有形的物品，这就使向顾客传达服务的利益变得十分困难。米塔尔（B. Mittal）认为，服务的无形性导致服务营销沟通面临4个方面的挑战：抽象性、一般性、不可搜寻性和情感的不可知性。

（一）抽象性

通常在服务中会涉及一些较为抽象的概念，如网络交易中的网络安全、金融咨询服务中的投资回报率、航空服务中的索赔申报等，这些概念没有有形物品与之一一对应。因此，如何与消费者沟通这类抽象的概念成为服务营销人员面临的一个挑战。

（二）一般性

一些服务的特定级别是由有形产品、人员或事件等一系列要素构成的，如航班上的座位、机上的乘务人员和舱内服务等。营销人员面临的主要挑战是如何有效地与消费者沟通，传达本企业的服务是区别于竞争对手并优于其他服务选择的。

（三）不可搜寻性

正是由于服务的无形特征，导致顾客在购买之前无法进行查找或者检查。消费者可以事先考察服务中的实体要素，如一场演唱会的场地、设备和演出嘉宾，但是演唱会中激动人心的视听感受只有在消费过程中才可能体验到并对其质量加以判断。

（四）情感的不可知性

许多服务具有多个维度，或者非常复杂，或者非常新颖。顾客很难想象使用此类服务将获得怎样的服务体验和收益，新的潜在顾客尤其如此。

上述因素使服务营销沟通面临巨大的挑战。为了克服这些困难，服务企业在服务营销沟通中应该尽可能地利用有形展示，尤其是对那些很少涉及有形要素的低接触度服务。

二、服务企业的内部原因

服务传递与外部沟通之间的差距是导致顾客不满的一个主要问题，具体表现为企业对顾客承诺过度或实现有效告知的服务信息不足，从而显著影响顾客的感知服务质量。从企业的角度来看，导致沟通差距的原因可以归结为以下4个方面：①服务承诺管理不当；②顾客期望管理不当；③顾客教育不足；④内部沟通不当。下面我们详细分析每种原因。

（一）服务承诺管理不当

企业对顾客做出的承诺是否能够得以实现，需要以服务人员与顾客之间的互动营销和企业内部营销为保障。服务承诺管理不当通常表现在：①在实际提供之前大规模宣传新服务，但是对服务上市的确切时间、地点不确定；②内部服务支持不足，或是由于企业的组织结构不完善、营运部门与营销部门之间的内部沟通不畅导致服务承诺无法实现；③未能充分估测需求和供给的变化导致服务准备不充分，使服务供求不平衡而导致承诺失败；④不道德的广告商和销售人员对服务特点故意做出不现实的描述和虚假的承诺。

过分承诺会导致顾客失望并明显降低顾客对企业的信任，而且还会直接影响服务企业的员工，使他们陷入进退两难的矛盾境地。

（二）顾客期望管理不当

对服务行业而言，适当而准确的沟通是营销和生产运营部门的共同职责。在服务促销中，企业不能把服务期望提高到企业可以稳定提供的水平之上。在消费者心目中建立不切实际的期望，有利于短期内吸引新顾客来消费，但也往往使顾客失望而归，无法保持长期的顾客关系。过度承诺将顾客期望提高到不现实的水平，通常是导致消费者期望管理失败的第一要因。许多服务企业为了应对激烈的竞争或争夺市场份额，经常在人员销售、广告和其他企业沟通中不自觉地倾向于过度承诺。当一个行业中吸引新顾客的难度较大，过度承诺在行业中成为普遍存在的行为规范时，服务企业过度承诺的倾向性就越明显。

（三）顾客教育不充分

企业对顾客的培训和教育不充分也会导致服务传递和承诺之间的差距。如果服务企业没能有效地教育消费者，消费者就不会对服务过程以及自己在服务过程中应当扮演的角色形成清晰明确的认识，并且不具备使用和评估服务的经验。此时，消费者就容易感到失望并且将服务失误的责任归咎于服务企业。事实上，1/3的顾客抱怨和不满都是由顾客自身因素（如理解错误、操作不当）而非企业因素造成的。即便如此，顾客自身引发的不满对服务企业仍然十分不利，因此，企业必须担负起教育顾客的责任。

对于高参与度的服务业（如心脏病手术），顾客在没有获得必要的教育之前，可能无法理解服务过程。服务开始时的简单介绍或者一本手册是远远不够的。消费者是否知晓自己的角色、是否具有扮演角色的能力和动力都将影响到服务的质量和顾客的满意度。就一些服务类型而言，顾客即便接受完服务（如心理咨询），也很难对其质量做出判断，甚至许多顾客不知道判断服务的标准。因此，服务企业需要明确清晰地告知消费者他们所扮演的角色、服务系统的使用方法以及如何评价一项服务。

(四) 内部营销管理不当

实现服务承诺需要企业组织的多个职能部门联合起来。因为广告和销售人员向顾客做出服务承诺,而运营部门才是真正的服务提供者。在向顾客做出承诺之前,首先获得生产运营部门的参与和认可,将有助于企业制定出合理的承诺声明并顺利履行承诺。因此,为提供优质服务,企业必须协调或整合各职能部门,特别是在负责销售和负责服务提供的人员之间,和在人力资源部门和营销部门之间进行有效沟通。顾客期望在不同时间、不同地点从企业的分子机构中接受相同的服务。企业必须告知员工顾客期望的服务水平,并激励他们为之付出努力。内部协调的最终结果是使各部门和各分支机构在政策和程序上达成高度一致。

第三节 营销沟通的作用和目标

一、营销沟通的作用

(一) 营销沟通的基本功能

服务企业采用多种渠道和工具与其顾客或潜在顾客进行市场沟通。在复杂的服务领域,营销沟通工具尤为重要,因为通过沟通可以帮助企业建立有力的品牌形象,在消费者心中树立安全可靠、值得信任的质量感知。无论何种形式的营销,沟通对企业的成功都至关重要。一般来说,营销沟通具体的任务包括:①告知目标顾客和潜在顾客,与企业形象、品牌承诺以及所提供的产品和服务的相关信息;②劝说目标顾客和潜在顾客相信,该企业的服务能够提供更高的价值,满足需求,促使他们立即购买;③提醒目标顾客和潜在顾客服务的可获得性,保持与现有顾客的联系,防止顾客流失,抵御竞争对手夺取本企业的市场份额。

(二) 建立长期的客户关系

有效沟通的价值不仅在于吸引新的潜在顾客,而且能使企业与现有顾客建立良好持久的关系。提高顾客忠诚、增加重复购买是企业能够长期盈利的关键。不要认为拥有现有顾客是理所当然的,企业要采取一定的手段来保持与顾客的关系,具体包括:广告沟通、邮寄沟通、定期 E-mail 沟通、电话沟通、短信沟通、微信公众号信息推送等。健康体检机构或电器销售商经常向顾客邮寄年度检查的信函,提醒他们为自己或为家电例行检查。有些酒店或旅行社甚至向重要客户邮寄生日贺卡或消费周年纪念卡。网络商店通常会定期地向顾客发送新产品的信息或其他定制化的信息,从而与现有顾客持续不断地保持联系,同时希望借此来创造未来的销售机会。

培育长期、有价值的客户关系要求企业创建一套全面和实时更新的客户数据库,并能灵活、个性化地运用数据信息,识别机会和问题。

(三) 内部沟通

服务企业的员工通常是企业广告宣传活动的第二受众。从高层经理到一线员工的内部沟通有助于培育和维持服务理念和企业文化。如果员工认同企业的沟通信息,他们将会获得工作激励,提高工作积极性。如果一家大型服务企业经营地域相当宽阔,那么,系统规划、设计完善的内营销沟通系统尤其必要。在远离总部的地方工作时,员工也需要了解最新的服务政策变动、质量提升等。同时,内部沟通还常常作为培养团队精神的一种方式。

服务企业必须首先成功地将服务销售给自己的员工,然后再由员工将服务销售给顾客。例如,在美国西南航空公司的广告画面中,常常出现空乘人员正面带微笑地满足顾客需求。诸如此类的营销宣传其主要受众是顾客,但它同时也向员工传达了如何扮演好自身角色的信息。总之,服务沟通不仅能提供与顾客沟通的方式,还能发挥沟通、激励和教育员工的作用。

二、市场沟通目标设置

营销人员需要明确他们的目标,并选择最恰当的信息和沟通工具来实现目标。市场沟通计划的主要方面可以概括为4W1H模型:

- 谁(who)是目标受众?
- 需要沟通和实现什么(what)信息?
- 如何(how)沟通这些信息?
- 在哪里(where)进行沟通?
- 在什么时间(when)进行沟通?

本节主要讨论前两个问题,即如何定义目标受众和界定沟通目标。

(一) 明确目标受众

营销沟通的目标受众主要可分为3类:潜在顾客、现有顾客和员工。通常,服务企业并不知道谁是潜在消费者,所以倾向于采用传统的营销沟通组合工具,如利用媒体广告、公共关系进行广泛传播,或使用购买的顾客清单进行直邮或电话促销。

企业与现有顾客沟通的方式包括人员销售、销售点促销以及服务过程中的信息传递等,相对而言成本更低。如果企业建立了顾客数据库并记录了顾客的消费习惯和联系方式,就可以通过直邮、电子邮件或者电话向顾客提供更有针对性、定制化的营销信息。这些渠道是对传统渠道的补充、加强或替代。通常企业会同时采用多种方式,以实现更好的沟通效果。

精心设计的沟通活动对员工(尤其是一线员工)也具有激励作用。针对员工进行的沟通通常是企业内部营销活动的一部分,通过企业的内部渠道进行。普遍使用的媒体工具包括内部简报和企业杂志、企业私有的电视网络、录像带、局域网等。另外，由于员工可以从广告中了解企业对顾客的服务承诺，因此这些宣传活动有助于规范员工行为。然而，这样做也存在一定的风险，特别是当企业沟通的信息在员工看来不现实，甚至不可能实现时，反而会挫伤员工的积极性。

（二）确定沟通目标

1. 不同阶段沟通目标不同。企业沟通组合的目标往往是由服务在产品生命周期（PLC）中处在哪个阶段决定的。一般而言，在产品生命周期的引入期和成长期，主要的沟通目标是告知顾客。信息沟通介绍企业提供服务的特点并提升企业品牌的知名度。信息沟通也鼓励顾客进行服务尝试，并且通常为将来开展人员销售奠定市场基础。

在产品生命周期的成长和成熟阶段，沟通目标侧重于传递详细信息和说服性的内容。这个阶段的目标包括：建立消费者对本企业品牌的偏好，试图促成直接的购买行为并提升公司形象。通常，专业性的服务企业并不鼓励它们的成员采用说服性广告，因为这会使成员间形成不良的对立关系。它们认为，采用说服性沟通的成员会最终降低整个行业的形象。因此，以信息为主的销售促进是更容易接受的沟通方式。

最后，在产品生命周期的成熟和衰退阶段，说服和提醒性的沟通更为有效。该阶段的沟通目标是与现有顾客继续保持接触，提醒现有顾客公司仍然看重与他们之间的关系，吸引现有顾客重复购买。正如信息性沟通一样，提醒性沟通是非强制性的，要比说服性沟通更易于接受。

例如，一家旅行服务网站在成长和成熟期将增加商务旅行者的重复购买次数设定为关键目标。为了实现这一目标，该公司决定实施自动升级计划和特别积分优惠计划。在此期间，密集的营销沟通是必需的，因为沟通可以告知消费者这项服务的存在并教育他们如何利用这项服务获得利益。可以分解为更具体的一组目标：①使所有现有顾客对新服务产生关注；②吸引潜在顾客的注意力，告知他们这项新服务的特色并教育他们如何有效地加以利用；③促进消费者主动登录网站或电话咨询，增加提前预订量；④半年后，使重复购买次数提升10%。

2. 常见沟通目标。服务行业中常见的顾客沟通目标如下：
（1）塑造企业形象及品牌形象。
（2）使消费者对不熟悉的服务或品牌产生关注和兴趣。
（3）通过沟通某一品牌的优势和利益来建立消费者的品牌偏好。
（4）通过与竞争对手的服务比较，寻找差异化的诉求点，重新定位本企业的服务。
（5）通过促销来鼓励消费者使用。
（6）在使用之前，让消费者熟悉服务流程。
（7）教育顾客怎样使用服务才能获取最大价值。
（8）在需求不足时刺激需求，在需求高峰时抑制需求。

◎服务营销学

（9）利用自身提供的服务与竞争对手相抗衡。
（10）通过提供有用的信息和建议来降低不确定性和顾客对风险的感知度。
（11）做出服务保证。
（12）识别并奖励有价值的顾客和员工。[①]

服务沟通目标的设定还必须考虑引导和管理顾客在购买过程的购买前阶段、服务接触阶段和购买后阶段的行为。例如，在购买前阶段，服务企业试图将消费者感知到的风险降到最低。例如，互联网公司可以通过实施前导性的、顾客友好的退货政策来减少顾客对订货的担心。

第四节　匹配服务承诺与服务传递的四种战略

企业可以采取4种战略来实现服务承诺和服务传递之间的一致：①管理服务承诺；②管理顾客期望；③改进顾客教育；④管理内部营销传播。管理服务承诺意味着使所有外部营销渠道和交互销渠道所做的承诺保持一致。管理顾客期望意味着向顾客阐明公司可以实现的服务水平。顾客教育意味着使顾客了解服务过程并提供如何评估服务质量的信息。内部营销沟通管理意味着在组织内部传递信息，使各职能部门与顾客的期望保持一致。下面详细讨论每一种战略（如图8-2所示）。

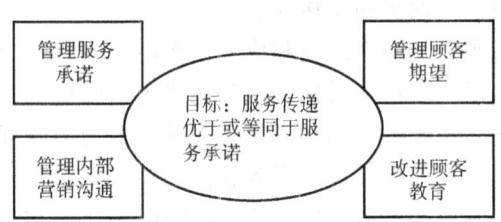

图8-2　整合服务营销沟通方法

资料来源：ZEITHAML V A, BITNER M J, GREMLER D D. Service marketing: integrating customer focus across the firm [M]. 4th ed. 2006.

一、管理服务承诺

在服务交易过程中，将由销售和营销部门向顾客承诺他们从生产运营部门的员工那里可以获得何种服务。由于服务员工的工作不可能像生产有形产品那样被标准化、机械化，所以更需要组织协调和承诺管理。适当而准确的沟通是营销和

[①]　资料来源：LOVELOCK C, WIRTZ J. Service Marketing [M]. 6th ed. New Jersey: Prentice Hall, 2006.

生产运营部门的共同职责：营销部门必须向顾客准确地传达服务过程及其结果的真实状况；而生产运营部门则必须以按照承诺的标准提供服务。有效管理服务承诺的具体战略包括以下几个方面。

（一）创造有效的服务广告

广告是传达服务承诺的最主要的方式之一。服务的无形性特征使消费者在购买前和购买后都将面对一些难题，例如，消费者在购买前难以充分理解服务，在购买后难以对服务体验做出客观评价。因此，对营销人员而言，服务广告比产品广告的难度更大。我们之前已经讨论过服务无形性给企业带来的挑战。米塔尔（B. Mittal）和贝克（J. Baker）强调，服务营销人员需要创建能够将无形服务的特征及利益清晰地传达给潜在顾客的沟通信息。

服务广告的一条主要原则就是要使无形的服务有形化、具体化，尽可能利用有形展示。特别是对那些几乎不涉及有形要素的低接触度服务更是如此。很多公司利用独特的有形符号形象比喻自身的特点。例如，中国人民保险公司在平面广告中使用"鼎"的形象来体现公司对保险服务承诺的一言九鼎。使用实物暗示和有形证据可以使无形的服务看起来更具体，吸引消费者的注意力，给消费者更强烈、更清晰的震撼。为使服务广告更加有效，服务营销人员可遵循以下指导方针：

1. 使用叙述性的语言展现服务经历。对于体验型服务，以讲故事的形式展现广告诉求是较为有效方法。

2. 使用生动的信息。有效的服务广告应该利用生动的信息创造一种强烈而清晰的感官体验。服务越复杂、无形程度越高，生动的信息提示就越有效。

3. 采用交互形象。一些服务企业将企业标志或象征与自身特点有效整合，例如，上面提到的中国人民保险公司使用鼎的形象，鼎的形象代表诚实守信，通过巧妙设计把消费者对鼎的正面感知转移到对保险公司的感知上。

4. 重视有形展示。在广告中强调与服务相关的有形物品也是增强服务沟通效果的方法之一。例如，展示医院整洁的就诊环境或热情礼貌的接待员。服务的有形展示将被消费者当作推断服务质量的线索。

5. 沟通中突出服务员工。与顾客直接接触的一线员工是服务广告最重要的第二受众。在广告中突出员工的工作能够帮助潜在消费者了解服务体验，使服务更加人性化。宣传那些在幕后做支持性工作的员工，可以加强顾客对服务组织竞争力和服务质量承诺的信心。突出员工贡献的广告还向员工传达了企业对他们的重视和认可，广告中的优秀员工将成为其他员工的标准和榜样，提高员工对企业的认同感。

6. 鼓励口碑传播。服务通常需要亲身体验，并且涉及较高的不确定性，因此，不由企业控制的顾客口碑成为人们获取信息的重要渠道。营销人员可以通过口碑传播提高服务广告和其他外部信息的可信度。独特、幽默和有震撼力的广告更容易在消费者中广泛传播。在沟通中宣传满意的顾客是产生正面口碑传播的一种方式。

7. 承诺适当可行的服务。所有的服务沟通都应该只承诺企业真正可以实现的服务，而不是试图使服务承诺比实际服务看起来更诱人。一旦顾客发现实际的服务水平与广告中描述的不符，他们就会感到失望，甚至质疑企业的动机，引发更严重的问题。

（二）协同外部沟通

通常，服务营销人员都掌握了多种营销沟通工具，这些工具统称为营销沟通组合。不同的沟通工具在适于传递的信息类型和适用的细分市场方面存在差异，如何协调所有为顾客提供信息的外部沟通工具是服务营销人员必须面对的挑战。营销沟通组合包括人际沟通和非人际沟通。人际沟通是人与人之间的双向交换信息，如人员推销、电话销售、客户培训、客户服务和口碑等。而非人际沟通则是单向的信息传递，而且通常是面向某一目标顾客群或潜在顾客，如广告、销售促进、公共关系等。但是，技术的发展模糊了人际沟通和非人际沟通的界限。例如，语音识别技术和计算机语音提示及应答系统使传统的非人际沟通实现双向交流。

根据信息来源的不同，可以将信息分为来自组织内部的信息和来自组织外部的信息。其中，口碑信息、媒体报道等来自组织外部的信息不受组织的直接控制。

1. 来自组织内部的信息。具体包括：

（1）广告。广告是消费品营销最主要的沟通方式，通常也是服务企业与消费者之间首次接触的媒介。服务广告有很多传播渠道，如广播电视、报纸杂志、电影院、网络以及户外媒体（如海报、户外广告牌、电子公告牌、公共汽车等流动媒体）等。广告在给人们提供服务产品信息和帮助顾客了解产品特征和性能方面起着重要作用。互联网广告正在成为大多数服务企业营销沟通组合的重要组成部分，应该和传统的广告工具有效整合。网络广告主要有两种方式：横幅广告和搜索引擎广告。在这两种网络广告方式下，广告商都可以加入图片影像并建立链接，为用户提供更丰富的视频演示。例如，如果你打开雅虎（Yahoo）或新浪（Sina）等门户网站的主页，会立即跳出很多企业付费发布的横幅广告，其目的是传播产品和服务的信息，吸引用户访问企业网站。搜索引擎是一种反向的网络沟通方式，它使广告商通过用户搜索的关键词了解到消费者真正需要的信息，这样广告商就能采取有针对性的营销沟通方式。例如，当你在谷歌搜索中输入"旅行社"3个关键字时，中国青年旅行社、中国国际旅行社和途牛旅行的广告就会出现在谷歌搜索结果的旁边。"谷歌广告词"（Google Ad Words）服务在顾客搜索相关话题或者特定产品时为企业提供了同潜在顾客进行沟通的机会。

但是，令广告人员沮丧的现实是，人们已经厌倦了各种形式的广告，担心自己的私人空间被侵犯。时间长、声势大、热闹的广告并不见得就有效。

(2) 人员销售。人员销售是一种人际沟通方式,通过销售代表教育并说服消费者形成对某一品牌、产品或服务的偏好,实现销售增长并建立与顾客的长期关系。为企业客户提供服务的供应商通常都建立了专业的销售队伍或者雇佣代理商、分销商来销售产品。对购买频率不高的服务产品,如房地产、保险、丧葬服务等,企业的销售人员可以作为专业顾问来帮助顾客选择合适的服务产品。在服务产品较复杂的领域,如投资管理、医疗服务等,企业可以采用客户管理的方式协调与顾客之间的沟通,即由指定的客户经理满足顾客在购买建议、客户教育和咨询服务等方面的长期需求。

然而,面对面地向顾客销售产品成本较高。一种低成本的替代方案是销售代表通过电话或电子邮件与潜在客户进行沟通。

(3) 销售促进。销售促进是通过短期刺激,激励顾客尽快做出购买决策,尽快使用某项服务或提高单次购买量或购买频率。销售促进通常是针对特定的顾客群体,在特定的时间段和一定的价格范围内进行。服务企业销售促进的方式通常包括优惠券、价格折扣、礼品赠送、免费体验、服务担保和有奖竞赛等形式。企业通过这些促销方式提高顾客感知价值,形成"竞争优势",在需求不足的时候增加销售额,加快新服务的推出与顾客接受速度。例如,2016年是中国传统的猴年,肯德基与上海美术电影制片厂合作在春节期间推出了"猴王当道"套餐。购买套餐即可获赠一个大礼包,包括一个Q版造型的"美猴王"玩具和一本《漫画西游》漫画书(见图8-3)。精美可爱的玩具和浓浓的怀旧情结吸引了大批消费者排队购买。健身中心或教育培训机构推出免费体验日,吸引潜在顾客尝试服务(见图8-4)也属于销售促进的一种。

图8-3 肯德基猴年春节推出"猴王当道"的促销活动

图8-4 浩沙健身推出免费体验课程

（4）贸易展。贸易展将公开展示与人员销售相结合，是产业市场中广受欢迎的一种沟通方式。许多行业的贸易展都能吸引媒体的广泛报道，而且还为产业客户提供了解众多服务供应商和最新的相关产品和服务的机会。服务提供商通过展览、样品展示、现场演示及宣传册等有形展示的方式向潜在客户传递信息。贸易展使大批潜在客户主动联系服务提供商，销售代表能够高效率地接触客户，因此是一种很有效的促销方式。

（5）直复营销。直复营销是通过信件、电话、传真、电子邮件（见图8-5）或其他方式直接与顾客沟通。直销可以向高度细分的目标市场提供定制化的信息，并使顾客获得即时反馈。如果企业拥有详尽客户资料的顾客数据库，则可以大大提高直复营销策略成功的概率。

垃圾邮件和不受欢迎的电话营销境遇相似，消费者希望运用电子邮件过滤器、弹出广告拦截软件等先进技术避免不必要的干扰。许可营销（Permission Marketing）摒弃了侵扰消费者私人空间的方式，允许顾客自己主动选择加入邮件列表，决定是否愿意接受关于企业及产品和服务的更多信息，决定接受哪些信息，以及获取信息的时间、方式和来源。在许可营销中，通过与那些表示愿意接受特定信息的顾客群体建立联系，使服务企业同顾客之间建立起更有力的关系。消费者对通过许可营销方式发送的信息回应率更高。若要了解如何执行许可营销战略，最简单的方法就是登录优秀的网站（如Amazon.com）体验其网上服务。

（6）公共关系。公共关系是指通过发布新闻报道、举办媒体发布会、筹办特殊活动，以及赞助有新闻报道价值的第三方活动等方式，来引起人们对企业及其产品或服务的关注。公共关系是建立市场知名度的有效沟通工具，开展公共关系需要企业准备和分发关于公司、产品或员工的资料用以进行新闻报道，公关经理要筹备媒体发布会处理特别有新闻价值的材料和应对企业危机事件。

其他广泛采用的公关方式还包括获得公众人物的支持、获得社区的支持、募集资金、赞助体育活动或者其他具有较高关注度的活动以及通过特殊事件或公益

图 8-5 来自 Gucci 的电子邮件促销

活动获得广泛的社会曝光度，为企业塑造良好的公众形象。这些方式可以帮助服务组织树立自身的声誉和信誉，加强企业同员工、顾客以及社区之间的联系。例如，中国企业英利绿色能源是光伏垂直一体化产业链供应商，2010 年，该企业成为南非世界杯足球赛的官方赞助商。从该企业成为赞助商的信息发布开始至南非世界杯赛事前后，企业网站每天平均访问量超过 2 万次。凭借赞助世界杯形成的品牌效应，英利绿色能源当年的产品订单激增，产品销售实现了 3%～5% 的附加值，净增利润超过 5 000 万美元。而且，2014 年该企业再次成为巴西世界杯足球赛的官方赞助商，通过这一全球盛事扩大了企业知名度。

特殊事件也是宣传企业专业优势的好机会。美国联合包裹公司（UPS）作为 2008 年第二十九届北京奥运会和残奥会的官方物流和快递赞助商，成功地完成了服务承诺，为 UPS 赢得了全球性的声誉。从 2008 年北京奥运会开始至残奥会结束，UPS 共计递送超过 1 900 多万件物资，其中包括易损坏的比赛器材、运动员的获奖证书、时效性强的胶片、磁带等媒体物资，全部物资均以零事故率实现递送。

而且，服务递送渠道中提供服务的一线员工、客户培训和服务场所也为企业与顾客沟通创造了绝佳机会。一线员工可能面对面或者通过电话、网络与顾客进行交流和传递服务。因此，一线人员会直接影响顾客对企业服务水平的感知。当一家服务供应商提供多种服务时，企业会鼓励客服人员进行交叉销售，这需要一线员工具备高效的执行力才能成功。向企业客户提供复杂性服务的公司通常会提供配套的客户培训，以便让顾客熟悉服务产品并了解如何更有效地使用这些产品。有时候，培训顾客的任务也属于提供服务的一线员工的职责。服务场所也会向顾客传递一定的信息，既可能是通过营销人员的精心计划，也可能是在不经意间传递。而且通过设计服务场景（Servicescape），服务企业可以以最理想的方式引导顾客对服务体验的感知。

2. 来自组织外部的信息。具体包括：

（1）口碑。通常，消费者认为来自其他顾客的推荐要比企业主导的营销沟通活动更可信。顾客在购买服务时的感知风险越高，他们搜寻口碑（WOM）的主动性就越强，口碑信息对购买决策的影响也越大。与那些持温和态度的顾客相比，非常满意或非常不满的顾客更愿意与他人交流自己的服务经历，而极度不满的顾客会将自己的不悦体验传播给更多的人。如果企业采取适当的服务补救措施，也可能扭转局面，最终使顾客对企业做出积极的口碑宣传。互联网的普及加剧了人际沟通的影响范围，出现了不容忽视的"病毒营销"现象，也就是网络上的口碑宣传。当个人用户发送电子邮件给朋友、同事、家人和邮件列表上的其他人，而且这些人正是服务企业的目标市场时，"病毒营销"就生效了。应用病毒营销，Hotmail凭借5万美元的促销预算在18个月内实现了从零用户到1200万用户的增长。现在，消费者还通过博客、网络社区、社交网站等传播口碑。例如，消费者可以在大众点评网站上对自己光顾过的餐厅评分、撰写评论或者推荐给朋友。

（2）媒体报道和评论。媒体报道和评论有时属于企业的公共关系活动，有时是媒体做出的自发性报道。当记者认为企业刊登虚假广告、欺骗顾客或者剥削顾客时，他们可能对企业展开深度报道。美国消费者联盟成立于1933年，是一家非营利性组织，它定期对全国范围内的各类有形产品及服务进行评估，并出版《消费者报告》（见图8-6）为消费者提供可靠的商业信息。

（三）提供服务保证

服务保证是企业向顾客做出的关于服务的正式承诺。尽管许多企业都将提供令人满意的服务作为交易的隐含条件，但是只有当顾客知道这种保证确实存在，并且相信一旦出现问题他们能够获得来自企业的支持，企业才能从服务保证中真正获益。

二、管理顾客期望

管理顾客期望就是让顾客明白：哪些预期是可以满足的；哪些预期是无法满足的，是不合理的。服务企业的沟通战略对顾客形成服务期望起着关键的作用。服务企业可以强化顾客先前的想法，也可以完全改变那些想法。在服务体验的过程中，会产生实时的期望。这种期望很可能是在无意中形成的，例如，当餐馆的

图 8-6　2016 年 8 月期《消费者报告》

服务员无意识地说出"您的菜马上就来"时，顾客就会产生期望。影响期望值的许多来源都在企业的直接控制之下，因此，服务企业必须决定什么是沟通组合的目标。

在激烈的市场竞争中，企业做出承诺并努力建立顾客预期，以便从与竞争对手的角逐中脱颖而出，吸引顾客前来消费。这种做法很容易因承诺过度而将顾客期望提高到不现实的水平。有效的做法是使顾客预期与企业服务的实际水平保持一致。在这种情况下，顾客的行为最可能遵守运营系统所要求的行为模式。例如，鼓励麦当劳的每位顾客来指定将他/她的汉堡做成几成熟是没有意义的，这样做不仅会使顾客感到失望，也会破坏运营系统的效率。

许多企业不得不通知顾客过去提供的服务不能再继续或者要提高价格。例如，信用卡公司在利率高时提供多种增值服务，而在利率低时却决定取消这些服务。企业该如何婉转地告诉顾客服务将与他们所期望的不同？下面总结了四种战略。

（一）为顾客提供选择

一种方法是通过为顾客提供可以选择的机会，重新设置不同的期望水平。选项可以是对服务有意义的任何方面，如时间、成本、质量和速度等。例如，宽带上网服务可以为顾客提供两种选择，一个是按月计费的服务，每月 150 元；一个是以小时计算的服务，每小时增加 5 元。顾客可以自主地选择他们认为最划算的方案。

（二）提供价值分级服务

价值层次不同的顾客对服务质量的要求存在差异，因此，企业可以根据顾客价值来提供不同级别的服务。例如，中国建设银行的信用卡就是按照价值进行分级的，包括钻石卡、白金卡、金卡和普通卡。最高级别的钻石卡可以享受环球特惠航程、家庭健康关爱服务、私家车增值服务、高额保险组合、紧急救援援助、全球机场贵宾室、贵宾理财等特色服务，而普通卡此类服务则少得多。

提供分级服务的好处在于：消费者可以自由选择服务级别，这样就使他们的期望值保持在一个特定的范围内；同时，企业也可以轻易地识别到那些愿意为高水平的服务支付溢价的顾客。

（三）宣传正确的评价服务的标准

对专业性较强的服务和新服务，顾客往往没有掌握明确的服务质量标准，也就难以做出判断。因此，如果服务企业建立一套恰当的服务标准，并以令人信服的方式教授给顾客，就会在顾客评估和选择服务的过程中占据主动。对信誉资产较高的服务，企业可以帮助顾客建立以下标准：低价格代表低质量；信誉好的企业更有可能提供优质服务等。

（四）处理不现实的预期

总会有些顾客提出一些不切实际的期望，即希望以低廉的价格享受高档次的服务，这样往往会超出企业的服务范围或服务能力。在这种情况下，服务企业要做好通过艰苦的谈判和讨价还价最终达成妥协的准备。

三、改进顾客教育

在许多服务中，顾客必须在积极参与服务的递送过程时，恰当地扮演他们的角色。如果顾客忘记扮演角色或角色扮演不当，就很可能会导致服务体验不佳。因此，服务企业在沟通时可以采用教育顾客的形式，使顾客获得必要的培训以便更好地参与服务过程。顾客教育包括以下几个方面。

（一）让顾客为服务过程做好准备

有时，由于顾客不了解服务的时间、地点、人员和流程，会给服务消费过程带来很多不便和失误。一种值得推荐的顾客教育方法就是向消费者展示服务传递的整个过程。一些医生在手术之前向病人播放手术流程的录像，帮助患者在手术前就做好心理准备，并让他们知道自己在手术实施的过程中应该扮演怎样的角色，以确保手术成功。银行也在电子显示屏上播放服务流程的信息和需要顾客提前准备好的材料。任何时候，只要企业提供新的服务或顾客缺少经验，进行顾客培训都是非常必要的。

（二）使绩效符合标准和期望

有时服务企业为提供的服务设立了清晰明确的标准，却直到服务完成也没有与顾客进行沟通。服务提供商若没有进行恰当的沟通来强化服务，其服务就可能难有好评。当顾客不能评价服务的有效性、服务购买的决策者不是使用人、服务是无形的或者服务商需要依靠其他机构来完成部分服务时，都可能出现以上问题。

当顾客不能评价服务的有效性时，通常是因为他没有经验或服务的技术性太强，服务商可能没有与顾客传播那些吸引顾客关注的活动，而这些活动看起来太过复杂，顾客难以理解。在这种情况下，服务商必须把行动转化为顾客能够理解的友好形式。专业性较强的服务提供者（如律师、医生和投资顾问）需要以顾客能够理解的语言告诉顾客该采取哪些行动。

当服务购买的决策者与使用者不同时，决策制定者与使用者的满足感存在很大的差异。如果使用者没有参与购买过程，他们也许不知道企业做出了哪些承诺。因此，服务企业必须做出特别的努力，不断地向顾客说明与顾客预期对应的服务表现。

（三）销售后明确顾客预期

当服务涉及销售与运营部门之间的传接和配合时，阐明顾客预期有助于企业递送服务的各方面与期望保持一致。销售人员提高顾客预期会得到激励和奖赏，但往往容易超出公司的真实服务水平。在此情况下，服务商可以在传递服务时就阐明承诺，从而避免顾客将来失望。

（四）教育顾客根据需求状况选择服务时间

很少有顾客愿意在接受服务时长时间等待或容忍延误。为了避免顾客不了解服务需求的波动，在高峰期前来消费而长时间等待产生不满情绪。在银行业，一般采用四种战略处理顾客等待：① 事先通知顾客服务的繁忙时间；②当顾客到达时告知需要等待的时间，员工为可能发生的延误道歉；③在繁忙时间安排所有员工为顾客服务；④当顾客产生不满情绪时，要有员工主动向顾客道歉，并对服务延误做出合理解释。其中，只有第一种战略是在教育顾客，其他都是进行员工管理。当顾客获得预先通知后，尽管他不得不选择高峰时间而必须等待，也可以降低因等待产生的负面情绪。教育顾客避免高峰时段使双方受益，顾客可以得到快捷的服务，企业则能够解决需求不足或过剩的问题。

四、管理内部营销传播

管理内部营销沟通，就是使组织内部传递的信息与顾客预期相一致。内部营销沟通包括垂直的和水平的两个方向。垂直沟通策略意味着保持组织上下级之间的沟通畅通，既包括从管理层到员工的向下沟通，也包括从员工到管理层的向上沟通。水平沟通策略是在组织内平行的各个职能部门之间提高信息交流和共享的效率和一致性。

（一）创造有效的水平沟通

由于不同部门的目标、理念、观点和顾客视角不同，水平沟通在功能结构化的企业开展具有相当的难度。但是如果能创造有效的水平沟通，企业的回报则会很可观。有效水平沟通的一个重点是营销部门与运营部门之间的沟通渠道。例如，当企业创作的广告描绘服务接触时，最重要的是广告能准确地反映顾客在实际的服务接触中经历什么。吹捧或夸张会导致服务质量感知处于风险中，尤其是当公司一直不能提供广告中所描述的服务时。广告和服务商之间的协调与传播对传递满足期望的服务极为重要。另一种重要的水平沟通发生在销售部门与运作部门之间。实现这一目标的机制可以是正规的或非正规的，包括每年的计划会议、集体培训、团队会议或研讨会，使各部门有机会互动，明确服务方面的问题。

改善水平沟通的一种方式是建立跨职能的团队。团队成员可以了解顾客需求，相互交换意见，为满足需求设立工作目标，使团队成员的工作与顾客的需求相一致，从而更好地为顾客服务。例如，酒店前台的服务人员帮助一位顾客办理入住手续，其他负责后台支持性工作的员工也是服务团队中的成员，如客房的清洁人员、设备维修技工、餐厅中的厨师等。

（二）创造有效的垂直沟通

如果服务企业中没有建立垂直沟通渠道或沟通不畅，对顾客和员工都是不利的。顾客无法通过外部营销沟通从员工那里获得一致的信息，而员工则由于感觉不统一，不知道企业真正的意图。因此，有必要创造有效的垂直沟通。

在垂直沟通中，服务企业可以通过企业刊物、宣传册、企业的有线电视、简报、电子邮件系统、录像带、内部表彰活动等各种向下的沟通手段，保证员工了解服务组织的使命、目标和员工本人的职责。同时也应当尽量开辟一些向上的沟通途径，因为由下向上的垂直沟通可以帮助弥补服务承诺与服务传递的差距。这种沟通途径可以是电子邮件、提案系统、与领导者共同进餐等，使员工有机会表达他们的建议和心声，感觉自己得到关注和尊重。

（三）使后台支持人员与外部顾客保持一致

服务企业的一线员工与顾客接触频繁，随着服务技能的提高和对顾客了解的增加，他们能够体验到让顾客满意带来的内在动力。相反，后台员工则缺乏与外部顾客接触的机会。服务企业应有意识地建立前、后台员工的短期岗位轮换制度，使后台员工也能与顾客接触并建立关系，获得内在激励，并且更加理解和支持前台员工的工作。

【服务营销实践】

采用基于地理位置的社交媒体的3种最佳方式

互联网和移动设备的广泛采用推动企业采用基于地理位置的营销方式

(Location – based Marketing)，这是指以用户的地理位置为基础将定制的促销信息推向移动设备。支撑这种方法的技术是掌上设备或汽车上的全球定位系统（GPS）或者存储在数据库中的用户地址信息。Lycos 公司在 2001 年耗资 120 万美元将一些波士顿和纽约的出租车转变为移动的公告牌，GPS 设备发送地理坐标给广告服务器，服务器根据出租车的地理位置发送相关广告。例如，当出租车进入金融区时，返回到设备上的是金融广告。

近年来，餐馆、零售商和其他小型服务提供商开始试验采用基于地理位置的社交网络媒体（如 Foursquare 和 Facebook）来招徕和维系顾客。使用智能手机的顾客能够通过这种服务在一个地址或商户上"签到"，并迅速与朋友或其他联系人分享信息。这个领域的先锋企业有 Brightkite 公司、Gowalla 公司和 Online – review heavyweight Yelp 公司。

营销专家认为，这种服务为小型企业提供了简易并且有效的方式将它们的品牌传播出去并促进顾客的参与。Foursquare 和 Yelp 现在为那些希望开展促销活动的小企业提供的工具最为完备，其他公司也正在开发类似的功能。开始尝试基于地理位置的服务并不难。首先，看看你的店铺是否已位于所处地区受欢迎的服务之列。如果是，确保所列信息正确完整。如果不是，自己列上去。接着较费时间的步骤是制订使用服务的计划，一定要让这个计划很有趣。在社交媒体上，强硬的销售会让人们感到厌烦，而看似不相关的活泼方式可以获得成功。可以通过放置提醒消费者"签到"的标志，加入通讯简报，或在 Facebook、Twitter 上发帖子等方式强化效果。

以下是 3 种采用基于地理位置的社交媒体的最佳方式：

第一，提供报酬怂恿消费者。即使你什么都不做，消费者也会通过基于地理位置的服务找到你。但是你可以在 Foursquare 和 Yelp 上承诺向访问的顾客提供免费或打折的产品来强化效果。进一步，你可以向有进一步行动（如购买产品或留言）的顾客提供免费赠品。

第二，向忠诚的顾客颁奖。很多酒吧和餐馆给过去两个月内最频繁访问它们 Foursquare 的顾客提供免费饮品或折扣。其他商家的活动范围则更广泛，向第 5 次或第 10 次签到的顾客赠送礼物。这些促销与传统的忠诚度项目类似，倾向于回报频繁的访问者，而不一定是花费最多的顾客。因此要仔细选择回报方案。

第三，开展建立口碑和长期顾客关系的事件。口碑促销的利益是它能够鼓励大量签到，这是基于地理位置服务的最大效果。将知晓度转化为长期关系，将新顾客纳入其他营销努力中，邀请他们为你的电子邮件简报签名或加入你的 Facebook 主页。弄明白他们是谁，他们对什么感兴趣，并将这些结果应用到设计使他们成为回头客的服务和事件中。

资料来源：节选自 Riva Richmond. Three Best Ways to Use Location – Based Social Media ［OL］. http：//online.wsj.com/article/SB10001424052748703597204575483832278936028.html

【服务营销前沿】

口碑传播与传播者的忠诚度

口碑传播通常被消费者认为是更值得信赖的信息渠道,因此更容易被信息接受者接受并进一步影响他们对服务的判断和购买行为。服务企业也积极设计各种推荐奖励项目或其他营销活动激发顾客的正面口碑宣传。口碑宣传行为对口碑的发送者而言究竟有哪些影响和意义呢?下面的这项研究就试图对该问题做出回答。

研究人员开展了两项实验研究。178名大学生参与了第一个实验。在实验中,研究人员向参与者介绍了一个虚拟的无线通信服务提供商"MobileStar",模拟出他们与这个服务提供商之间的互动关系。并且,假设这些大学生在这家服务提供商的主页上向其他人推荐了MobileStar的服务。不同点是,一组人假定自己是向一位正在寻求新的无线通信服务的朋友提供推荐建议,这些参与者被要求详细描述出自己要推荐的内容,而另外一组人则是在没有人寻求意见的情况下做出推荐的。结果显示,向其他人宣传积极的企业口碑会提高信息发送者对服务提供商的忠诚度。也就是说,口碑宣传不仅有助于吸引新顾客,还能维系现有顾客。

在第二个实验中,研究人员调查了342名在飞机场候机的乘客,邀请他们了解一家虚拟的休闲旅游代理公司,想象自己与这家服务代理具有不同程度(较多或较少)的旅行经历。和实验一相似,一组人假定自己向一位正在计划出游的朋友提供建议,不同的是他们推荐建议是面对面发生,而不是在网络上发生的,之后,参与者写下想自己想推荐的内容;而对于另外一组人,则没有向他们假定任何推荐行为。实验二不仅重复了实验一中获得的主要结果,还发现那些对服务以及服务提供商都不太了解的消费者,口碑宣传能够提升忠诚度的作用效果更强。这一研究发现的管理启示是,鼓励那些处于顾客生命周期早期阶段的消费者提供建议,对提高顾客忠诚度特别有效。服务管理者应考虑口碑传播的这种附加价值。

资料来源:GARNEFELD I, HELM S, EGGERT A. Walk your talk: an experimental investigation of the relationship between word of mouth and communicators' loyalty [J]. Journal of Service Research, 2011, 14 (1): 93-107.

小结

本章介绍了服务营销中的沟通策略。服务营销沟通是服务企业整个营销组合的关键要素之一。我们讨论了服务营销传播面临的挑战和主要原因,说明了营销沟通的作用。通过服务三角模型介绍了外部营销沟通、交互营销沟通和内部营销沟通,强调服务企业制定协调一致的整合服务营销沟通策略的必要性。在设计沟通计划时可以运用5W模型,特别是在选择沟通时间、地点和工具之前,必须明确沟通的目标受众和沟通目标。

我们重点讨论了4种战略弥合服务传递与外部传播之间的差距。这4种战略是：①管理服务承诺；②管理顾客期望；③改进顾客教育；④管理内部营销传播。在外部沟通中，服务人员可以选择综合运用多种营销沟通工具，包括广告、销售促进、公共关系、人员推销、电话销售、客户培训、直销和口碑等，这些工具统称为营销沟通组合。不同的沟通工具在适于传递的信息类型和细分市场方面存在差异，服务营销人员必须学会协调所有为顾客提供信息的外部沟通工具。

 思考题

1. 与有形产品相比，服务的独特性向营销沟通策略的制定提出了哪些挑战？服务企业如何应对这些挑战？
2. 服务企业如何通过有效市场沟通来管理消费者预期？
3. 应用多种沟通渠道向顾客沟通企业和服务信息能够给服务企业带来哪些收益和风险？
4. 什么是整合服务营销沟通？服务企业为什么要采用整合营销沟通方式？
5. 为什么口碑传播在服务营销中非常重要？服务行业中的行业者要怎样管理和运用口碑传播？
6. 内部营销沟通、外部营销沟通和交互营销沟通之间有哪些区别和联系？
7. 在以下场景中你会使用营销传播组合的哪些工具？为什么？
（1）在网络商城中新近开业的化妆品网络店铺；
（2）位于购物中心、顾客流失严重的健身会所。

 **案例**

DHL 的整合营销沟通

DHL 是德国邮政敦豪（Deutsche Post DHL）的一部分，由阿德里安（Adrian Dalsey）、拉里（Larry Hillblom）和罗伯特（Robert Lynn）3 名创业者于 40 年前成立于旧金山，如今，DHL 已成为国际快运和物流行业的全球领导者。DHL 致力于为其客户提供国际快递，空运、海运、公路和铁路运输，合同物流及国际邮政服务方面的专业化服务。目前在全球共有约 275 000 名员工，拥有覆盖全球 220 多个国家和地区的递送网络。DHL 以高品质的服务质量和对本地市场的深入了解满足客户对供应链的不同需求。

2003 年 DHL 并购安邦（Airbone）之前，DHL 在美国快递和包裹服务市场只有 6% 的市场份额，而行业巨头联邦快递和美国包裹服务公司一起占据了市场份额的70%。DHL借助安邦的地面运输网络弥补了其在美国的网络弱势，同时它意识到需要全力与国内巨头进行竞争。为了实现成为美国包裹运输市场龙头的计划，公司设计了全新的标志，将标准色由红色和白色变为红色和黄色，在全球范围内转变所有的车辆、包装物料和办公楼的视觉形象，并花费1.5亿美元开展了6个月的整合营销传播活动，包括广播、印刷、户外广告、赞助活动、公共关系和一些网站活动等。所有活动都围绕着提高品牌知名度和品牌价值。正如DHL美国的营销副总裁迪克（Dick Metzler）所说，"通过360度全方位的营销渠道，我们把DHL的品牌价值信息传递给现在和潜在的顾客"。

2004年6月，在DHL的电视广告上，联邦快递和美国包裹服务公司的司机惊奇地发现一列飞驰的火车上运载着一辆黄色卡车，上面印有DHL的红色标志。当时各大主流报纸都刊登了"与安邦的合并使DHL在以下区域的优势大大增强"的广告，广告语下面是两整页代表地区的邮政编码。而且，DHL更新了公司网站，顾客可以从上面下载所有电视、互动、印刷和户外广告以及含有DHL卡车的电脑屏保。整合营销传播计划的一部分是使公司服务有形化，在北美地区的DHL建筑、交通工具、公司员工制服、包裹和箱子上都可以明显看到其新设计的红黄标志。DHL逐渐成为美国第三大快递服务提供商。

与此同时，DHL也承担起了支持气候保护、灾害管理和教育等方面的企业社会责任。2004年在东南亚遭受台风袭击之后，DHL迅速做出响应，免费派出专机运输救灾物资，并提供陆路运输和资金救助。全球的DHL员工都发起了捐款活动。2008年7月，中外运敦豪携手中国儿童少年基金会（CCTF）创立"小书包，大未来·DHL爱心背包行动"，旨在帮助贫困地区的青少年完成基础教育。

2009年3月，德国邮政敦豪宣布了2015战略计划，将物流业务定位为提供"简化服务"和"可持续发展的解决方案"的客户承诺。DHL推出了全新的以"卓越，只为送达"为主题的整合品牌推广活动，从品牌塑造和内外部沟通等层面，强化公司对客户的承诺，并首次覆盖了DHL所有的业务单元及其产品。其中，"卓越"是指DHL着重于建立长期稳定的客户关系，提供高品质的服务和解决方案，并以其业界领先的产品及服务，不断满足客户需求；"只为送达"是DHL为客户提供简单便捷和标准化服务的承诺，让客户感受到使用DHL的产品和服务是一件既轻松又愉悦的事情。DHL全新品牌推广计划蕴含了3个不同层面的沟通信息。最高层面是强调DHL在物流行业的领导地位，推广其跨领域业务的品牌价值——信守个人承诺、积极主动的解决方案以及遍布世界网络的当地市场实力；第二个层面旨在展示DHL各业务单元在生命科学、能源以及高科技3大核心行业的品牌优势和解决方案。广告的表现形式为DHL员工在动态画面背景前讲述日常的工作，而以产品为主体的沟通是其推广计划的第三个层面，明确了不同的目标客户群，以配合直接销售。拟投放的媒体包括：国际电视频道及全球发行的纸媒，如美国有线电视新闻网（CNN）、英国广播公司（BBC）、《财富》杂志、《经济学家》杂志等，还有当地市场的电视、网络和纸媒等形式。其传播执行副总裁克里斯托夫（Christof Ehrhart）表示："这一综合性品牌推广活动，首先确保了DHL统一的品牌形象；与此同时，在全球各地市场同时举行的推广活动也会产生强烈的协同效应。我们相信全球的广告资源会被有效地利用于各个当地市场。"

资料来源：LONDNER R. Ads will tell what's yellow, red, and brings packages [J]. South Florida Business Journal, 2004, 6 (18)：A13；MATTHEW CREAMER. DHL bets on flexibility as it moves on FedEx, UPS in U.S. [J]. Advertising Age, 2004, 9 (6)：8.

第四篇 交互营销

第九章 服务过程的设计与管理

【学习目标】
1. 掌握服务过程的定义,理解由于服务特征所带来的服务过程的特殊性
2. 了解不同服务接触类型所适用的服务传递方式
3. 学会使用服务蓝图来设计与管理服务过程
4. 了解服务提供系统的分类以及各种类型下服务过程的设计,并理解自助服务技术对服务过程和服务系统的影响

开篇案例

1990 年,新加坡航空公司(SIA)的运营利润达到 7.75 亿美元,在世界所有航空公司中独占鳌头;同年,它被《航空运输世界》杂志授予"年度最佳航空公司"称号;1991 年跻身世界十大国际航空公司之列。新加坡航空公司以其独具魅力的浪漫情调和高质量的人员服务著称于世,其服务的舒适和豪华在业内数一数二。而这一卓越的业绩很大程度上可以归功于公司对服务过程的成功设计与管理。

1991 年,新加坡航空公司用 Abacus 系统更新了原来的电脑订票系统 KRISCOM,可为旅行代理人提供广泛的服务,包括航班和旅馆预订、场地布置以及地区旅行新闻。约有 80 000 名旅行者加入了公司的优先乘客服务(PPS)计划,这要求顾客每年乘坐头等舱或商务舱的飞行距离必须在 60 000 千米以上。成员可以携带更多的行李、自动航班确认、订票优先权、一份免费赠送的杂志以及租车、住宿、购物时的价格折扣。每位 PPS 成员的信息,包括座位和膳食偏好等,都储存在电脑里,在顾客订票时自动运行。飞机上提供多样化的膳食,以满足乘客不同的健康和宗教需要。公司面向所有乘客实施了出色的地面服务计划(OSG),并开设了豪华舒适的休息大厅作为补充;采用离港控制系统(DCS90),其中用于办理登机手续的屏幕大大简化了工作和对员工的培训要求,乘客也可以更便捷、快速地办理登机手续。登机证和行李标签可自动编码并在办理登机手续的柜台打印出来;登机证上载有在登机口信息确认的包括饮食偏好在内的特殊要求。机场内还使用 Telecar 系统,把一个候机厅的行李在 3 分钟之内传送到另一候机厅。

对服务过程的成功定位强化了公司特征鲜明、品质高尚和服务卓越的形象，赢得了众多的忠诚顾客，最终把新加坡航空公司推向了成功。① 新加坡航空的成功告诉我们，设计与管理服务过程是一项富有创造性的动态工作。

"何时、何地、怎样"是本章对服务过程设计与管理展开探讨的关键点。

第一节 服务过程的定义和影响因素

一、服务过程的定义以及服务过程与服务特点的关系

(一) 服务过程的定义

服务过程是指与服务生产、交易和消费有关的程序、操作方针、组织机制、人员处置的使用规则、对顾客参与的规定、对顾客的指导、活动的流程等。

(二) 服务过程与服务特点的关系

服务过程与服务特点的关系大致分为以下四类。

1. 服务过程之所以能作为服务营销的重要组成部分，首先在于服务的不可分性，因为服务交易与服务生产、服务消费之间是融为一体的，服务不可能脱离这个整体过程。相反，服务只有经过这个整体过程才能完成。

2. 服务的易变性也对服务过程管理产生了影响。由于服务是非机械化生产，难以将服务过程标准化，因此服务营销只有预先设计，特别是把握好"过程"，才能把握好服务的易变性。

3. 服务的不可储存性也要求服务营销要重视对"过程"的策划与管理。服务营销只有对"过程"精心策划，才能有效地利用服务时间和调节服务的供求，从而把握好服务的不可储存性。

4. 服务过程还关系到顾客的参与感和责任感，设计和实施良好的"过程"有助于增强顾客对服务的参与感和责任感，从而满足顾客特殊的行为要求。②

二、影响服务过程的因素

(一) "接触面" 的过程影响因素

首先，服务系统的互动部分反映了顾客与服务组织的接触，而顾客所能体验到的"服务过程"特性也产生于这个重要的"接触面"。对"接触面"产生影响的有以下几个因素。

1. 服务过程中的顾客。服务的生产过程与消费过程的同步性决定了顾客或

---

① 洛夫洛克. 服务营销 [M]. 第3版. 陆雄文, 等, 译. 北京: 中国人民大学出版社, 2001: 152-164.

② 刘红一. 服务营销理论与实务 [M]. 北京: 清华大学出版社, 2009.

多或少都要参与到服务过程中来,因此,顾客的服务体验具有即时性、瞬间性、实地性。服务过程中任何一个小差错都可能引起顾客对服务不满意,且无法挽回。

2. 与顾客接触的员工。接触顾客的员工即服务的一线人员地位很重要,他们需要在关键时刻通过观察、问答及对顾客行为做出反应来识别顾客的愿望和需求。他们还能进一步地追踪服务质量,在发现问题时及时采取对策。

3. 服务系统和运行资源,具体包括排队系统、客户服务呼叫中心、自动柜员机系统或在线服务系统等。服务系统和程序会影响服务和执行任务的方式,并且对服务质量有双重影响。首先,顾客必须和这些系统互动,所以它们直接影响顾客对服务质量的感知。例如,当顾客被要求填写的文件太烦琐时,就会感觉服务质量较差。其次,服务系统和程序对员工作业也有影响,如果服务系统太陈旧或太复杂,操作此系统的员工会因此产生较差的服务体验,进而导致服务质量下降。

4. 有形资源和设备,它们构成了服务过程中的服务环境组合。比如宾馆大堂的地毯、柜台、灯光装修、背景音乐等,一切对服务接触有影响的氛围和有形因素共同构成了服务过程的可视部分。顾客、员工、运行系统及资源在此环境中相互作用。

(二)支持系统的过程影响因素

支持系统虽然不被顾客所见,但服务组织不能因为顾客看不见而有所忽视,反而应该将其纳入服务过程营销的整体设计之中,因为支持系统会直接影响服务互动部分的效率和效果。

1. 系统支持。系统支持是强调在可视线背后的支持系统,与前面互动部分中的系统和运行资源有所不同。例如,银行如果购置了一套速度很慢的计算机系统,就无法满足及时进行快速决策及日常的现金调拨的要求,数据库也无法为接触顾客的营业员方便快捷地提供服务信息,这就是可视线后的支持系统影响了服务过程质量;但如果是出于柜台风险控制而增加顾客从银行提取现金的手续,则是可视线以内的管理系统影响了服务过程。

2. 管理支持。管理支持决定着企业的文化,即决定服务组织的共享价值、思考方式以及工作群体、团队和部门的工作情况。如果管理人员没有为服务团队树立一个好典范,也没有能力鼓励团队关注顾客和培养服务意识,整个服务组织为顾客提供优质服务的动机和兴趣就会减弱,进而损害服务过程。

3. 物质支持。与顾客接触的员工要正常完成工作,常常要依赖无法被顾客直接看到的各后台职能部门及其所提供的物质支持。这些提供支持服务的职能部门的员工必须将与顾客接触的一线员工视为自己的内部顾客,使内部服务质量与提供给最终顾客的服务质量一样出色,否则,一线员工的工作积极性会受挫。这一服务过程出了差错,也将影响顾客感知的服务过程质量。

三、根据服务接触类型选择服务传递方式

将服务企业与顾客接触的类型和服务地点结合起来，可以组合得到 6 种不同的服务传递方式（见表 9-1）。

表 9-1　服务传递的方式

顾客与服务企业接触的特点	服务地点	
	单一地点	多地点
顾客到服务地点	电影院	公共汽车
	理发店	连锁快餐店
服务企业到顾客处	家政服务	房屋除虫服务
	月嫂服务	快递公司
顾客与服务企业远距离交易（比如通过邮件或信函）	信用卡公司	广播网络
	电视台	电话公司

（一）顾客到服务地点

如果顾客必须亲自到访服务地点的话，无论是顾客参与整个服务传递过程，还是只参与部分交易过程，企业服务场所的位置和营业时间的方便性都变得十分重要。实践中，我们可以运用零售重力模型（retail gravity model）进行详细的统计分析，来帮助我们确定将超市建在哪里以适应顾客未来的工作和居住地点；通过计算交通工具和行人的数量，可以帮助我们分析一天之中有多少个潜在顾客路过某个特定服务地点；地铁站的建成或者一条公交线路的引入将对所经过地区的人们的出行方式产生怎样的影响，同时也会影响到服务网点，哪些生意会变得更好，哪些则会逐渐萧条。

（二）服务提供者到顾客处

某些类型的服务需要服务企业到顾客处提供服务，比如家政服务、月嫂服务等。这类服务公司必须派出工作人员带着设备到顾客处提供服务，因为很多服务项目都是因地、因人而异的。还有一些服务对象不能移动，如需要剪枝的树和需要除虫的房间，因此，服务公司也必须上门服务。

因为派服务人员携带设备到顾客处提供服务往往比顾客上门接受服务耗费更多的时间和成本，因此一些服务企业试图减少这种服务方式。但是，针对那些为省时间、图方便而愿意支付溢价的顾客来说，上门服务仍然是有利可图的。一个年轻的兽医通过提供电话预约上门服务创办了自己的宠物诊所，她发现，顾客们愿意支付高价格不仅是因为节省了时间，还因为上门服务减轻了顾客们在挤满了其他宠物和担忧的主人们的环境中所产生的精神压力。

比起到顾客家里服务，服务企业有更多机会和可能为企业客户提供上门服务。这不仅表示企业客户对这类服务具有更大的需求量，也反映了企业愿意将一些内部服务外包给专业服务企业的趋势。一些公司还采用雇用临时工或租用设备的方式提高劳动生产率，这也为一些提供此种类型服务的企业提供了服务机会。

（三）远距离交易

如果通过电子通信手段与企业发生服务交易，顾客既看不到服务设施，也不会与服务人员有面对面接触。此类交易使服务接触变得越来越少，越来越多的是通过电话，距离更远一些的就通过信函、传真或者电子邮件进行交易，比如信用卡服务和保险服务。在B2B领域，一些小型设备的修理有时需要客户将设备邮寄到修理企业，企业修理好以后再用包裹寄回。

当电子通信方式替代或者作为传统的面对面服务传递形式的补充后，一些新的商业模式孕育而生了。例如，越来越多的理财、投资和基金公司通过移动端App与顾客实现实时的远程理财服务。

第二节　服务过程的设计——服务蓝图

一、服务蓝图的定义和重要性

服务是一种过程，而服务过程本身就是产品。虽然过程可以被简化为步骤和顺序，服务却必须看成一个互相依赖、互相作用的系统，而不是互不关联的片断。为了使服务过程和服务系统具体化和可视化，肖斯塔克（G. L. Shostack）在研究了工业流程设计和工作流程控制的技术后，设计出了服务蓝图（Blueprint）这样一种研究工具。

服务蓝图是一种有效描述服务提供过程的可视技术，它"是一种整体观察方法，它使人们在类似定格的照片的形式下，看到实质上是动态的、活生生的现象"。服务蓝图不仅要考虑创造和传递服务所需要的每一项活动，还要详细说明这些活动之间的联系。为了实现过程设计的目的，一张蓝图要记录一项特定服务过程中的所有步骤和发散点，这种记录所需达到的详尽程度要能用于区分任何两种互相竞争的服务。因此，服务蓝图使服务能在画板上被"设计"出来，使蓝图成为识别差距、分析竞争者、辅助市场调研和控制实施过程的工具[①]。

服务蓝图从以下4个方面展示服务的提供过程：服务实施的过程、服务的接触点、顾客和员工的角色以及服务中的可见要素。服务蓝图通常包括顾客行为、前台员工行为、后台员工行为和支持过程4个构成要素。图9-1描绘了顾客在

---

① SHOSTACK G L. Service positioning through structural change [J]. Journal of Marketing, 1987, 51：34-43.

◎服务营销学

一个高档宾馆住宿一夜所经历的服务的整个过程。

顾客行为包括顾客在购买、消费和评价服务过程中的行动、互动和选择等活动。例如，住宿登记、接受行李、接受食物及结账离开等。与顾客行为平行且同时发生的是服务人员的行为。那些顾客能够看得见的员工活动是前台员工行为。例如，门童的问候并接行李、前台员工进行住宿登记和服务员将食物送到房间等。那些发生在幕后的支持前台员工工作的行为称为后台员工行为，如前台服务人员通过电话为顾客提供叫早服务等。而酒店预订系统的运行和厨房准备顾客的订餐则属于服务的支持过程。

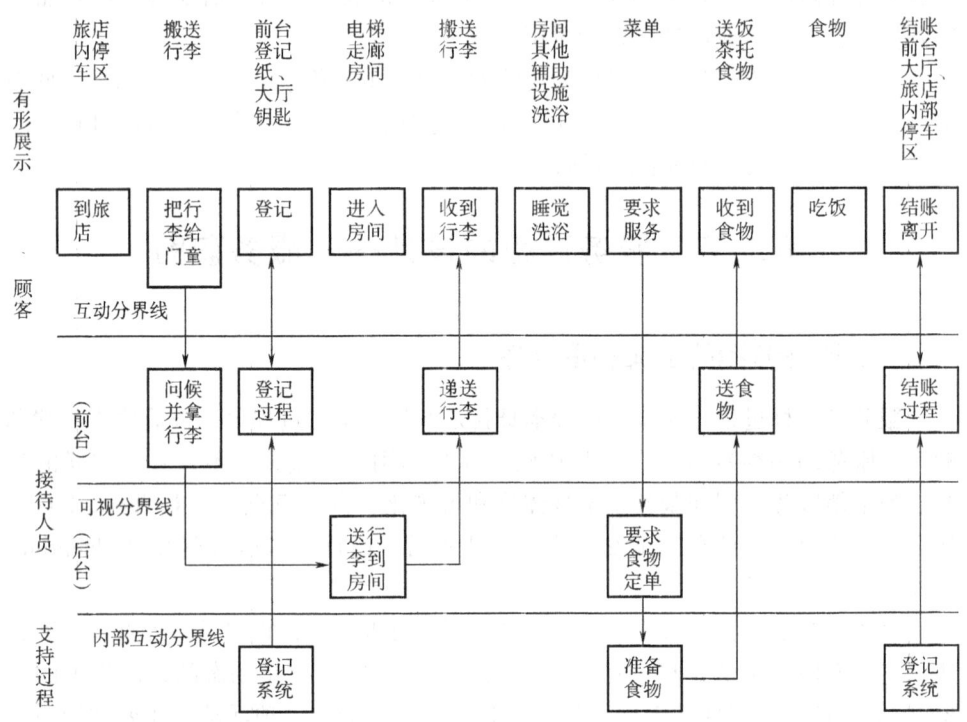

图9-1 夜宿旅店的服务蓝图[1]

以上4个主要的行为部分由3条分界线隔开。最上端的是互动分界线，它表示顾客与服务组织之间直接的互动接触。每一条垂直穿过这条互动分界线的直线，都表明顾客与服务组织发生了一次服务接触。中间的分界线是可视分界线，它把前台员工和后台员工的工作区分开来，前台员工的行为是顾客能够看得见的，而后台员工的行为是顾客所观察不到的。最下端的是内部互动分界线，用以

---

[1] 资料来源：BITNER M J. Managing the evidence of service [M]. New York：Amacom, 1993：363.

区分服务人员的工作和其他从事支持服务的工作和人员。有垂直线穿过内部互动分界线,代表该处存在内部服务接触。在服务蓝图的最上方,每一个接触点的上面都列出了服务的有形展示。例如,在"登记"这一服务接触的上方列出了前台、纸、大厅和钥匙等物品和设施。

图9-1是一张简化的服务蓝图,肖斯塔克(G. L. Shostack)认为,严格意义上的、有效的服务蓝图必须具备3个基本条件:

(1)因为服务过程发生在一定的时间框架内,所以必须以图解的形式把时间向量表示出来。

(2)与方法工程学一样,服务蓝图必须确定和处理服务过程中出现的错误、瓶颈、反复等。

(3)服务蓝图必须以研究和经验为依据,精确地界定执行过程中所允许出现的偏离标准的程度,这是以不影响顾客对质量和活动时间表的评价为条件的。[1]

二、服务蓝图的特点

服务蓝图涵盖了服务提供系统的全部处理过程,包括信息处理、顾客接触和需要特别强调的步骤关键点。服务蓝图与其他流程图最明显的区别是:它将顾客拉了进来,强调顾客看待服务的视角。因此,在设计服务蓝图时,应该从顾客看待服务过程的视角出发,逆向思维,导入服务提供系统,这种视角设计的服务蓝图必将是以顾客为导向的。从这个视角设计出来的服务蓝图可以使服务企业较容易了解到顾客对服务过程的观点,并跟踪顾客的行为。服务企业进而可以思考这样一些问题:顾客是怎样使服务产生的?顾客有什么选择?顾客是高度介入服务过程,还是只表现出有限的行为?从顾客的角度看,什么是服务的有形展示?这与组织的战略和定位一致吗?

当然,服务蓝图也可以使我们了解服务人员的角色,这表现在可视线上、下的员工行为中。从这个视角,服务企业要思考的问题是:服务过程合理吗?谁来接待顾客?何时接待?如何接待?频率怎样?

三、开发服务蓝图的步骤

服务蓝图的作用并不仅仅体现在对服务过程的指导意义,更重要的是在开发服务蓝图的过程中帮助服务企业识别各种问题。它有助于澄清概念、开发共享的服务规划、识别在服务设计之初无法认识到的复杂性以及确定服务角色和责任等。值得注意的是,服务蓝图的开发不是一个人或一个部门所能单独完成的,它需要诸多职能部门的通力合作。图9-2展示了开发服务蓝图的基本步骤。

---

[1] SHOSTACK G L. Service design in the operating environment [M]. Chicago: American Marketing Association, 1984: 27-43.

步骤1：识别服务过程。首先分析开发服务蓝图的目的和意义。服务蓝图可以有不同的开发层次相对应，服务蓝图的复杂程度和深入程度也各不相同。图9-1描绘的是顾客在一个高档宾馆住宿一夜的服务蓝图，服务流程和步骤都相

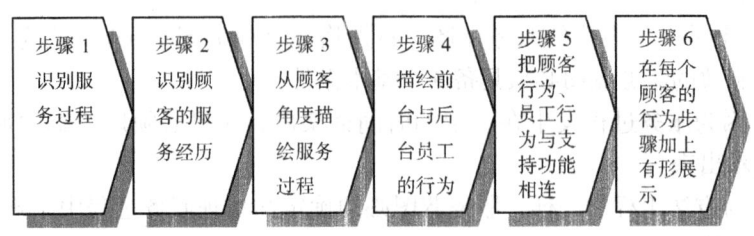

图9-2 建立服务蓝图①

对简单。但如果需要描绘为期一周的旅店度假或历时几天的商务会议，则整个过程会复杂得多，互动行为也会成倍地增加，此时服务蓝图的复杂程度也将随之增加。实际工作中，如果需要的话，针对服务蓝图中的任何步骤都可以进一步细化为更为深入的服务蓝图，即子过程蓝图。

步骤2：识别顾客的服务经历。理论上，服务企业可以将不同的顾客纳入同一幅服务蓝图之中，但如果服务过程因为细分市场而有所不同，就应该为某类特定的细分顾客群单独开发服务蓝图。此时，一定要避免设计时对细分市场的含糊不清，从而保证服务蓝图效能最大化。

步骤3：从顾客角度描绘服务过程。包括描绘顾客在购物、消费和评价服务中经历的选择和行为。从顾客的角度识别服务可以避免把注意力集中在对顾客没有影响的过程和步骤上，这要求服务企业必须明确顾客到底是谁，进而确定顾客如何感知服务过程。如果细分顾客群以不同的方式感知服务，则要为每个不同的细分顾客群绘制单独的服务蓝图。然而，服务企业对顾客所感知的服务的认识可能同顾客的实际感知有差异。比如，在去医院就诊的服务中，患者可能把开车去医院、停车和寻找挂号处及诊室也看作医院服务过程的组成部分，而医生却并不把这些环节视为服务已经开始。这种认知差异所导致的结果是，医院和医生对某些服务环节的忽视必然会影响患者对服务质量的感知。由此可见，从顾客角度描绘服务过程是非常重要的。

步骤4：描绘前台与后台员工的行为。画出互动线和可视线，然后从顾客和员工的视角出发绘制服务过程，分别画出前台服务和后台服务。在这一阶段，可以向一线员工具体询问他们的服务行为，分辨出哪些行为是顾客可见的，哪些行为是发生在幕后的。

步骤5：把顾客行为、员工行为与支持功能相连。在服务蓝图的下端画出内

---

① 资料来源：泽丝曼尔，比特纳. 服务营销[M]. 张金成，等，译. 北京：机械工业出版社，2015.

部互动线，它可以反映出员工行为和支持部门之间的联系。若干垂直的直线穿过三条分界线，把相关联的顾客行为、员工行为和支持过程连接起来。

步骤6：在每个顾客的行为步骤加上有形展示。这些有形展示列示出了顾客可以看到的事物，以及顾客在服务过程的每一个步骤中所得到的有形物品。有形展示必须有助于服务企业提供服务的过程，并且能够与服务企业的整体战略及服务定位相一致。

四、服务蓝图中的故障预防

研究指出，简单的、基本的服务蓝图可以描绘出服务设计的特性，却不能保障服务过程和之前的服务设计相吻合。运用防故障程序（Poka – yokes）可以有效地解决这一问题[1]。"Poka – yokes"一词来源于日语，意为"避免错误"。这一防故障程序最初应用于制造业，例如，确保零件正确安装的固定装置、出故障时能自动关闭的电子开关等。目前在服务领域，这一程序也得到了广泛的应用，包括警示方式、物理的或可视的接触方式和3T技术[2]等。

在设计服务蓝图时，要识别服务过程中每一个步骤上可能出现的故障，企业进而要针对这些故障制定出可以避免错误发生的预防措施，即Poka – yokes。然后，设计人员要将这些可能的故障和Poka – yokes——记录在服务蓝图的上、下两端。

Poka – yokes不仅完善了服务蓝图的功能，而且在实际的企业运营过程中也得到了大量的直接运用。例如，外科医生用来检验是否有器械留在病人体内的锯齿盘、维持排队秩序的铁链、旋转门、自动取款机提醒人们取卡的信号装置[3]。

第三节　服务提供系统的分类与设计

设计服务提供系统的一般方法可以分为3类：生产线方法、顾客合作生产及高度与低度接触分离作业法。

在生产线方法中，顾客参与服务生产的程度最低；在顾客合作生产方式下，顾客的参与程度最高；而第三种方法则是对前两种方法的综合运用，即把一项服务分为高度接触的作业和低度接触的作业两个部分分别执行。

---

[1] CHASE R B, STEWART D M. Make your service fail – safe [J]. Sloan Management Review, 1994, Spring: 35 – 44.

[2] 3T技术（Task、Treatment和Tangible features）是指任务完成的情况、对顾客的态度以及服务设施的可接触特征或环境特点。

[3] 蔡斯，等. 生产与运作管理：制造与服务 [M]. 宋国防，等，译. 北京：机械工业出版社，1999：148 – 149.

一、生产线方法

生产线方法使服务企业能够像制造业企业一样，以流水线作业方式大规模提供标准化的服务产品。在这种模式下，为了保证稳定的服务质量和高效运转，例行工作均在一种受控的环境中完成。通常，采用这种生产线方式的服务企业可以获得成本领先的竞争优势。

服务提供系统设计的生产线方法试图将成功的制造业观念引入服务业。具体表现为以下几个特点：

（1）员工的权限有限。产品的标准化和稳定的服务质量是生产线方式的优势所在。对标准化的常规服务而言，顾客更关注服务行为和过程的一致性。例如，连锁美发厅的每一家加盟店都将提供质量和水平相同的洗发服务流程，从而使洗发服务的顾客满意度达到一个相似的水平。这同制造业生产标准化产品的情况是一样的。

（2）劳动分工。生产线方式要求将全部工作分为若干项简单的工作。这种劳动分工使员工可以发展专门化的劳动技能，提高劳动生产率。此外，在劳动分工的同时实行按劳取酬。

（3）用技术替代人力。不断地开发新技术并用新设备来替代人力，促进了制造业的发展。现在这种方法也已经应用于服务业。例如，银行利用 ATM 机替代办理存储业务的人员，减少了人工和劳动成本。在本章第四节中，我们将就自助服务技术对服务过程与服务系统的影响进行专门讨论。

（4）服务标准化。限制服务项目的数量有利于控制服务过程。服务变成了事先已规划好的常规工作，这便于顾客有序流动。标准化有利于稳定服务质量，而特许加盟服务方式正是充分利用了标准化的好处，建立全国性的组织，克服了服务半径有限带来的需求受限问题。

二、顾客合作生产法

顾客合作生产法鼓励顾客积极参与，允许顾客在服务过程中扮演积极的角色。一些本来由服务组织承担的工作转交给顾客来完成。这样，一方面由于顾客变成了合作生产者而使服务企业的生产力得到提高；另一方面，顾客的参与也提高了服务定制的程度，进而提高了顾客的满意度。由此，顾客合作生产给服务企业和顾客都带来了利益。

【服务营销实践】

宜家的顾客合作生产法

IKEA 是创立于 1943 年的一家瑞典家居用品企业。IKEA 的创始人是瑞典人坎普拉德（I. Kamprad），创立之初主要经营文具邮购、杂货等业务，后转向以家具为主业，在不断扩张过程中，产品范围扩展到涵盖各种家居用品。

IKEA发展稳健而迅速，在60年的时间里，发展到在全球共有180家连锁商店，分布在43个国家，雇佣员工7万多名。目前是全球最大的家居用品零售商。

宜家进入中国之后，制定了非常有针对性的市场定位策略，这是因中国市场虽然巨大，但普遍消费水平低，原有的低价家具生产厂家竞争激烈接近饱和，市场上的国外高价家具也很少有人问津。于是宜家把目光投向了大城市中相对比较富裕的阶层。宜家在中国的市场定位是"想买高档货，而又付不起高价的白领"。结合这一市场定位，宜家在设计服务系统时采用了顾客合作生产法，具体体现在以下两方面：

一是宜家把顾客看成合作伙伴。顾客翻看产品目录，光顾宜家自选商场，挑选家具并自己在自选仓库提货。由于大多数货品采用平板包装，顾客可方便将其运送回家并独立进行组装。这样，顾客节省了部分费用（提货、组装、运输），享受了低价格，而宜家则节省了成本，保持了产品的低价格竞争优势。

二是DIY（Do It Yourself）的方式。宜家最为人所津津乐道的特点还有DIY，宜家的所有家具都需要顾客自行组装。宜家为所有家具都配有十分具体的安装说明书，顾客可以根据说明书轻松地把家具组装起来，他们扮演了组装工人的角色，在节省搬运费的同时，也增加了动手的乐趣。

从服务组织的角度来看，顾客合作生产的方式有如下优点：

（1）降低劳动力成本。员工工资在上升，劳动力成本在增加，促使服务企业用顾客参与来代替个性化的服务。

（2）合作生产实现一定程度的定制。比萨饼店如果允许顾客自己选择沙拉和按块选择比萨饼的话，厨师们只需要专注于制作和烘烤卖得好的比萨饼，而不需要按照每位顾客的要求烤制。可见，如果一家服务企业愿意把目标集中在那些愿意进行自我服务的顾客群，那么，让顾客参与到服务过程中来可以以某种程度的定制来支持成本领先竞争战略。

（3）缓解暂时性的员工短缺。当服务企业面对需求高峰而出现人手相对短缺现象时，可以由那些愿意积极参与服务过程的顾客提供额外的服务，从而使暂时性的供求矛盾得到缓解。

（4）管理服务需求。通常，随着时间变化，服务需求会有高峰期和低谷期，因此，服务企业会在某些时候因服务能力不足而失去商机，在其他时间里又会因服务能力相对过剩而浪费服务资源。要想有效管理服务需求，必须有顾客的参与，从而使服务企业能够调整他们的需求时间，并使其与可获得的服务相匹配。在这种情形下，提前预约是顾客进行合作生产的典型方式。服务企业通过价格优惠等措施鼓励顾客进行预约，或提供打折把顾客引导到需求低谷期进行消费。当这些管理顾客需求的策略失效时，服务企业也仍然需要顾客的合作，使他们愿意等待，从而达到较高的服务能力利用率。

许多新技术的诞生使顾客能够完成以前由服务人员从事的工作，进而使顾客同服务企业合作生产的可能越来越大。美国长途电话网络服务商AT&T的自动化服务就是经典的例子。在20世纪60年代早期，曾有人预言，如果长途电话的数量继续以当时的比例增长，那么到2000年，美国每两名雇员中就会有一名是电话接线员。但到了1970年，AT&T开始推广使用直拨技术，同时发起了一个大型的营销计划来鼓励用户采用直接拨打的方式，为直拨电话提供大幅的价格折扣，广告宣传道："我们有两个理由鼓励你们直接拨打长途电话，那就是，你节省，我也节省。"3年后，直拨电话量占到了长途通话量的75%，这使AT&T公司因生产力的提高每年节省了约3 700万美元的成本。

现实生活中，某些顾客可能比其他顾客更愿意自我服务。一项大规模的研究让调查对象选择，他们是愿意采用自助服务的方式还是愿意使用传统的服务提供系统[1]。研究结果表明，任何一项服务都有很多人会选择自助服务，哪怕在这种方式不能节省时间和金钱。如果增加一些让利措施，选择自助服务的比例还会进一步上升。与此同时，不同服务之间存在某种关联，例如，如果调查对象表示不愿意选择自助加油，那么他们也不太可能使用自动柜员机（ATM）取款。古德温（Goodwin）认为，为了提高顾客合作的可能性，需要帮助顾客学习新技能，形成一种新的逻辑思维和自我形象，即"我自己能做"，从而帮助顾客同服务员工和其他顾客建立新的关系，并获取新的服务价值[2]。

三、高度与低度接触分离作业法

顾客接触是指顾客亲自出现在服务提供系统之中。而顾客接触度可以用顾客出现在服务系统中的时间与服务总时间的百分比表示。在高度接触的服务中，顾客通过直接接触服务过程而决定了需求的时间点和服务的性质。顾客对服务过程的感知是决定服务质量的一个重要因素。而在低接触的服务中，顾客因为不出现在服务系统中而不会对服务的提供过程产生直接的影响。

根据这一分类，蔡斯（Chase）主张在对服务运营进行设计时，将一个服务提供系统分为高顾客接触的作业和低顾客接触的作业两部分，然后在每一个领域内单独设计服务过程[3]。表9-2解释了高接触度服务与低接触度服务的不同设计思想。低接触度服务像制造业的工厂一样运营，所有的生产经营观念和自动化设

---

[1] BATESON J E G. Self-service consumer: an exploratory study [J]. Journal of Retailing, 1985, 51: 49-76.

[2] GOODWIN C. I can do it myself: training the service consumer to contribute to service productivity [J]. Journal of Service Marketing, 1988, 2: 71-78.

[3] CHASE R B. Where does the customer fit in a service operation [J]. Harvard Business Review, 1978 (11-12): 137-142.

施均可使用。而高接触度服务则要求员工具有较高的人际技能，又因为顾客在一定程度上也参与了服务制造过程，所以服务的水平和任务存在很大的不确定性。

将服务提供系统按顾客接触程度分为两个部分，既可以让顾客感受到个性化的服务，同时又可以通过批量生产实现规模经济。这种方法的成败取决于服务生产过程中顾客接触的程度以及在低接触度服务中分离核心技术的能力。

表9-2 高度与低度接触服务的设计思想①

设计思想	高度接触服务	低度接触服务
设施地址	接近顾客	接近供货、运输、港口
设施布局	考虑顾客的生理和心理需求及期望	提高生产能力
产品设计	环境和实体产品决定了服务的性质	顾客在服务环境之外
过程设计	生产环节对顾客有直接影响	顾客不参与大多数处理环节
进度表	顾客包括在生产进度表中且必须满足其需要	顾客主要关心完成时间
生产计划	订单不能被搁置，否则会丧失许多生意的机会	出现障碍或顺利生产都是可能的
员工技能	直接人工构成了服务产品的大部分，因此必须要能够很好地同公众接触	员工只需要一种技能
质量控制	质量标准取决于评价者，是可变的	质量标准是可测量的、固定的
时间标准	由顾客需求决定，时间标准不严格	时间标准严格
工资支付	易变的产出要求计时付酬	固定的产出要求计件付酬
能力规划	为避免销售损失，生产能力按满足最大需求为准设计	储存一定的产品以使生产能力保持在平均需求水平上
预测	短期的、时间导向的	长期的、产出导向的

事实上，在高度接触服务和低度接触服务之间存在很多中间状态，由此形成服务体系设计矩阵（见图9-3）。按照顾客与服务接触程度的差异，分为服务体系设计矩阵、渗透系统方式和反应系统方式。服务体系设计矩阵表示服务与顾客相分离，独自执行；渗透系统方式是指与顾客的接触是利用电话或进行面对面沟通；反应系统方式则指接受顾客信息并对顾客的要求给予回应。在矩阵的内部列出了服务过程的几种方式，从邮件接触到面对面定制化服务，顾客与服务接触的程度渐次提高，销售的机会也逐渐增多，这意味着每一位顾客身上所实现的销售

---

① 资料来源：CHASE R B. Where does the customer fit in a service operation [J]. Harvard Business Review, 1978 (11-12): 139.

量在增加。与此同时,服务组织的生产率却在不断地下降,因为它所能给予服务的顾客数量在减少。因此,在选择服务传递方式时,应在营销和生产之间进行权衡。

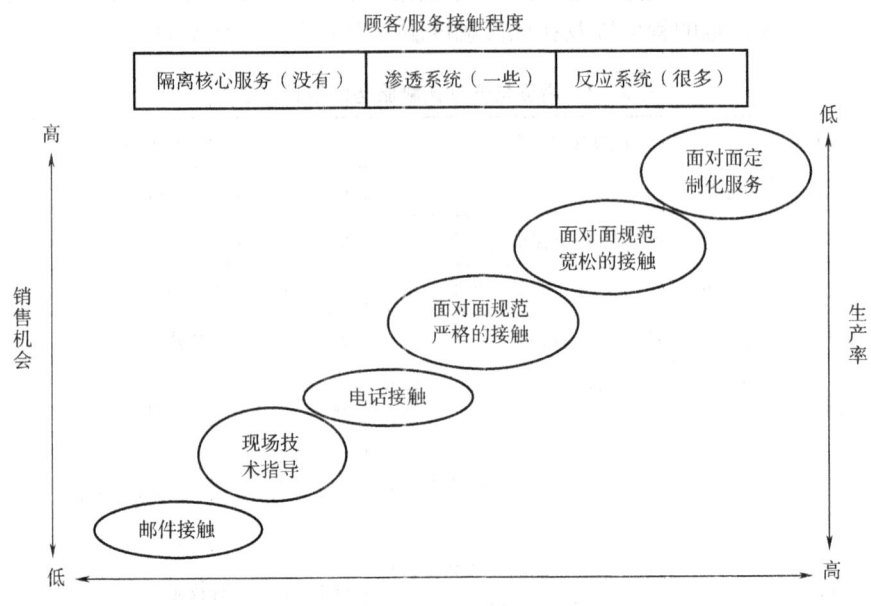

图 9-3 服务体系设计矩阵①

该矩阵的下半部分表示,随着顾客与服务接触程度的变化,在对员工要求、服务焦点和技术创新方面所发生的变化。例如,邮件接触要求员工具备文书处理的技能,服务的焦点是处理文件,技术创新集中于办公自动化方面;而面对面规范宽松的接触则要求员工具有交易技能,运作上强调企业的能力管理,在自助服务方面需要进行技术创新。

一个好的服务系统设计应该符合如下标准:②

---

① 资料来源:CHASE R B, AQUILANO N J. A matrix for linking marketing and production variables in service system design [M]. Production and Operation Management, 6th ed., Richard D Irwin, Inc. Homewood, Ill., 1992: 123.; 改编自: 蔡斯,等. 生产与运作管理:制造与服务 [M]. 宋国防,等,译. 北京: 机械工业出版社, 1999: 146-147.

② 蔡斯,等. 生产与运作管理:制造与服务 [M]. 宋国防,等,译. 北京: 机械工业出版社, 1999: 155.

(1) 服务系统的每一个要素都与企业运营的核心相一致。

(2) 系统对用户是友好的。顾客可以很容易地与系统进行交流，系统有明确的标志、可理解的形式、逻辑化的过程，以及能够解答顾客疑问的服务人员。

(3) 系统具有稳定性，能够有效地应付需求和可用资源的变化。

(4) 系统具有结构化特点，保证服务人员和服务系统提供一致性的服务。

(5) 系统为后台和前台之间提供有效的联系方式。

(6) 系统具有显示服务质量的证据，以使顾客了解系统所提供服务的价值。

(7) 系统所耗费的都是有效成本。在服务提供过程中，系统对时间和资源的浪费应达到最小。

第四节 自助服务技术对服务过程与服务系统的影响

前面所述，服务过程中顾客参与的最高境界是自助服务，即顾客通过服务企业提供的设备或系统自己独立完成某项任务。这种情况下，顾客所投入的时间和努力取代了服务员工的工作。

自助服务并不是一个新概念。20 世纪 30 年代，超级市场的出现对零售业的发生产生根本性变革。顾客第一次需要亲自从货架上选购自己需要的物品，将选购物品放到手推车上，然后去收银台结账。顾客和零售商都看到了这种方式的优势，于是"自助服务"的概念便产生了，后来又被介绍到其他类型的零售组织中。

然而，超市自助服务的早期尝试并不成功，顾客并不乐意接受这种服务形式。直到 2000 年年初，超市自助服务才得到蓬勃发展，顾客使用自助服务的数量也随之明显增加。这种发展不仅代表自助服务技术和过程的改进，也是自助服务不断下降的系统成本对不断上升的劳动力成本替代的结果。现代超级市场更愿意采用这种方式提供服务，反映出超市经营对现代科技的很好适应[①]。

现在，顾客有越来越多的机会和途径使用自助服务技术（SSTs），使他们不需要依靠服务员工，自己就可以使用某些服务[②]，比如自动银行系统、自动加油系统（这两种技术均在 20 世纪 70 年代被引进，并不断改进）、自动电话系统（如电话银行）、自动宾馆结账系统以及大量的网络服务系统。以信息提供为基础的服务尤其适于使用自助服务技术，因为不仅可以用自助服务传递附加性服务（如获取信息、下订单、进行预订或自动付款），还可以用它来传递核心产品（如银行业、研究机构、娱乐场所或自学教育）。例如，作为自助服务技术之一

---

① DABHOLKAR P A, BOBBITT L M, LEE EJ. Understanding consumer motivation and behavior related to self-Scaning in retailing [J]. International Journal of Service Industry Management, 2003, 14 (1): 59-95.

② MEUTER A L, OSTROM A L, ROUNDTREE R I, et al. Self-service technologies: understanding customer satisfaction with technology-based serviceeEncounters [J]. Journal of Marketing, 2000 (6): 50-64.

的自动取款机服务，在很多亚洲国家所提供的服务种类之多令人惊讶（见图9-4）。除所有标准化服务（如现金存取）之外，自助服务技术还涉及转移基金、购买投资基金、预付电话费和购买旅行保险等多种方式。又比如，政府也越来越多地通过网络来提供服务，这种服务形式被称为"电子政府"①。

图9-4 自动取款机在亚洲诸国所提供的服务种类之多令人惊讶

一、顾客合作提供服务的心理因素

自助服务技术因其经济合理性而存在，它强调顾客自主服务取代原有员工服务所取得的高产出和低成本。从经济学的角度来看，服务企业应该与顾客分享所获取的收益，并以低价方式激励顾客以改变他们的消费行为。然而，本德普迪（Bendapudi）和莱昂内（Leone）对此提出了异议。他们认为，顾客在合作参与生产服务过程中的心理反应也应被考虑到自助服务的环境中去，尤其是当顾客希望获得"因为我的参与才使服务结果如此美好"的感受时更是如此②。

因此，公司在引入自助服务技术而投入相当大的时间和金钱时，一定不能忽视顾客的心里感觉。服务企业需要认识到，自助服务技术既有优势又有劣势。其优势表现为公司可以节省时间和成本，具有灵活性，服务提供地点具有便利性，服务提交过程更具控制力，定制化程度更高，顾客可以从中获得乐趣，得到享

---

① HAZLETT S, AHILL F. E - government: the realities of using IT to transform the public sector [J]. Managing Service Quality, 2003, 13 (6): 445 - 452.

② BENDAPUDI N, LEONE R P. Psychological implications of customer participation in co - production [J]. Journal of Marketing, 2003, 67: 14 - 28.

受,甚至在使用自助服务技术的同时感到愉悦[1]。而其劣势则是使不会使用它们的顾客产生焦虑和压力。

二、自助服务技术的特点和顾客态度

不单单是不同的人对自助服务的喜好不一,即使是同一个顾客,也会表现出既喜欢又不喜欢自助服务技术[2]。研究发现,当自助服务技术帮助顾客解决难题时,顾客很喜欢它们。这是因为自助服务设备通常被设置在恰当的地方,而且提供24小时的全天候服务,使顾客能方便地获得服务。并且当自助服务技术能够比服务人员提供更好的服务时,顾客也喜欢它们,因为自助服务技术能使顾客获得更详细的信息和更快速的服务。

但是,当自助服务技术出现问题时,顾客就会痛恨这种技术。比如,当顾客发现机器出现故障,密码不被接受,网页无法打开,交易号不管用,或货物没有按承诺被送达时,他们会非常气愤。即使自助服务技术能正常工作,但如果其设计糟糕,顾客很难理解或使用自助服务设备时,他们也会选择放弃使用此种自助服务。当顾客由于忘记密码、信息提供错误或按错按钮等自身原因而感觉十分狼狈时,他们也不会继续使用自助服务。然而,即使是顾客自己的错误,他们仍然会埋怨服务提供者没有提供一个简单易行或界面友好的服务系统。在这种情况下,顾客又会转到传统的服务人员那里寻求帮助。

为何会出现上述现象呢?那是因为,这些自助服务技术很少具备服务补救系统。很多情况下,如果自助服务服务过程失败了,顾客没有一个简单的方法使系统恢复原状。因此,服务企业应时常通过检测下述基本问题来保证自助服务技术的质量[3]:

(1)自助服务技术是否可靠?服务企业必须确保自助服务技术能够通过顾客喜爱的友好界面可靠的工作。美国西南航空公司的在线订票服务就在简单和可靠两个方面设定了很高的服务标准,这非常有助于提高顾客对美国西南航空的服务满意度。

(2)自助服务技术是否优于人工服务?如果自助服务技术不能节省时间或成本,不能提供便利或其他收益的话,顾客将继续使用其熟悉的传统服务过程。美国亚马逊网络公司的成功一部分要归因于其优于零售店的高度人性化和高效率的服务水平。

---

[1] DABHOLKAR P A. Consumer evaluations of new technology – based self – service options: an investigation of alternative models of service quality [J]. International Journal of Research in Marketing, 1996 (13): 29 – 51.; BITNER M J, BROWN S W, MEUTER M L. Technology infusion in service encounters [J]. Journal of the Academy of Marketing Science, 2000, 28 (1): 138 – 149; DABHOLKARr et al. , 2003 op. cit

[2] BITNER M J. Self – service technologies: what do customers expect? [J]. Marketing Management, 2001, Spring: 10 – 11.

[3] Bitner, 2001, op. cit

(3) 如果自助服务技术失败了，是否能对它进行补救？

服务企业应提供系统恢复程序或技术，以使自助服务系统发生错误时能够被立即恢复，进行服务补救。这一点对服务企业的成败非常关键。一些银行在ATM机旁边设置一部电话，使顾客在遇到问题或麻烦时可以与24小时客户服务中心直接取得联系。安装自动结账系统的超市往往在设备旁边安排一名员工来辅助操纵机器。在基于电话答录的服务系统中，设计巧妙的语音提示菜单可以帮助顾客与客户服务代表取得联系。这些做法都提高了服务交易的安全性。

三、服务企业需要扮演教育者的角色

尽管服务企业会尽力设计服务过程以实现顾客参与，但实际上是顾客的行动最终决定了他们参与服务传递过程的程度。顾客参与不足会使顾客的收益减少，例如，一个没有遵从医嘱的节食者的减重效果会大打折扣。而顾客的过度参与则会导致服务人员放下其他的工作而专门为某个顾客服务，例如，快餐店的员工如果满足每一位顾客的定制化要求，其工作效率就会很低。由此可见，服务企业必须教会顾客扮演服务企业希望他们扮演的角色，从而便于服务企业在服务生产和消费的过程中对顾客参与水平进行选择。新型自助服务设备（如ATMs）或新的服务项目（如电话银行、网络银行）已经在中国被广泛使用。中国的年轻人和受过良好教育的人们更有可能使用自助服务技术，而那些中老年人、低学历、低收入人群，即使是支取很小数额的现金，也更愿意到银行的柜台前享受银行员工面对面的服务。后者占用了很多银行资源，使银行服务成本增高，而他们并不是能够给银行带来丰厚收益的顾客。这种情况存在的关键原因之一是，银行没有教育这些顾客，没有教会他们使用低成本、基于技术支持的自助服务。

顾客被期望参与服务的程度越高，他们需要掌握的相关信息就越多。因此，想要让顾客参与的服务企业必须要扮演教育者的角色。对顾客进行必要的教育可以通过不同的方法实现，比如，印制小册子和随附使用说明是两种广泛使用的方法。自助服务的机器通常都会有详细的使用说明和流程说明。服务周到的银行还会在ATM机旁边安装一部电话，方便顾客在任何时间都能向银行服务人员寻求帮助。新的服务项目的广告通常包括明显的顾客教育内容。许多网站都设立了常见问题区域（Frequently Asked Questions，FAQ）。

在很多服务过程中，顾客都会向服务员工寻求建议或帮助。当他们得不到满意的答复时，他们会选择放弃该项服务。服务企业的员工，从销售助理或客户服务代表到空姐或护士，必须要接受必要的培训，以提高他们教育顾客的技能。与此同时，顾客还会向其他顾客寻求帮助。

专家建议，服务企业在传递服务之前应该向顾客提供一个实际的服务预览，

使顾客清晰地了解自己在参与合作生产服务的过程中扮演的角色[①]。这种方法通常被一些牙医采用，以便让病人了解他们要体验的治疗过程，并使他们知道如何与医生配合，顺利完成治疗。

四、顾客扮演半个员工的角色

服务企业应该将参与服务过程的顾客视为"半个员工"，因为他们会对服务过程和服务产出的数量和质量产生影响[②]。如果服务企业认同这一观点的话，服务企业就需要改变原有的管理理念。施奈德和伯文在他们的研究中指出，"如果你将顾客视为半个员工，你就会从不同的角度思考你需要顾客做些什么。此时，顾客不仅带来期望和需求，而且还带来一定的服务生产能力，使其有能力充当半个员工。这提高了服务企业进行服务管理的挑战。"[③]

同时，他们认为，能够有机会积极参与服务的顾客更容易获得满意。将顾客视为半个员工的策略需要服务企业采用与员工人力资源管理相同的管理战略，并应遵循以下4个步骤：

（1）对顾客的现有角色进行"工作分析"，并与企业希望顾客扮演的角色要求进行对比。

（2）确定顾客是否了解被期待完成的工作并具有相应的能力。

（3）向顾客保证他们将获得更好的服务，从而激励顾客（例如，他们会获得更高质量的服务、更快速或更低成本的服务等）。

（4）定期表扬顾客的表现，如果顾客的表现不令人满意，公司应试图改变他们扮演的角色或工作程序。公司应同时考虑"终结"这些顾客的使命（当然要委婉地进行），并寻找新的顾客。

有效的人力资源管理是从招募和选拔员工开始的，同样的方法也适用于"半个员工"。总而言之，顾客参与合作生产服务需要特殊的技能，服务企业应努力招募那些具有工作能力的新顾客[④]。

小结

本章强调设计和管理服务过程的重要性。设计和管理服务过程是服务产品的核心部分，对顾客体验有显著影响。

---

① SCHNEIDER B, BOWEN D E. Winning the service game [M]. Boston: Harvard Business School Press, 1995: 92.

② BOWEN D E. Managing customers as human resources in service organizations [J]. Human Resources Management, 1986, 25 (3): 371-383.

③ Schneider and Bowen, op. cit., 85

④ CANZIANI O F. Leveraging customer competency in service firms [J]. International Journal of Service Industry Management, 1997, 8 (1): 5-25.

服务传递系统设计可以用服务蓝图表示。我们深入地探讨了有关服务蓝图的知识，它是理解、分析、提高服务过程并使服务显性化的有力工具。服务蓝图有利于识别并减少服务失误点，并为服务过程的再设计提供重要的指导。

本章还讨论了设计服务传递系统方法：生产线方法、顾客合作生产法、高度与低度接触分离作业法。这些方法及其组合为革新服务设计提供了许多思路。

另外，本章还提出，过程设计的一个重要的部分就是界定服务接触过程中顾客扮演的角色。服务企业应决定理想的顾客参与水平，指导并激励顾客在服务过程中发挥作用。

思考题

1. 影响服务过程的因素有哪些？
2. 服务设计的生产线方法有何局限性？
3. 在服务过程中顾客过多或者过少参与，各有何缺点？
4. 哪些因素使顾客喜欢或不喜欢自助服务技术？

练习题

1. 准备一个体检服务的剧本。在体检服务过程中，顾客如何参与才能使此项服务顺利进行？在何种情况下，由于顾客参与不当而导致此项服务不能顺利进行？提供体检服务的医疗机构预先要做哪些准备才能获得顾客必要的合作？

2. 选择一种你熟悉的服务并画出流程图。具体如下：

（1）从顾客角度看，哪些有形展示能够反映出服务的品质（可以从可视线的角度考虑）？

（2）服务过程中的每个步骤都是必需的吗？

（3）整个服务过程中，服务标准的可行性如何？

（4）潜在失误点有哪些？如何才能避免这些失误？或是一旦发现失误，如何进行补救？

（5）如何评价服务绩效？

3. 观察使用自助服务进行结账的超市顾客和使用传统人工服务进行结账的顾客。他们有何不同？使用自助服务结账的顾客中有多少人看起来在结账过程中似乎遇到了问题？问题是如何解决的？

4. 找一个界面友好的网站和一个界面不友好的网站。前者创造满意的顾客体验的要素是什么？后者造成不满意的顾客体验的要素又是什么？给界面设计不友好的网站提供建议。

 案例

麦当劳的生产线服务方式

美国快餐业的巨头麦当劳公司是将生产线方式应用到服务企业的典范。比如：

● 麦当劳的原料在别处进行测量和预包装处理，麦当劳餐厅的服务员工不必为原料的多少、质量和品质的一致性操心。

● 麦当劳有专门的储存设施来处理半成品，在服务过程中不需要为饮料和食品提供额外的存放空间。

● 薯条经过预制、半加工和冷冻，然后被加工成合适的尺寸，餐厅员工可以一烹而就。

● 一包薯条的数量要适当，太多会使存放的薯条潮湿，太少则要不断地制作新的配料。薯条要放在靠近柜台的一个大且平的浅盘里，这种设计是为了防止装得过多的薯条掉到地上造成浪费。使用一个特制的漏勺来保证售货的数量是标准化的。这种细心的设计可使员工既不弄脏手又保证了薯条的卫生和地面的清洁，并且每份数量都大致一样。

这套系统的整体设计从开始到结束，即从汉堡包的预包装到能使顾客方便清理废料盒，每一个细节都进行了仔细的策划与设计。

Levitt 认为，这种快餐传送过程是一个制造过程而不是服务过程。这种理念的价值在于，它克服了服务概念本身固有的许多问题，即服务过程隐含着服务人员对服务对象的辅助或控制，而制造过程则避免了这层含义，因为制造作用于事物而不是人。因此在麦当劳的制造中，生产线方式将服务内容定位于有效的生产而不是参与人员或其他[1]。

---

[1] LEVITT T. Production-line approach to service [J]. Harvard Business Review, 1972, (9-10): 41-52.

第十章 服务环境管理

【学习目标】
1. 了解服务环境管理在服务营销组合中的重要性,注意服务环境管理和有形展示的联系。
2. 掌握服务环境设计的重要原则,让服务环境为提高消费者的感知质量而服务。

开篇案例

星巴克的文化复制

关于人们的生存空间,星巴克似乎很有研究。霍华德·舒尔茨曾这样表达星巴克对应的空间:人们的滞留空间分为家庭、办公室和除此以外的其他场所。第一空间是家,第二空间是办公地点。星巴克位于这两者之间,是让大家感到放松、安全的地方,是让你有归属感的地方,是家与公司的"第三空间"。

在这"第三空间"里,咖啡已经不再是"功能性产品",而是"情感性产品"。星巴克人认为自己的咖啡只是一种载体,通过这种载体,星巴克把一种独特的格调传送给顾客。这种格调就是"浪漫"。现场钢琴演奏+欧美经典音乐背景+流行时尚报纸杂志+精美欧式饰品等配套设施,力求给消费者带去更多的感觉,让喝咖啡变成一种生活体验。

在音乐的设置上,音乐作为"第三空间"的有机组成部分,在星巴克已经上升到了仅次于咖啡的位置,已经成为星巴克的一个很重要的商品。星巴克播放的大多数是自己开发的有自主知识产权的音乐。迷上星巴克咖啡的人很多也迷恋星巴克音乐。这些音乐正好迎合了那些时尚、新潮、追求前卫的白领阶层的需要。他们每天面临着强大的生存压力,十分需要精神安慰,星巴克的音乐正好起到了这种作用,确确实实让人感受到在消费一种文化。

在环境布置上,星巴克公司努力使自己的咖啡店成为"第三场所",即家庭和工作以外的一个舒服的社交聚会场所,成为顾客既可以会客,也可以独自在这里放松身心的另一个"起居室"。外观上星巴克注意在保留自己特色的同时,把店铺的色彩、标志和形象设计融入当地的当条街道中去,通过高度融合的设计来增强其亲和力。在内部气氛的营造上无论是其起居室风格的装修,还是仔细挑选的装饰物和灯具,煮咖啡时的嘶嘶声,将咖啡粉末从过滤器敲击下来时发出的啪

啪声，用金属勺子铲出咖啡豆时发出的沙沙声，都是顾客熟悉的、感到舒服的声音，都烘托出一种"星巴克格调"。

资料来源：http://blog.163.com/liboting@126/blog/static/84148016200992942012487/，2009。

第一节 服务环境的内涵与作用

一、服务环境的内涵

服务环境，也称为服务场景，是指服务提供场所的实体环境的外观、风格以及其他一些体验性因素。营销者很早就关注到服务环境的重要性。菲利普·科特勒早在1973年就提出，服务本身仅是营销的一部分，而服务环境也是一种重要的营销工具，并提出"营销氛围"（Atmosphere）一词，指出营销者可以通过设计购买环境而促使消费者产生某种特殊的情绪，从而提高他们购买的可能性。1977年，肖斯塔克引入"服务展示管理"（Service Presentation Management）这一术语，提出服务企业有必要对服务的有形物以及能传递服务价值的信号和线索进行管理。1992年，比特纳（M. J. Bitner）提出"服务场景"（Servicescape）这一术语，指代服务企业所创立的一切物理环境。

伴随着学界对服务环境的重视，业界也对服务环境进行了大量的改善。银行的建筑和装修更加富丽堂皇，很多酒店也通过不同的建筑和设计风格获得自己的差异化优势。学界和业界之所以如此重视服务环境，根植于对服务特性的深刻理解。服务相对于一般有形产品而言，具有明显的不同之处。首先是服务的无形性，即消费者在实际消费服务前无法对服务质量进行准确的判断，因此，企业有必要提供有形线索，帮助消费者进行选择和决策；其次，服务的提供过程也是消费者享受服务的过程，也就是说，消费者要参与到服务的提供过程之中，因此，服务企业需要提供一个良好的环境，能够让顾客愿意参与且能够顺利地参与到服务的提供过程中，从而提高服务质量，达到顾客想要的服务结果，并最终获得顾客满意。

由此可见，服务环境管理的必要性来自于服务的特性，企业管理和营造良好服务环境的目的是希望能够通过环境影响消费者的情绪和态度，从而引导他们的行为，最终实现企业的经营目标。

二、服务环境的类型

不同类型的服务环境会对消费者的心理和情绪产生不同的影响。下面将从不同的视角对服务环境进行详细分类。

（一）根据对服务结果的影响程度进行划分

不同的服务环境对服务结果的影响程度呈现很大的差异，有些会直接影响服务结果,有些对服务结果产生比较弱的影响。由此将服务环境分为核心服务环境和边缘服务环境。

1. 核心服务环境。核心服务环境是指对消费者的购买和评价起着决定性作用的服务环境。例如,银行的形象、宾馆的级别以及飞机的型号等。消费者在首次接触这些服务之前,会根据上述信息预估所提供服务质量的高低,而在享受服务之后,也会根据上述信息判断所提供服务的实际质量。因此,服务提供商应该重视核心服务环境,并尽力改善和提高核心服务环境。

2. 边缘服务环境。边缘服务环境是指对消费者的购买和评价起辅助作用的服务环境。这类环境的设置通常是方便顾客获得核心服务,或者帮助顾客更好地享受核心服务。例如,看电影的电影票并不直接决定电影的质量,却是消费者能够享受电影服务的重要凭证。再如酒店中的服务指南等,有利于顾客更好地享受酒店服务。边缘服务环境虽然不直接影响消费者的购买的评价,但是服务提供商也不能忽视它们。在细节之处的设计和完美,不仅与企业的核心服务形象相匹配,而且可能给顾客留下深刻印象,强化服务效果。

(二) 根据服务环境的构成要素的不同进行分类

根据服务环境构成要素的不同,可以将整体的服务环境划分为三大类:有形展示、信息沟通和价格展示。

1. 有形展示。对于有形展示,学者贝克(J. Baker)提出了一个得到广泛认同的框架,将有形展示分为三大类:周围因素、设计因素和社会因素。

(1) 周围因素。周围因素(Ambient Factors)是构成服务环境的重要组成部分,例如,空气的质量、温度、通风情况、气味、嘈杂程度等。这类因素的存在通常不会引起消费者的特别关注,但是如果这些因素达不到消费者的期望,会引发他们的不满甚至放弃购买。例如,如果服务环境不整洁,消费者会认为该服务商管理较差,从而对其服务质量产生疑问;再比如,如果商场中人声鼎沸、非常嘈杂,很多消费者会感到很不舒服,会想尽快离开该商场。对消费者而言,他们认为这类环境是服务上必须做到的,是提供服务的前提,因此,即使服务商在上述因素做得非常出色,可能并不能促成消费者购买,但是如果服务商不能很好地设计管理上述因素,就可能引发消费者反感。如果同类服务商在这方面表现较差,那么,能提供优质周围因素的服务商也会脱颖而出,获得消费者的青睐。因此,在中式快餐店环境普遍较差的情况下,整洁、卫生的麦当劳和肯德基却引来源源不断的大量顾客。

(2) 设计因素。设计因素(Design Factors)是指能刺激消费者视觉的场景因素。这类因素通常表现于改善服务提供商的外部和内部设计,引起消费者注意,并影响他们对服务的感知和判断。相对于周围因素,设计因素更能传递企业的形象、个性等信息,因此将更有效地刺激消费者购买。设计因素可以分为两类:美学设计和功能设计。美学设计主要包括建构风格、装修风格、色彩、外观等,这些因素有助于建立赏心悦目的形象，使消费者对服务提供商留下深刻的印象。功能设计是为了提高服务质量而进行的设计，例如，商场的布局有助于消费者尽快找到自己需要的商品。无论是美学设计还是功能设计，都是服务提供商对消费者的主动刺激，有助于培养消费者的正面感觉，引发他们的积极情绪，调动他们的购买欲望，提高服务提供商的竞争力。

（3）社会展示。社会因素（Social Factors）是在服务场景中出现的一切参与及影响服务过程的人，包括服务人员、顾客和其他在服务场所内同时出现的其他人士。他们的外表、数量和言行举止都会影响顾客对服务质量的感知。

首先，对顾客而言，服务人员代表服务企业。服务人员的仪态仪表、言行举止将极大地影响顾客对服务企业的评价和态度。如果餐厅服务人员邋里邋遢、不修边幅，消费者肯定对该餐厅的食品卫生情况产生担忧；如果美发店的服务人员行为举止不够得体，消费者对这家美发店的专业水平也会产生疑问。因此，服务企业应该谨慎招聘、精心培训以及严格要求服务人员，使之能够代表企业的形象，给顾客留下良好的印象。

除了服务人员之外，在服务场所的其他人也会影响到服务质量。例如，如果在商场中顾客较多，非常拥挤，人声嘈杂，相信顾客不会获得良好的购物体验。因此，大型高档的购物中心都通过扩展面积等手段疏散顾客，为顾客营造良好的购物环境。再如，如果在餐厅中，邻座的客人高声喧哗，也势必会影响顾客就餐的心情和氛围。因此，服务企业在管理服务环境的过程中，不仅要管理好自己的服务人员，还要管理好其他顾客。

2. 信息沟通。信息沟通也是服务有形展示的形式之一，服务企业可以通过多种渠道向消费者传递信息，从而影响消费者对服务质量的预期。但是消费者除了从企业获得信息之外，还可以从其他渠道，如网络、新闻媒介和其他消费者那里获得信息，然后在综合各方面信息的基础上，形成对企业的整体印象。对服务企业而言，要展示企业好的一面，可以通过两种方法实现：服务实体化和信息实体化。

（1）服务实体化。服务本身是无形的，消费者在购买服务前很难判断服务的质量。为了解决这个问题，服务企业可以提供一些有形的线索，帮助消费者对服务形成良好的印象。例如，美发店展示发型师与明星的合照，表示曾经给明星做过发型，技术自然了得。酒店会将厨师以及所获得的荣誉证书贴在醒目的地方，也会让消费者对菜肴的质量形成良好的预期。

（2）信息实体化。信息实体化是指鼓励顾客对企业进行正面的口碑传播。相对于企业的广告，消费者更相信其他消费者的现身说法。因此，如果能鼓励顾客成为企业免费的宣传员，将取得良好的宣传效果。鼓励顾客传播，首先要达到顾客满意，甚至顾客惊喜。据统计，一个满意的顾客会带来 8 名新顾客，而一名不满意的顾客会损失 25 名潜在顾客。因此，如果不能达到顾客满意，他们不仅不会进行正面传播,而且会进行负面传播,给企业造成巨大损失。在达到顾客的满意和惊喜之外,企业也可以采用某些激励手段鼓励顾客进行口碑传播。例如,当顾客介绍新顾客时,给予适当奖励,也有助于激发他们进行口碑传播的热情。

3. 价格展示。价格也属于服务的有形展示之一。当服务的无形性导致顾客很难评价服务质量时,价格作为质量的指示器,将成为顾客判断服务质量的重要线索。如果一家酒店定价很高,顾客也会相应地认为该酒店的服务质量以及菜肴质量都应该比较高;反之,对定价较低的理发店,顾客对它质量的期望和要求也相应较低。

(三)按照服务场景的参与者进行划分

1992年,比特纳(M. J. Bitner)提出按照服务场景的参与者将服务环境划分为三类:自我服务环境、远程服务环境和交互服务环境。自我服务环境是指服务人员很少或者几乎不在场,顾客对服务的参与度很高的环境。例如,银行的ATM机自助服务,或者超市的自助购物等。在这类环境中,由于服务人员较少,主要依靠顾客自己完成服务,因此环境的设计一定要简单、明晰,并设置清楚的提示信息,让无论老顾客还是新顾客都能顺利地获得服务。远程服务环境是指顾客在服务场景中参与很少的服务,如远程培训服务。对这类服务,要从方便员工的角度设计服务场景。但是也有远程服务中,服务人员的参与度也比较低,如全自动的远程信息服务,基本上完全依赖机械设备完成。这类场景的设置相对比较简单。最后是交互服务,是指消费者和服务人员的参与度都相对较高的服务,如餐饮服务、理发服务等。对这类服务场景的设计,要兼顾顾客和服务人员的需求,以更好地促进服务的流程为宗旨。

三、服务环境的作用

很多服务企业花费重金建设和改善自己的环境,这是因为他们已经意识到服务环境的重要性。服务环境尽管在有些情况下并不与服务直接相关,但是它可以从多方面影响服务质量以及消费者对服务的满意度。整体而言,服务环境无论是对消费者还是对服务企业,都具有重要作用。

(一)从顾客的视角审视服务环境的作用

正如购买产品一样,顾客不仅考虑产品的功能,还要考虑产品的外观是否有美感。在享受服务的过程中,顾客享受的是整体的服务,它不仅包括服务本身的质量,还包括服务的环境。从顾客的视角来看,服务环境主要具有以下作用。

1. 作为差异化手段吸引消费者的注意力。在竞争日益加剧的今天,企业需要通过多种手段获得差异化的竞争优势。对服务企业而言,差异化不仅表现在服务本身,而且表现在服务环境的设计和新颖。例如,楼高321米,外形犹如帆船的迪拜标志性建筑——七星级帆船酒店金碧辉煌，造型独特，酒店本身的建筑就成为一道亮丽的风景线，吸引了众多游客。大型商场不仅在商品的类别上展开竞争，也通过环境和装修风格等吸引顾客。

2. 作为信息传递的媒介。服务环境作为实体存在，可以在某种程度上弥补服务的无形性所导致的信息难以传递的困境，很多情况下，消费者可以通过服务环境的特点对服务商的实力和特色做出基本的判断。例如，对金碧辉煌的酒店，顾客会认为自己在这里会享受到贴心的服务和高品质的生活。高端奢侈品店的优雅的设计风格、独具艺术美观的摆设，以及宽敞的面积，使消费者对其中的商品充满了期望。

3. 通过感官刺激，影响顾客的情绪。服务环境不仅影响消费者对服务的期望，而且影响消费者在服务过程中的情绪，从而影响服务质量和消费者对服务的满意度。根据环境心理学，消费者所处的环境将通过影响消费者的各种感官影响他们的情绪。例如，很多商场播放优美的音乐，这不是可有可无的点缀品，而是通过音乐帮助消费者放松神经、舒缓情绪，从而在商场内驻留更长时间，购买更多商品。再比如，面包店散发的甜美的气味，可以有效地激发消费者的食欲，刺激消费者的购买欲望。

（二）从企业的角度审视服务环境的作用

环境设计和管理不仅能够从多个角度影响消费者的情绪和行为，而且也会给企业带来竞争优势。

1. 服务环境有助于企业建立差异化的竞争优势。企业需要从不同的角度形成差异化优势。制造企业主要从产品的视角塑造差异化优势，服务企业除了从服务本身形成差异化之外，服务环境的设计也成为企业形成差异化的重要途径。在一般咖啡店一杯咖啡卖几元钱的时候，星巴克的咖啡可以卖到几十元，而且仍然顾客盈门，生意兴隆，其秘密就在于星巴克卖的不是咖啡，而是体验。体验，在很大程度上，取决于服务环境的设计，复古的装修风格、优雅的设计很好地营造出人们工作、生活之外的"第三空间"，也营造出其他企业所不具有的差异化优势。

2. 服务环境有利于提高服务效率和服务质量。环境设计的基本目标是便利服务流程的进行、提高服务效率和服务质量。超市在进行环境设计时，首先要考虑顾客的购买习惯和购买方式，各种商品货架摆放的位置、货架之间的空间距离等都要尽心设计，方便顾客在商场中很顺利地找到自己需要的商品。医院的空间设计、不同科室之间的空间距离要方便顾客寻找，也要方便医生和护士的工作。例如，最简单的检查，如果病人需要在不同的大楼、不同的楼层之间跑来跑去才能完成检查，一则医生需要等待较长的时间才能完成全体病人的检查，二则病人也耗费了更多时间，降低了服务效率，也会引发病人的不满。

四、服务环境的设计理念

环境设计的目标：使消费者感知的环境等同于设计者想要设计的环境，所以首先需要进行消费者调查，他们在这样的购物环境中需要什么氛围；其次要进行转化，将消费者的要求准确地传递给环境的设计者；最后是进行调查或者实验，调查所设计的氛围是否符合消费者的要求，是否引发他们的积极的情感，是否有助于提高他们购买的可能性。

管理者在设计服务环境时首先要明确自己的目标顾客。如果企业的顾客是单一的顾客群，那么设计服务环境相对比较简单。例如，如果商场的目标顾客群是职业白领，那么在设计服务环境时要创造一个奢华的环境。但是如果企业有几个目标顾客群，而且相互之间差异比较大，在设计服务环境时相对比较复杂。此时企业有两个选择：一是在企业的不同地方设计不同的环境，适应不同顾客的需要。例如，商场可以在一楼迎合不需要价高的顾客的需求，创造一种价廉物美的环境氛围；而在高层创造一种高端奢华的环境氛围，以吸引高端顾客群。面对不同顾客群，企业另一种思路是设计折中的氛围环境，能最大限度地满足不同顾客群的共性需求。

在明确顾客群的基础上，服务企业要进一步探明顾客的价值追求。这就需要企业通过消费者深度访谈、消费者调查等方法准确地了解顾客的价值需求，并能够通过环境设计来满足顾客的价值需求。例如，如果某商业企业的目标顾客群是价值主导型消费者，那么该企业的商品应该比较丰富，价格比较实惠，而且环境氛围的设计也应该平实，这一切的最终目标都是让消费者能够通过自己的亲身体验真切地感受到企业确实能满足自己的需求。

在了解顾客的价值追求的基础上，管理者要考虑如何通过环境设计来满足顾客的价值需求，例如，必须思考采用什么样的装修风格，如何设计灯光、音响、气味等因素来传递特定的价值。例如，星巴克要满足消费者对"第三空间"的价值追求，所以装修风格要优雅，灯光要柔和，浓浓的咖啡气味香气四溢。管理者在通过设计环境传递顾客价值的过程中，一定要从全局的高度设计各种环境因素，而且要注意不同因素之间的和谐，为顾客创造一个协调的整体环境。

鉴于环境对服务企业的重要性，服务企业首先要重视服务环境建设，并采用有效的手段，通过环境设计传递特定的信息给消费者。其次要注意的是，随着经济的发展，消费者的价值诉求会发生变化，企业的定位也可能会出现调整，此时，企业也需要调整环境。因此，环境的管理是一个长期动态的过程。

第二节 消费者对服务环境的反应

服务企业设计服务环境的最终目的是通过环境来影响消费者的态度、情绪和行为。因此，在设计服务环境的过程中，必须了解消费者对服务环境有何反应，或者环境对消费者的影响机制。而环境心理学在这方面进行了大量的研究。社会心理学的其中一个应用研究领域是环境心理学，主要研究物理环境与人的心理以及行为之间的关系，为管理者提供了有价值的参考。

一、消费者反应的理论基础

(一) 环境—行为理论

环境心理学认为，环境中的许多因素都能引起个体反应。其主要支持理论有：唤醒理论、刺激负荷理论、行为局限理论和适应水平理论。唤醒理论认为，环境中的各种刺激都会引起人的生理唤起，使人的身体进行自主反应。刺激负荷理论则包含4重意思：第一，个体对环境信息的加工能力有限；第二，当环境信息量超过个体加工能力时，则出现超负荷现象；第三，个体首先对环境刺激进行感知判断，再做出相应反应；第四，个体对特定刺激的注意力并非持续不变，一段时间后注意力会暂时减弱。行为局限理论：环境信息超出个体控制能力范围时，个体首先觉察到对环境的控制力减弱，然后希望重拾控制力，如果多次尝试控制力的重拾而不得，最终出现习得性无助而放弃努力。适应水平理论则将重点放在个体间的差异上，它认为人们可以通过某些机能来调整自身达到最佳适应水平，而显然存在的个体差异导致了每个人所要求的最佳适应水平也不同。

在服务环境中，各种因素都会引起消费者的反应，由于消费者以往的经验和所掌握的知识的差异导致每个消费者对环境的反应不一致。如果服务环境不友好，造成了消费者的多次失望，则最终导致企业失去这名消费者。

(二) 刺激—反应模型

Mehrabian – Russell 的刺激反应模型（Stimulus – Organism – Response 模型，简称 S – O – R）（见图 10 – 1）对我们理解消费者对环境的反应提供了基本的参考。该模型提出的环境，对消费者而言，就是各种各样的刺激因素，虽然有些可能他们能意识到，而有些他们可能还没有意识到。这些刺激因素会影响消费者的情感，并通过情感影响他们的认知和行为。如果环境设计得当，引发消费者正面情感，就可能导致他们的"趋近行为"（Approach）。例如，想要待在该环境当中，想要继续探索该环境，想要与环境中的其他人进行交流，并最终提高了服务绩效和服务满意度。但是如果环境当中的各因素设计不当，就可能引发消费者的负面情感，从而引起他们的"规避行为"（Avoidance）。例如，想要脱离该环境，或者在环境中产生懈怠，不要走动，也不想了解该环境，不愿与环境中的其他人进行交流，最后降低服务绩效，并降低服务满意度。因为企业的目的是想要引导消费者的态度和行为，因此，必须设计相应的刺激，并不断修正以达到最佳效果。如图 10 – 1 所示。

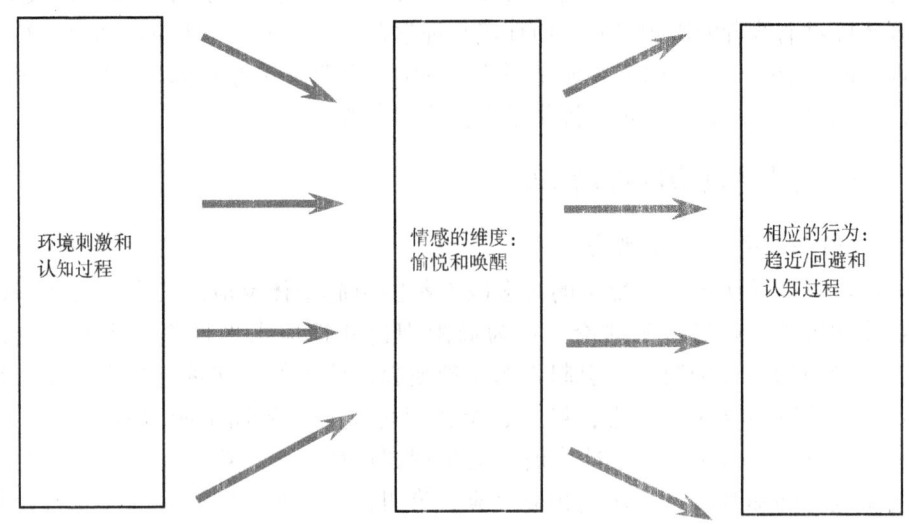

图 10-1 S-O-R 模型

二、消费者对环境的情感反应

服务环境中的各种要素都能直接影响消费者的情感，有时候消费者能意识到他们的情感变化，而更多的时候则没有意识到，但是不论怎样，服务环境在消费者体验中发挥的重要作用不可忽视。

在营销环境下，情感是指消费者对服务、产品的主观感受，对认知过程产生评价和监督的作用，并能通过各种外在形式表现出来，例如，重复购买、口碑宣传、抱怨、投诉、离开，等等。

在环境心理学的基础上，根据拉塞尔的情感模型（见图 10-2），我们发现消费者在服务环境中的情感变化可以通过对环境的喜爱程度和感觉被刺激的程度加以衡量。

拉塞尔的情感模型被广泛运用于对服务环境的感知上，该模型认为，人们对环境的情感反应在两个主要维度——愉悦和唤醒上进行表现。在消费者进入医院就医时，温馨的墙面装饰、适宜的室内温度、导医的亲切问候都可以增加消费者的愉悦感，而吵闹的疯狂的重金属

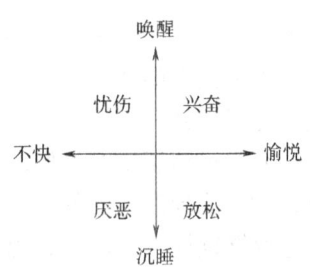

图 10-2 拉塞尔情感模型

音乐则会加强消费者因为就医而引起不适的感知。愉悦感是更为主观的体验，例如，有时书店中摆放鲜花能够让读者心情静谧，产生舒适的感受，但对那些花粉过敏的读者来说，鲜花则是产生不适的来源。而唤醒则更具客观的特点，环境承

载的压力和信息量决定唤醒程度。如果环境对消费者来说是新鲜的、富有惊喜的、复杂的，消费者需要调动一定的体力和脑力来配合企业进行服务，那么，该环境对消费者来说则是具有唤醒作用的。

拉塞尔情感模型在服务营销对消费者情感的研究中具有重要作用，该模型将消费者的情感抽象为两个维度，把消费者在某一特定服务环境中的情感感受简洁地概括为四种情况：①忧伤，消费者在压力大的环境下心情不舒适；②兴奋，所处环境信息量巨大，消费者对这些信息保持愉悦的态度，其内心感知是兴奋的；③放松，消费者心情愉悦地处在平静的环境中，展现出闲适安宁的状态；④厌恶，消费者对某些服务环境产生无聊、不知所终的感受。拉塞尔情感模型在指导设计正确的服务环境时起着不可磨灭的作用，我们将在本章第四节做进一步讨论。

另外需要注意的是，消费者的直接生理反应也可能转化成情绪上的反应。例如，在KTV中过于明亮的灯光会使包厢内其他人的脸看起来比较生硬，影响歌唱者的情绪，而过高的温度则会让人有躁动感，希望逃避这个包厢。反之，柔和的灯光和适宜的温度让人产生舒适感，所有这些环境要素决定了消费者对某一服务环境是逃避还是趋近。能引起生理反应的因素还包括空气质量、背景音乐音量、气味等。

三、消费者对环境的认知反应

消费者的情感有时能够被自身感知，有时则不能，而消费者对某一特定服务环境的认识最终将由情感层面上升到认知层面，而一旦这个过程发生了，就会影响消费者的服务选择决策，并且这个过程难以逆转，消费者在认知层面的反应难以改变。

消费者的认知是指消费者在一定的任务中所表现出来的信息加工能力，包括比较高级、比较核心的动态性认知加工——思维，也包括静态的内容结构——知识和经验。也就是说，我们这里讨论的认知反应既包括认知的过程，也包括认知的最后结果。

在服务营销中，我们首先把服务环境看作服务有形展示的一部分。消费者在初次进入某个服务场所，还未开始核心服务之前，服务环境就是消费者对该企业进行初判的重要线索。例如，旅客到某一景点自由行，面对两家地理位置比较靠近的旅馆，他们会选择哪家呢？在他们真正进入旅馆之前应该就有了初步的决定，他们透过玻璃门看见的大厅内部装潢并做出比较时，在价格、舒适程度等决定服务质量的要素上就形成了评价。而在消费者接受服务以后，服务环境也能影响消费者对服务质量的认知。例如，在自助餐厅进餐时，餐厅环境优雅，其他食客都悠闲愉悦地享受着用餐时刻，如果这时消费者找不到餐后甜点摆放在什么地方，他们更倾向将找不到的原因归咎在自己身上，认为是自己的问题，而不是餐厅。

当消费者在某一特定服务环境中感受到忧伤或者厌恶的情感时，如果企业没有及时发现并且付诸措施，而使消费者多次体验到不舒适的感受，他们就会寻求别的服务提供商。消费者对环境进行负面认知后可能向服务提供商抱怨，此时，服务提供商需要及时做出有效反应，这通常能够挽回消费者对服务提供商的负面印象，甚至转向积极的印象。有时，消费者认为抱怨无用，或者抱怨途径无效，此时就需要服务企业能够主动体会消费者在接受服务时的感受。

第三节　服务环境设计的维度

服务环境的设计是一项十分复杂的工程，除了需要营销人员参与以外，还需要环境专家、室内设计师、园艺设计师等众人的通力合作。服务环境中有许多需要精心设计的因素，本节我们主要讨论服务环境设计的维度，分为视觉、听觉、嗅觉、触觉和味觉以及环境中其他的人五个方面。

一、视觉

视觉因素是服务环境设计中首要的考虑因素，视觉能向消费者传递最多的信息，也是大多数企业吸引消费者的主要源泉。视觉因素是指能让消费者感受到视觉刺激的服务环境中的一切因素，包括色彩、形状和大小、标志和人工指示牌以及空间布局等。

（一）色彩

有着五千年历史的中华民族是十分擅长利用色彩的，甚至人们在"红"前面加上"中国"二字，变成了一个专属名词"中国红"。从红墙黄瓦的故宫到青砖灰瓦的江南小镇，色彩的运用与当地的人文风俗、自然环境交相辉映，相得益彰。而现代营销的7秒定律（即在受到各种感官刺激以后，消费者大约只需7秒就可以确定对一大堆同质商品中的其中某个的好恶。而在所有的因素中，色彩的影响力占到了65%以上）则更进一步阐释了色彩运用在营销中的重要性。

色彩由彩色（如红、橙、黄、绿、青、蓝、紫）与中性色（黑、白、灰）共同组成，其中，色调、明度、饱和度是彩色的3属性。色调又称色相，是色彩的最主要特征；明度是指明暗度；而饱和度是指色彩的纯度，纯度越高，色彩越鲜明，反之，色彩越暗淡。按照色相来划分，色彩可以分为暖色和冷色，暖色包括红、黄、橙，冷色则包括蓝、绿、紫。

一般来说，在大多数成年人的眼中，暖色代表热情、温暖、兴奋、欢欣鼓舞；而冷色则代表平和、宁静、悠闲和舒适。暖色增加环境对人的刺激，有助于消费者的唤醒，而冷色则能够降低环境对人的刺激，有助于消费者的放松。根据服务的不同特点，服务商需要运用相应的色彩，例如，暖色可以引发人们的快速决策,这一点被广泛运用于低涉入度的服务产品中,冷色则相反。

但对幼儿时期的消费者来说,色彩带给他们的并没有如成人般的联想,他们对色彩的需求相对固定。有研究表明,幼儿在生命最初的几个月里,更喜欢暖色,即最富刺激性、明亮的色彩。有实验证明:七个月到一岁的婴儿明显地表现出对黄色和红色的喜欢程度超过其他色彩。对暖色的喜爱会持续一段时间,到了青少年时期,其他色彩,如蓝色和黑色变得更受欢迎,而男孩和女孩在对色彩的喜爱上表现差异并不明显。企业在设计服务环境时需要考虑成年人和儿童的认知差异。

(二)形状和大小

消费者对形状的认知也会影响对服务企业整体以及服务产品质量的认知,例如,流线型被认知为运动的、敏捷的,直线被认知为刻板的、商务的。相对于普通的星级酒店来说,商务型酒店的设计往往采取有棱有角的形状,更为简洁就是这一观点的运用。另外,在设计的时候,也需要考虑到安全因素,例如,游乐场里尽量不要设计带有尖角的设施,以免儿童在奔跑过程中发生意外。

对大小的选择,每个消费者有不同的认知。服务场所更加大型,对有些消费者来说代表安全、权威、好的品质,对另一些消费者而言则是冷漠、生硬、难以变通的代表,反而小型场所显得更有人情味,更温馨和舒适。当然,对不同类型的服务,甚至同类的服务都不可以一言以蔽之,例如,对于连锁型咖啡馆,消费者更倾向于大型的、设施更齐全的,而对于独立型咖啡馆,消费者可能会选择小型的、温暖的。

(三)招牌和人工指示牌

商店招牌即商店的名称,是用来招徕消费者的牌号或标记。一个具有高度概括力与强烈吸引力的商店招牌往往能激发消费者的联想和想象,引起消费者的注意。消费者总是通过浏览各种招牌寻找购物场所。商店招牌的设计需要注意在构图、造型、色彩等方面给顾客以良好的心理感受(《营销心理学》,肖兴政)。企业的招牌和指示牌起到的作用除了进行指示,还可以时时刻刻代表企业形象。在消费者需要帮助的时候,他们可能最先求助于指示牌,此时,指示牌是否清晰明显就十分重要了,如果指示牌或者标志特别烦琐,难以理解或者难以察觉,消费者就会觉得茫然迷失,产生无助感,可能最终上升到对企业的负面认知。

(四)布局

关于空间布局最普遍的例子是商场内的走道一般按照逆时针方向设计,因为人们习惯于逆时针绕圈行走。而在服务营销的环境设计中,布局也显得十分重要。

一般来说,服务场所的空间布局分为紧凑和宽松,如果消费者对隐私或者空间的需求较大,服务场所的设计会更为宽松,反之则紧凑。当然,这与服务企业对消费者的最佳承载量也有关系,一个咖啡厅的服务人手不够,可以在厅内摆放较少的桌子以剔除多余的消费者。

二、听觉

对听觉因素的考虑，可分为听觉吸引和听觉屏蔽两种。听觉吸引是指利用声音，包括音乐、背景声、人声等来吸引消费者注意或者调节消费者情绪。听觉屏蔽是指在服务场所中，尽量避免消费者听到某些声音。

（一）听觉吸引

Hui 和 Tse 在 1996 年的一项研究中指出，消费者在购物时听到喜爱的音乐，会在店内停留更长的时间，并对购物环境以及售货员留下好印象，从而提升对商店整体服务质量的评估。的确，在服务场景的设计中，音乐对消费者的感知和行为有很大影响。音乐的基本要素包括音的高低、音的长短、音的强弱和音色。不同的人对音乐的感知有所不同，例如，相对于老年人来说，年轻人更容易接受风格多变的音乐；相对于女人来说，男人更倾向于听摇滚乐。一项有趣的研究是，音比较高、比较短促、比较强的快节奏音乐能够让人说话、走路加快，甚至做出决策的时间也缩短了。因此，快餐店的背景音乐节奏比较明快，而优雅的餐厅则会播放舒缓的音乐。除了音乐以外，人声也特别重要。在商场购物、机场候机时，我们都愿意听到温柔好听的播音员声音，粗暴的、沙哑的人声则会让我们质疑服务提供者的能力与服务态度。

（二）听觉屏蔽

有些声音是吸引消费者的手段，有些声音则是"驱逐"消费者的罪魁祸首，例如，在图书馆自习时，我们不希望听到管理员高跟鞋碰撞地面发出的叮叮当当声，这会让我们无法静下心来看书。在餐厅用餐时，我们也不希望听到洗手间发出的冲马桶的声音，这会让我们感觉到恶心反胃。在安静的咖啡厅，我们不希望听到服务员之间叽叽喳喳的闲谈声，这会打破空气中的清静感。在旅馆休憩时，我们也不希望听到隔壁房间的争吵声。而无论在哪里享受何种服务，我们都不希望听到噪声。因此，服务提供商在设计服务环境时，墙壁的隔音效果、声音来源与消费者的距离、地面铺厚毛毯等因素都需要考虑周全。

三、嗅觉

切贝特（Chebat）和米琼（Michon）在 2003 年的一项研究指出，环境因素（如气味）在消费者购物的过程中会影响到购物者的认知，进而影响消费者心情与感受。嗅觉要素通常运用于食品的贩卖，大多数人都有过在饭点因为某家餐厅的香味吸引而霎时感受到了饥肠辘辘的经历，在电影院的经历也一样，已经决定购买电影票后，我们往往会被旁边爆米花的甜香味吸引而买套餐（电影票＋爆米花＋可乐）。气味不仅能吸引食客，也能引发人们的联想，传递一些信息，或者刺激消费者的情绪和意识。因此，其他领域也会运用嗅觉这一因素，例如，医院的消毒水味让人感觉医院是干净卫生的，雪松木味能够帮助员工安神醒脑。有实验表明，有香味的耐克鞋店给消费者的整体印象更佳，甚至这些更佳的印象也能反射到商店环境、商品这些和气味没有关系的要素中去。希望引起唤醒状态的服务环境倾向于释放有刺激性的气味如柠檬、胡椒以刺激消费者的感觉，而希望带来小压力、小信息的服务环境则应设计成带有淡雅清香的气味。

四、触觉和味觉

有时，吸引消费者与商品进行触觉接触是卖出商品的重要一步。因为当消费者触摸一个产品时，该产品销售的机会就会持续地增加。例如，玩具租赁商店会将经典的玩具模型摆放在商店前空旷的位置供人玩弄，以吸引消费者进入该商店。

味觉也是人体的重要感觉之一，例如，飞机餐是飞机服务的一部分，对那些认为"吃"很重要的人来说，飞机餐更是衡量飞机服务质量的重要指标。

五、服务环境中其他的人

由于服务的不可分离性，决定了服务环境中必定有其他人的存在，要么是服务员工，要么是其他消费者。在前几节，我们讨论了服务员工管理的重要性和具体方法，在这里，我们主要讨论服务场景中的其他消费者。消费者因素对必须共享服务设施的服务机构，是一项重要的环境因素。

其他消费者的行为和外表能影响服务环境给消费者带来的认知，服务企业不仅要注意吸引那些目标消费者，也要注意吸引那些具有和服务环境相协调的外形和谈吐的消费者。因为消费者可能会运用其他消费者的线索来给服务企业贴上标签。例如，消费者在高档餐厅里看到周围进餐的其他消费者都谈吐低俗，难免会认为高档餐厅并不"高档"，环境并不优雅，从而影响对服务质量的感知。虽然说"顾客是上帝"，但其他食客并不是目标消费者，如何避免这些非目标消费者进入消费呢？通过服务环境的设计也可以做到这一点。例如，目标顾客是老年人时，服务场所可以播放古典音乐以阻止年轻人的进入。而最近困扰宜家的事件："老年人把宜家当作相亲聚会的场所"，也许可以通过播放摇滚乐来解决。

其他消费者的人数也会带来对服务环境的影响，例如，结账处队如长龙，展览厅人满为患，吵闹的人群势必会给其他消费者带来负面影响。

第四节　服务环境的设计

由于服务的无形性，为了降低消费者的感知风险，企业应该做的事情是提供良好的环境设计，并提供尽可能多的信息，以提高顾客的购买意愿（Berry et al, 2002）。服务环境还会影响一个地方的氛围，所以服务环境的感知质量，高可以使消费者拥有高水平的情感兴奋体验，从而对整体服务感到满意（Wakefield，Blodgett，1994）。因此，好的服务环境设计对营销人员进行营销也有一定的帮助，需要从营销的角度对服务环境设计献计献策。在考虑完服务环境的维度以后，营销人员在设计服务环境时还需要遵循以下一些原则。

一、服务环境的设计原则

（一）顾客导向原则

好的设计师作品往往体现了设计师的个人喜好、审美态度以及概念表达。和设计师不一样，营销人员在设计和评价服务环境时应该从消费者的视角体会消费者的需求。要仔细观察消费者在环境中的行为，以及对于环境的反应，并以此作为环境设计和调整的依据。

阿兰（Alain d'Astous）在2000年进行了一项研究，他指出了几项使消费者产生不满的环境因素，如下所示。

1. 周围环境。具体如下：
(1) 商店不干净。
(2) 商店或购物中心室内温度过高。
(3) 商店或购物中心背景音乐声音太大。
(4) 店内气味难闻。

2. 环境设计变量。具体如下：
(1) 试衣间内没有镜子。
(2) 找不到需要购买的物品。
(3) 店内指示不清晰。
(4) 商店内物品的陈列发生了改变。
(5) 商店面积过小。
(6) 在购物中心难以发觉正确的购物路线。

这些细节在服务环境中容易被忽视，设计者往往注重服务环境的审美功能，而忘记了服务场所的最终使用者——消费者购物或者享受其他服务不便捷，就会使感知服务质量大打折扣。

（二）整体性原则

由于消费者自身的特点，消费者对服务环境中各要素的感知程度也有所不同，但是总体来说，消费者把服务环境中的各要素视为一个整体进行感知。服务环境的设计要从整体着眼，最终要体现服务企业的企业形象，因此，不同的环境要素要相互协调、配合，不能相互冲突。

想象这样一个场景：消费者进入一个名叫××咖啡的店面，外部大理石西式装潢，里面却有一桌桌的人围坐在一起打牌，背景音乐声很吵，灯光特别亮。这是许多"咖啡馆"面临的难题：定位不清。招牌名称以及外部装潢让消费者对此初步判断是咖啡馆,这对初次进入的消费者来说是一个巨大的误导因素。这是一个违背了整体性原则的典型案例。

服务环境中的每一个要素都在为公司品牌及定位进行整体理解而服务,儿童玩具商店需要色彩鲜艳的装饰、欢乐的儿童歌曲作为背景音乐、明亮的灯光、安全的设施摆放即布局,等等,任何要素的缺失或者定位错误都会导致商店环境的协调性被打破。

(三) 提前性原则

设计服务环境时还要把公司、社会的发展趋势考虑在内,预留空间。10年前,某一商场品牌进驻武汉武昌地区,2年后,该商场的营业额呈爆炸式增长,究其原因,武汉的"有车一族"急速增长,而在武昌地区该商场是唯一拥有宽敞的地下停车场的购物中心,凭借此优势,该商场吸引了一大批具有购买力的消费者。

和城市规划一样,服务环境的设计者除了要考虑现有要素以外,对地区经济的发展因素、人口政治的变动因素、自然环境的变化因素都要有敏锐的把握。

二、服务环境的设计步骤

在实际操作中,服务环境该如何设计才能将所有因素都考虑在内而又快速高效地完成工作呢?服务环境的设计步骤如下。

(一) 确定企业的目标顾客群,分析他们对环境的反应和偏好

由于消费者的特性不一样,他们对服务环境的要求也有很大的差别。进行服务设计的第一步就是要确定市场细分,结合企业自身的品牌定位以及产品特性分析他们对环境的需求。例如,刚上班的年轻白领对奢华的服务环境没有要求,但对环境是否清洁、舒适要求较高。而中年人一般有钱有闲,更加注重服务品质,可能需要较多的服务员工在场随时满足其服务需要。女性偏爱曲线的线条设计,而男性偏爱直线。年轻人倾向于吵闹、刺激的摇滚音乐,而老年人喜爱柔和、舒缓的古典音乐。

(二) 进行环境实验,并根据实验结果调整环境因素

在正式运营之前,企业需要对服务环境进行模拟实验,随机在目标人群中选取实验对象,观察他们对环境的反应,听取他们的意见。

我们可以控制其他变量,对某一实验变量进行调节。例如,进行多次试验,其他因素相同,改变灯光亮度,观察在能见范围之内,消费者认为最舒适的亮度到底是什么。或者,服务环境的设计对场所内某个角落布局安排特别重视,就可以单独改变这个角落的布局,分析消费者在什么情况下能看到最多的商品,产生最多的购买欲望。

接下来,通过使用焦点小组访谈或其他方式,平等无压力地向实验对象收集反馈意见。还可以使用头脑风暴的形式,组织专家智囊团,对服务环境的设计进

(三) 正式设计环境，兼顾实用和美感

在完成环境设计的最终稿时，从消费者的角度出发，将设计师的审美要求与顾客的实用标准结合起来进行考虑十分必要。而在正式投入使用之后，中高层管理者、分店经理也不能停止对消费者对服务环境反应的观察，另外，最敏锐的观察结果往往来自底层员工，他们直接面对消费者，更能够站在消费者的角度思考服务环境的利与弊。例如，购物的时候店员会亲切提醒：注意脚下。这就来自于店员在一线的长期观察，有时，光看设计图纸是不能想象实际服务生产时会遇到哪些麻烦的。

【服务营销实践】

迪士尼公园的服务环境设计

美国迪士尼公园每年吸引着数以千万计的世界各地的游客，迪士尼公园的管理者深知公园环境服务的条件——温度、湿度、空气质量、气味、声音、身体的舒适度和照明、建筑物的设计、空间比例设计等都会影响客人对服务的感受。阴暗、潮湿，传来嘈杂声和寒风呼啸声的通道与明亮、人声鼎沸、音乐飘扬的闹市对客人的影响是完全不同的。前者让人感到不祥和惊恐，后者则让人感到温馨和可靠。因此迪士尼公园把有些景观设计成"暗色调"，如迪士尼公园的鬼头、加勒比海岛和恐怖塔的微光区，这样设计就是考虑到昏暗可以给人们带来悬念、惊奇和潜在恐惧。下面我们来看看迪士尼公园服务环境设计的具体细节。

一、公园的空间环境设计

迪士尼公园的管理者对迪士尼公园内部的空间进行了合理的利用。因为管理者感觉到空间会从本质上影响客人对服务的感受。例如，等待区设计合理，排队等候的客人就会感到舒适，反之他们就会觉得郁闷和烦躁。因此，迪士尼公园在许多需要长时间等待的等候区内设置了 U 形等待排列方法。

二、设置可识别标志

迪士尼公园中还设置了许多帮助游客辨认方向的视听标志。每个景区内的表演人员的服饰协调一致，这样可以帮助人们在不同的景区内辨别方向。因为管理者在设计时了解到必须让游客清楚地了解他们身在何处。他们认为设置一个所有车辆都可以通过的入口，然后以此为中心来设计其他的景点和场所，这样人们就有了方向感——任何时候都知道自己处在什么位置。

三、服务环境中的其他人员

迪士尼公园的管理者还认识到服务环境的最后一个组成部分就是环境中的其他人员。这些人员的组成包括工作人员和其他游客甚至于被游客看成真人的动画制品。游客们在游览的过程中常常希望能看到许多其他游客。如果他们感到孤

独,就会纳闷——是不是只有我自己来到这个地方呢?因为幸福和满足的感觉是能够感染他人的,所以游客们往往希望在一个愉快和温馨的环境中享受服务。

同样,员工的作用在服务环境中举足轻重。迪士尼公园的管理者为每一名员工的服装设计都精心考虑,在颜色、款式上都力求适应其所在景区的特色,这样就使游客在享受服务的同时,也能感觉到身处其境。

迪士尼公园的管理者同样没有忘记在景区中被游客看作景色的一部分的动画人员。它们被称为"迪士尼人物",迪士尼人物可随时出现于迪士尼乐园各处。他们没有特定的出现时间。需要游客注意观察,因为他们会出乎意外地随时出现在每一个人的眼前,这就为游客的游览增添了趣味和惊喜的感受。

【服务营销前沿】

银行服务环境

企业服务环境管理的重要性不言而喻,在实际操作中,也应注意因为不同企业从事的服务工作不同,所以在服务环境设计的时候,着重要考虑的因素也是不同的。中外营销学者广泛研究了与服务质量密切相关的服务环境这一概念,也提出了很多对服务环境维度的划分,而这些维度划分的具体内容也因不同的行业而有所差别,因此对不同行业,各种维度划分理论的通用性及其对其他行业的借鉴意义都有各自的局限。

科特勒(P. Kotler, 1973)指出,服务环境影响行为以及树立形象的能力尤其在服务业,如酒店、餐厅、专业事务所、银行零售商店以及医院中最明显。中国人民大学的史章建在调查了北京地区的银行样本以后,撰写了《银行服务环境维度测量及其对满意度的影响研究》一文,详细地讨论了银行营业厅的服务环境设计,也为其他行业服务环境设计研究提供了范式。

上述文章把服务环境的维度设定为空间、标记、设备、周边条件和顾客群态5个方面,其中,顾客群态的问卷题项是:①我觉得银行的其他顾客始终对银行服务有一个好的印象;②该银行的客户并不满意银行向我提供良好服务的能力;③该银行了解其他顾客影响我对银行服务的看法;④员工的着装是一致的;⑤员工有整洁的服装和外表。而服务质量的量表则采用了拉萨(Lassar)等在研究银行服务质量时的成熟量表,分为功能质量和技术质量两类。

文章结论是服务环境、服务质量对顾客满意度存在正向的影响关系。如果顾客感知的服务质量越高,那么顾客满意度就越高,功能质量和技术质量也能够正向影响顾客满意。

在银行产品同质化越来越严重的今天,企业应该要意识到这种同质化的背后顾客满意度的形成过程。因此,银行应该分析自身在目前银行业中所处的地位,找出自己的优势和劣势,并依据银行的特点,确定优化服务环境的方法和路径。

另外，虽然顾客在消费过程中自我服务的意识越来越强，但是银行还是要意识到服务质量在整个影响路径中的重要作用，因此，银行要将服务环境与服务质量结合起来，以最大限度地提高顾客满意度，为企业创造更多的利润。

小结

服务环境是服务有形展示的重要一环，不仅指以服务场景或与服务相关的产品的外观来表达服务本身，而且也是以克服服务的无形性为最终目的，为无形的服务提供有形的或易感知的线索，大致可分为硬环境和软环境两大块。硬环境主要是指服务场景、装饰、标志、服务设施等，而软环境则体现为温度、湿度、光度等，也包括其他顾客、员工的群态等。

在进行环境设计时，主要考虑的要素除了美观以外，满足顾客需求、讲求实用性也是十分必要的。

思考题

1. 什么是服务环境？
2. 列举出一种服务环境的维度。
3. 进行服务环境设计时主要考虑的原则有哪些？

案例

中国香港国泰航空贵宾室

国泰航空在香港国际机场设有 5 个贵宾室，供头等及商务客位旅客免费享用，包括寰宇堂、玉衡堂、尔雅堂、赏心堂和 G16 贵宾室，设有阅读室、健身室、私人浴室、酒吧及餐厅等设施。亦设有"游乐轩"，内设多部 Play Station 2 和 PlayStation 3 游戏机供候机乘客使用，国泰一般不建议旅客选用 G16 贵宾室，而另外的 4 个贵宾室则能为旅客提供各种不同的优质服务。

寰宇堂和玉衡堂，在这两间位于香港国际机场的国泰航空贵宾室里，时常能听到这样的评价："真想在这里住下啊！"

少逛几家店　为吃一碗面

某次聆听一位时常往返京港的前辈的教诲："记得哦，担担面是一定要吃的。我上次时间有些紧张，于是干脆一个免税店都没进，直奔休息室就去了。"担担面 PK 过购物欲，真是让人刮目相看！享受同等追捧的还有这里的馄饨，可谓国泰贵宾室"双绝"。

来到寰宇堂的风味坊时，正是午间用餐高峰。放眼望去，几乎人手一碗面条，莫非担担面风靡到这等程度？赶紧到柜台前排好队，才发现其实还有云吞面、河粉等多种选择。毫不犹豫地点了担担面，柜台里的师傅发给一个巴掌大的圆盘子，座位上等着去吧。

不一会儿，圆盘上红灯闪烁，于是到柜台将传说中的"国泰一绝"庄重地端了回来。白瓷小碗，橙面红汤，加上青翠的葱花，卖相着实不错。吸溜一口，味道也不是吹出来的。但说实话，调料里加了麻酱，这原来是一款改良版。倒是排骨河粉，汤汁浓郁，河粉细腻，深得我心！啊，没错，两种面食我都品尝了，多亏这里都用分量不大的小瓷碗，如果胃口够好，逐一品尝也不失为一大乐事。想来有馄饨供应的玉衡堂风味坊也是同样景象吧。据说，这两个贵宾室平均每天供应多达1 600碗面食，"美食家"们的胃口真是不容小视。猛然想起一句俗语：要抓住他的心，先抓住他的胃。原来这是放之四海皆准的真理。

设计看点

1998年启用的寰宇堂是英国著名设计师John Pawson的大作；2001年诞生的玉衡堂，则是香港设计公司Richards Basmajian及Woods Bagot，联同国泰内部一组专门设计人才的智慧结晶。如果你不是简简单单觉得"好"就足够的人，那么细细游览这两间贵宾室，便会发现相当多的细节之美。

- 寰宇堂

由Pawson精心设计的洗涤盘全部选用来自南非的云纹黑花岗，在意大利维罗纳用电脑控制的切割机加工制成，制作工序既艰难又耗时，但这也正是John Pawson设计的特色。

为了将贵宾室内每区分隔，Pawson运用玻璃夹着日本纸，以不锈钢做外框，让光线隐隐透出，而天然的光线让这里日夜呈现不同面貌。

逸雅阁的餐椅由哥本哈根设计师Hans Wegner设计，款式与前美国总统约翰·肯尼迪在纽约联合国拍摄的一帧图片中所坐的椅子完全相同。

一条长约65米的室内水道，以半透明玻璃隔开，流经整个寰宇堂。从外观看，水道形成一片流动光影溢出刻花屏风外；从里面看，水道则是室内各区的围边。

- 玉衡堂

头等贵宾室远眺停机坪及通往第64号闸口的乘客通道。遇有乘客于该闸口上下航班时，便会有一扇自动电帘降下，以确保头等舱乘客不受打扰。

为头等舱乘客专设的乐和厅里，拥有包括著名的"巴尔扎克扶手椅"在内的古典家具，并且每个房间墙壁都以木质作饰面，配以漂亮的皮制装饰。磨砂玻璃窗配合隐约的竹枝设计，可拉动的屏幕让乘客可调节所需的自然光线。

洗个热水澡　找回好状态

有吃有喝有休息有玩乐，如果你真的想要在这里住下，还缺一点什么？没错，还得能洗澡。淋浴功能的开通让这两个国泰贵宾室就如同一个解构版的酒店房间。一下飞机便要会见重要客户？长途飞行一身疲惫？玉衡堂的11个商务乘客专用淋浴间和7个头等贵宾室淋浴间，以及拥有5个宽敞浴室的寰宇堂浴泉居，成为无数乘客的心头好。有势在必得的客人询问说："可以提前预订吗？"答案只能是："不好意思，实在太抢手啦，只能先到先享用。"

拐进玉衡堂的淋浴区，一块块嵌以白色小鹅卵石的树脂砌成的墙壁，刻花强化玻璃浴屏，洗浴用品一应俱全，摆放在黑色大理石的台面上，一切都简洁清爽，并没有想象中的匆忙。寰宇堂专门为头等舱乘客准备的浴泉居更是一派仿如SPA的气势，每个浴室的面积都超过35平方米，花洒、洗手盘、浴缸、厕所、长椅、迷你酒吧，以及水道景观，此时此刻，这样的空间便是不折不扣的奢侈品！参观很快结束，客人一个接一个，少有空暇。什么也别说了，赶紧去排队吧。

等我五分钟 我在玩游戏

寰宇堂有个"玩家必争之地"——游乐轩。这个面积不大的区域，却有着14台最新最精彩的Play Station 2互动游戏机，包括7台站立式试玩台，5台"独"立间隔式试玩台，以及两台位于入口处的赛车游戏机，看得人心痒难耐。进入贵宾室的所有乘客，无论男女老少，都可以免费享用，只要有空位的话。不过进入之前，好心的服务员们都免不得提醒一句：请千万注意您的登机时间！

请不要将他们的提醒当作耳旁风，有多少鲜活的前车之鉴告诉我们：身在游乐轩的乘客，误机概率远远高于位于其他区域的乘客。幸好已经更换了登机牌，飞机不至于弃你而去，但总不好意思对焦急万分的工作人员说"等我五分钟，我玩过这一关就到"吧。

第十一章 服务人员管理

【学习目标】
1. 服务人员是企业的内部顾客,前台服务人员则是直接提供服务的工作人员,学习本章后,你将了解管理服务人员的重要性;
2. 掌握在具体实践中管理服务人员的方法。

开篇案例

张勇:海底捞的甩手掌柜

最现实的乌托邦

张勇是海底捞火锅的董事长,而他管理员工的方法独树一帜。例如,让员工的子女免费上学;即使在北京这样的城市,员工宿舍也一定是正式住宅小区而非地下室,且离工作地点不会超过20分钟;配备空调,有专人保洁、洗衣服;公寓甚至配备了电脑,可以上网;对那些夫妻员工,还考虑给单独房间。据说,员工的家人一旦因为大病无钱医治,公司还会负责到底。

这使海底捞的人工成本远高于同类企业。光是员工的住宿费用,一个门店一年就要花掉50万。

凡此种种,使张勇被认为是个乌托邦的理想主义者。

"不是。我是个现实主义者。说我乌托邦的人是没算清账。员工都没改变命运,你老板要改变命运?其实是我没那么大理想,所以可以很从容。"张勇很老实地说,他并不掩饰自己心中的小九九。

的确是。正因为他对员工好,员工才对企业好,对顾客好,由此才有了海底捞服务的扬名。最有力的证明莫过于北大光华管理学院两位教授对海底捞为时一年多的深入研究,在甚至派人"卧底"当服务员后,他们惊讶地发现:海底捞服务员对职业的认同感竟远远高于他们所带的MBA班学生。海底捞有一万名员工,流动率一直保持在10%左右,远低于中国餐饮业28.6%的平均流动率。

"还是一个算账的关系,我不觉得我们海底捞的做法有多高尚。"他说。

犯错也该人家犯

张勇最近两年都不怎么去巡店了,看看书,有时去旅游,或者在自己家的小区里陪那些退休的老头儿玩玩小麻将。

其实是他一向都明白,授权有多重要。

"有句话说得好，'这个企业现在是我们的，将来是儿子们的，归根结底还是那帮孙子们的嘛'。"他打趣说，"有不安全感，通常是因为过于看重自己了。"

在海底捞，从管理层到普通员工，所拥有的权力简直非一般餐饮店员工所能企及。据说，30万元以下的开支，各个分店的店长就可以做主。就连那些来来回回穿梭的普通一线员工，都可以决定赠送水果盘或者零食，一旦顾客提出不满和要求，甚至能直接打折、免单。

张勇一点都不担心这些权力被滥用，"其实很多事情你的店长能处理，服务员也能处理。"他说："再说，服务员免单是有前提的，就是我们出了瑕疵，对方要求。其实他是在替公司处理问题，如果非要报告到店长，可能时间就耽误了，影响到顾客的满意度。"

并不是张勇太幸运，事实上，如此授权也常常带来麻烦。

曾经有一次，海底捞新开了一个店，所租的房子有电梯，但是是货梯，而新装一个客梯需要花费几十万。于是工程部长就决定对原有货梯进行改造来载人。但十几万投入进去，改造后的电梯却总往下掉，在店长的抗议下，工程部长依旧没换新的，再次投入十几万继续改造。不幸的是，前后耗时两个月，共花费了二十多万，最后还得卸掉装新的。

相信很难有人对此不火冒三丈，但张勇看似习以为常。这位工程部长在事后并未受到任何处罚，张勇的理由是：他的出发点不是为了搞垮海底捞或者贪污，还是为了节省。"他的优势也很明显啊，再说你找不到一个全才。"张勇说："如果非要处罚，各级干部出错就会掩盖。所以，不要去追究人家的错。"

"海底捞现在十几个亿的产值，你不可能每个东西都自己去买，即使都自己去买也难免有错。每个决策，不管谁做，其实都有风险，企业犯错很正常，我们能容忍，而且必须容忍。"他说。

事实说明，他的账算得并不错。2009年，海底捞利润做到了税后18个点；2010年，尽管人工成本、原材料成本都大幅度提升，但仍能做到超过16个点。张勇相当满意。因为，如此高的利润率说明：在海底捞，很少有跑冒滴漏。或者说，大家的责任心足够强。

其实张勇一直都不明白为什么很多人非要按照自己意愿来做，他更喜欢的是，自己去玩，别人干活。在他看来，很多老板很累，是因为你把人家的活儿干完了，人家还照拿工资，这是何苦！

"既然你花那么多钱雇了人家，分了人家这个职务，你为什么要干人家的事情？犯错也该人家犯。"他说。

民主的细节

早在2003年，海底捞就推出《员工奖励计划》，给优秀员工配股，并以西安东五路店作为第一个试点分店。但是，这一计划后来被取消。原因就是不公平。因为在实施这个计划后，老员工得到的配股奖金会高于工资，这意味着大家辛苦评选出来的优秀员工收入与老员工相比仍差距很大，沦为资历为上。

民主往往体现于细节，张勇对此很在意："就像你说你的企业是公正的，但具体到高管要出去开个火锅店你就不干了，那不是瞎掰吗？"

他说的是他曾经在公司做的公开承诺："哪怕只做了一天店长就辞职离开，我都会送最高八万元安置费，大区经理离开则送他一家火锅店。"

就在前不久，张勇的弟弟刚刚从海底捞上海区总经理的位置上离职，之前他从部队转业，来海底捞时已经说好了学学后就自己干。他很能干，很快做到了高管，兴奋得张勇把先前的约定都忘了，以致在弟弟来辞职时他还颇感惊讶。惊讶归惊讶，照样放行，按制度给800万去开火锅店，连税都分担一半。

其他高管就有意见了，"你给钱我们同意，但怎么能同意让他开火锅店？还要帮他搞装修？"这些本是该制度受益者的人自己提出，应该跟公司签个同业竞止协议。

张勇是这么回答的：

"首先你们现在站在公司立场上，当有一天你要走了就不会这么想；其次，你想一个人在海底捞干了很多年好不容易干到高管，现在要走了，他不干火锅能干什么？其他的他都不会干。为什么非要去堵他这条路？也许法律上确实该禁止，但干火锅的那么多你不去竞争，干什么非要和自己人竞争？"

"我总是鼓励我们的干部出去创业。"张勇说。当然，他也有办法尽量避免竞争，用的是诱导策略，如果给你800万你不开火锅店，开别的店，或者虽然开火锅店，但档次和海底捞不同，不仅在装修上海底捞可以支持，甚至会给予人员支持。也就是说，有些喜欢你的干部可以跟着你走，做一段时间后也还可以再回来。

对于让不让亲戚来，张勇也一向不避讳，均可，无所谓家族或不家族，只要认真的、公正的都可以。"但亲戚一般不愿意来，因为要避嫌，所以在要求上一般更严。"他说。

——《每日经济新闻》

第一节　服务人员的重要性

服务品牌和工业品牌的一个重大区别是服务品牌与顾客有许多的接触点（L. De Chermatony, 1993）。而服务品牌和顾客的接触少不了把服务人员作为媒介。由于服务的不可分离性，服务人员和顾客会多次接触，服务人员通过和顾客接触提供服务，顾客则要直接面对服务人员才能体验服务。服务人员在决策阶段、服务过程中以及服务后评价都起了重要的作用。即使是工业品企业，也有面向顾客提供服务的人员，比如，售后服务人员，他们在工业品销售中也起着重要的作用。本章我们所指的服务人员都是服务企业的一线员工，不包括向一线员工提供服务的其他员工。

一、服务人员与企业形象

由于服务具有无形性，服务的有形性展示就显得非常重要。和有形产品品牌展现的主要内容不同，服务品牌主要展现包括服务环境、服务人员、品牌名称等。服务人员的精神面貌、素质素养、服务技能都是服务品牌资产的组成部分。可以说，服务人员是企业形象的最佳代言人。

很多服务企业进行有形性展示的第一步就是改造服务人员的形象，只要做的合适，都起到了非常好的效果。比如，武汉某商场将直达电梯全部配备妆容精致的电梯小姐，进行微笑服务，每工作1小时就休息一次，以保证最佳服务质量。这些电梯小姐成为该商场一道亮丽的风景线，无形中让顾客购物时拥有良好的心情，间接地提高了顾客对企业的满意度。当然，要用良好的外形打动顾客，一线服务人员并不能光靠姣好的面容。在2010年的上海世博会上，我们发现日本馆并不是所有的礼仪小姐都青春靓丽，但是她们都拥有亲切的笑容，这笑容一样能触动顾客的心灵。

另外，服务人员自身的素质也影响着企业形象的展示。一些服务企业的一线员工只用掌握简单的服务技术，但是企业招聘人员时会进行学历上的筛选，管理者的考虑就来自于此。服务由员工直接做出，他们的素质很大程度上决定了服务的广度和深度。企业设计出了一套优秀的服务方案，如果没有素质高的服务人员进行正确解读与配合，会大大降低企业的运行效率。对顾客来说，服务人员不论服务的结果如何，如果顾客感觉一线员工在服务接触过程中的努力程度越大，那么，顾客对整体服务的满意度也会越高。努力程度即是我们常说的"专业性"，这也是服务人员素质的题中之意。而组织行为学的研究表明，招聘合适的人员和进行高质量的人员培训不可分离，选拔、招聘优秀的服务人员的同时，不断进行员工培训，能有效提高员工素质，达到服务企业管理人员期望的效果。

二、服务人员与服务质量

顾客对服务质量的感知对象是服务过程的体验和结果，贯穿于服务过程中和服务后。这些都直接由服务人员承担，服务人员影响了服务质量的高低。关于服务质量的测量，学术界广泛认同的模型分为两派：北美学派和北欧学派。北美学派以美国学者PZB（Parasuraman、Zeithanl、Borry）为代表，北欧学派以芬兰学者格罗鲁斯为代表。

（一）北美学派的SERVQUAL模型

1988年，PZB在一篇名为《SERVQUAL模型：一种多维度的顾客感知服务质量度量方法》文章中最早提出了SERVQUAL模型。SERVQUAL模型提出了影响服务质量的5大因素，即有形要素、可靠性、响应性、信任性、移情性，并建立了详细的量表,被学界广泛接受。

1. 可靠性。服务人员准确履行服务承诺的能力。
2. 响应性。服务人员对顾客提出的要求进行迅速反应的意愿。
3. 安全性。服务员工所具有的知识、礼节以及所展示的服务技能和自身的素质修养。
4. 移情性。服务人员关心顾客的个性化需求并积极为顾客提供所需服务的程度。
5. 有形元素。包括了服务人员的外在装扮和形象。

SERVQUAL 模型描述了顾客感知的服务质量度量方法,5 个测量维度均直接对服务人员提出了较高要求,服务人员能做到这 5 点,就可以直接作用于顾客感知的服务质量。

(二) 北欧学派的理论

基于服务质量的产生是由顾客与服务组织要素间的互动而产生的考虑,1982 年,列迪宁(Lehtinlen)提出将服务质量分成设计质量、企业质量和互动质量 3 个方面。他们认为,服务质量包括技术质量与职能质量,技术质量采用客观标准来衡量,职能质量则采用主观标准来衡量。

他们使用 3 个服务质量维度:设计质量——包括服务的实体;企业质量——公司的形象或公司的服务而产生的服务质量;互动质量——来源于服务人员与顾客间的互动,甚至是顾客与其他顾客间的互动。1988 年,古姆松(E. Gummesson)进一步将服务质量划分为设计质量、生产质量、过程质量和产出质量 4 个方面。

从列迪宁的标准来看,设计质量包括服务人员实体的技能、素质、形象等;企业质量则由服务人员向顾客提供服务而产生;互动质量来源于服务人员和顾客之间良好的互动,包括情感的交流、肢体的配合、言语的沟通,而顾客和顾客之间的互动通常情况下也需要服务人员的指导和推动。

(三) 服务剧场理论

根据服务剧场理论(Grove, Stephen, Fisk, 1992),演出的整体表现是演员、观众与设施之间动态互动的结果。

服务的整体表现则是服务人员、顾客和服务设备之间的互动。对服务企业来说,顾客是客观因素,不能拒绝顾客,但是服务人员可以对顾客进行选择与培训,管理顾客参与过程;更换和选择服务设备也应由服务人员做出基础的决定。在实际操作中,对设备使用的便捷性、安全性、操作容易程度、满足服务要求的程度等方面进行感知,服务人员向管理者进行建议,管理者综合资金等其他方面因素来做出最终决定如何选择设备;服务人员、顾客、设备之间的互动则完全由服务人员主导,服务人员在此过程中扮演着引导者的角色。

根据服务质量评价模型以及服务剧场理论,服务人员对服务的整体质量做出了重要贡献,服务人员不仅是服务质量的承担者,更是服务质量的缔造者。

三、服务人员与顾客忠诚

我们周围经常会有这样的现象:在美发行业,顾客忠诚于设计师,而并非某个美发品牌。设计师倾向于与顾客建立良好关系,企业的人力资本透过顾客资本对企业绩效产生极大影响。研究发现,业者让设计师对组织满意后可以提升顾客满意度,业者在工作环境现场应该及时尽可能地满足设计师的需要并使他感到满足。

"服务利润链"模型提出了企业内部服务质量的概念,阐述了内部服务质量可以增进员工满意度,员工满意度能够促进员工忠诚度,而员工忠诚度则是企业服务质量和效率的保证,高服务价值和顾客满意之间紧密相关,满意能带来忠诚,进而影响企业利润。

内部服务质量将在后面的章节中做详细阐述,在这里,我们主要解释员工创造价值对顾客的影响。有些研究认为忠诚和满意之间存在交互影响,但学界普遍认为顾客满意对顾客忠诚有显著的积极影响。员工创造的服务价值促使顾客满意。影响顾客满意的因素有认知因素(期望、感知与认知的匹配)、利益因素(价值与价格的关系)、服务因素(整体服务质量的影响作用大于核心服务的作用)和情绪因素(对公平的感知)。员工承担对顾客创造价值的作用,同时肩负起连接顾客和企业的责任。与传统的产品质量稳定、投入和产出分离的工业品生产效率不同,服务企业的生产效率包括了内部效率(员工、顾客与服务系统的结合效率)、收益效率(服务满足顾客需求的能力)以及能力利用效率(有效管理顾客需求的能力),为了促进服务企业的生产率,服务员工提供了4种功能:跨边界角色、创造性解决问题、情绪劳动,以及对顾客需求的体察。跨边界角色是指服务员工进行双向的工作,同时与内部组织和外部顾客进行沟通,在这个过程中就有可能出现顾客指令与企业指令相冲突的情境,就需要服务人员灵活处理,在企业付出最小成本的情况下让顾客得到最大满意。服务企业面对的顾客需求形形色色,顾客掌握的知识各异,顾客、服务人员、企业互动过程中的任意一个因素出现了变化都需要服务员工创造性地解决问题。服务人员为了使顾客快乐,压制自己的真实情感是常事。随着顾客对服务企业的期望越来越高,"皮笑肉不笑"让顾客厌烦。顾客只有真切地感受到服务员工积极的情绪,才有助于产生满意感。而对顾客需求的体察就需要服务人员具有移情性,如果能够长久地维护和顾客的关系,并且和顾客年龄、性别具有相似性,就能够更精确地把握顾客的需求。

员工的服务为顾客提供了巨大的价值,顾客满意和顾客忠诚随之产生。顾客保留,对价格的敏感度下降,产生重复购买,并且起了口碑宣传的作用,和新顾客相比,老顾客能为企业带来更多的净收益。服务企业追求的目标不应该是市场份额,而是市场份额的质量,这就要求服务人员能够真正做到优质服务,这也是优秀的服务人员所做出的巨大贡献。

第二节 服务人员工作的特点

在上一节,我们指出了服务企业员工的重要性,服务产品的生产和消费同时进行,使服务人员的工作态度、感知服务质量直接影响到顾客的感知价值,优秀的服务人员是服务企业最宝贵的资产。在服务行业,我们经常可以看到这样的现象:要求礼仪小姐微笑时露出八颗牙齿,要求服务人员主动问询顾客的要求,要求服务人员避免与顾客直接冲突,即使是顾客无理取闹。从这些方面,我们可以看出服务人员肩负着巨大的职业责任,而这些责任在他们工作的特点中可以得到完整而详细地呈现。

一、跨界性

服务人员的跨界性是指服务人员扮演服务组织同外界,即顾客联系的角色,汇集内部外部信息,并将信息进行整理,代表组织与顾客进行沟通,或者将顾客的信息反馈给组织。另外,服务人员还扮演着联结组织内部各个部门的角色。总而言之,具有跨界性的服务人员有两个主要功能:信息传递以及代表。

(一)联结组织内外部

服务过程是一个将组织以及服务人员个人的资源进行加工生产,形成产品服务于顾客的过程,服务人员和其他的生产者不一样,面临的不只是冷冰冰的机器、原材料,还直接面对有感情、会活动的顾客,经常面临组织要求和顾客指令不一致的情况,特别是有些顾客用有色眼光看待服务人员,认为他们是低人一等的,不顾客观环境状况,对服务人员提出苛刻的要求,在这样的情境下,服务人员就更容易面临各种尴尬状况。由于跨界性的特点,无论是组织还是顾客,都对服务人员提出了很高的标准,我们将在本节随后部分将进一步讨论。

(二)联结组织内部各部门

服务企业应该清晰地认识到,在组织内部,每个服务人员都具有双重角色——既是内部的供应商,又是内部顾客。对一线服务人员来说,他们不仅联系了内部的"后勤人员"(如财务部门人员、人力资源部门人员),还联系了其他服务部门的人员,他们必须把获得的内部资源以最小的损耗和最大的产出为宗旨,服务于外部的营销活动,让顾客得到最大的满意。

我们来看美发店中的发型设计师的简易工作流程:顾客由接待人员移交至发型设计师,发型设计师与顾客交流以后,与染发烫发人员进行沟通,用合适精确的语言告知染发烫发人员自己的想法,烫发或染发结束以后,发型设计师将对顾客的发型做进一步的打理。

在这个过程中，服务人员必须做到以下几点：①有效的信息沟通是重点。内部信息沟通是服务成功的基石，企业应创造合理的信息沟通机制，提出适合行业特征的沟通法则，对服务人员来说，服务人员在与其他服务人员进行沟通的过程中逐渐磨合，总结经验。②开放的心态是保障。服务人员应明确自己的责任和义务，除了做好自己的工作以外，注意不要掺和其他服务人员的工作，以免发生误会与冲突。③可能形成非正式的自己的结论。在与其他服务人员进行沟通的过程中，由于服务过程的复杂性与不可控性，服务人员可能会产生特殊的要求和倡议，比如，烫发染发人员在工作过程中发现顾客有特殊的习惯，就需要告知发型设计师。或者烫发染发人员发现不同的发型设计师有不同的工作风格，进行合作时就需要加以区分和注意。

二、冲突性

具有跨界性特征的服务人员经常处于带来冲突和压力的境地。冲突的主要来源是组织、顾客以及服务人员自身。

（一）角色与认知的冲突

根据服务剧场理论，服务人员在服务过程中必须遵循特定的脚本，这可能与服务人员对自我的认知不符。服务人员被要求毕恭毕敬地对待顾客，而服务人员本身可能并不如此看待自己。毕竟服务人员和你我一样，在生活中，我们很难做到对陌生人和对待亲朋一样，甚至超越对待亲朋的态度。还有一种情况，服务人员可能正处于痛苦的情绪中，而工作要求他们压抑情感，用愉悦的态度面对顾客，这种压抑的情感使服务人员服务顾客时戴上了"面具"，有关这种表面行为的情绪，国内外劳动学者进行了多方面的研究，一种情况是服务人员对自己的情绪进行调节以满足组织的要求，即表面表演和深层表演，此时员工表达的情绪并非自己自然感受到的情绪，而是通过有意识的伪装呈现出来的；另一种选择是将不符合组织要求的情绪真实地表达出来，而这种情绪对组织和顾客来说是有害的，因此这种情绪表达被视为情绪偏离行为（程红玲，陈维政，2009）。要减少这种冲突，组织需要对服务人员进行全方位的培训，让服务人员认同自己的角色。另外，有些服务企业对正处于极端情绪中的员工予以照顾，比如，允许亲人逝世的服务人员带薪休假。

（二）组织与顾客的冲突

服务人员会面临组织和顾客指令不一致的情况，当顾客要求的服务违反了组织规定的时候，这种冲突就会出现，这也是服务人员经常遇到的情况。这种冲突如果解决不当，服务人员就会觉得受到委屈。特别是授权度低的企业，服务人员无法解释并且改变公司的规定，在面临类似于顾客要求服务人员多给一些赠品的时候，多数服务人员会尽力解释公司的规定或者明确告知顾客自己没有这种权利。有些时候，服务人员知道怎么做可以提高服务质量，这时，他们选择与顾客站在一边以减少冲突，或者他们提前告知顾客他们不认同公司的某些规定以博得同情，撇清责任。

（三）顾客之间的冲突

有时候顾客之间的冲突可能会将服务人员卷入其中。比如，顾客在争夺车位的时候通常会埋怨保安工作不力，或者要求保安判断车位归谁。这种时候服务人员会面临两难境地。特别是服务人员如果不处于专家地位，没有较高的权利，就很难解决冲突，或者顾客根本不信服服务人员的解决方案。有时候，服务人员通过远离冲突中的顾客来消极避开这种冲突。而要从根本上解决这种冲突，需要组织制定将顾客考虑在内的管理条例，在培训的时候明确服务人员的责任，让服务人员解决问题的时候有据可依，提高服务人员的权威性。有些公司则通过细分顾客来解决这种矛盾，比如，餐厅设立吸烟区，分开服务吸烟的顾客和不吸烟的顾客。

三、灵活性

很多顾客导向的服务企业面临一个严重的问题：由于顾客倾向于拥有和服务人员不同的剧本，经常提出超出标准的服务要求。顾客希望服务人员能提供超出预期的服务，这也是顾客满意的来源。这就要求服务人员能够灵活地处理顾客要求。

（一）如何提供超出预期的服务

1. 积极主动地帮助顾客解决问题。服务人员面临着纷繁复杂的顾客要求，有的时候，服务人员拿不出实质性的解决方案，但是会用最真诚、热情的态度为顾客着想，并且顾客能让顾客感知到，顾客也会体谅服务人员，也不愿意为服务人员"添麻烦"。

2. 内部协调。相对于要求顾客妥协来说，和组织内部其他人员进行沟通，寻找解决问题的方案是上策，毕竟组织整体的宗旨是服务顾客。比如，在购买某些小物件时，如果顾客和店主都没有零钱，店主会向联盟内的其他商铺倒找零。

3. 服务的艺术。就像人和人之间的沟通需要艺术化地处理一样，有的时候，服务人员也要注意同顾客的沟通方式，避免伤害顾客的自尊，让顾客愉悦地接受服务，才能提高顾客满意。比如，在顾客犯错时，要委婉地告知。

（二）处理问题顾客

顾客就一定是上帝吗？不，有的顾客就是魔鬼。面对这些问题顾客，服务人员应该勇敢地说不！

一般来说，企业应该最大限度地追求顾客满意，但是有时让顾客满意的成本太高，或者实现顾客满意后并不能得到相应的收益，这时企业就需要考虑是否要满足顾客。并且对服务企业来说，服务人员和顾客之间，以及顾客之间的良性互动是服务质量的保证，如果问题顾客打破了这种互动，可能会吓走优质顾客，影响他们的满意度,因此,遇到问题顾客的时候,灵活的判断和处理是服务人员的必修课。

国内外有关问题顾客的研究不少。不良顾客分为自私自利的埃德加(Egocentric Edgar):他们不顾服务人员和其他顾客的感受,把自己的需要凌驾于他人之上;苛刻批评的贝蒂(bad-mouth Betty):这类人粗鲁地辱骂服务员工或者其他顾客;歇斯底里的哈罗德(hysterical Harold):他们在服务时常说大声喧哗,没事找事;独裁的迪克(dictatorial Dick):对服务人员和其他顾客态度傲慢,喜欢指手画脚;不劳而获的弗雷达(freeloading Freda):无故拒绝支付服务费用或采用欺诈手段的占便宜型等几种类型(Hoffman, Bateson, 1997)。

当然,互动公正性感知直接作用于顾客针对企业的不良行为。这意味着提升顾客对服务互动方面的公正性感知能更直接有效地发挥约束顾客针对企业不良行为的作用,通过改善服务接触中企业同顾客以及顾客间的互动质量,能够有效减少顾客不良行为的发生。另一方面,有些时候并不是因为服务过程中产生的不公平导致顾客出现过激行为,而是顾客自身的问题,这时,服务人员必须坚决而果断地处理这些问题顾客,以免影响到其他顾客。如果顾客实在难缠,就需要组织出面声援保护员工,组织要与员工站在一边,这样,服务人员才能感受到组织关心尊重员工,进而产生员工忠诚,根据服务利润链,只有员工满意才能带来顾客满意。

四、移情性

研究人员发现,当顾客在满意度量表中标注最低分值时,基本与服务质量无关,很大原因在于顾客经历了粗野无礼或缺乏起码的礼貌对待。相反,当服务产品存在严重的缺陷,但服务人员表现出极其友善和礼貌的服务态度,那么,顾客对服务产品的评价将大大高于其应得的分值。要做到友善礼貌的服务态度,很大程度上要求服务人员要具有移情性。

移情性是指服务人员能够和顾客换位思考,思顾客之所想,想顾客之所急。员工要给予顾客特别的关照,倾其所能让顾客感到方便。这方面的典型代表是海底捞公司。海底捞火锅店的火锅口味并没有过多的独特之处,但是他们极其人性化的服务让海底捞的品牌在全国打响。"服务人员会细心地为长发的女士递上皮筋和发夹,以免头发垂落到食物里;戴眼镜的客人则会得到擦镜布,以免热气模糊镜片;服务员看到你把手机放在台面上,会不声不响地拿来小塑料袋装好,以防油腻……"

具有移情性的服务人员兼具业务技能和社交技巧。业务技能使服务人员能在提供标准化的服务的基础上,根据顾客要求,满足他们的个性化要求。而社交技巧在业务技能并不那么复杂或者顾客并不能判别服务人员的技能时显得尤为重要。例如,你将选择粗鲁的服务人员还是有礼貌的服务人员?如何让服务人员具有移情性呢？具体办法有：①最直接的要求是服务人员需得到足够的授权。如果顾客在得到额外服务前需要长时间的等待，等待管理人员的层层批准，顾客的感知服务质量必将大打折扣。②让员工真心认同自己的角色则是内在要求，除了招聘时选择合适的人员以外，高密度的优质培训、组织合适的监视以识别出优秀的服务人员，以及组织的物质、精神激励都非常重要。这也是内部营销的研究重点之一。

第三节　服务人员的管理

看到这一节的标题，同学们一定会感到疑惑：员工的管理不应该属于人力资源管理的研究范畴吗？为什么服务营销会涉及呢？前两节已经阐述了服务人员的重要性，值得一提的是，服务人员是服务产品差异化的重要来源。对具有竞争性的服务组织来说，使用相同的机器设备、提供相同的服务项目并不是难事，因此，服务组织的竞争优势只能来自于服务水平——做事的方式。服务员工的管理包含在服务营销之内也就不难理解了。

一、服务人员的招聘

虽然说优秀的组织领导能够根据不同特征的员工制定相应的激励措施，但是由于服务行业的特殊性，可以说，只有极少数的人适合做一线服务人员。因此，企业在招聘时就要火眼金睛，找到合适的服务人员。

（一）高端服务业服务人员的招聘

高端服务业是指在工业化发达阶段产生的，提供知识、技术、信息密集型的服务部门，被誉为服务业的"皇冠"，比如金融、现代物流、媒体传播、创意设计、保险等行业。在这些部门工作的服务人员，对学历、专业有较高要求。

对高端服务业人员的招聘，企业更看重应聘人员的专业背景、专业素养，或者技术是否过硬。

例如，这是一家银行客户服务中心座席岗位2011年校园招聘的范围：

● 全国211院校全日制大学本科、研究生（定向和委培除外），综合柜员可适当放宽至经济类二本院校。

● 金融学、国际金融、金融工程、理财学、投资经济、会计学、财务管理、工程管理、市场营销、经济学、国际经济与贸易、税务（财经类）；经济法（法学类）；计算机科学与技术、计算机软件（信息类）等相关专业。

● 在校期间成绩优良，无补考、重修课目，专业课程平均成绩75分以上；取得大学四（六）级证书；有一定计算机操作能力。

……

可以看出，该银行的招聘条件十分苛刻，已超出了对一般服务人员的要求。

在这里，我们不深入讨论该招聘什么样的高端服务业人员。

（二）一般服务人员的招聘

在招聘一般服务人员时，性别、年龄以及学历是最直观的要求。《关于饭店业员工满意度调查的思考》（时凌云，黄文波，国佳，2009）通过对150名星级饭店服务人员进行调查，得出了员工个人特征和员工满意之间的关系：女性员工对工作本身的满意度明显高于男性；中年龄段的员工对薪酬的满意度低于低年龄段和高年龄段的员工；年长的员工比年轻的员工在工作环境和团队两个方面表现出更高的满意度；高学历的员工对领导风格、薪酬、晋升的满意度高于中学历和低学历的员工。也就是说，服务组织需要根据组织的特征，对服务人员的硬性条件进行合理的筛选。

对服务组织的招聘者来说，确定应聘者的人格特质十分重要。如果人的技能和人格特质存在差异，则必须对差异进行分类，并与工作要求相匹配。一般来说，服务人员必须有耐心，有爱心，具有移情性。现代招聘流程中，许多服务组织利用专业的心理测试，能对应聘者的人格特质进行科学的把握和专业的研究。另外，实习期也是十分必要的，组织观察应聘者在各种实际的服务事件中做出的反应，以最后确定应聘者是否符合要求。

为了使服务人员具有良好的服务意识，许多服务组织甚至考虑在酒店业招聘员工，作为企业的专业服务人员。和酒店业相比，其他的服务行业并未把服务提升到更高的地位。酒店业的员工在学校、实习和工作期间，不断地灌输服务意识，服务意识已融入他们的习惯。服务技巧可以学，但是想要补上服务意识这一课，却不是一朝一夕可以完成的。

二、服务人员的培训

对服务人员进行高效的培训和选择适当的服务人员一样重要。对服务人员的培训主要包括服务礼仪、服务流程、服务技巧、工作责任四个方面的内容。

（一）服务礼仪

服务人员与顾客直接接触，顾客对服务质量的评价从看到服务人员的着装、站（坐）姿的时候就开始了。所以服务组织会对服务人员的仪容仪表、服务礼仪进行培训。比如：注意服装整洁、个人卫生，身着工作服；掌握礼貌用语；举止大方，手势简洁等。对服务礼仪的培训要足够细致，甚至细化到女性服务人员着西服裙、穿高跟鞋时如何帮顾客捡拾物品都要一一培训。

（二）服务流程

服务人员只有对服务流程足够熟悉，才能配合组织其他人员，提高服务效率。许多服务组织都建立了"导师制"，即一名老员工指导一名新员工，着眼于每个环节，使新进员工尽快熟悉工作过程以及服务产品特点。

(三) 服务技巧

服务人员不仅是一名接待者，同时也是一名推销员，推销组织的其他服务。合理的推销应是润物细无声的，让顾客不察觉推销过程，或者即使察觉了，也会认为服务人员确实能替顾客做经济上以及服务质量上的考虑。

比如，如何根据顾客的喜好进行精准营销，在顾客决策过程中进行合适的引导，在一项服务结束时及时询问是否需要其他配套服务等。有些服务组织甚至印有详细的指导手册，明确告知员工在特定情况下该如何进行推销，这些经过组织实践过的各种条例往往能取得绝佳的效果。

(四) 工作责任

每个组织都有一套自己的规章制度，要求员工明确责任和义务，对内使组织运作有条不紊，对外统一管理服务质量。

除了工作时不迟到早退等一般规定外，为了使服务人员具有移情性，组织还会严格规定服务人员的用语，这些语言在服务过程中是被禁止的：①不行，这是不可能的；②不去；③干吗？④您怎么这样？⑤我们规定是这样的；⑥你去……部门问一下就知道了；⑦不行，我会被领导骂的；⑧这样很麻烦哦。

三、服务人员的激励

激励是鼓励员工更加投入工作的一种最有效的方法。激励分为内部激励和外部激励，内部激励可以通过口头表扬、派给员工有意义有挑战的工作来实现，外部激励则可以通过假期、薪酬来表示。

(一) 激励的要求

有效的激励必须满足以下六项要求：刺激适度、灵活性、可衡量性、及时性、持久性、可视性。所谓刺激适度，指的是激励足够多或足够大；灵活性降调的是激励能够随时地发放给任何人；可衡量性指激励要直接地与期望绩效挂钩；及时性指的是在员工做出努力后要及时进行激励才能取得更好的效果；持久性指激励效果应该持续一段时间，以避免员工的热情过快消退；可视性反映的是，激励的价值必须让所有员工理解，并让尽可能多的员工注意到。

(二) 激励的措施

激励有很多种方式，组织要避免陷入把金钱当作唯一奖励机制的误区。激励的措施有以下4种：具有公平性以及竞争性的薪酬激励机制、具有可行性以及手段科学的竞争激励机制、情感激励机制、管理者以身作则的领导激励机制。这4种方式可以混合使用，并且根据激励对象所在需求层次的不同，制定合理的激励方式。

四、服务人员的授权

由于服务的复杂性，对服务人员进行授权，才能保证顾客的个性化需求能在最大程度上得到满足，员工具有移情性并对顾客的需求做出更快反应，同时也能让服务人员对组织产生主人公的责任感，提高工作积极性，激发出服务人员最大的潜能。服务人员处在一线，是服务创新的绝佳来源，员工更了解公司，相对于市场调查，员工是更便宜、更有效的信息来源。

根据员工被授权的程度，授权分为建议涉入（suggestion involvement）、工作涉入（job involvement），以及高度涉入（high involvement）。①建议涉入是指向员工授权让其推荐一些改善公司运营的建议。也许员工并不能实施这些建议，但是他们被授权去提出一些改进组织做法的建议。组织可以建立专门的委员会定时收集员工建议，并对这些建议做出讨论，给员工以及时的反馈。②工作涉入允许员工审视自己的工作内容并对自己在组织中的角色进行定位。③员工根据工作情况，协调自身与组织和顾客的互动，向管理者提出对自己工作内容的建议，由组织高层进行最终决议。④高度涉入的目的是培训员工去管理他们自己，开发团队工作，培训解决问题的能力。有些组织通过员工持股以及利润分配，让员工自己控制奖赏和分配决策。

根据授权的具体内容，则分为针对满足顾客需求进行的授权、针对服务补救进行的授权以及针对服务内容进行长期性建议的授权。员工在服务过程中必须拥有一定灵活自主地支配人事、资金以及时间的权利，以针对顾客的不同需求做出快速而直接的答复。特别是在服务补救过程中，如果一线服务人员面对的是十分严格的公司规定，需要一级级地向上请示来寻求解决方案，顾客则难免会有被怠慢之感，这不利于问题的解决。同时，经过授权的员工对工作的感觉更好，认为自己在工作中扮演了更为重要的角色，便会自动地反映在他们与顾客的交流方式中，会对顾客表现出更高的移情性，提高服务质量。

值得注意的是，授权也会带来高于利润的成本。定制的服务交付得更慢，服务员工需要在和顾客每一次的接触中制定不同的服务。其他顾客有可能会认为某个顾客获得了特殊的优待，而产生不公平感。另外，极有可能出现的情况是员工只注重满足顾客需求，而忽视了组织所需要付出的代价。比如，擦鞋店有一名顾客要求半夜12点进行服务，在这种情况下，擦鞋店是不可能为一名顾客营业到12点的，毕竟由此产生的水电费、人工费的支出大大超出了所获得的利润。

五、服务团队管理

想象一下如果你是肯德基的前台服务员，你必须和厨师沟通，告知他们劲爆鸡米花差一份，需要现做。没有一项服务不是在团队中完成，也没有一个服务人员不需要与组织内其他成员进行沟通，就连麦肯锡公司为客户做的报告也是由团队完成的。

一个高效的服务团队必须有如下10个特征：彼此信赖、互动支援、发挥潜能、明确目标、大胆决策、形成合力、科学组织、定期检讨、公平考核以及有效激励。在团队的形成期、整合期、成型期以及表现期的各个阶段，团队建设的本质目标也就是达到这 10 个目的。

团队中必须有队员扮演如下几种角色：领导者、探索者、评价者、沟通者、控制者、专家以及综合者，可以由一个团员扮演几种角色，也可以由好几个团员扮演一个角色。但是不论团队成员是否清晰地知道角色的界限，高效的团队中必然是这几种角色缺一不可。

为了说明服务团队管理的方法，我们可以把服务团队成员分成两类，一类是技术支持类，另一类是现场服务类。技术支持类的员工包括公司的技术支持、热线专家、配件管理员、库房等技术管理职位。现场服务类的员工主要是前台服务人员、服务生等。在服务团队中经常会出现技术支持人员与现场服务类人员互不买账、沟通不畅的情况。他们都认为自己扮演的角色更为重要，但是只有技术支持类人员与现场服务类人员的互相配合才能提高团队协力。现场服务人员需要向技术支持类人员学习如何正确使用公司产品，技术支持类人员也需要从现场服务人员那里了解真实的市场需求。即使是技术支持类以及现场服务类内部，也需要相互配合。管理者为了保证团队的良好运作，可以定期组织内部联谊会等活动，用工作外的互动来保证工作时的沟通顺畅，毕竟人员相互熟悉了，误会便会相应减少。

【服务营销实践】

味千的罪与罚

2007 年，味千公司在中国香港上市时，潘慰以超过 45 亿港元的个人财富成为中国餐饮业的首富。但 7 月 23 日爆发"骨汤门"至 8 月 4 日在港交所停牌，味千的股价暴跌 40%，她持有的味千股票市值已经缩水了 27.5 亿港元。自"三聚氰胺"事件之后，投资者及消费者对食品安全问题异常敏感，他们追问声音依然在持续：味千拉面的汤底究竟如何调制而成？在微博上，一些习惯在味千吃午餐的人士开始探讨，这种勾兑出的汤底是否会像方便面一样不健康。味千的一些门店也的确出现了客流量下降的现象。

3 天之后，她不得不出面承认问题并道歉。味千承认汤底的确为由工厂生产出的浓缩"汤精"在餐厅加水及其他配料还原而成，而非之前宣称的纯猪骨熬制。对于汤底的钙含量，味千也确认之前宣传的数据并不真实。味千在声明中说，在诚信经营及社会责任承担方面存在不足，并保证今后广告中不再含有虚假、夸大的内容。

但急于重新赢得信任的味千或许依然在说谎。味千在 8 月 12 日给投资者的声明中说，一直严格遵守特许经营协议，只从味千品牌拥有者日本重光企业获取汤底。但据本刊调查，味千拉面有很大一部分汤底是青岛有明食品有限公司的供应商处供货。青岛有明为日资企业，但与日本重光并无直接关联。

作为公司创始人及最大股东，潘慰对商业的态度决定了味千过去的成功及今天问题的出现。

潘慰深知如何在中国做生意。比如,味千在核心地段的一些层高较高的店面中,会将一个楼层中的一部分分割为两层,上层亦可以摆满桌椅招待顾客。味千的一位离职员工说,公司内部很多人都清楚,这样的分割是无法通过消防验收的,但还是允许甚至鼓励相关人员做出类似装修方案。事实上,在味千上市之时就公开承认,有11家门店没有获得消防批文,约占全国总店数的1/10。这意味着,味千可能随时因此类原因被政府部门罚款。但其甘愿冒风险的原因也很简单,在高租金地段的门店内,这是提高绩效的有效方法。并且味千也未披露过因此受罚的信息。

在2007年之前,味千如同大多数国际餐饮连锁公司在中国的加盟商一样,所有管理运营细节都要听命于总部。但上市之后,潘慰的话语权日益加大,味千不再听命于重光企业。比如,味千的上市招股说明书中显示,重光企业是其独特汤底及调味料的唯一供应商,味千违约则重光有权解除授权。但味千并未严格遵守这条看起来违约后果严重的约定。

一位味千员工透露:"味千的汤底供应商并不仅仅是重光企业。"据他了解,味千拉面大部分汤底都是由一家名为青岛有明食品有限公司的供应商处供货。青岛有明的报价大约为每公斤26元,而重光的汤底则需要约100元每公斤,而1公斤的汤底大约能够勾兑30多碗拉面。压缩汤料成本所带来的潜在食品安全问题也不容忽视。这位员工说,青岛有明加工厂的卫生条件很差,两个工厂均隐没于农舍之间。

味千能在中国内地市场受到欢迎,很大程度在于潘慰决定将产品包装出猪骨汤、高营养等品牌概念。面条在中国大多地区原本即为日常食物,相对汉堡、炸鸡等西式快餐产品更容易从健康角度获得顾客的信赖。在日本,味千还有味噌汤、酱油汤等汤底,但并没有猪骨汤比其他两种汤底更有营养的说法。潘慰认为白色猪骨汤最符合中国顾客的消费心理,因此只在中国内地引进了这一种汤底。

正是这一汤底让味千如今失去了消费者的信任。在过去数年间,味千一直有机会主动纠正对汤底的虚假宣传却没有去做的原因,首先是未寻找到更好的卖点,其次是这样的重大决策在味千内部只能由潘慰及营运总裁尹一兵做出。

——《环球企业家》

【服务营销前沿】

什么决定依恋关系

在企业处于成长期、规模不大的时候,也许并没有成熟的管理制度来辅助企业主进行管理,此时,员工的向心力如何形成呢?中国有众多生机勃勃的中小型服务企业,凝聚力强的服务企业员工往往呈现出一些特点:员工与员工之间、员工与老板之间有强烈的依恋关系。有时,紧密的感情纽带则成为企业无往不利的重要因素。

汤姆森（M. Thomson）2006 发表于 Journal of Marketing 上的文章 *Human Brands: Investigating Antecedents to Consumers' Strong Attachments to Celebrities* 探讨了依恋关系形成的原因。关系强度取决于对需求的满足，文章在搜集了上百个样本以后分析得出依恋关系的强度来自于自主性和联系性，而被依恋人物的能力也能左右依恋关系。自主性是指自助选择、自我约束、自我支持，联系性则表示与他人的亲密关系，能力是天生的对效率、成就和挑战的追求。具体来说，在一段关系中，应当如何处理这段关系完全受自己控制，或者这段关系的产生并非人云亦云，而是出于自己的真实情感时，依恋感会更加强烈。而人毕竟是社会人，一段关系能使自己和他人的联系更加紧密，依恋感也会加强。例如，当看国足比赛变成了你和父亲的共同活动，让你和父亲相处时有更多话题时，国足在你心中的分量自然而然地便加重了。另外，能力上的满足不能直接影响依恋关系，但如果能力不足，依恋关系的强度会大打折扣。文章的实证分析拒绝了假设：一个人越能感知个人品牌能够满足其对能力的需求，他对个人品牌的依恋越深。但是，如果被依恋的人在其专业上表现得大失水准，依恋关系自然也没有那么强了。

文章虽然谈论的是消费者对名人的依恋关系，但是文章的理论基础很大部分来自于心理学中研究人与人的关系的诸多理论，对员工之间、员工与老板之间的依恋关系有很强的指导意义。如果老板努力创造自主的、联系的关系氛围，并且本身的管理能力、技术水平过硬，依恋关系就自然而然地形成了，这种依恋关系还带有很强的忠诚度，也许在很长时间内都不会消失，强度也不会减弱。另外，互动性和真实性对依恋关系也会产生影响。老板与员工经常互动，也能起到增强依恋关系的作用。但是，如果员工发现老板在工作中和在生活中展现出来的特质完全不一样，认为老板在工作中的表现是惺惺作态，依恋关系的强度则会被大大削弱。

小结

服务品牌和顾客的接触不能避免地把服务人员作为媒介。服务人员在决策阶段、服务过程中以及服务后的评价都起了重要的作用。员工满意会产生高质量的服务价值，从而带来顾客满意，进而产生顾客忠诚，为企业创造更高的效益。服务人员的管理需要管理人员经常与员工进行互动，创造公平、融洽、允许创新的工作氛围，使员工的移情性得到更好的发挥。

思考题

1. 服务人员在服务过程中的重要性。
2. 如何理解并处理服务人员在工作中发生的冲突？
3. 服务人员管理的注意事项。

案例

"你今天对顾客微笑了吗?"
——"酒店帝王"希尔顿的员工管理

服务理念简介

作为世界公认的服务行业佼佼者的希尔顿酒店,其快速发展与不断壮大的过程并不是偶然的,希尔顿酒店不仅仅拥有先进的酒店运营模式,酒店作为服务行业中的翘楚,在发展的过程中,一直坚持以先进的服务理念为指导,注重酒店的服务管理。希尔顿的服务理念主要体现在如下两个方面:一是"你今天对客人微笑了吗?"企业礼仪是企业的精神风貌。它包括企业的待客礼仪、经营作风、员工风度、环境布置风格以及内部的信息沟通方式等内容。企业礼仪往往形成传统与习俗,体现企业的经营理念。它赋予企业浓厚的人情味,对培育企业精神和塑造企业形象起着潜移默化的作用。希尔顿十分注重员工的文明礼仪教育,倡导员工的微笑服务。在希尔顿成立之初,其创始人希尔顿每天至少到一家希尔顿酒店,与酒店的服务人员零距离接触,其中向各级人员(从总经理到服务员)问得最多的一句话必定是:"你今天对客人微笑了没有?"二是希尔顿饭店的"顾客忠心论"。服务业以顾客为中心,以满足顾客的需求为首要任务。这就不但要求酒店的部门结构合理化、科学化,最大可能地方便顾客,而且要真正地了解服务的客人。服务人员必须深入到客人的内心,用他的眼睛来看待自己,即以一名顾客的看法、视点来要求自己。真正掌握客人的心理是员工知悉、应付客人的基本功。而在这方面,希尔顿酒店也对员工有明确的服务指导原则和行为标准。

服务特征简介

希尔顿酒店作为酒店服务行业的翘楚,其提供的服务具有如下鲜明的特性:

直接性。服务与需求是同步进行的,即服务员与饭店客人之间是直接的、面对面进行的,属于当面的消费、当面的服务。服务的好坏,要受到客人当面的检验,并对旅游饭店产生直接的影响。

多样性。饭店每天接待来自世界不同国家和地区的客人,客人们有着不同的爱好、兴趣和习惯,在很多方面的要求也是各不相同的,如商务旅游客人就不同于度假旅游客人。对商务客人来说,他们要求饭店提供较好的会谈服务、秘书服务及方便、迅速的通信服务等;而对度假客人来说,他们则要求食、住、行、娱等满意度。

及时性。饭店向客人提供的如客房服务、饮食服务、会议服务及各种代办服务等,是在客人入住饭店后提供的,当客人的需求得到满足时,该项服务也就完成了。当客人离开饭店时,服务也随即终止了。

正因为服务具有直接性、多样性、及时性的特点,所以要很好地在服务中发挥语言的功能，服务语言必须适应服务的这些特点，做到主动性与亲切性的统一，服务性与诱导性统一，声、情、意、行统一等三个"统一"的要求。

服务员工管理方式

服务员工管理主要分为三个层面：①经理—员工层面；②员工—顾客层面；③员工—角色层面。其中员工—客层面又可以分为三部分，即自我效能、工作满意度和调节能力。希尔顿酒店员工管理方式存在以下"七大信条"：

- 领导做样打快乐参照系

该信条属于经理—员工层面的管理。领导以身作则，带动团队积极的工作态度，完成希尔顿的"微笑服务"。

- 工作习定快乐基石

该信条属于经理—员工层面的管理。工作习惯从规则中培养，希尔顿严厉的奖惩制度保证服务员工对工作的积极性。另外，考核并不只以销量为标准，服务的质量占了大部分。经理制定绩效准则、监视和评估结果，属于输出控制。

- 双回路反馈实现快乐沟通

该信条属于员工—顾客层面的管理。双回路即客户对服务员工的服务的反馈以及服务员工对客户需求的反馈，所有信息聚集到一个平台能保证信息第一时间被员工获得，可以增强员工对自己工作的信心，增强自我效能。

- 自我解决问题提升快乐价位

该信条属于员工—顾客层面的管理。员工通过实现自我效能来对工作满意度以及调节能力产生影响；通过解决问题来自我调节，提升对工作的满意度，提升快乐价位。

- 自由辩论找到轻松做事航标

该信条属于员工—角色层面的管理。不同角色之间存在角色冲突，员工在履行不同职责时扮演了不同的角色，这些角色可能存在矛盾，员工通过自由辩论来解决问题，完善角色调节，实现自我效能。

- 业务培训为快乐工作充电

该信条属于员工—角色层面的管理。业务培训是为了更好地让员工完成服务，更好地实现自我效能、完成自我角色。

- 控制细节把握大局是关健

该信条属于经理—员工层面的管理。控制细节在整个希尔顿管理以及营销中都具有重大意义。经理通过制定这条规则对服务员工进行输入控制，确保服务质量。

——资料来源：https://max.book118.com

第十二章 顾客管理

【学习目标】
1. 明确顾客管理与顾客关系管理的区别
2. 了解顾客管理在服务营销中的重要意义

 **开篇案例**

如何做好假期客户服务

这会发生在每年的这个时候。我早上6点醒来,觉得7点钟了,轻松愉快地在我的蜗居里看着足球比赛,像只打算冬眠的熊一样大吃特吃。这时我也意识到假期临近了。呀!

人们在假期前后变得难以适应,因为他们不得不和他们知之甚少的家庭成员待在一起,并且为他们甚至不喜欢的人买礼物。我不是这样,通常,我将假期作为沉溺于个人爱好和缓和情绪的长达一个月的理由。在假期期间,唯一一件让我感到生气的事情是:糟糕的客户服务。

我对商业有关的所有事情都有几分着迷,客户服务也不例外。如果你的公司将产品卖给消费者,假期不仅仅是你最大的收入机会,也是你吸引客户并争取让他们支持你的品牌的最大机会。反过来也是如此。

这是因为在假期期间,一切都更显著了,无论是好的还是坏的。在一年中的这个时候,公司最有可能将订单搞砸,进而将消费者转变成残暴的野兽。对我而言,客户服务最重要的衡量是在公司犯错的时候,它们如何有效地纠正错误,这就是派上用场的时候。而假期正是这样的时候。

当然,企业做了很多幕后工作,以确保永远不会出现犯错的情况,但是当事情出现错误的时候,正如他们往往会出现的情况,这给他们提供了一次使之更好或令它更糟糕的机会。而这会给客户留下持久深刻的印象。

我从世界上最大的一些品牌中得到了几个例子:苹果、索尼和亚马逊。以下是我对伟大客户服务标准的每一得分的想法:当犯错的时候,纠正错误。

疯狂的伟大客户服务

三个月前,我买了一台带OS X Lion的MacBook Air笔记本电脑。该机器的最大特色之一是基本上模仿了iPhone触摸屏操作的新触控板。

两个星期前,触控板开始出现故障。我在周五下午把它拿到本地的苹果商店，没有问任何问题，他们更换了出问题的部件，并在周六早上将之交还给我。整个过程快速、简捷，让人感到舒适，非常不错。这件事情给了我一个很好的心情，实际上我在该商店购买了更多的东西。

我最后的索尼

现在，相比之下，我在我的索尼 Vaio 笔记本电脑上也遇到了触控板问题。我将之拿到索尼商店，当我听到维修要耗费的时间时，我差点晕过去。没有电脑，我恐怕一天都过不下去，更别说一两个星期了。

由于戴尔经常提供将我可以自己安装的部件邮寄给我的选择，我说明了我的想法，但索尼没有配套的部件。我失望地走出商店，发誓永远再不会买索尼的东西。我最终通过私人关系，让别人到我家来帮我修好了，但永远都不应该出现这种情况。

在亚马逊上搜索大豆仁

几个星期前，我在亚马逊上下了有机烤大豆仁（不要多问）的一笔大宗订单。这不是我第一次从亚马逊上购买这种产品，但那是一段时间之前的事情。该产品有现货，第二天我收到它已经发货的电子邮件确认。

然后一个星期过去了，预计的交货日期变化不定。没有产品给我。美国邮政跟踪信息显示，没有该订单的记录。一振。

长话短说，给客户支持的电子邮件没有用。二振。网上聊天的结果是给我道歉以及一次免费的加急发货的替换订单。很好。但第二天我收到的是退款确认，而不是发货确认。不怎么样。

再一次网上聊天的结果是再一次道歉和新的信息：该产品缺货了，无语。这其实在另一家亚马逊经销商那里有货，在亚马逊有货的是一种加盐的，但这两种货的价格都比我最初的订单价格要高很多，而亚马逊拒绝合作，即履行原订单价格。三振，他们出局了。

两个星期，超过一个小时的时间，让人沮丧，没有产品。都是为了买大豆仁，公平地说，我以前从未在亚马逊上碰到问题，但以我的标准——当犯错的时候，纠正错误——这家在线零售商的得分为零，就像索尼那样。另外，苹果的击球是一个完美的 1.000。这是截至目前今年的得分情况。

总结：当超出客户控制的事情出现错误时，在客户服务流程中尽可能早地进行纠正，通常很值得为此付出成本和精力。另外，如果你放任事情发展到让人无法忍受的地步，会给客户留下一种强烈的负面印象。在今年的这个时候，对你的品牌的影响可能会更加明显，就像所有其他事情一样。

原文链接：http://www.ceconline.com

第一节 顾客角色

服务产品的顾客有别于有形产品的顾客，服务产品的顾客需要与服务产品的生产者甚至其他顾客进行不可缺少的互动。由于服务产品的生产与消费同时进行，在互动的过程中，顾客也成为服务产品的生产者，配合完成服务产品的同时也影响着服务人员和其他顾客。顾客在消费服务产品的过程中扮演了多种角色。

一、服务的购买者

首先，服务企业与顾客的关系是一种经济交换关系，企业向顾客提供产品或者服务，根据等价交换原理，顾客向企业支付一定的价格。这样一种经济交换关系决定了顾客首先是服务产品的需求者，或者购买者。这和有形产品销售是一样的。作为服务产品的购买者，顾客希望得到称心如意的服务。不同的顾客对同一项服务有不同的要求，甚至同一顾客在不同的情境下对同一服务也会产生不同的需求。了解顾客的需求，并在权衡成本和效益的基础上尽量满足顾客的需求，是企业展开服务营销活动不可忽视的一环。

（一）明确顾客期望

根据期望——不一致理论，顾客满意的形成需要两个阶段。第一阶段是购买前以及消费开始后，顾客根据周边线索对服务产品形成"期望"，即预期该产品的效用。第一阶段是在消费结束后，顾客会对服务产品的感知绩效和之前的期望进行比较，由此形成的差距则会产生满意或不满意。因此，只有当企业提供的服务达到甚至超出顾客预期才能达到顾客满意。了解顾客期望，企业才能有的放矢地设计并提供服务。

至于明确顾客期望的方法，则需要各服务企业见仁见智了。面对老顾客，或者是能够明确告知要求的顾客，服务企业需要做的只是尽量满足其需求。而面对那些新顾客，或者是不清楚自身对服务结果需求的顾客，企业则需要费一番力气。首先，企业需要全面透明地告知顾客有关服务的信息，让顾客进行自主选择。其次，企业需要动用各种手段辅助顾客进行选择。从操作层面来说，企业一般使用3种方式来帮助顾客做出决断：①提供多种套餐服务，并阐明各种选择的利弊，减少顾客决策的环节。②举例示范。企业可以展示与顾客情况类似的其他顾客的选择作为参考，同时也满足顾客的从众心理，让顾客信服。③直接提供专业性建议。服务人员可以根据自己的专业知识向顾客直接提供建议，特别是当顾客完全不了解该服务产品的特性时，服务人员的建议是顾客进行决策的唯一依据。在这种情况下，服务人员更需要给出中肯的建议，而非欺骗顾客。因为即使欺骗行为能带来短期利益，从长期来看也是得不偿失的。

（二）明确顾客对服务的全面期望

和有形产品消费不同，服务产品的消费更注重体验，顾客接受服务的过程是各种因素相结合共同作用的过程。比如，顾客走进一家中式按摩店，虽然按摩师傅手艺精湛，但是如果服务人员态度不好，服务环境过于嘈杂，店铺设置不符合消防安全的相关规定等，顾客的满意就无从谈起了。

服务型企业在了解顾客对服务结果期望的基础上，还要全面了解顾客对服务过程的要求。这就要求服务企业精益求精，不能忽视服务过程中的任意一个环节，向同行业甚至其他服务行业学习借鉴，定期对新老顾客进行问卷调查，探知顾客的全面需求。

二、服务过程的参与者

有别于有形产品消费，产品制造商只能在隔离的工厂中制造产品，服务的提供者通常需要考虑到顾客会亲临服务运营的现场。在互动接触过程中，顾客向服务生产过程提供各种要素，包括智力投入、实体投入以及情感投入。智力投入是指信息和脑力的投入，实体投入是指有形物以及体力的投入，而情感投入是指顾客用饱满的情绪参与服务过程。例如，在一次就医过程中，病人向医生描述病情是智力投入，而按医嘱服药则是实体投入，面对态度不好的医生依然保持耐心和愉悦就是情感投入。

（一）顾客参与的重要性

除了服务产品离不开顾客参与以外，我们要注意的是消费者的参与直接影响到服务产品质量的高低。许多服务产品的成功取决于服务企业如何管理顾客参与。同时，顾客参与对服务企业的服务过程设计、服务过程的效率也有直接或者间接的影响。

（二）提高顾客参与水平

不同的服务产品顾客的参与程度是不同的，这不仅取决于服务产品的流程设计，也取决于顾客的参与意愿和能力。对大多数服务企业来说，如何把握适当的顾客参与程度是让人头疼的事。美国一家公司推出蛋糕粉以后销量不佳，反而减少一些配料后产品畅销。原因是：如果主妇需要做的只是将蛋糕粉放入微波炉，便失去了做饭的乐趣，也失去了女主人的自豪感。设计服务产品的时候，顾客的需求是最重要的考虑因素，背离了这个目的，过简或过繁杂的服务流程都不能成为好的服务产品。而顾客的参与水平因以下3个要素的不同而发生变化：①顾客对服务产品的理解。顾客预约按摩服务以后，会认为自己只需躺着，其他事情则交由按摩师。而顾客预约自助餐服务以后，会自然地认为自己需要做的还有很多。②顾客的知识和能力。当顾客具有较高的知识和能力时，更有可能和服务人员进行有效交流，也能更高质量地合作完成服务产品。③顾客对现场场景的感知。如果顾客处在轻松愉悦、具有良好互动的服务环境中，会更积极地参与服务。

（三）提高顾客有效参与

提高顾客的有效参与包括两个方面的目的：①提高顾客的参与意愿；②增强顾客的参与能力。每个服务企业都要提高顾客的有效参与，对那些需要高的服务技能以及需要高的服务参与程度的企业来说更是如此。

有些时候，顾客由于不了解服务产品或者没有参与的习惯，就会不愿意配合服务人员，甚至会认为服务人员"偷懒"，没有完成他们的工作。在这种情况下，如何提高顾客的参与意愿呢？有两种途径：①向顾客说明参与的重要性。在已经建立顾客信任的基础上，态度友好的服务人员向顾客直接阐明参与的利益，例如，只有顾客的参与和配合才能有更好的服务结果。同时，在宣传媒体上也可以公开宣传服务变革给顾客带来的利益，让顾客在真正接触服务之前就了解服务过程，能更快速地掌握服务技巧。②采取激励措施鼓励顾客参与。在了解顾客期望以后，企业可以将参与过程趣味化，提高服务本身的吸引力。例如，网络游戏，只有游戏具有一定挑战性，画面比较精美，才能吸引广大玩家参与游戏。第二种措施是物质激励，对参与者给予折扣、优惠，或者提供奖品。比如，在麦当劳进餐时，在欢快的背景音乐的烘托下，有亲和力的女性服务人员为了吸引小朋友一起做游戏，她们会提前展示小朋友可以获得的奖品，通常是可爱的玩偶，这种招式屡试不爽。

三、顾客参与服务的影响

虽然现在的自助服务产品越来越多，但是顾客还是习惯与服务人员打交道。比如，我们习惯于从自动取款机取款，但是在不需排队的情况下，大多数人更愿意在柜台前向服务人员存钱。机器可以更加精确，但是只有人才可以给我们带来温暖和信任。

如前所述，服务过程中不可避免地有与人的互动，而且在同一服务环境中，会有其他顾客的存在，所以顾客在服务中担当着影响者的角色。顾客作为影响者，可以影响两类群体，一是服务人员，二是其他顾客。

（一）影响服务人员

1. 顾客在参与过程中有情绪投入，情绪具有感染作用，服务人员受到感染后，会影响感知服务质量。俗话说：伸手不打笑面客。服务人员在面对态度友好顾客时，即使由于顾客掌握的服务知识过少而表现出"难缠"的特点，也会态度友好地对待他们。

进一步来说，在大多数情况下，服务人员积极的态度可以弥补自身服务技能的不足。当服务产品存在严重的缺陷，但服务人员表现出极其友善和礼貌的服务态度，那么，顾客对服务产品的评价将会大大高于其应得的分值。

2. 顾客的支持度和配合度也会影响服务人员，从而影响服务质量。如果把服务人员和顾客——合作生产者比做一个团队，其他队员的配合程度势必会影响某个队员的表现。

（二）影响其他顾客

1. 顾客存在本身会对其他顾客天然地产生影响。顾客的密度、感知拥挤的程度对顾客的情绪以及行为反应有显著影响。其他顾客偏少有时也会使顾客觉得冷清，而拥挤、吵闹的氛围会使顾客丧失私人空间，缺乏安全感，还会使人情绪激动和烦躁，且不再关注其他人的感觉，易导致过激行为。

例如，商场中人群过于拥挤，服务环境不够优雅，大多数顾客都会产生不适的感觉，进而影响他们在商场购物时的其他行为，影响服务质量。这也就是为什么节假日时顾客在商场购置了价格十分优惠的产品，却对购物经历的评价并不高的原因。

2. 顾客的行为对其他顾客也会产生影响。大体上说，顾客能够产生的影响分为积极影响和消极影响。消极影响在本章其他部分（问题顾客）会着重涉及。这里我们主要讨论积极影响。

我们都有过这样的经历，如果在购物过程中认识了一位品味和志趣都相投的其他顾客，我们购物经历的愉悦程度便会随之极大地提升。其他顾客的帮助行为也间接提高了我们参与服务的能力。顾客之间友好的态度、谦恭的行为举止通常会有利于顾客的服务体验以及增加满意感。游客之间礼貌地等候、帮助照看小孩或摄影、归还失物或帮助找回失物等会使顾客感到愉快。零售服务中其他顾客通过扮演积极助人者、反应性助人者、赞美者等角色来为顾客提供信息和增加服务消费乐趣。对旅游者的研究表明，等候时顾客之间的友好交谈使他们觉得等候时间似乎较短，也比较容易忍受。陌生铁路乘客之间的友好交流可以打发时间、互相提供信息或协助、减少焦虑或枯燥以及进行社会交往，从而减少对服务组织的不满，提高服务体验的乐趣。

第二节　顾客教育

如本章上一节所述，顾客需要有参与服务生产的积极性，同时也必须掌握一定的知识和能力，才能和服务人员配合，共同完成服务生产。服务企业越来越重视顾客教育，比如，初到旅游景点的导游会告知特定的注意事项。但是顾客教育不限于面对面的交流，还可以利用报刊文章、广告等方式。

一、顾客教育的重要性

在服务行业，顾客是服务的共同生产者，顾客的技能对服务的绩效有着非常重要的影响。一方面，顾客教育增加了顾客有关服务的专业知识，从而更容易地参与服务共同生产。显而易见的是，适当的教育能够在很大程度上避免顾客参与不当带来的消极结果；另一方面，企业的顾客教育活动也会使顾客察觉到企业的重视，从而对顾客满意和顾客忠诚产生积极的影响。

一直以来，营销活动中的知识管理所关注的对象是顾客信息（有关顾客各方面特征的信息）和顾客知识（顾客有关产品或服务解决方案的知识），这些知识管理活动更多地将精力投入如何使顾客信息和顾客知识更为有效地流入企业，而对如何使知识卓有成效地流出企业这一方面花费的精力却甚少。实际上，面向顾客的知识流出管理对服务行业来说至关重要。

在接受服务时，顾客往往会对服务结果有一定的预期。当顾客通过创造性的服务参与行为，向服务提供者积极表达自己对服务设计的想法、对潜在服务结果的期望时，可能会帮助服务提供者生产出与原本预期的服务结果更为接近的实际服务结果，进而提高顾客感知的服务质量。

顾客知识除了显而易见的使服务产品更接近顾客预期以外，还能提高顾客的创造型服务参与意愿以及对因服务的共同生产与交付而形成的顾客满意水平。《服务企业应该培训顾客吗？顾客知识对创造型顾客参与行为和顾客满意的影响的探索性研究》一文认为，顾客教育活动的直接结果是顾客所拥有的服务知识水平的增加，但在服务接触的整个过程中，顾客知识也会提高顾客的创造型服务参与意愿，并且顾客知识对因服务的共同生产与交付而形成的顾客满意水平会产生复杂的影响。这篇文章指出，虽然顾客知识能够通过顾客的创造型服务参与行为间接地提升顾客对企业的满意程度，但是根据归因理论，顾客知识也可能在一定程度上降低这种感知到的满意，因为掌握了知识的顾客倾向于把积极的服务成果归因为自己的努力，而把消极的服务结果归因为服务人员或者服务组织，但这种降低的程度是有限的。至于顾客知识是否降低了由它间接提高的顾客满意，则需要考虑顾客的介入程度。在该本的实验中，男性对一项特定的理发服务的满意度高于女性，这是因为女性更注重自己的外表，换言之，她们的服务介入度更高。而对服务介入度较低的男性，当顾客知识激发了更高的创造型服务参与意愿，而在参与过程中，较高的顾客知识催生了更为积极的服务结果，提升了顾客对企业满意程度，同时，顾客知识不会反过来降低感知的服务满意。

总而言之，服务企业应该对顾客教育投入更多的关注，例如，根据服务情境和服务行业确定顾客教育活动，而服务人员一定要确保共同创造服务结果的质量，因为如果服务共同生产的结果显著地提升了顾客满意，即便这种满意伴随着归因偏见，由顾客知识所间接驱动的顾客对服务企业的满意程度整体来看仍然会有较大提升。

二、顾客需要什么知识

随着科学技术的进步，新的服务种类、服务产品层出不穷，面对众多的服务，消费者的消费经验和服务知识显得非常不足和贫乏，既不知道如何挑选服务产品，也不知道如何有效地使用服务产品。

美国营销大师科特勒在谈到教育活动对市场营销的作用时分析说："今天的顾客已不能忍受不切实际的宣传。顾客有更多的需求和面临更多的供应。顾客希望获取有深度的产品知识，并希望企业能提供主意改进顾客的选择，这种主意是有效和可信赖的。"至于顾客教育到底应该包含哪些知识，服务组织则需考虑周全。

(一) 产品知识

我们从一个三岁孩子母亲的博客上摘取了这样一段话:"我选择洋品牌并不是由于国产奶粉质量不好,也不是我的钱太多,吸引我购买的是包装上的说明。而这些说明是国产奶粉所没有的。如'力多精'重要事项上写着,'母乳是婴儿最好的食物,在你选用较大量婴儿奶粉之前,应先听取医生的意见',从这一点可以看出,'力多精'是多么的负责,这比国内奶粉企业包装上的'××奶粉可替代母乳'或'××奶粉是母乳最理想的替代品'更能吸引年轻的母亲。'力多精'的包装资料除了一系列的图形表格,其代表的专业化、权威性让人信赖之外,还在细微之处显示着它的科学性。在多少奶粉加多少水时,某国产奶粉上只写着这样一句:'饮用时将奶粉倒入温水中稍加搅拌即可食用。'既没有写明用多少奶粉,也没有写明加多少水,而'力多精'则不然,在明确指出不同年龄段的孩子适用的奶粉量及配水比后,还明确指出:'用少于或多于指定粉量的奶粉,会令婴儿得不到适量的营养或导致脱水,未经医生建议切勿改变奶的浓度。'如此严谨科学的态度,在教育消费者的同时,也吸引了众多类似于我的年轻母亲。"

虽然作者所举的例子不是服务产品,但是从消费者对产品信息的要求越来越细致的态度可见一斑。服务人员面对顾客,最需要告知的就是有关产品的一切使用信息。当然,告知的内容最好要根据服务产品生产的复杂程度以及服务对象的不同而有所差异。比如,医生可能不会也无法将病况用医学术语告知病人,即使医学术语是最精确的描述。虽然顾客掌握有关服务产品的知识越全面越好,但是涉及服务产品最核心机密的知识,服务人员则要守口如瓶,并且要委婉地拒绝顾客关于这方面的打探。

(二) 互动知识

顾客参与行为包括顾客对服务过程的参与行为、顾客与其他顾客的交流互动和顾客如何对待服务人员。顾客对服务过程的参与行为可以由顾客教育来规范,和其他顾客以及服务人员的互动则更可以通过顾客教育来进行控制。

1. 与服务人员的互动。服务过程是消费者和服务人员联合生产的过程,与服务人员的互动行为也可以是习得的,当然,服务人员需要掌握一定的技巧。

服务人员在引导顾客与其进行互动的时候一定要阐明为什么和怎么做,即为什么需要顾客配合服务人员以及如何配合服务人员。例如,一次按摩服务中,顾客要配合服务人员的姿势,以获得最佳的按摩服务。

2. 与其他顾客的互动。由于服务生产和消费的不可分离性,很多服务接触不可避免地发生其他顾客也在服务现场的情况。比如,游乐园、超市、图书馆等。在这些服务接触中,很多顾客一起共享服务、服务设施、服务空间和时间。不同的顾客个体存在于一个服务场景中,他们之间可能是相互冲突或摩擦不断的，他们之间的服务组合可能不利于服务传递。

我们来看看一个市民自己报名的旅行团。旅行过程中，年轻人会抱怨老年游客步履迟缓，拖慢了旅行进度，小孩的大声哭闹会使其他游客心烦气躁，在一些比较浪漫的景点，情侣间的公开示爱让人烦恼。更别提一些问题顾客，比如说话粗鲁、蛮不讲理，等等。

不适当的顾客参与行为既影响服务效率，也会对顾客和其他顾客的服务体验造成消极后果。因此，从所有顾客的角度来看，服务组织应该制定"顾客行为规范"，并要求顾客遵守和配合。顾客教育是顾客参与管理的重要手段。研究表明，当顾客之间的关系是朋友式关系的时候，会增加顾客服务体验，也容易原谅"其他顾客"的过失而不致迁怒于服务提供者。通过顾客教育，不仅要让顾客明确自己的角色，具备相应的服务参与技能，更重要的是要倡导和形成一种顾客之间相互尊重、友爱互助、轻松愉快的氛围（《服务企业的顾客兼容性管理探讨》，黎建新，甘碧群，2006）。我们上公交车时，会听到"请给老弱病残孕乘客让座，谢谢"的录音，这就是在教育乘客之间互相帮助，形成和谐友好的氛围，多数乘客在听到这样录音时会付出实际的行动。顾客教育的形式或方法比较多，如广告、宣传手册、服务预览、服务现场的各种警示以及一线员工的示范、规劝、引导。对顾客之间互动行为的教育需要灵活应对。

三、如何进行顾客教育

（一）顾客教育的方式

顾客教育按照受教育对象的不同，一般分为两种：一是针对终端消费者，以教育作为促销的手段。通过"教育"推动销售，往往消费者在接受完"教育"以后立马心甘情愿地掏腰包。二是针对经销商、供应商，以传授营销经验作为教育的主要内容，旨在帮助他们在经营中提高销售业绩。教育的内容并不都是直接有关公司产品的，还包括他们在日常经营管理中遇到的现实问题，如经营管理、促销、客源开发等。

顾客教育有5种方式：广告、当面顾客教育、办杂志、学术交流、公益活动。广告的效果显而易见，最典型的广告有农夫果园"喝前摇一摇"，在增加了农夫果园产品趣味性的同时，告知消费者果汁有沉淀，摇动后味道更佳。而服务产品的典型广告有114查询台的电视广告，广告主角在不同的情境下如何使用114查询台，直接而浅显地进行顾客教育，也使顾客把服务场景与114查询台联系起来，在某些特定的情境下，很容易唤醒对114查询台的记忆。当面教育顾客互动性高，一般来说，这种教育方式效果最佳。当面进行顾客教育可以一对一，也可以一对多，甚至多对多。最重要的是，服务人员可以及时体察顾客的特殊需求，或者对顾客欠缺的知识盲点进行及时解答，也可以当场反馈，并进一步进行强化训练。办杂志也是一种可以全面介绍知识的方式，如果电视广告和当面教育的时间有限,企业可以把希望消费者掌握的所有信息印刷在杂志上,杂志可以发行也可以不发行,但要注意杂志的可读性,如果杂志充斥着无所谓的广告,就违背了办杂志的初衷。学术交流的对象是行业专家,他们具有一定的权威性,是行业的风向标,在平等理性的讨论中,如果专家能够认可某个企业,则可以带来事半功倍的效果。公益活动是指企业活动不是以宣传企业形象或者企业产品为目的,而是旨在科普或者弘扬正确的价值观。

(二) 激励顾客接受教育

虽然顾客教育对顾客自身来说可以带来许多效用,但是顾客本身并不一定能对接受教育的后果有正确的预期。考虑到接受教育需要耗费时间和精力,顾客就更不愿被教育了。如果把顾客看作联合生产者,我们用组织行为学的理论研究如何激励顾客接受教育。

麦克莱兰的需要理论关注人的3种需要:成就、权力和归属。成就需要指的是追求卓越、达到标准、争取成功的内驱力。权力需要指的是控制别人以某种方式行为而不以其他方式行为的需要。归属需要则为建立友好的和亲密的人际关系的愿望。对服务人员来说,很难在短短的服务接触中判断顾客需要,但是值得注意的是,有经验的服务人员需要根据顾客的不同需要实施不同的激励措施。比如,在陶吧,服务人员有时会教育顾客如何才能做出最精美的陶艺作品,让顾客拥有完美的劳动成果。有时则偏重注意交谈氛围的融洽性,一件完美的陶艺作品不是最重要的。

第三节 顾客参与

顾客参与在第一节中已有涉及,本节将着重讨论顾客参与的消极影响以及如何避免。

一、顾客参与的不利影响

顾客参与服务企业的积极影响在第一节中已有讨论。而管理顾客参与必然意味着服务人员更多的投入,服务产品更加个性化,由于顾客能力的不同也会产生顾客教育的多重矛盾。服务企业在管理顾客参与的时候也需要注意这些不利影响并加以避免。

(一) 提高顾客期望,降低顾客满意

如第一节所述,消费者满意的产生由消费者预期和实际情况是否匹配决定。人们倾向于关注自己所做的事情,顾客参与产生了高介入,从而导致更高的期望,也就导致顾客在评价服务质量时的高标准,也就在更大程度上可能无法产生顾客满意。

顾客参与的程度越高,对服务剧本的认知程度越高,和服务剧场中的其他要

素（服务支持系统、服务员工等）产生更多的接触，而服务企业的瑕疵也更容易被捕捉到。顾客的参与程度越高，评价一项服务则更可能掺杂个人的情感，而不是从客观上进行评价，感知到的服务质量可能产生扭曲。

（二）消耗服务人员过多的精力

顾客在参与服务生产的过程中，服务人员不可避免地需要和他们进行交谈，以确定顾客需求，或者揣摩顾客的心理，这就对服务人员有较高的能力要求和时间要求。服务人员和顾客进行交流，并且要确保顾客感到舒适和有趣，需要耗费时间和精力，如果顾客的要求过高，则为了满足顾客的个性化，需要动的脑力和体力就不是一点点了。

另外，每个顾客都希望自己能受"特殊照顾"，在服务过程中需要一直得到服务人员的全程关注。当服务人员面对多个顾客的时候，便不可实现所有顾客的愿望。如果一味迎合顾客的需求，又会导致时间的难以控制。

（三）服务产品产出的不确定性更高

邮政服务，顾客的参与程度低；餐厅服务，顾客的参与程度稍高；而咨询服务，顾客的参与程度更高。不同的服务产品所需要的顾客参与程度不同，而顾客不同程度地参与对服务产品的影响也不尽相同。

顾客对服务产品会提出个性化的要求和命令，这也使服务人员事先提出全面的应对措施，实际上相应地要做出各种不同的反应，导致服务程序变得更加烦琐，从而影响服务产品产出的效率。顾客参与对服务产品的影响既直接体现在服务产品上，也通过影响服务人员间接影响产品的产生。顾客的能力和所掌握的知识不同，对服务产品的最终贡献不同，产出的服务产品也必然不同，对服务企业来说，管理服务产品质量出现难度。顾客和服务人员接触，顾客的态度、谈吐、行为、涵养都会对服务人员产生影响，出现不同的互动模式，服务人员对服务产品的影响各异，而企业更难以管理互动过程。

（四）对服务企业的要求更高

顾客和服务企业的接触点更多，服务人员面临的压力也骤增。服务人员必须掌握和不同顾客互动的技巧，理解不同顾客的需求。例如，面对蛮不讲理、要求过多的顾客，服务人员仍需笑脸相迎，并且耐心地引导，这就要求服务人员进行情感投入，并掌握与问题顾客"斡旋"的技巧。

服务企业为了管理顾客参与，需要投入精确快速的服务支持系统。例如，网络技术平台的投入来记录顾客的资料，顾客所需的软硬件都要配套齐全。并且对互动过程的管理，服务企业也需要耗费资金和人力。

二、促进顾客的有效参与——理解服务的细节

（一）吸引顾客参与服务过程

为了吸引顾客进行有效参与，服务企业需要做到以下几点：①建立顾客信

任。为了促进顾客信任的产生,服务企业在以往建立的品牌信誉和形象基础上还要了解顾客的习惯和期望,建立符合服务顾客需求的参与程序,并且告知顾客参与行为可以带来哪些利益,明确参与行为可以满足他们的期望。②提高顾客兴趣。服务企业首先需要宣传,以达到事先教育的目的。同时,也可以唤起顾客兴趣,吸引他们选择该服务企业。服务企业还需要建立回报机制,以达到顾客有某种需求,相应的参与行为就可以回报某种满足的效果。回报包括心理和物质上的利益,例如,顾客下一次再选择该企业时,可以得到 VIP 的接待,或者直接给予回扣或者优惠。顾客参与如果要实现节约服务时间、节约企业金钱的效果,服务企业都应给予回报来表示支持。

(二)服务程序的设计

当需要顾客高度参与时,服务企业需要关注每一个服务细节,以追求完美的服务产品。当出现难以管理的互动环节,企业可以考虑是否需要改为自动化过程,限制与顾客的接触。对顾客可以参与也可以完全避开的环节,企业需要慎重考虑。例如,虽然从理论上顾客可以和厨师互动以使菜的口味更合顾客的胃口,但这一工作可交由服务生完成,让服务生成为中间人,而后台厨师和前台服务生隔开,则可以促进专业化分工,提高服务效率。

在服务过程设计的前端,企业要做到使顾客清晰地认识到他们在服务过程中将要扮演的角色,以及所需要投入的技能和精力。这样,顾客才能对服务过程以及所需要的投入做出接近实际的预测,同时,对产出的服务产品的预测也更为真实,服务期望更接近于真实的服务水平。顾客对服务过程的控制感更强,更容易产生服务满意。恰当的参与服务过程,感知服务质量更高,同时,顾客与服务企业的冲突也会随之减少。

【服务营销实践】

如何降低客户对服务的需求

每一家好公司都知道你没办法为了取悦客户做太多。但是什么是"太多"则不应被认为是字面的意义,需要定量。事实上,从很多方面来说,真正的服务成功通常可以通过你和客户互动次数有多少来衡量。或者用一个更好的方法来衡量,那就是他们对你的需要有多少。

这个念头之所以出现在我的脑海里,是因为我的一个朋友告诉了我一段自己的经历。她订购了无形宠物围栏服务。她告诉我服务人员是怎么完成工作的,训练她(和她的狗),在一个小时之内就完成了。这比公司预期的时间要少,所以他相应地减少了费用。这位技术人员告诉她之前曾经遇到一位客户,尽管这位技术人员反复地上门服务,可是依然拒绝采纳他的建议,所以他不得不花了五个多小时的时间耐心而礼貌地反复指导,一直到这位客户满意为止。在这两种情况下,对于他的客户和他的公司来说，他做得都对。但是如同我的朋友所说，"我敢打赌很多人都会觉得她得到了更好的服务，我也是其中一员，尽管我得到了优惠。"

我们通常不会把"少即是多"这句老话和客户服务联系起来，但是从很多方面看，这个观点是真的。

和很多的商业主题一样，这个问题我们也可以从苹果公司身上学到很好的经验。这并不意味着盲目地崇拜iAltar，但是我认为这家公司确实是最好的例子，它所提供的想法能够适用于几乎任何类型的企业。

在客户服务方面，苹果公司非常善于使用我认为是三步走的方式。这种方法的第一步是花大力气减少人们对帮助的需求，最后一步是在客户需要的时候提供卓越、充分并有效的帮助，并且让客户非常容易获得帮助。下面就是他们的做法，你可以看到如何在自己的公司中采用这样的方法：

(1) 让你的产品或服务具备很好的用户友好性，并且非常直观。苹果公司执着地采用了减法设计的原则，该公司为我们提供的产品按钮更少，界面一目了然，安装和连接无需用脑，这样该公司就让指导手册的存在变得没有必要。

经验所在：从客户的角度看看你所销售的东西——你的产品或服务是否已经做到了尽可能简单？还是与之相反，复杂得超过了必要的限度？总的来说，可动的部分（无论是字面含义还是比喻的意义）越少，那么触发人们拿起电话寻求帮助的可能就越小。

(2) 雇佣好的人才，充分地培训。当然，无论有没有指示，无论简单还是复杂，人们总会有很多时候需要帮助。在这种时候，苹果公司安排好了最好的人（他们好到足够获得"天才"的头衔了）方便客户进行联系，确保客户能够在最短时间内得到最有效的帮助。

经验所在：试着用客户的方式看待你的员工。他们是否知识丰富？是否具备良好的风度？一个显而易见的事实是：你的员工对你销售的产品和服务了解得越少，他们能够为客户提供的帮助就越少。有多少次我们会发现和我们对话的销售代表对自己所销售的产品的了解并不比我们多？

(3) 准备好"捷径"。如果在帮助客户的过程中存在障碍，那么，即便是世界上最好的员工，也难以发挥价值。苹果公司一直都努力扫清问题和解决方案之间的障碍。在绝大多数时候，一个电话或者Genius Bar的约会就能够帮助你从A走到Z，而且不需要经过中间的24个字母。

经验所在：你的客户服务复杂难懂还是能够尽可能地提供最快最好的解决方案？流程是否僵化复杂？这里的一切关键仍然是提高质量、减少"数量"（时间）：在一天结束的时候，人们并不希望得到最多的帮助，他们想得到的是最好的帮助。

斯蒂夫·乔布斯很多次谈到了"武装"。他努力用伟大的产品"武装"用户，用了不起的工作"武装"员工。苹果公司提供客户服务的方式反映了这种思想。你的公司的客户服务方式也是如此吗？

当你准备并且激励自己和你的公司在新的一年里更上一层楼的时候，诚实地反思一下你的产品、流程和员工实际上是在创造更多服务需求还是在减少服务需求。应该意识到客户宁愿不需要帮助，即便是很好的帮助。你的目标应该是减少甚至消除他们对服务的需求，同时又要做好充分的准备，随时能够积极地提供优质服务。让客户享受自由，他们会飞回来的。

原文链接：http://www.ceconline.com。

【服务营销前沿】

延迟对愉悦经历的享受

很多研究表明，顾客并不那么有自知，他们经常不能准确估计自己的能力和掌握的资源，这便会对购买决策产生重大的影响。加利福尼亚大学的助理教授苏珊娜（Suzanne B. Shu）和艾尔列特（Ayelet Gneezy）在2010年发表于《市场营销研究》（*Journal of Marketing Research*）的文章 *Procrastination of Enjoyable Experiences* 就顾客掌握的时间资源以及顾客对该资源的估计进行了一番讨论。

"拖延症"是很多人都有的"毛病"，大多数人都以为拖延症只适用于写作业等痛苦的经历，而这篇文章发现，顾客对愉悦的经历也有可能拖延。例如，在外地读书的大学生有可能直到要离开了还没有游览完当地的著名景点，因为他们总以为还有时间。作者提出了3个假设：①拖延即使在愉快的经历中也会发生，因为顾客即使是面对愉快的事件，也会考虑成本和收益比；②当人们面对一个较紧的时间期限时，拖延的倾向会减少；③成本增加时，长的时间期限和短的时间期限对拖延倾向的影响没有差别，然而收益增加时，长的时间期限和短的时间期限下，拖延的倾向会有很大的差别。

文章做了5个严谨的实验，证明了这3个假设。有趣的是第三个实验，研究人员发给被试者免费做45分钟的SPA券，假设两种情况，一种情况是SPA券的有效期从今天开始只有一周，另一种情况是一个月以后，被试突然发现SPA券仍未被用掉，那时，距离过期时间还有一周。面对这两种情况，请被试者猜测在哪种情况下更可能使用这张SPA券，不出意料，大多数人都认为在第二种情况下更有可能使用SPA券，因为被试者普遍能够预测紧接着的一周的忙碌程度，认为接下来的一周会很忙，没有时间做SPA，而对未来的预期则更为乐观，觉得一个月以后可能没有那么忙了。而真实的情况恰恰相反，第一种情况下人们更可能用SPA券，这是因为一个月以后人们往往还是一样忙碌，甚至更忙碌，而SPA券的诱惑则随着时间的推移降低了。

很多企业会有生日特惠则正是出于这点考虑，快到生日的时候，顾客面对的是短的时间期限，更有可能进行愉快性的消费。得到这个结论以后，有些企业为了刺激消费者使用免费体验券，会将有效期设计得稍微短一些，这与顾客的预期不符，顾客可能误解企业，认为企业故意缩短有效期是为了阻止顾客使用体验券，为了解决这一矛盾，企业想出来的办法是设计一个很长的时间期限，但是对前几名顾客（即短的时间期限）提供更高的优惠，以刺激顾客的使用。

小结

和有形产品消费不同，服务产品的消费更注重体验，顾客接受服务的过程是各种因素相结合共同作用的过程。对具有不可分离性的服务产品而言，不仅离不开顾客参与，更要注意的是消费者的参与直接影响到服务产品质量的高低，而每个顾客预期不同、本身具有的知识和能力也不同，为了提高顾客感知质量，需要服务企业与顾客进行充分互动，教育顾客、管理顾客参与。

思考题

1. 如何正解对待顾客角色？
2. 如何理解顾客教育？
3. 如何理解顾客参与对服务的影响？
4. 如何做好客户管理？

案例

"孩子王"只做一件事——造就顾客

"孩子王"，一家成立不到 5 年的公司，如今已经进入 9 个省，而 2014 年年底前将会有 70 家门店，会员人数达到 200 万。

相比于国内其他零售企业，这个数据近乎"疯狂"。更让业界琢磨不透的是，这家起源于南京的企业在 2013 年单店同比增长保持在 50% 以上，这比让人又爱又怕的电商在 2013 年 40% 左右的同比增速还高出不少。

众所周知，现在的大型零售连锁驱动业务增长的模式基本就两种：一个是基于商品驱动（如超市类）；一个是基于资源驱动，比如市中心的位置，家电的资源更多来自于供应商，所以给到终端的资源比较多。而"孩子王"试图做一个在中国目前还没有看到的规模较大的终端样本模型，而这基于顾客驱动。

"孩子王"董事兼总经理徐伟宏说"在过去的两年，很多零售企业都把行业不景气归因于经济放缓以及互联网等因素。""孩子王"从去年开始加快了拓展，今年在全国还要再进四到五个省，新开 30 家门店，似乎和目前整个实体零售商的拓展步伐不是很一致。

在徐伟宏看来，这是一个新大陆的时代。他举例说，以前的老会计算盘打得快是一个优势，可是当电算化普及以后，老会计全部要被淘汰，不能说他们曾经不成功，只能说他们没有跟上这个时代。

实际上，以往实体企业都是通过少数人拥有少数资源，并且通过不对称的信息获取原本不应该得到的价值，而在互联网时代，企业会发现如今很多东西变得更透明、更公平。

不得不说，在互联网时代，供需双方可以非常透明地去了解对方的需求。对于消费者来说，他们获取信息的方式已经发生了翻天覆地的变化。实际上，从群体角度来讲，互联网形成一个大的互助社区，消费者变得比经营者更专业也更主动了。

徐伟宏表示，互联网企业的逻辑是把准顾客的脉搏，而"孩子王"对顾客的理解更深、更透。对顾客在想什么、顾客有什么变化等问题"孩子王"都会作为头等大事来抓。

无疑，互联网企业是以用户为中心的，而很多实体店是以企业为中心的，"孩子王"在创建初期就明白了其中的道理，相比之下，如今很多实体零售企业在业绩大幅下滑的同时却仍看不懂其中的奥妙，只能止步不前。

据了解，"孩子王"的门店有一大特点，其规模相对比较大，标准店都是5 000平方米，最大的达到了1.2万平方米。而"孩子王"每家店每年的互动活动是一千多场，因为"孩子王"相信只有互动才能与顾客产生情感。"孩子王"每到一个城市，总能够为当地的市场带去激情与活力，促进行业的升级与创新。

徐伟宏引用管理大师德鲁克的话说，企业应该是以创造顾客为目的的组织，而不简单是以盈利为目的的组织。"孩子王"一直以来追随的就是从传统零售企业卖商品走向卖生活方式，"孩子王"更关注于如何打造与顾客的关系，让顾客有参与度，这样才能让他们有极致的体验感受。

——联商网 2014-06-10

第十三章 服务失败与服务补救

【学习目标】
1. 了解服务失败的原因及类型
2. 掌握顾客抱怨的动机和行为规律
3. 熟悉顾客抱怨处理中公平性的含义
4. 理解跟踪监测服务失败和员工补救努力的价值
5. 熟悉服务补救策略和服务补救系统的构建

开篇案例

一位电脑服务工程师的服务补救

这是2000年左右处理的一个客户投诉案例,希望对大家处理投诉和做好客户服务有所启示。当时我还在保定市的一家联想电脑维修站,作为工程师为联想用户提供上门维修服务,并且处理疑难问题。

当时客户购买的一台联想电脑已经两年多了,即将出保修期。这台电脑连续出故障,都是主板的问题。通过更换主板修复,客户使用一两个月,就再次出故障,客户愤怒不已。当时客户电脑的型号已经属于被淘汰的型号,联想的备件库里匹配的备件非常少,基本上都是返修的故障主板,甚至由于备件过少,和另一款类似的主板的编码都弄混了,维修周期长可想而知。

我在接手这个客户的时候,客户基本上已经失去耐心了。说实话,问题反复几次,我觉得这个客户已经很有耐心了。为了稳妥地解决客户的问题,我安排了一次上门,到客户家了解情况,并与客户做进一步的沟通,安抚客户。为了不影响客户的使用,我们也预备了一个临时的解决方案,就是给客户提供一个备用电脑让客户暂时使用。

到客户家后,客户显然对我们准备的解决方案很不满意,这也在我们的意料之中。因为根据当时的条件,我们给客户准备的备用机器是一个用过的更过时的电脑。使用时需要打开机箱盖,接上客户的硬盘,更不用说电脑速度了。不过我没有放弃和气馁,这次上门也是本着沟通和了解客户的目的而来的。在简单讨论备用机事宜后,我重点向客户了解了她电脑的用途和使用情况。客户是一位大学教师,正在读博士,即将完成学业,正在筹备撰写博士论文。她研究的课题是关于美国教育方面的,她的电脑也主要是用来学习和写文章用的。面对一台开膛破肚的电脑，气都不打一处来，哪还有什么灵感和思路。而她的博士论文、马上要进行的工作，也耽误不得。

　　了解了客户上述情况之后，首先是说服客户先把备用机留下，有总比没有好，对此客户心里也明白，也表示接受。为了让客户能有效地使用备用电脑，我建议客户用一下，并告诉她看看我有什么地方可以帮助她。考虑到她电脑应用不如我们精通，同时也需要熟悉一下这台电脑如何操作，客户就在电脑旁边坐了下来。指导客户打开电脑之后，提示客户可以把电脑的桌面换一个自己喜欢图片。现在这个尽人皆知的操作当时知道的人还是很少，当然，当时电脑里面的图片也很少，更提不上数码相片了。客户有兴趣地尝试换了一张风景图片，在指导客户设置的时候，我又顺便向客户介绍了显示器分辨率和刷新率设置的知识，告诉客户合适的刷新率设置会保护眼睛。客户第一次听到这方面的知识，情绪好了很多。之后我又帮助客户找到了自己的文件，给客户介绍了好的文件保存和管理方法，好的电脑使用习惯，以及输入法、电脑维护等方面的知识。客户很高兴，一直都没有再问关于故障电脑维修的问题。最后，在离开之前，我再次向客户承诺，可以在电脑使用方面给她提供尽可能的帮助，尤其是在上网方面。当时互联网刚刚开始普及，客户对网络应用很不熟悉，而她写论文又必须大量地上网查阅资料，对我这个承诺客户非常开心，就这样第一次上门服务就友好的结束了。

　　之后，我又应客户要求，给客户上门服务了几次，包括周末和晚上，给她提供力所能及的帮助。客户也没有提出过无礼或是刁钻的要求，反而和我成了很好的朋友。又过去了两三个月，最终，客户的电脑由于难以维修，联想建议让客户加钱升级，换一台电脑。我去和客户协调的时候，客户没有提出任何质疑，虽然心里有些不快，还是接受了这个方案。客户在把钱交给我的时候说："也就是看着你，不然，让我加这么多钱我肯定不同意。这事处理完了你还要经常来啊。"

　　就这样，一个拖了几个月的问题彻底解决了，我们和客户的关系也密切了。后来，客户随着自己电脑水平的提高，找我们上门的服务次数也少了很多，没有给我们提出过分的要求，她的论文最终也如期圆满完成了。她还推荐了一些朋友和同事到我们店里购买电脑。

　　投诉处理方法，要先解决人的问题，再解决事的问题。如果有问题无法从技术上解决，就从人身上解决。解决人的问题，就要找到客户的其他需求和深层次的需求。客户只有接受了人，才能接受这个人提供的服务或者产品。在做工作的时候务必要让客户感受到服务人员的真诚、专注、体贴、专业，争取到客户的信任。如果客户信任了服务者，那么即使拒绝了客户的请求，客户也会相信自己的请求是客观条件无法满足的。如果服务人员或者销售人员与客户建立并保持了信任关系，那么，客户和服务者双方的风险、经济成本、时间成本都会降到最低，从而达到利益最大化。

　　资料来源：http://www.51callcenter.com/newsinfo/207/47046/.

服务的无形性、异质性、同步性和不可储存性等特点决定了服务失败（service failure）很难避免，"服务失败成为服务消费过程中最为熟悉的嗒嗒声，每一次低于我们预期的服务经历，都意味着服务失败的发生"[①]。鉴于此，服务企业应采取措施，积极应对服务的缺陷或失败。

传统上，针对服务失败的主要应对措施是顾客抱怨处理，即在顾客遇到服务向企业抱怨后的处理对策。这样做的前提是假设顾客会向企业提出抱怨，但事实上，仅有5%到10%的不满意顾客会主动抱怨和投诉[②]，被动的抱怨处理并不能解决绝大部分不满意顾客——未抱怨的顾客的问题。服务补救是围绕顾客满意和顾客忠诚的总目标，对服务失败进行的主动和有效的一系列管理活动，它不仅包括对顾客抱怨的处理和服务失败的实时弥补，还涵盖了对服务失败的事前预警与控制，它是一种主动的反应，是一个系统的管理，是持续的服务质量改进过程。

第一节 服务失败

一、服务失败的含义

服务失败（service failure）是服务中因各种原因造成的由于没有达到服务预期而产生的顾客不满意状态。由于服务的无形性，服务企业较难制定明确的质量标准，无法进行精确的质量控制；由于服务的异质性，即使在有质量标准的情况下，不同人员提供的服务也存在差别，使服务质量控制的难度加大；由于服务的生产、传递和消费大多同时进行，问题常常是即时出现的，同时，由于顾客或多或少参与服务的生产过程，顾客本身的活动、与其他顾客之间的互动以及顾客本身的错误等，都加大了服务失败和服务中问题出现的可能以及确定问题的困难。因此，服务质量控制的难度比有形产品质量控制的难度大得多。对服务企业来说，提供完美无缺的服务是一种理想状态，是需要通过长期、持续改进和不断努力追求的目标。与此同时，服务企业管理者必须正确认识服务失败，了解并分析服务失败的原因、产生的影响和顾客的反应，这样才能有针对性地进行持续的改进和努力，不断提高服务质量。

二、服务失败的原因

了解服务失败的原因是进行服务补救的前提，以下我们从理论和实证两个方

---

① BELL C R, ZEMKE R E. Service breakdown: the road to recovery [J]. Management Review, 1987, 76 (10): 32-35.

② DUBE L, MAUTE M. The antecedents of brand switching, brand loyalty and verbal responses to service failures [M] //in SWARTZ T, BOWEN D, BROWN S. (Eds.), Advances in services marketing and management, 1996: 127-151.

面对服务失败原因的相关研究进行简要阐述。

(一) 基于服务质量差距模型的分析

帕尔苏曼(A. Parasuraman)、泽丝曼尔(V. A. Zeithaml)和贝里(L. L. Berry)提出的服务质量差距模型——GAP 模型[①]由两大部分构成:顾客方面和营销者方面,它强调服务质量的产生与顾客和服务提供者有关。根据 GAP 模型,顾客满意与否取决于感知的服务与期望的服务之间的比较,这种比较形成了顾客认为的服务质量,即感知的服务质量。而顾客期望的服务受口碑沟通、个人需要、以前服务体验的影响,同时它也受服务提供者外部营销沟通的影响;顾客感知的服务是服务提供者一系列内部决策和活动的结果,同时,也受服务提供者外部营销沟通的影响。从理论上说,这些差距是造成服务失败的主要原因。

1. 管理者感知与顾客期望之间的差距(GAP1)。这是指管理者不能准确地感知顾客期望所造成的差距。实践中,管理者并不总是事先了解哪些特征对顾客意味着高质量、一项服务为满足顾客需要必须具备哪些特征、这些特征在传递高质量的服务时需要达到什么样的绩效水平,等等。因此,存在管理者感知与顾客期望之间的差距。产生这些差距的具体原因可能是企业没有进行市场调研或顾客需求分析、需求分析不准确、信息传递中信息失真、管理层次过多造成信息阻塞或失真、管理层缺乏对服务的深刻认识等。

2. 管理者感知与服务质量规范之间的差距(GAP2)。这是指管理层所感知的顾客期望与所制定的服务质量规范不一致而出现的差距。由于存在一系列的变化因素——资源限制、市场条件、管理差异等,会导致管理者为服务建立的实际规范和对顾客期望的感知之间产生差距。具体原因包括:计划失误或计划程序有问题、计划管理水平低、组织目标不明确、服务质量计划缺乏高层管理者的有力支持等。

3. 服务质量规范与服务传递之间的差距(GAP3)。这是指由于服务人员在服务生产、传递过程中没有按照企业设定的标准来进行而造成的与质量规范之间的差距,这是在实践中最容易出现问题和最难管理的环节。产生这种差距的原因来自:管理与监督不力、监督控制系统与良好服务质量的要求相抵触、监督和奖励系统的建立没有与质量计划和服务规范的制定融合在一起、员工不能透彻地理解或者不愿意执行服务质量规范、没有对员工进行有效的培训、员工对服务水平的理解与企业长远战略不相适应、员工的态度和服务技巧不足或水平参差不一、缺乏技术和运营方面的支持等。

4. 服务传递与外部沟通之间的差距(GAP4)。这是指外部营销沟通所宣传的服务与企业实际提供的服务之间的差距。产生的原因包括:市场沟通计划与服

---

① PARASURAMAN A, ZEITHAML V A, BERRY L L. A conceptual model of service quality and its implications for future research [J]. Journal of Marketing, 1985, 49 (4): 41 – 50.

务运营未能很好地融合在一起、传统的外部营销与服务运营不够协调、没有执行市场沟通中大力宣传的服务质量规范、过度承诺等。需要注意的是，外部沟通不仅影响着顾客对服务的期望，而且影响着顾客对传递的服务的感知。服务传递与外部沟通之间的差距会直接影响顾客对服务质量的感知。

5. 顾客期望的服务与感知的服务之间的差距（GAP5）。这是指顾客所期望的服务与顾客实际体验到的服务之间的差距。首先，它受到其他差距的影响，即 $GAP5 = f（GAP1，GAP2，GAP3，GAP4）$；其次，顾客本身的因素也会带来这种差距的不同，如顾客个人需要、顾客以前的服务体验、顾客的偏见、顾客本身对服务的错误理解等；企业或服务在市场中的口碑、形象也会影响这种差距。另外，正如前面指出的，企业外部沟通分别会对期望的服务、感知的服务产生影响。

所以，从理论上说，GAP 模型不仅能够帮助服务管理者理解服务质量的构成和产生，还能够帮助管理者发现服务质量问题可能出在什么地方、分析问题的原因，并制定有针对性的、有效的改进措施。

（二）服务失败的类型

比特纳（Bitner），布姆斯（Booms）和特雷奥特（Tetreault）（1990）在对服务接触的研究中将服务失败分为 4 大类[①]：①服务交付系统失败；②有关顾客需要以及请求的失败；③有关未经提示和未经请求的员工行动的失败；④有关问题顾客的失败。（见表 13-1）

表 13-1 服务失败的类型

服务失败类型	服务失败具体表现
服务交付系统失败	服务的不可获性
	无原因的拖延服务
	其他核心服务失败
顾客需要以及请求	特殊的需要
	顾客的偏好
	顾客的错误
	其他破坏影响
未经提示和未经请求的员工行动	关注的程度
	非常行为
	文化规范
	完全形态

---

① BITNER M J, BOOMS B H, TETREAULT M S. The service encounter: diagnosing favorable and unfavorable incidents [J]. Journal of Marketing, 1990, 54 (1): 71-84.

续表

服务失败类型	服务失败具体表现
问题顾客	醉酒
	口头和身体伤害
	破坏企业政策
	不合作的顾客

资料来源：BITNER M J, BOOMS B H, TETREAULT M S. The service encounter: diagnosing favorable and unfavorable incidents [J]. Journal of Marketing, 1990（1）：71-84.；BITNER M J, BOOMS B H, MOHR L A. Critical service encounters: the employee's viewpoint [J]. Journal of Marketing, 1994, 58: 95-106.

1. 服务交付系统失败。服务交付系统失败（system failures）是企业在核心服务提供方面的失败。例如，飞机不能按时起飞、酒店没有提供充足的干净房间、保险公司不能处理顾客赔偿请求，这些都是服务交付系统失败。具体来说，服务交付系统的失败包括以下几种情况：①服务的不可获性；②不合理的服务延误；③其他核心服务失败。

2. 顾客需要以及请求。第二类服务失败表现在员工对顾客需要及请求（customer need and requests）的回应不当。消费者的需要可以是隐形的或者外显的。隐形需要（implicit needs）是不言自明的。例如，不应该把一位坐在轮椅上的残疾人顾客安排在餐厅的高楼层。相反，外显请求（explicit requests）却是公开表达出来的，例如，要求为他煎一份五成熟牛排的顾客和用菜单中列出的烤西红柿替代西红柿酱的顾客提出的都是外显请求。

这类服务失败又具体表现为员工对以下四个方面的回应：①特殊的需要；②顾客的偏好；③顾客的错误；④其他的破坏影响。为素食者准备用餐就是完成一项"特别的需要请求"。员工对顾客偏好的回应是指在需要时对服务交付系统某些方面进行改进以满足顾客的偏好需要，例如，顾客在旅馆中要求更换房间。员工对顾客错误的回应包括诸如顾客丢失旅馆的钥匙这类问题。员工对顾客破坏影响他人行为的回应需要员工解决顾客之间的争论，例如，要求进入电影院者保持安静。

3. 未经提示和未经请求的员工行动。第三种服务失败是由于未经提示和未经请求的、出乎顾客预料的员工行动造成的。这些行为既不是顾客通过请求产生的，也不属于核心服务交付系统的一部分。这类服务失败进一步细化为：①关注程度；②非常行为；③文化规范；④完全形态；以及⑤不利的状态。关注程度涉及员工恶劣的服务态度，忽视一个顾客，并且表现出的行为让顾客感觉到冷漠的态度。非常行为是指员工粗鲁、滥用以及不适当的行为接触。文化规范涉及亵渎背叛社会文化规范，例如，歧视、撒谎、欺骗。完全形态（gestalt）是指顾客对服务问题不加具体分析而全盘否定。最后，不利状态是指处在紧急情况时员工行为不当给顾客留下不好的印象。

4. 问题顾客。最后一类服务失败是由于顾客自身的错误行为引发的，包括①顾客醉酒；②口头和身体伤害；③破坏企业政策；④不合作。醉酒后，人们容易失去理智，做出不当的行为，破坏服务环境。同时，顾客之间发生肢体冲突，破坏顾客正常的服务体验。某些顾客如果加塞插队，会导致其他顾客的不满。不合作的顾客（uncooperative customer）一般来说是那种粗鲁、不合作以及提无理要求的顾客，面对这种顾客，服务人员即便使出浑身解数，恐怕也难以息事宁人。

（三）有关服务失败的实证研究

凯利（Kelley），霍夫曼（Hoffman）和戴维斯（Davis）（1993）[①] 按照 Bitner, Booms, & Tetreault（1990）的分类，对零售业进行了调查，发现服务传递过程造成的失败占整个失败事件的70.5%，员工与顾客之间互动造成的失败占8%，员工行为不当造成的失败占21.5%。同时，他们还调查和研究了针对这些失败采取补救措施后能补救的程度、平均所需的时间、顾客的维持率等（详见表13-2）。

表13-2 零售业服务失败种类分析表

失败种类	次数	百分比	恢复的程度	平均时间	顾客维持率
一、服务传递系统或产品失败					
政策失败	93	14.1%	5.38	11.9	62.4%
服务太慢	27	4.1%	3.96	9.9	66.7%
价格错误	12	1.8%	7.00	9.6	91.7%
包装错误	21	3.2%	6.71	12.6	71.4%
缺货	16	2.4%	5.94	8.7	75.0%
产品缺陷	220	33.3%	6.26	18.5	74.3%
无法交货	15	2.3%	5.93	17.7	100.0%
变更或维修	28	4.2%	4.82	9.9	42.9%
信息错误	34	5.1%	5.18	10.0	64.7%
合计	466	70.5%	5.8（平均）	14.7（平均）	70.0%（平均）

[①] KELLEY S W, HOFFMAN K D, DAVIS M A. A typology of retail failures and recoveries [J]. Journal of Retailing, 1993, 69 (4): 429-452.

续表

失败种类	次数	百分比	恢复的程度	平均时间	顾客维持率
二、员工对顾客需求的回应					
特殊订货或请求	43	6.5%	6.12	14.8	69.8%
顾客的错误	10	1.5%	7.70	18.9	100%
合计	53	8.0%	6.42（平均）	15.6（平均）	75.5%（平均）
三、员工的不当行为					
账单错误	89	13.5%	6.53	11.4	83.1%
监守自盗	5	0.8%	3.60	19.2	40.0%
因窘	29	4.4%	0.60	21.7	72.4%
不专心	19	2.9%	3.53	5.7	36.8%
合计	142	21.5%	5.92（平均）	13.1（平均）	73.2%（平均）
总计	661	100%	5.88（平均）	14.4（平均）	71.2%（平均）

资料来源：KELLEY S W, HOFFMAN K D, DAVIS M A. A Typology of Retail Failures and Recoveries [J]. Journal of Retailing, 1993, 69 (4): 436.

造成服务失败或服务品质不佳的原因可能是多方面的，不同行业可能有所差别。1985年，盖洛普公司在美国进行过一项全国性的服务品质调查，涉及的行业包括银行、保险、政府、医院、航空、汽车修理等，各行业服务品质不佳的原因分布如表13-3所示（样本593人，可复选）。

表13-3 顾客认为不同行业服务品质不佳的原因分析表

序号	服务品质不佳的原因	合计	银行	保险	政府	医院	航空	汽车修理
1	服务不对	39%	19%	12%	19%	9%	5%	63%
2	员工的行为	42%	45%	39%	44%	60%	32%	15%
3	服务太慢	30%	29%	31%	40%	23%	8%	19%
4	服务太贵	20%	7%	38%	0%	20%	0%	20%
5	服务品质低	10%	15%	8%	6%	6%	3%	5%
6	人手不足	5%	6%	1%	6%	12%	0%	1%
7	其他	20%	9%	13%	12%	17%	72%	5%
8	作答人数	593	104	96	91	83	52	256

资料来源：顾志远. 务业系统设计与作业管理 [M]. 台北：华泰文化事业公司, 1998: 636.

从盖洛普在美国的调查可以看出，尽管不同行业顾客认为服务品质不佳的原因可能有所差别，但从整体来看，服务传递失败（包括服务不对、服务太慢、服务品质低等）、员工的行为是造成服务品质不佳的主要原因。因此，在服务管理中，管理人员应特别注意服务传递和员工行为对顾客的影响，避免因此造成的服务失败。

【服务营销实践】

2013年上半年全国消协组织受理投诉情况分析

根据全国消协组织受理投诉情况统计，2013年上半年共受理消费者投诉265 572件，解决244 601件，投诉解决率92.1%，为消费者挽回经济损失59 057万元。其中，因经营者有欺诈行为得到加倍赔偿的投诉3 628件，加倍赔偿金额864万元。2013年上半年，各级消协组织支持消费者起诉994件，接待消费者来访和咨询86万人次。投诉量居前十位的商品和服务如表13-4所示。

表13-4 投诉量居前十位的商品和服务（单位：件）

商品类别	2013年上半年	2012年上半年	服务类别	2013年上半年	2012年上半年
通信类产品	23 039	17 382	媒体购物	18 471	10 672
食品	12 832	14 487	移动电话服务	10 764	11 689
服装	11 782	15 167	网络接入服务	7 211	7 097
汽车及零部件	9 784	7 638	美容、美发服务	4 398	4 505
鞋	8 784	7 911	保养和修理服务	3 872	3 198
厨房电器类产品	6 628	5 929	洗涤、染色	3 726	3 983
装修建材	6 223	6 321	餐饮服务	3 090	4 561
视听产品	5 563	7 669	固定电话服务	2 641	2 950
计算机类产品	5 260	4 930	房屋装修	2 379	2 215
空气调节产品	5 039	4 654	交通运输	2 009	2 263

产品质量、合同争议和售后服务问题仍是引发投诉的主要原因，占投诉总量的七成以上。服务相关投诉重点如下：

1. 手机售后服务亟待改善

2013年上半年，全国消协组织受理涉及售后服务的投诉32 078件，同比上升了12.3个百分点。其中，超过1/4的手机（移动电话机）投诉因售后服务争议而引发，手机售后服务投诉继续保持高发态势。消费者投诉手机售后服务的情况主要有：一是以软件升级掩盖硬件维修事实，不提供维修记录或维修证明；二是尽量拖延服务时间，有意逃避三包责任；三是把明显的质量问题说成是人为损坏，或夸大维修问题的性质；四是部分售后服务条款明显不利于消费者等。

2. 合同纠纷增速明显

2013 年上半年，全国消协组织受理合同性质类投诉 35 016 件，与 2012 年同期相比，投诉量上升 25.1%。在消费者投诉的合同问题中，网络购物、中介服务、有线宽带接入成为投诉的重点。在网络购物涉及的合同纠纷中，主要问题是一些网点对大件商品不按承诺时间送货或安装到位；而中介服务投诉中，承诺容易践诺难成为行业通病；在宽带接入服务中，消费者对花费相对较高的价格却用着相对较低的网速反映强烈。

3. 保养和修理服务问题多

2013 年上半年，全国消协组织受理涉及保养和修理服务的投诉 3 872 件，与 2012 年上半年相比，增加了 21.1%。在保养和修理服务中，涉及电器维修和汽车修理的投诉占到近一半。家电和汽车的安全有效使用离不开良好的保养和修理服务。一些保养维修服务经营者采用降低零配件等级或使用翻新件或劣质零配件等方式牟取不当利益，给消费者使用电器和汽车带来诸多安全隐患。还有一些保养维修经营者服务能力差、承诺不兑现，致使消费者吃哑巴亏。

4. 公用事业服务马虎不得

2013 年上半年，全国消协组织受理涉及公用事业服务投诉 1 831 件，与 2012 年同期相比，增长了 24.9%，因合同纠纷和售后服务所引起的投诉增幅较大。公共事业承担着服务民生的重大职责，关系每个消费者的切身利益，服务可替代性不强、消费者选择余地不大，一旦服务出现问题，会对消费者基本生活造成困难，也容易触发群体投诉。

资料来源：中国消费者协会官网 http://www.cca.org.cn/web/xfts/newsShow.jsp?id=63380。

第二节 顾客抱怨行为

一、顾客对服务失败的反应

在服务失败的情况下，不同的顾客可能会有不同的反应。面对服务失败，不同顾客群对满意的认知、后续行为等方面都有显著差异。

根据对美国消费者的调查发现：在小额商品购买中，只有 4% 的不满意顾客直接向企业抱怨，而有 63% 则不再购买而选择别的品牌；在小额服务中（5 美元以下），有 55% 的不满意顾客直接向企业抱怨，有 45% 的不满意顾客不再光临；在大额商品购买中，有 73% 的不满意顾客会向企业抱怨，有 41% 的不满意顾客不再购买而选择别的品牌；在大额服务中（100 美元以上），63% 的不满意顾客直接向企业抱怨,有50%的不满意顾客不再光临。除了向企业抱怨或离开企业外,不满意的顾客还可能传播口碑。例如,在服务失败中,每一名对服务不满意的顾客,至少会向其他9人陈述他的不满意;可是,如果其投诉得到圆满解决,他只会告诉5个人;在感到不满意而继续回来接受服务的顾客中,有13%的顾客会向其他人陈述他的不满意[1]。

根据顾客对服务失败做出的反应,辛格(J. Singh,1990)在一项研究中将顾客按照不同的反应风格进行了分类,划分为消极者、发言者、发怒者、行动者[2]。尽管这项研究是针对零售业、汽车修理业、医护业、银行及金融服务业进行的,各种类型的顾客在不同行业背景下的比例不同,但每种类型顾客在所有的行业中都可找到,并且特征比较一致。

第一类是消极者。这类顾客极少采取行动,他们经常怀疑抱怨的有效性,认为抱怨的结果与所花费的时间和努力相比不值得。所以,他们不大可能对服务人员说任何事情,也不大可能向第三方进行抱怨。服务企业很难注意到这些顾客,他们经常在无声无息中存在或离去。

第二类是发言者。这类顾客乐于向服务人员抱怨,但他们不大可能传播负面消息、改变供应商或向第三方抱怨。他们认为抱怨对社会有益,所以说出自己感觉时从不犹豫。他们认为向服务人员抱怨的结果非常积极,并且不太相信另外两种抱怨形式——传播负面消息、向第三方诉说。这类顾客应该算是服务提供者最好的朋友,他们主动、友好地抱怨,给企业提供了改正的机会。

第三类是发怒者。这类顾客与其他类型顾客相比更有可能极力向朋友、亲戚传播负面消息并改变供应商。他们的普遍嗜好是向供应商愤怒地抱怨,但不太可能向第三方抱怨。虽然他们确实相信向供应商抱怨带来的社会利益,但他们不可能给服务供应商第二次机会,取而代之的是转向原供应商的竞争对手,并且一直向朋友、亲戚传播负面消息。这类顾客是企业负面口碑的倡导者。

第四类是行动者。这类顾客的特点是在各方面更加具有抱怨的习性,他们向供应商抱怨,还会告诉其他人,并且比其他类型更可能向第三方抱怨。他们对所有类型抱怨的潜在正面结果都感到非常乐观,比较倾向于极端行为。

因此,遇到服务失败时,顾客可能的反应包括:直接向企业抱怨、向家人或朋友抱怨、向第三方抱怨、离开企业、继续购买等。泽丝曼尔(V. A. Zeithaml)和比特纳(M. J. Bitner,2002)在其著作中描述了服务失败之后顾客的各种反应(如图13-1所示)[3]。

在服务失败面前,有些不满意的顾客不抱怨,而选择了沉默,理由可能是:

---

[1] 霍夫曼,贝特森. 管理服务营销 [M]. 邓小敏,等,译. 北京:中信出版社,2004.

[2] SINGH J. A Typology of consumer dissatisfaction response styles [J]. Journal of Retailing, 1990, 66 (1): 57-99.

[3] 泽丝曼尔,比特纳. 服务营销 [M]. 张金成,白长虹,译. 北京:机械工业出版社,2002.

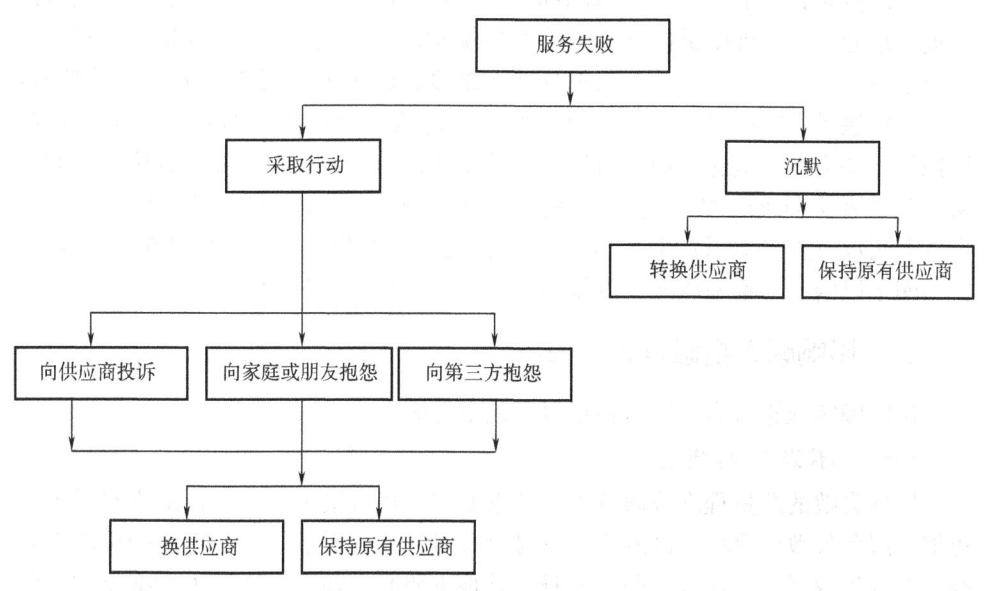

图 13-1 服务失败后的顾客反应

资料来源：泽丝曼尔，比特纳．服务营销［M］．张金成，白长虹，译．北京：机械工业出版社，2002：159．

第一，他们不想浪费时间去写信、填写表格或打电话，尤其是当他们不认为这项服务值得他们这么做时；第二，顾客对企业没有信心，不相信有人会关心他们的问题或是愿意解决问题；第三，人们甚至不知道去哪里抱怨或是该怎么做；第四，感觉抱怨是令人不快乐的事，可能害怕公然面对抱怨的情景，尤其是如果抱怨的员工是顾客认识而且将来还要再继续打交道的人时。

顾客提出抱怨，通常出于以下考虑：第一，获得赔偿或补偿。希望通过抱怨挽回经济损失，例如，要求退款、赔偿或重新获得服务。第二，发泄怒气。当服务过程极不合理，或当员工行为粗鲁，故意胁迫别人，明显不关心顾客需求，或顾客感到自尊心、自我价值或公平严重受侵害时，顾客会很生气。第三，帮助企业改善服务绩效。第四，利他主义原因。一些顾客受利他主义原因的驱动，想让其他顾客避免重复经历同样的问题。

由此可见，即便是提出抱怨的顾客，他们的动机和行为也是有所不同的。我们可以将顾客抱怨分为工具性抱怨（Instrumental Complaints）和非工具性抱怨（Noninstrumental Complaints）两大类。前者是顾客为了改变事情不利的局面而表达的抱怨。例如，向一名服务员抱怨一块半生不熟的牛排，顾客满怀期望服务员能够进行补偿。有趣的是，研究者发现工具性抱怨仅仅是抱怨中的少数一部分。后者是指顾客对于抱怨后情况得到改善并不抱任何期望的抱怨。这种抱怨的情况比有效抱怨的情况来的多得多。

达维多光和达辛（Davidow & Dacin，1997）按照如下两个维度将顾客抱怨行为进行划分：一个维度是抱怨对象是否在顾客圈子内，另一个维度是抱怨对象是否与不满意的购买直接相关。依据这两个维度，顾客抱怨行为可分为4种类型：①直接抱怨是顾客向自己圈子之外、与不满意购买直接相关的对象（企业）进行抱怨；②第三方抱怨是顾客向自己圈子以外、与不满意购买没有直接关系的对象（消费者协会或法院）进行抱怨；③负面口碑是顾客向自己圈子以内、与不满意购买没有直接关系的对象（亲戚、朋友）进行抱怨；④沉默抵制是顾客向自己圈子以内、与不满意购买直接相关的对象（自身）进行抱怨[1]。

二、影响顾客抱怨行为的因素

影响顾客抱怨行为的因素包括以下几个方面：

（一）不满意的强度

服务失败的严重程度或服务本身的重要程度将直接影响顾客付诸抱怨行为的可能。服务失败严重程度高或服务本身重要时，顾客诉诸行为性抱怨的可能性较高；服务失败严重程度低或服务本身不是很重要时，顾客诉诸行为性抱怨的可能要低一些。里琴斯和维黑基（Richins & Verhage，1985）的研究也证明，产品的价格、问题的严重性等与抱怨行为有较高的相关性[2]。但是，不满意的程度只表现出与诉诸直接抱怨可能性有限的关联。布洛杰特和格兰伯斯（Blodgett & Granbois，1992）曾提出一个关于顾客抱怨行为的概念模型[3]，他们认为，完全依靠不满意的模型并不能很好地解释大多数情况，不满意是顾客行为性抱怨的一个必要条件，但不充分。

（二）顾客的特征

一些研究表明，顾客抱怨行为与顾客的特征有关。这些特征包括人口统计特征以及包含价值观、个性、意见和态度在内的心理特征。研究证实，公开抱怨的通常是年轻的、受过良好教育的和高收入的顾客；与没有抱怨的顾客相比，诉诸抱怨的顾客更重视独特性、个性和自主性[4]。

（三）企业因素

企业因素同样对顾客的抱怨行为施加着影响，这些因素包括企业在质量和服

---

[1] DAVIDOW M, DACIN P A. Understanding and influencing consumer complaint behavior: improving organizational complaint management [R]. Provo: Association for Consumer Research, 1997 (24): 450－456.

[2] RICHINS M L, VERHAGE V J. Seeking redress for consumer dissatisfaction: the role of attitudes and situational factors [J]. Journal of Consumer Policy, 1985, 8 (1): 29－44.

[3] BLODGETT J G, GRANBOIS D H. Toward an integrated conceptual model of consumer complaining behavior [J]. Journal of Consumer Satisfaction, Dissatisfaction and Complaining Behavior, 1992, 5 (2): 93－103.

[4] MORGANOSKY M A, BUCKLEY H M. Complaint behaviour: analysis by demographics, lifestyle & consumer values [J]. Advances in Consumer Research, 1986 (14): 223－226.

务方面的声誉、对抱怨的响应程度、施加的销售压力的大小等。一般情况下，质量和服务方面高的声誉会鼓励顾客在遇到问题时寻求赔偿[1]。里奇斯（Richins，1982）发现，响应性与抱怨之间存在正相关，顾客在有机会获得合适赔偿的情况下更倾向于抱怨[2]。感知做出响应的可能越高，期望的回报与付出的努力的比值就越高，顾客就越愿意付诸抱怨。

（四）情景变量

一些情景因素也呈现出对顾客抱怨行为的影响。例如，服务场景中对顾客抱怨的提示物、现场有关抱怨的提示会促使和加快顾客抱怨行为。因此，有关专家提出：鼓励顾客抱怨、合适的抱怨承诺有助于顾客意见的有效反馈。另外，企业对抱怨的响应速度和抱怨的方便程度，也会影响顾客的抱怨行为。

（五）文化因素

尽管不同文化背景的顾客抱怨行为可找出许多共同之处，但是，作为一个大的背景因素，文化因素在一些方面表现出对顾客抱怨行为的影响不容忽视。近几年进行的一些不同文化背景的研究表明，并不是所有研究结论在不同文化背景下都获得支持。比如，肯杰、里士满和汉（Keng, Richmond & Han, 1995）在新加坡进行的一项研究证实，在新加坡公开抱怨的顾客具有年龄比较大、良好教育、高收入的特点[3]。这与在欧美进行的研究所证实的结果并不完全相符，说明文化背景会对顾客抱怨行为产生影响。

三、顾客抱怨处理中的公平性

从20世纪70年代中期起，欧美学者开始在司法、教育、人际关系等领域就公平性对人们态度和行为的影响进行系统的研究。20世纪80年代中期，人们将公平性的研究扩展到工商企业管理领域。1988年，美国学者克莱默（Clemmer）首次提出服务公平性概念，她认为社会交往公平性理论对服务性企业与顾客之间的交往也是适用的，并在研究中发现，顾客会从结果、程序、交往3个方面评估买卖双方之间的交易是否公平。克莱默和施奈德（Clemmer & Schneider, 1993）在4类服务企业中研究了顾客等待服务中的公平性问题，他们的实证研究结果表明，顾客在评估服务公平性时，既评估消费结果的公平性，也评估服务过程的公

---

[1] DAY R L, LANDON E L. Towards a theory of consumer complaining behavior [M] //In WOODSIDE A G, SHETH J N, BENNETT P D (Eds.), Consumer and industrial buying behavior, New York: North-Holland, 1977: 425-437.

[2] RICHINS M L. An investigation of consumer's attitude toward complaining [J]. Advances in Consumer Research, 1982 (9): 502-506.

[3] KENG K A, RICHMOND D, HAN, S. Determinants of consumer complaint behaviour: a study of singapore consumers [J]. Journal of International Consumer Marketing, 1995, 8 (2): 59-76.

平性、顾客与服务人员交往的公平性[①]。

结果公平（Distributive Justice）是指在由服务失误带来的损失和不便，并对此予以补偿。它不仅包括对服务失误造成的经济损失的补偿，还包括对顾客在服务补救过程中投入的时间、精力的补偿。顾客希望公平交换，在服务失败的情况下，顾客想感觉到企业为其错误而采取某种行动的付出至少等于他们已经遭受的损失。公平交换的另一层含义是，顾客希望得到的赔偿与其他顾客经历同样类型服务失败时得到的一样。但是，如果顾客得到过度赔偿，他们也会感到不舒服。顾客希望参加并影响分配决策，或者说，他们希望有"发言权"。结果公平有助于对程序公平和交往公平的感知，而负的结果公平会降低对程序公平、交往公平的感知。

程序公平（Procedural Justice）是指顾客希望抱怨处理的政策、规定和时限公平。顾客期望公司是负责任的，这是公平过程的开始，随后是便捷的以及快速反应的补救过程。包括系统的柔性以及考虑顾客在补救过程中的投入。顾客希望很容易进入投诉程序，并希望很快地得到处理。在投诉处理时，顾客希望最好通过他们接触的第一个人全部处理完相关事务，"推来搡去"的过程会增加他们的紧张感和受挫的水平，引发冲突。

交往公平（Interactional Justice）涉及对顾客提供服务补救员工的行为。顾客希望被以尊重、礼貌和体面的方式对待。对服务失误进行解释并且努力解决问题是非常重要的，而且补救努力必须是真实的、诚恳的以及彬彬有礼的。当顾客感到企业及其员工的态度漠不关心和几乎没做什么以试图解决问题时，交往公平将支配其他公平形式。这种情况的出现，大多是由于员工缺乏培训或缺乏必要的授权，员工只能以漠不关心的反应来对待顾客的抱怨，这种情景同样可能激化矛盾、导致冲突。

一旦服务发生失败，人们期望得到公平、充分的赔偿和对待。当顾客感到不公平时，他们的反应通常是直接的、情绪化的以及持久的。布朗和塔克斯（Brown & Tax，1998）的实证研究结果表明[②]，结果公平、程序公平和交往公平都会影响顾客满意程度，与服务补救相关的满意中有85%由这3个方面的公平性决定。服务企业公正地处理顾客的投诉，为顾客提供公平的补救服务，可以提高顾客满意程度（见图13-2）。

---

① CLEMMER E C, SCHNEIDER B. Fair Service [M] //in SWARTZ T A, BOWEN D E, BROWN S W (Eds.). Advances in services marketing and management, Greenwich, CT: JAI Press, 1996: 109-126.

② TAX S S, BROWN S W, CHANDRASHEKARAN M. Customer evaluations of service complaint experiences: implications for relationship marketing [J]. Journal of Marketing, 1998, 62 (2): 60-76.

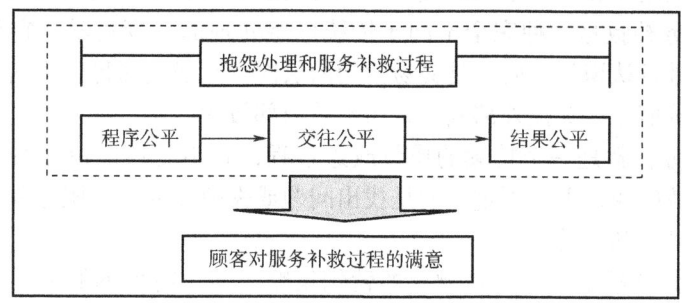

图 13-2　服务补救过程中感知公平的三个维度

资料来源：STEPHEN S TAX, STEPHEN W BROWN. Recovering and learning from service failure [J]. Sloan Management Review, 1998, 49 (1)：75-88.

第三节　服务补救

一、服务补救的定义

哈特、赫斯克特和萨瑟（Hart, Heskett & Sasser, 1990）认为，服务补救是一种不同于以往的管理哲学，赢得顾客满意的评价方法由成本面转为价值面[①]。这种定义似乎比较抽象，但实际上它反映了服务补救的深刻内涵，强调通过服务补救来提高顾客的满意度。

泽姆克和贝尔（Zemke & Bell, 1990）认为，服务补救是在服务或产品没能达到期望时，使受到不公平待遇的顾客重返满意状态的过程[②]。这个定义清晰地指出了服务补救的主题——顾客重新获得满意及公平。

Tax & Brown（2000）认为，服务补救是一种管理过程，它首先要发现服务失败，分析服务失败的原因，然后在定量分析的基础上，对服务失败进行评估并采取恰当的管理措施予以解决[③]。他们是从管理的角度来认识服务补救的，强调服务补救是一种管理过程。这个定义像是一个管理程序，对服务补救的实际操作非常有指导作用。

---

① HART C W L, HESKETT J L, SASSER W E. The profitable art of service recovery [J]. Harvard Business Review, 1990, 68 (4)：148-156.
② ZEMKE R E, BELL C R. Service recovery：doing right in second time [J]. Training, 1990, 27 (6)：42-48.
③ TAX S S, BROWN S W. Service recovery：research insights and practices [M] // in SWARTZ T A, LACOBUCCI D. (Eds.). Handbook of services marketing & management, Thousand Oaks：Sage Publications, Inc., 2000：271-286.

综合以上定义和研究结果，我们可以得到以下对服务补救的认识：

（1）服务补救是一种完全不同于传统抱怨处理的管理哲学。它是从关系营销的层次来进行认识的，而不是交易营销的层次；它强调赢得顾客的评价方法由成本面转为价值面，关注外部效率，而不是内部效率。

（2）服务补救是一个持续的质量改进过程，它不是仅停留在对一次服务问题或服务失败的纠正上，更重要的是找出问题或失败原因，对服务程序或相关方面进行重新设计和改善。

（3）服务补救是一个赢得顾客的营销策略。通过有效的服务补救，企业能够重新使顾客达到满意，提高顾客的满意度和重购意愿。

（4）服务补救是一个管理过程，它应纳入企业整个管理过程，而不是临时的举措；它是企业整体服务质量管理过程的一个重要环节，同时，服务补救本身的运作也应符合管理程序的要求。

（5）服务补救是一种主动的反应机制，而不是被动的临时处理。这种反应机制应能在服务过程中随时反应服务问题或错误，并能及时采取适当的服务补救策略。

（6）服务补救是一个系统。这个系统涉及服务提供者的部门、人员及外部顾客、机构等，包括监测问题、解决问题、重新设计等部分，它应该能自动地、有效地运转。

二、服务补救的意义

有效的服务补救对服务质量、顾客、员工等产生影响，对提高顾客满意度、忠诚度，提升企业的竞争力有着积极的促进作用。

（一）服务补救对顾客的影响

首先，服务补救对顾客重购、顾客忠诚度有着积极的影响。尽管遭遇了服务失败，如果成功地进行服务补救，反而会提高顾客重购的可能和顾客的忠诚度。

吉利（Gilly，1987）研究发现，对服务补救满意的顾客，会比原先就满意但没有抱怨的顾客有更高的重购意愿[1]。也有研究结果表明，即使没有完全解决以达到顾客的满意，进行抱怨的顾客也比没有进行抱怨的顾客更可能重购。例如，TARP研究显示：投诉很快被解决的顾客的重购意愿最高，而未投诉的不满意顾客的重购意愿最低[2]。这些研究结果说明，鼓励顾客抱怨是企业最佳的策略，应将抱怨行为看作提高营销效果的机会而不是成本。

服务失败是导致顾客不满和抱怨的主要原因，除了经济损失外，服务失败中

---

[1] GILLY M C. Post complaint processes: from organizational response to repurchase behavior [J]. Journal of Customer Affairs, 1987, 21 (2): 293–313.

[2] TARP. Consumer complaint handling in america: an update study [R]. Washington: White House Office of Consumer Affairs, 1986.

的不愉快经历也会给顾客留下深刻的印象，损害着顾客对企业的信任、忠诚等。拜乔和帕尔默（Bejou & Palmer，1998）对服务失败和顾客忠诚的调查表明，没有得到补救的服务失败将降低顾客的忠诚[1]。而如果服务补救及时、有效，不仅可以维持顾客忠诚，甚至可以进一步提升顾客忠诚[2]。

其次，服务补救有利于改善与顾客的关系。成功的服务补救将会加强服务提供者与顾客的关系，使其有机会获得持续的利益。服务企业采取的服务补救措施会影响顾客对服务提供者服务质量的衡量及顾客关系。成功的服务补救可以增进顾客与企业的关系质量，提高顾客对企业的信任、承诺等。因此，建立有效的服务补救机制，可以加强顾客与服务提供者之间的关系。

最后，服务补救有利于改善顾客感知的公司形象。成功的服务补救能增强顾客对已经购买的产品或服务的认同，同时，有效的服务补救策略也能增强顾客对公司形象的认知。

【服务营销前沿】

服务补救悖论

服务补救悖论（Service Recovery Paradox）是指这样的现象，那些经历了服务失败然后又得到满意解决的顾客，比那些没有经历服务失败的顾客有更强的再购买意愿。但是，当第二次服务失败发生时，服务补救悖论就不成立了。这可能意味着，顾客可以宽恕公司一次，但是如果失败再次发生就不会被迷惑了。此外，研究显示，当顾客经历了一次非常好的补救后，期望将会被提升，其结果是出色的补救成为他们期望日后处理失败的标准。

顾客是否对服务补救满意可能还取决于服务失败的严重性和服务失败是否能够弥补——没有人能补救不满意的结婚照，一次荒废的假期或是由服务设备导致的伤害。在这些情形下，很难想象需要多么专业的服务补救才能让顾客真正高兴起来。最佳战略是在第一时间做好。服务补救是将服务失败转变为你意想不到的机会。圆满实施服务补救措施虽然很重要，但是失败是不能容忍的。经验表明，很大比例的顾客对抱怨所得的结果不满意。最近的研究表明，40%~60%的顾客对服务补救过程不满意。

（二）服务补救对质量改进的影响

除了对顾客的影响外，服务补救对服务企业改进质量的主动性有着潜在的影响，包括全面质量管理（TQM）和持续的质量改进（CQI）两个方面。顾客不满

---

[1] BEJOU D, PALMER A. Service failure and loyalty: an exploratory empirical study of airline customers [J]. Journal of service Marketing, 1998, 12 (1): 7-22.
[2] MILLER J L, CRAIGHEAD C W, KARWAN K R. Service recovery: a framework and empirical investigation [J]. Journal of Operations Management, 2000, 18: 387-400.

意意味着服务中的问题，这些问题可能是日常程序所导致的，服务补救为企业提供了与顾客进行深度交流的机会，企业可以从中获取有价值的信息以便对存在问题的服务进行改进或制定新的服务、新的标准等。另外，服务失败事件不但能够使企业发现引发问题的原因，而且能够为企业提供其他潜在的有价值的信息，这些信息可以用来发现问题、帮助企业改进服务流程。持续进行的服务补救将不断改进质量，达到持续质量改进的效果。

（三）服务补救对员工的影响

满意的服务补救和企业有效的服务补救激励政策，能够增强员工服务补救的信心，同时使他们在顾客满意中获得自豪感、成就感，使员工更愿意为顾客提供满意的服务和服务补救，进入员工满意、顾客满意的正循环；反之，失败的服务补救或缺乏服务补救激励政策有可能导致员工士气低落或回避顾客的抱怨，甚至有意激化矛盾，最终的结果是陷入恶性循环。

三、服务补救的实施步骤

一个好的服务补救策略，如果在实施中显得杂乱无章，甚至前后矛盾，也难以让顾客真正信服。成功的服务补救应该是迅速且有条不紊地进行的，为此，企业应通过服务补救实践，提炼出适合自己的服务补救程序或步骤，确保服务补救的顺利实施。

在对服务补救步骤的总结、归纳的研究中，研究者针对不同的行业、情况提出了相关的实施服务补救步骤（见图 13-3）。

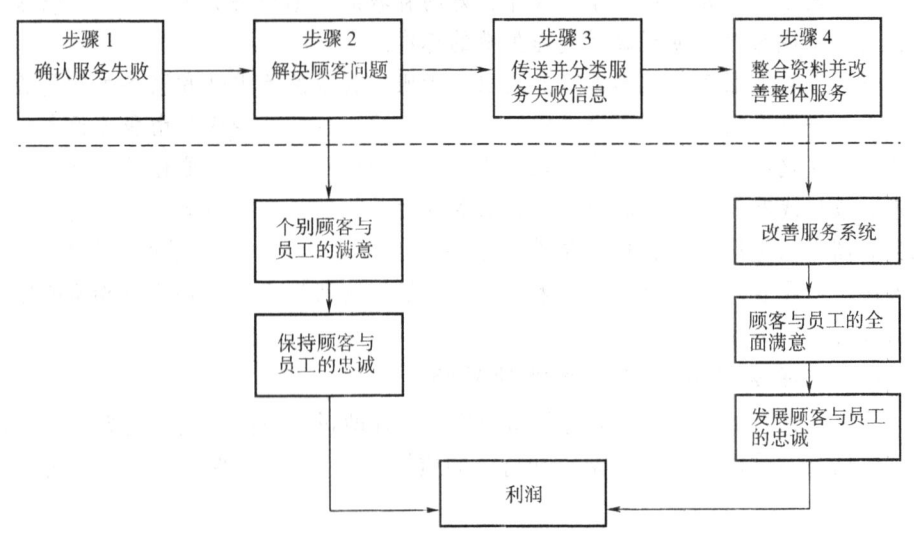

图 13-3 服务补救步骤

资料来源：TAX S S, BROWN S W. Recovering and learning from service failure [J]. Sloan Management Review, 1998, 40 (1): 76.

步骤1：确认顾客不满意和服务失败的原因。

步骤2：顾客一旦提出抱怨，就期望得到服务企业及时和具体的响应，希望问题尽快得到解决。他们不仅希望得到有形的补偿，更重要的是恢复他们的公平感，包括结果的公平、程序的公平和交往的公平。

步骤3：将服务失败或问题的相关原因进行整理、分类，并分送到相关的部门、人员。

步骤4：将服务补救中的相关信息作为改进服务的重要信息，确定对企业有最高收益的改进措施，不断地循环、持续地改进。

四、服务补救管理体系

基于服务补救在顾客保留、顾客忠诚等方面有着重要的作用，从战略层面来认识服务补救，建立系统、完善的服务补救体系。一个系统、完善的服务补救管理体系应包括4大模块：预应机制、启动机制、执行机制和反馈机制。

（一）服务补救预应机制

"预应"是在结果尚未发生之前就采取行动。预应的主要功能有两个方面：一是促使或限制有利或不利结果的发生；二是为正确、及时地采取应对措施准备条件。所以，服务补救的预应机制就是对可能发生的服务失败进行事先预测，在判断和分类的基础上，认真剖析服务失败的特点及其影响，并有针对性地采取预防措施。

服务补救的预应机制由以下三个环节组成。

1. 对可能发生的服务失败进行识别和分类。尽管服务失败不可避免，引发服务失败的原因也各有不同，具体到企业实践中，造成具体服务失败的原因可能千变万化，但并非无章可循。企业应结合自身服务的具体特点，对各种业已发生的服务失败进行逐项剖析，对潜在的服务失败进行识别，以便预测和判断有可能发生的服务失败。

2. 对各类服务失败所造成的顾客影响进行判断。在对可能发生的服务失败进行识别和分类的基础上，企业应进一步判断各种服务失败对顾客造成的影响，包括这些影响的性质和程度等。

服务失败及其补救，可被视为一个包括实用维度（Utilitarian Dimension）和表征维度（Symbolic Dimension）的复合式交换。实用维度与经济资源有关，如金钱、物品、时间等；表征维度与心理或社会资源相关，如状态、信念、同情等[1]。顾客因服务失败的发生而遭受经济和心理上的损失，会因服务补救的实施而得到补偿性收益。因此，在进行服务补救之前，企业应对顾客遭受损失的性质和程度有个初步判断，这样才能保证服务补救工作的针对性与公平

---

[1] 何会文．基于战略竞争力的服务补救管理体系研究［D］．博士论文，2003．

合理。

3. 采取积极有效的预防措施。前述两项工作的最终目的是预防服务失败的出现。尽管有"服务补救悖论"的存在，企业还是应尽量防止服务失败的出现，服务补救必须坚持预防在先的原则。为有效预防服务失败，企业可采取以下措施：一是借助故障树分析找出潜在服务失败的根源及原因；二是通过改进服务设计来稳定地消除服务失败根源及原因；三是通过内部服务补救将服务失败消灭于给顾客造成损失之前。

（二）服务补救启动机制

在遇到服务失败时，只有少数顾客直接向企业抱怨，因此，有必要在服务补救体系中设立启动机制，通过鼓励顾客抱怨和倡导员工观察与调查等手段，识别更多的服务失败和服务中存在的问题，及时启动服务补救。

发现服务失败是启动服务补救措施的必要前提，这包括依据什么标准来判断是否出现服务失败和通过什么途径来发现服务失败两大问题。因此，服务补救启动机制由以下四个主要环节构成。

1. 服务质量标准的设定。明确的、高质量的服务质量标准，对内可作为作业标准来规范员工行为和让员工明确努力方向，对外可作为服务质量保证来降低顾客感知风险并使顾客测量与监督服务企业表现的行为有据可依；而含糊的、低质量的服务标准可能成为束缚员工主观能动性和顾客需求偏好的枷锁，成为服务失败频频出现的导火索。

2. 服务保证的设计与实施。服务保证是服务组织就自身服务质量对顾客做出的承诺。由于服务保证可促使企业聚焦于顾客需求和质量控制，能对服务失败的发生起到有效的预防作用。并且，服务保证的赔偿承诺就消除服务失败对顾客的不利影响做出了明确的规定。因此，服务保证构成了服务补救管理体系的重要内容，尤其在服务补救管理体系的启动机制中扮演着重要的角色。

在企业进行服务保证设计时，应对其所涵盖的质量承诺与赔偿承诺具体化和明确化，即明确质量承诺的范围、明确质量承诺的水平与标准、明确赔偿承诺的赔偿形式、明确赔偿的力度等。对制定的服务保证，企业应无条件地履行承诺，否则，难以赢得顾客的满意和信赖，甚至后果不堪设想。

3. 顾客抱怨的鼓励与收集。具体方式如下：

（1）疏通多种投诉渠道，方便顾客投诉。多种投诉渠道能够最大可能地捕捉到顾客投诉的信息，如投诉电话/热线电话、投诉信箱、值班经理、咨询台、顾客意见调查表以及网上信箱等。美国的一项模拟调查显示，企业设置免费投诉电话的投入产出之比为1∶2.1，投资收益率为19.1%。

（2）设立醒目的提示。国外相关的研究表明，服务场景中对顾客抱怨的提示物、现场的有关抱怨提示会促使和加快顾客的抱怨行为[①]。通过醒目的提示消除顾客的畏惧心理以及投诉不值得、投诉伤"面子"的心理,这对注重"面子"的中国顾客尤为重要。

（3）对投诉的顾客进行奖励。对投诉的或提出意见的顾客给予奖励表明企业对顾客抱怨的态度,是一种承诺,是对不满意的顾客直接向企业投诉的一种激励。

（4）对顾客投诉进行培训。比特纳、布朗和缪特（Bitner, Brown & Meuter, 2000）研究了顾客不愿意抱怨和投诉的原因,将其归纳为5个方面：顾客认为企业不会负责、顾客不愿等待和面对造成服务失败的人员、顾客无法确定自身权益与企业应负的义务、顾客不愿为抱怨花费时间、顾客担心提出抱怨后会得到较差的服务[②]。可以看出,很多不满意的顾客不投诉是因为不了解投诉的效果、不知道投诉的程序或感觉投诉太麻烦等。因此,企业应对顾客进行培训,教会顾客抱怨,告诉顾客投诉对其权益的保障等。

4. 员工观察与调查。员工,尤其一线员工,在服务补救中起着重要的作用,他们通常是顾客抱怨信息最先的发现者、接触者和处理者。因此,他们最清楚企业经营中哪些环节容易出现问题、哪些是潜在的问题点。

处在顾客与企业交界处的一线员工通常面临着很大的角色模糊和角色冲突,对一些问题可能会采取回避的态度,比如,提出的改进措施可能造成企业费用的增加或其他部门会认为给他们工作带来麻烦等。所以,从内部顾客（员工）那里发现顾客不满意信息并非易事。鼓励员工发现顾客不满意信息,除了在企业形成以顾客满意为导向的文化和管理层的积极倡导及支持外,还应注意在员工中树立"从顾客抱怨中学习"的理念和建立相应的学习机制,要求员工不仅要正确认识顾客抱怨,还要从顾客抱怨中体会、学习,改进工作流程和服务方式等;鼓励员工在工作流程、规章制度中要求员工对各种顾客不满意信息进行记录,并对一线员工充分授权,提高他们的工作积极性和热情,提高员工对工作改进的参与。同时,对员工提出的有价值信息进行适当的精神或物质奖励。

（三）服务补救执行机制

服务补救启动机制即在发现服务失败之时,也就提出了执行服务补救方案的要求。执行机制的目的是消除服务失败给顾客造成的不利影响,以防止其转化为促使顾客采取不利于企业之行为的动机。

服务补救策略和方案的具体执行受到组织资源状况和资源投入情况的影响,包括企业文化、员工技能、组织政策和价值网络等资源的影响,因此,服务补救

---

① RICHINS M L. An investigation of consumer's attitude toward complaining [J]. Advances in Consumer Research, 1982, 9: 502-506.

② BITNER M J, BROWN S W, MEUTER M L. Technology infusion in service encounters [J]. Journal of Academy of Marketing Science, 2000, 28 (1): 138-149.

执行机制的第一个环节是建立补救工作执行的基础；应提炼出一定的补救原则和策略，并让员工知晓、理解，这样才能增强员工的应变能力，这是服务补救执行机制的第二个环节；实施服务补救时，企业应制定出相应的步骤或程序，以提高员工服务补救的效率，这是服务补救机制的第三个环节。

（四）服务补救反馈机制

服务补救是一个反思失败教训的过程，也是一个与顾客深度交流的过程。因此，在服务补救过程中充斥着大量有价值的信息，服务补救某种程度上可以看作关于顾客不满意信息的收集、传递、处理和利用的过程。服务补救反馈机制要解决的是企业如何有效地接收、处理和运用反馈信息的问题。

随着计算机、网络和通信技术的迅速发展，信息和数据收集、处理、存储的能力已大大提高，大多数情况下，人类面临的主要问题是如何利用信息，企业应建立快速反馈机制，充分发挥服务补救信息的作用。

小结

由于服务系统的高度开放性和复杂性，零缺陷对服务企业往往是难以企及的理想目标。尽管服务失败难以杜绝，但如果企业如果能够积极应对，也可以消除或削弱服务失败带来的负面影响。这就要求企业要对服务失败的类型和产生的原因进行分析，并持续改进，从制度上消除隐患。

服务失败有不同类型，顾客对服务失败的反应也有所区别。面对服务失败时，往往只有少量顾客明确提出抱怨，大多数顾客保持沉默然后转向竞争者。服务企业不仅要直面提出抱怨的顾客，更应该关注那些沉默背离的顾客，这些顾客根本不打算下次光临，并且会向他人传播对企业不利的负面消息。企业应该疏通沟通渠道，方便顾客抱怨，对顾客抱怨的行为和动机进行深入分析，并采取行动。

服务企业需要制定有效的服务补救策略重新赢得顾客，同时需要构建完善的服务补救系统从失败中学习。虽然存在服务补救悖论现象，总的来看，即使是最好的补救策略也不如一次成功服务的效果好。

思考题

1. 服务失败有哪些类型？

2. 回想你上次经历的不满意的服务，你抱怨了吗？为什么？如果你没抱怨，请解释为什么？

3. 上一次抱怨是什么时候，你对企业对你的抱怨的回复是否满意？请详细说明都发生了什么？具体是什么让你满意或不满意？

4. 企业应该鼓励还是杜绝顾客抱怨？为什么？

5. 公平性理论在服务补救中的借鉴意义？

6. 什么是服务补救悖论？尽管服务补救悖论在某些情况下确实存在，为什么服务最好还是一次成功？

7. 结合实例分析服务补救系统应该具备哪些要素。

案例

不准点的航空公司

2012年，中国民航航班正常率为74.83%，即便此数据已创5年来最低，但依然被民众指责为"统计放水"，与实际感受相去甚远。大家对航班延误怨声载道，由此引发的各种纠纷不断见诸报端：乘客因延误冲上机场滑行道、空姐跪拜"正点"……由此不难从中窥见国内航班延误的严重性。

民航叫屈：呼吁放开空域

飞机延误时，最经常被指责的航空公司，其实和乘客一样，他们也不愿意看到延误，因为他们的损失是实打实的。众多航空公司业内人士不断"叫屈"：延误时飞机并没熄火，机舱里的空气流通、供电和空调都要运行，还要保持飞机在滑行道上的排队，飞机不飞，耗油却一直存在。延误时，航空公司还要额外付给机场停机费和服务费、支付旅客安置费用甚至赔偿。据估计，每延误1分钟，航空公司增加成本1 000多元，这只是直接成本支出，还不包括后续对旅客服务和赔偿等的成本支出。

从航空公司的角度看，造成航班延误的主要症结是民用空域资源跟不上航空市场的快速发展。对中国空域资源的分配，在中国民航业内一直传有"二八开"的说法，即民航所占的航路占20%，空军是占80%，相较于其他国家，中国民用空域资源占比相对较小。与有限的空域资源形成对比的是，近5年来中国民航的旅客运输量增幅惊人，"车多路窄"必然导致"拥堵"。

流量原因仅占两成，航空公司管理混乱

除去天气原因，流量控制、航空管制、航路拥挤，这些是乘客听到最多的延误原因。事实上，根据我国《2012年民航业发展统计公报》，飞机延误中，航空公司的原因占比38.5%；流量原因占比25%；天气原因占比21.6%。虽然航空公司方面也有抱怨，但飞机延误，航空公司难辞其咎。

近年来，国内航班与乘客的数量逐年增加，为了能够有效利用资源，一些航空公司选择一架飞机执飞多个航线。一旦某条航线延误，就会导致后续航班连锁延误。经常乘坐飞机的人深有感触，早上九点之前的航班延误的概率较低，但末班飞机几乎从未正点到达。航班延误不少正是因为航空公司本身的排班造成。

目前航班延误的信息发布是由各航空公司对外公布，执飞航班的机长拥有最终解释权。机长也有权根据自己的判断决定是否起飞。如果机长认为天气或者航空器的条件等不具备安全飞行的条件，则可以拒绝飞行。这就造成了同样是飞往某地的航班，有些能走，有些却被告知因天气原因走不了。

但是目前并没有完善而具体的相关规定来约束机长及其他工作人员、地勤人员如何解释和发布信息。在信息发布上存在信息不对称，航空公司为了妥协责任，或者不履行赔偿，往往存在"自说自话"的现象，把自己的问题推给"流量管制""天气原因"。乘客也只能听之任之。

机场很受伤：航空公司助长"打砸风"，乘客缺乏契约精神

因航班延误导致的"打砸风"在国内多个机场出现，个别乘客出现殴打工作人员、破坏值机电脑和安检设施、挤占值机柜台、拥堵安检口和登机口等过激行为。对飞机何时起飞没什么决定权的机场表示真的很受伤。正如公交车晚点，乘客砸公交站牌其实毫无意义。

但为何中国的乘客总是做出"砸公交站牌"的行为呢？首先，个别乘客并没有把飞机当成普通交通工具，而是把乘坐飞机当作高端消费的一种，认为花比坐汽车、火车高许多的价钱坐飞机出行的目的，不外乎有两个方面：一是省时，二是舒适。可一旦航班延误，这两个目的都无法实现。花了高端的价钱却得不到高端的服务，自然一肚子怨气。

根据中国现有法规——《中国民用航空旅客、行李国内运输规则》第五十八条，"由于天气、突发事件、空中交通管制、安检以及旅客等非承运人原因，造成航班在始发地延误或取消，承运人应协助旅客安排餐食和住宿，费用可由旅客自理"。由此可见，目前的非航空公司原因延误情况下的食宿安排与交通安排完全是企业的"人道"精神，是对旅客服务的一种"成本超越"。

航空公司为了缓和与乘客的矛盾，往往用经济赔偿来"大事化小，小事化了"。由于缺乏统一的延误赔偿标准，在个别乘客心中就形成了"不闹不赔，大闹大赔"等印象。这种印象往往助长了乘客的"打砸风"。

2012年，春秋航空公司曾将一批乘客纳入企业的黑名单当中，意味着这些乘客不能再乘坐春秋航空公司的航班，此事也引起了很大的批判之声。原因是这些乘客因为天气原因飞机延误，而向航空公司进行了索赔。春秋航空公司定位为廉价航空，它的廉价就在于它仅提供必要的低端服务。春秋航空在旅客订票之前以非常醒目的字体提醒旅客"延误不赔偿"等一系列差异化服务条款，一旦遭遇延误，乘客却对这一条款视若无睹，违背了自己的承诺，缺乏基本的契约精神。

乘客很不满：机场服务差，领导为何有特权

很多情况下，乘客做出不理性的行为都是机场服务质量差或者沟通不畅造成的。媒体报道，"因航班延误，大半夜候机楼里滞留很多旅客，航空公司没人管，

机场商店的方便面从 15 元疯涨到 80 元。"2013 年年初，昆明长水机场因大雾导致大面积航班延误或取消，近万名乘客滞留，机场与旅客沟通不畅，一些旅客行李失踪，焦躁中部分乘客在机场上演"全武行"。

此外，"让领导先飞"也让乘客感到了不公平的待遇。2011 年宁波机场，本应后起飞的航班却因一位"重量级领导"的登机而未按"先来后到"的原则提前起飞了。遭遇航班延误的网友愤而将当天经过公布在网上，直指遭遇"领导特权"。

与此同时，一些乘客缺乏基本的乘机常识，工作人员不能也不想一一做出解释。航空公司希望乘客能够多一些基本的乘机知识，而乘客却认为是航空公司的服务不到位。这种信息上的不对称往往造成了非常多的误会。以下这些疑问造成的误会时常发生：

1. 起飞地和目的地天气状况都非常好，为何不能起飞？

天气原因绝不仅仅是指目的地机场所在城市的天气状况，飞机起降不怕大风大雨，影响的关键气象因素是能见度、机场起飞降落航道附近的低云、雷雨区、强侧风。例如，起飞地和目的地天气状况都非常好，但飞机有可能在航道上经过雷雨区，飞机也无法正常飞机。你眼前的天气晴朗，航班却因天气原因而延误是正常的。

2. 廊桥明明闲着，为什么要坐摆渡车？

所有航空公司都想靠廊桥，但廊桥资源实在有限。比如，某架飞机原定某时抵达机场，并按时分配一部廊桥供其使用，但其迟迟不能起飞，机长不清楚起飞时间，机场方面也得不到相关信息，这种时候，廊桥就一定要留给这架飞机；还有些时候，机长因不知晓具体起飞时间，一直停靠在廊桥附近，以防延误较长航班取消，方便旅客下飞机。

3. 为什么登机不能起飞？不能起飞为什么要登机？

通常情况是遭遇了流量控制。机场跑道有限，此时可能落地和起飞的飞机较多，正在按一定的安全间隔依次进入跑道起飞。部分繁忙机场空中交通处于超负荷运转，飞机离港往往在地面滑行甚至等待较长时间。只有等全部乘客登机后，飞机舱门关闭，机长才可以向空中管制部门申请起飞。越早申请，越早起飞。

飞机延误是一个打不清的"罗圈架"，杜绝机场暴力，提高航班准点率，显然不是一方的努力就能够完成。

资料来源：根据"飞机准点何时不再靠人品"（http://news.sina.com.cn/z/fjyw）、"中国式航班延误如何解困？"（http://www.chinanews.com/gn/2013/08-02/5114786.shtml）等资料整理。

第五篇 内部营销

第十四章 服务文化与内部营销

【学习目标】
1. 了解服务组织的特点,理解金字塔型企业组织结构的弊端以及倒金字塔型组织结构在服务型企业中的运用
2. 充分认识企业文化与服务文化的关系,掌握塑造服务文化的核心要素和过程
3. 理解如何通过结构改变、系统改变、人员改变或者直接改变文化,从而建立服务逻辑
4. 了解服务领先的定义以及如何创造服务领先的组织

开篇案例

我们不是一个拥有出色顾客服务的航空公司。我们是在航空业中的出色的顾客服务组织。

——巴雷特(C. Barrett),西南航空执行官[①]

航空业作为服务行业,员工是体现公司价值的第一载体。因此,西南航空非常注重人力资源管理和企业文化的建设。公司侧重招聘个性积极、有幽默感、重视客户利益的代理和空乘,注重内部团队培训,培养团队多样技能,同时为员工提供合理的报酬和灵活的工作方式。西南航空公司以"服务之心、LUV 态度和勇士精神"阐述公司的企业文化,让旅客获得轻松、愉快的服务。

20世纪70年代,美国航空业竞争激烈,当时各大航空公司都遵循 CAB 制定的票价,尽可能地提高票价,并提供相应高质量服务,而西南航空瞄准市场上追求准点率和对价格敏感的商务常旅和休闲旅客,以低于市场指导价60%的定价策略,成功地占据了该细分市场。该战略得以成功,除了西南航空公司在运营方面所制定的"高效,简单和低价"策略,更离不开上述非常有特色的"贴心热情服务"。

服务文化为何会对服务组织产生深远而实质性的影响呢?服务文化的引入会对现有的服务企业的组织构架产生怎样的冲击呢?如何通过一系列的改变来塑造

[①] 资料来源:FREIBERG K, FREIBERG J. Nuts! southwest airlines' crazy recipe for business and personal success [M]. Austin, TX: Crown Business, 1998.

服务文化，建立服务逻辑呢？本章将围绕这些问题展开分析与讨论。

第一节　服务组织的特点

传统的组织结构是按照组织内部指挥链层次和组织内各个部门之间的关系构成的，最典型的组织结构就是金字塔型组织结构。然而，随着组织技术的进步和市场化进程的加速，顾客成为市场主体，顾客的需求主宰着企业的经营方向和经营理念，企业的运作要以满足顾客需求为前提。为了减少顾客和企业高层管理者之间的沟通障碍，也为了向顾客提供更及时且更灵活的服务，企业的组织结构就必须进行调整。服务导向型组织有两个明显的特点，一是组织结构的扁平化和倒金字塔型的服务导向型组织结构，二是员工与顾客的互动。

一、金字塔型组织结构的弊端

企业组织结构是指在共同实现企业目标的过程中，连接企业成员和企业内部各个职能机构、部门的方式以及这种方式所构成的形态。组织结构往往表现为一个纵横交错的网络，其中纵向层次约定了组织成员或机构之间的隶属关系，横向部门形成了同一个层次上的不同单位或部门之间的协作关系。

早在20世纪20年代，古典管理理论的创始人之一，德国著名管理学家马克思·韦伯构建了所谓理想的行政组织体系理论。在生产力发展的客观要求下，在韦伯行政组织体系理论的倡导下，经由管理学家亨利·法约尔亲自设计，20世纪初，一种按等级层次构建的所谓"金字塔"形企业组织结构得以确立。其最初以直线组织结构模式出现，之后又产生了直线职能制组织结构、事业部制组织结构和矩阵式组织结构。

金字塔型组织结构在其形成期因为适应当时生产力发展水平的要求，成为工业文明的一种象征。但20世纪末，知识经济引发了更为激烈的市场竞争和巨大的市场变化，巨大而僵硬的金字塔等级结构的弱点、不适应性及其弊端日益显现出来，比如：

- 严格的上下级关系，多层的职级排列，层级过多（有的企业多达20多层级），机构臃肿。
- 领导有职有权，高高在上，容易滋生官僚作风。
- 工作职务稳定性高，但每个成员及各职能部门只关心自己分内的事，容易产生"事不关己，高高挂起"的心理，阻碍团队合力的形成，不清楚本岗位与企业整体目标的关联。
- 岗位责权明确，但过于僵硬，而且由于过于注重分割个体的责、权、利，扼杀人力资源潜在的创造力，以及个体之和大于整体的团队合力及凝聚力，与生产日益集约化、产出链条化、协作跨国化和日渐增大的社会化大生产方式格格不入。

传统组织结构的上述弱点,在现代经济增长和企业发展中导致很多问题的产生,包括管理环节多,延迟多,效率流失;信息传递迟缓,信号失真度大;上下级沟通联络距离远,易出问题,关系脆弱,官僚主义产生;对市场反应速度慢,应变能力差,削弱企业竞争力;组织僵化,缺乏创新机制,相互协调配合差,把人的积极性、主动性和创造性束缚于等级森严的"金字塔"中;当企业发展为世界级公司时,可能会出现权力过分集中、官僚主义盛行、机构臃肿、信息不畅、决策缓慢的"巨人综合征",等等。

二、组织扁平化的特征与优势

(一) 组织扁平化的定义和特征

组织扁平化是相对于传统的金字塔型组织结构而言的,是对传统的组织结构的变革与创新。所谓组织扁平化,是指以信息为主轴和中心结构,把中间管理幅度加宽,职能加以扩展,将原来管理层次压缩或减少,允许内部组合多样化,旨在调动各层级管理人员、作业人员的主动性和创造性,对环境反应敏捷,使决策迅速的一种柔性、简洁、灵活的企业组织模式。

相对于传统组织结构,组织扁平化呈现出以下几个方面的特征。

1. 组织结构层级少、简洁化。这是组织扁平化最显著的特征。美国许多大公司都将组织层级削减1/3或更多。例如,美国微软公司创建者比尔·盖茨强调:"微软公司天生就是一个信息时代的公司。我们的目标就是在我和公司中任何人之间不得超过6个以上的管理层次。"

2. 组织扁平化以信息为主轴和中心。在信息时代,及时获取信息和科学地运用信息是企业成功的关键因素。组织扁平化是以层级减少,从而有利于获取信息、有效传递和运用为中心所进行的组织结构改革。

3. 中间层管理幅度(每个管理者负责管理的下属数量)增大,并承担了信息传递职能。组织扁平化层级数量减少是伴随中间管理层的宽幅管理而发生的。在扁平化的组织结构中,中间管理层并不是权力的层次,其信息传递职能突出,充当了信息双向传递的载体。

4. 决策权向组织机构下层移动,赋予基层单位以充分自主权,并对产生的结果负有责任,这为更多员工共同参与组织工作创造了可能的机会和条件。

(二) 组织扁平化的优势

组织扁平化的上述特征使之具有传统多层级组织结构不可比拟的优势。

1. 组织扁平化使企业信息反馈和决策的中间环节减少,不仅缩短了企业高层决策与企业基层操作人员的行政距离,并且能对市场变化做出灵敏、快捷的反应。

2. 组织扁平化有助于既分工又合作的平等互助式团队成长机制的建立,员工的积极性、创造性被激发，绩效能力显现及时，不容易被掩盖，并使其潜能得到充分发挥和运用。

3. 组织扁平化改变了传统层级结构中员工参与程度低、对组织发展漠不关心的企业氛围。员工希望在部门和管理层次之间流动成为可能，授权成为现实。这不仅使员工因此获得多方面的知识、技能，并能够日益成熟起来，而且使企业成功的机会大大增加。

4. 组织扁平化标志着企业管理人员比传统层级组织结构更富创造力，更具协调能力和组织能力。

5. 组织扁平化使企业控制人、财、物、信息4大要素的能力进一步增强，避免了因多级管理造成4大要素的配置不当和失控。

三、现代服务型组织的倒金字塔结构

在金字塔型组织结构中，高层管理者高居塔顶，而一线员工位于金字塔的基座。这种模式隐含着一种传统理念，即一线员工处在企业最底层，是组织指挥链的最末端，谁都可以向他们发号施令，其地位是最低的，也是最不受重视的。而倒金字塔模式则树立了一种全新的服务理念。在这种模式中，企业将顾客的需求放在第一位，组织结构设计也是根据市场的变化和顾客的需求及时进行调整。在组织内部，一线员工处于组织的最重要部位，因为顾客满意源于与顾客接触的一线员工。组织的部门经理是为基层员工服务的，高层管理者则是为部门经理服务的。这两种组织结构模式的比较见图14-1。

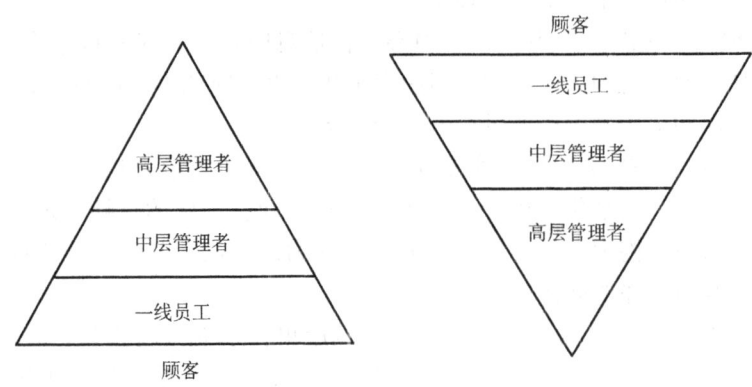

图14-1 金字塔与倒金字塔型组织结构的对比

需要说明的是，金字塔的倒置并不意味着指挥链出现倒置，高层管理者当然还是企业的最高指挥者，员工也仍需要服从上级主管的安排，将金字塔结构倒置只是想说明服务型组织的理念更新。因为现代服务型企业将员工视为内部顾客，将对外部顾客的营销手段应用于内部员工，最大限度地提高了员工的满意度。只有这样，才能创造满意的顾客，为企业带来利润。

四、员工与顾客的互动

服务组织的另一特点就是服务过程中员工与顾客的参与，而且二者之间存在互动关系。只有满意的员工，才有满意的顾客。如果员工在提供服务的过程中表现出冷漠、抱怨或者服务技能缺乏，顾客肯定不会满意。反之，顾客的态度对服务质量的形成也有影响。假如顾客和蔼可亲，服务气氛会比较融洽，如果顾客很挑剔，员工担心出现错误，服务过程一定是非常谨慎的，员工会产生心理压力，服务效果也将受到影响。关于员工与顾客的互动关系，赫斯克特（J. L. Heskett）在服务利润链模型中已有所涉及，而洛夫洛克（C. Lovelock）的服务成功循环或"成功圈"[①] 则更好地解释了员工与顾客的互动关系。

第二节　服务文化的建立

一、企业文化与服务文化

（一）企业文化

企业文化是企业在长期的生产经营活动中形成的并得到全体成员信奉和遵守的价值观、信念、行为规范、传统风俗和礼仪等内容组成的有机整体。

企业文化的概念可以从下面几个方面理解。

1. 企业文化是企业成员共同遵循的信仰或共同理想，它成为有力地约束企业中个体或群体行为的准则。

2. 企业文化的是一个企业区别于其他企业的传统和信仰，它赋予企业活力。

3. 企业文化是能够产生凝聚力并赋予企业鲜明个性的共有的导向系统。

（二）服务文化

实施服务战略需要所有的员工的支持，高层管理者、中层经理、与顾客接触的员工和支持人员都要参与。经理们和其他员工对服务的兴趣和对优质服务的认同很重要，这就需要企业建立一种特殊的组织文化，即服务文化，也就是一种鼓励优质服务的文化，拥有这种文化的组织可以为内部顾客、外部顾客提供相同的优质服务，组织中的每个人都将为外部顾客提供优质服务视为最基本的工作方式和生活中最重要的价值之一。

在具有服务文化的企业中，服务成为所有组织活动存在的理由。服务导向的价值应该在组织中占据主导地位，组织不能将它视为次要的、边缘的东西，而要

---

① 资料来源：LOVELOCK C. Service marketing: people, technology, strategy [M]. 4th ed. Prentice Hall, 2001: 470.

将它看作战略层面的价值，它必须用于对企业的日常经营活动的指导和对员工业绩的衡量。当然，服务文化的建立并不否定其他价值的重要性。在组织中建立服务文化并不意味着其他价值失去了自身的意义，比如，关注内部效率和成本控制还是至关重要的，而鼓励销售和争取新顾客也同样有意义。

服务文化意味着组织中的员工都有服务导向的特性，服务导向可以被描述为影响组织成员的共享价值和态度。在组织内部，服务导向可以增强内部氛围，改善内部服务及支持的质量。从外部来看，服务导向可以为顾客或其他利益方创造优质的感知服务质量，并强化组织与他们的关系。

二、服务文化的功能

一般说来，服务文化具有以下四项核心功能。

（一）导向功能

服务文化能够使组织成员更有服务导向的特点。许多研究课题显示，服务导向增加了顾客感知到的服务质量。具有服务导向观念的员工能够按照顾客所想提高其服务质量，员工对顾客有兴趣，为顾客做得更多，行动中更加谦恭，更加灵活，并努力尝试去寻找满足顾客期望的恰当办法，以便能有效应付尴尬的或未曾想到的服务情境。进而我们也知道，顾客感觉的质量才是企业收益的决定性因素。所以，服务导向观念指导了顾客心目中的服务质量，这也相应地积极影响了企业收益。这个有益的过程能持续进行下去是因为良好的收益又为员工保持和进一步提高服务导向的态度提供了强有力的支持。

（二）约束功能

企业文化对每个企业成员的思想和行为具有约束力和规范作用。规章制度等"硬管理"固然重要，但是因为它具有刚性的特点，无法顾及人的复杂情况及多方面的需要，所以它的调节范围和能力是有限的。企业文化注重的是管理中企业的精神、价值观、传统等"软因素"。通过企业文化的塑造，企业在组织群体中培养与制度等"硬因素"相协调、相对应的环境氛围，包括群体意识、社会舆论、共同礼仪和习俗等，从而形成强大的心理压力，这种心理约束促使企业成员在行为层面进行自我控制。可见，企业文化这种无形的约束力量比有形的约束力量更为强大。

（三）凝聚功能

企业文化可以产生一种巨大的向心力和凝聚力，把企业成员团结起来。企业文化是全体成员共同创造的群体意识，寄托了企业成员的理想、希望和要求，因而企业成员对这种意识产生了"认同感"。这就促使企业成员参与企业事务，为企业发展贡献自身的力量，逐渐形成对企业的"归属感"。

企业文化的凝聚功能还表现在企业文化的排他性上。对外的排他性在某种意义上是对内的凝聚力，外部的排斥和压力存在，使个体产生了对群体内部的依赖，促使个体凝聚于群体中，形成"命运共同体"。

（四）激励功能

企业文化具有引发企业成员产生一种高昂的情绪和奋发进取精神的作用。传统的激励方法本质上是外在的强制力量，而企业文化所起的激励作用不是消极被动地满足人们的心理需求，而是通过文化的塑造，使每个成员从内心深处自觉产生献身精神、积极向上的思想观念及行为准则，形成强烈的使命感、持久的驱策力，成为职工自我激励的一把标尺。倡导企业文化的过程，也就是帮助员工寻求工作意义、建立行为的社会动机，从而调动积极性的过程。所以，企业文化能够在组织成员行为心理中持久地发挥作用，避免传统激励方法引起的各种短期行为和非集体主义行为的不良后果。

服务企业文化的4大功能中，导向作用是最基本的。这4大功能也不是单独发挥作用，它们同时互相影响地起作用，形成企业文化的功能体系。

三、服务文化的内容

服务文化的内容包括以下五个方面。

（一）组织的最高目标或宗旨

组织的存在都是为了某种目标和追求，学校有其办学宗旨，企业有其经营的目标。学校办学的宗旨是教书育人，是为社会培养有用的人才；而企业是一个经济实体，必须获取利润，但也绝对不能仅仅将盈利作为企业的最高或者唯一的目标或宗旨。企业经营实践证明，单纯把盈利作为最高追求往往适得其反。纵观世界上比较优秀的组织，大都以为社会、顾客、员工服务等作为最高目标或宗旨。

（二）共同的价值观

所谓价值观，就是人们评价事物重要性和优先次序的一套标准。组织文化中所讲的价值观是指组织中人们共同的价值观。共同的价值观是组织文化的核心和基石，它为所有的员工提供了共同的思想意识、信仰和日常行为准则，这是组织取得成功的必要条件。因此，一般优秀的组织都十分注意塑造和调整其价值观，使之适应不断变化的经营环境。

优秀企业的价值观大致包括以下内容。

1. 向顾客提供第一流的产品和服务，顾客至上。
2. 组织要以人为中心，要充分尊重和发挥员工的主人翁精神，发挥员工的主动性、积极性和创造性。
3. 强调加强团结协作和团队精神。
4. 提倡和鼓励创新，谋求组织发展。
5. 追求卓越的精神，这是创造一流产品、一流服务的价值观基础。
6. 诚实和守信，这是企业经营的道德观念。

（三）作风和传统习惯

作风和传统习惯是为达到组织最高目标的价值观念服务的。组织文化从本质上讲是员工在共同的工作中产生的一种共识和群体意识，这种群体意识与组织长期形成的传统作风关系极大。我国不少企业在组织文化中提出的"团结、勤奋、严谨、进取、奉献""自力更生、艰苦创业、团结奋斗、开拓进取"等精神，便体现了我国企业的作风和传统习惯。

（四）行为规范和规章制度

如果说组织文化中的最高目标和宗旨、共同的价值观、作风和传统习惯是软件的话，那么，行为规范和规章制度就是组织文化中的硬件部分，在组织文化中要配合软件，使组织文化得以在组织内部贯彻。

（五）组织价值观的物质载体

诸如标志、环境、包装、纪念物等，是组织文化硬件的另一组成部分。

四、服务文化的结构

服务文化结构可分为以下三个层次。

（一）物质层

物质层是组织文化的表层部分，是形成制度层和精神层的条件，它往往能折射出组织的经营思想、经营管理理念、工作作风和审美意识。对一个生产性企业来说，它主要包括三个方面内容。

1. 企业面貌。企业的自然环境，建筑风格，车间和办公室的设计及布置方式，工作区和生活区的绿化、美化，企业污染的治理等，都是企业文化的反映。

2. 产品的外观和包装。产品的特色、式样、品质、牌子、包装、维修服务、售后服务等是组织文化的具体反映。如美国汽车以豪华、马力大为特点，日本汽车以省油为特点，德国的"奔驰"汽车以耐用为特点；法国香水以香味纯正、留香持久而著称等。每个企业只有具有自己独特的产品时，才能吸引一部分具有特殊需求的顾客。如果产品特点不突出，就要靠其他因素，如包装、价格、渠道及服务等来吸引顾客。

3. 技术、工艺、设备特性。设备是指企业的机器、工具、仪表、设施，设备是企业的主要生产资料。任何一个具体的设备，都与一定的技术和工艺相联系。技术、工艺、设备和原材料是维持企业正常生产经营活动的物质基础，也是形成企业生产经营个性的物质载体。一定的技术工艺设备，不仅是知识和经验的凝聚，也往往是管理哲学和价值观念的凝聚。因此，企业的技术工艺设备的水平、结构和特征，可以凝结和折射出该企业组织文化的个性色彩。

4. 纪念物。组织在其环境中往往置以纪念建筑，如雕塑、石碑、纪念标牌等；在公共关系活动中送给客人的纪念画册、纪念品、礼品等。它们都充当着组织理念的载体，成为组织塑造形象的工具。

（二）制度层

制度层是组织文化的中间层次，又称组织文化的里层，主要是对组织员工和组织行为产生规范性、约束性影响的部分，它集中体现了组织文化的物质层及精神层对员工和组织行为的要求。制度层主要是规定了组织成员在共同的工作中应当遵循的行动准则，主要包括以下四个方面内容。

1. 工作制度。这是指组织中领导工作制度、技术工作及技术管理制度、计划管理制度、生产管理制度、设备管理制度、物资供应管理制度、产品销售管理制度、经济核算及财务管理制度、生活福利工作管理制度、劳资人事管理制度、奖惩制度，这些成文的制度与某些不成文的厂规厂法，对组织员工的思想和行为起约束作用。

2. 责任制度。这是指组织内部的各级组织、各类人员工作权力及责任制度，其目的是使每个员工、每个部门都有明确的分工和职责，使整个组织能够分工协调，井然有序地、高效率地工作。责任制度主要包括领导干部责任制、各职能机构及职能人员责任制，以及员工岗位责任制等。

3. 特殊制度。特殊制度主要是指组织的非程序化制度。

4. 特殊风俗。包括组织特有的典礼、仪式、特色活动，如生日晚会、周末午餐会、厂庆活动、内部节日等。

（三）精神层

精神层又称组织文化的深层，主要是指组织的领导和员工共同信守的基本信念、价值标准、职业道德及精神风貌，它是组织文化的核心和灵魂，是形成组织文化的物质层和制度层的基础和原因。组织文化中有没有精神层是衡量一个组织是否形成了自己的组织文化的主要标志和标准。

组织文化的精神层主要包括以下五个方面内容。

1. 组织经营理念。它是组织领导者为实现组织目标在整个生产经营活动中的基本信念，是组织领导者对组织生产经营方针、发展战略和策略的哲学思考。

2. 组织精神。它是组织有意识地在员工群体中提倡、培养的优秀价值观和良好的精神风貌。

3. 组织风气。它是组织文化的外在表现，是组织及其成员在长期的活动中逐步形成的一种精神状态及精神风貌。

4. 组织目标。它是组织发展战略的核心，是组织成员凝聚力的焦点，是组织共同价值观的集中表现，也是组织对员工考核和奖惩的主要标准，同时又是组织文化建设的出发点和归宿点。

5. 组织道德。它是指组织内部调整人与人、单位与单位、个人与集体、个人与社会、组织与社会之间关系的准则和规范。

综上所述，组织文化的物质层、制度层和精神层是紧密相连的3个部分。

五、服务文化的塑造

服务文化的塑造是一项艰巨的系统工程。这项工程的顺利实施需要有一个严密、科学的基本思路。由于行业的特点,服务企业文化的塑造有着不同于一般企业文化塑造的地方,它包括以下一些必不可少的步骤。

(一) 分析和规划

服务企业文化是企业在长期生产经营活动中形成的。没有足够时间的延续,难以形成稳定的文化积淀。因此,只有认识本企业的历史和现状,才能对未来的文化建设进行规划。

企业首先要追溯本企业的历史传统,考察历史上的重大事件、兴衰历程、崇高的精神、礼仪习俗、惯用的思维方式、英雄人物等。对企业的历史进行总结和归纳是必不可少的步骤。

然后,服务企业应对企业现状进行系统的分析,主要包括内部环境和外部环境两个方面。

诊断内部环境,首先要分析企业员工的素质,包括管理人员和普通员工的素质构成。员工的素质状况影响着服务企业文化的类型,也制约着企业文化发展的现实水平和潜在能力。其次,要分析企业的管理体制。管理体制合理与否对服务企业文化的塑造有着重要的影响。最后,要分析企业的特色,服务文化的塑造应该考虑企业与众不同的地方。

企业的外部环境企业本身无法控制,但是对企业的经营状况和职工行为影响很大。优秀企业成功的关键在于能够根据企业外部环境的变化,及时调整内部环境以适应竞争。分析外部环境首先要考虑市场状况,适应市场变动的趋势;其次要分析新的服务技术的发展,因为每一次新的服务技术的出现,都会给企业带来新的机遇和挑战。

完成以上工作后,就可以开始进行文化建设的规划。这些规划包括总体思想、实施重点、实施方法和时间表等,其中总体思想是核心,企业文化建设以及其他规划都要围绕这一总体思想展开。

(二) 组织与实施

组织与实施是企业文化塑造的关键阶段。通常包括以下几个方面。

1. 调整现有的规章制度。在塑造企业文化的过程中,需要检查那些规章制度是否与企业文化有矛盾,并进行必要的修正。管理学大师彼得·德鲁克曾指出,"应该调整的是规章制度,而不是企业文化,因为组织调整规章制度要比调整企业文化容易得多"。当然,在调整的过程中,应当考虑员工的既得利益和心理承受能力,采取慎重稳妥的方式。

2. 全面提高职工的素质。企业职工的素质是企业素质的基础,是企业文化建设的基础。

3. 强化职工的企业意识。
4. 设计各种仪式和活动。
5. 树立企业的英雄人物和优秀事例。
6. 完善企业文化网络。

第三节 通过改变文化建立服务逻辑

在上一节，我们已经了解了企业文化和服务文化对企业和组织的重要性以及企业文化的重要组成要素。我们将在本节接着介绍如何通过改变企业的服务文化而使企业建立和完善服务逻辑。

图14-2给出了一个简单构架，说明在服务组织中实施组织文化变革时所需考虑的要素。图14-2表明，文化是结构、系统和人员这三个组织构成部分的内部联系和相互作用的结果。结构关系到正式的报告途径，如一线员工向中层经理汇报，中层经理向地区经理汇报，地区经理向高级管理层汇报，等等。系统是指用来控制、评估、晋升、奖励等的人员管理系统。文化构架的另外两个

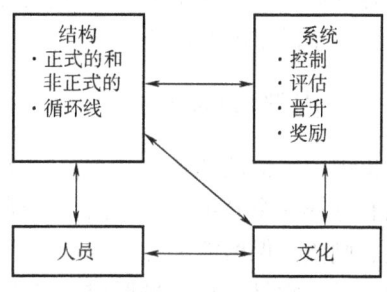

图14-2 企业文化构架①

主要部分是在组织中工作的人员和组织现有的文化。创造一个更多地以顾客为中心的组织，可以单独或同时通过改变结构、系统、人员和文化这4个部分其中任何之一实现。

（1）通过结构改变文化。通过结构改变文化是一个缓慢的过程，因为在很多情况下，企业需要很多年来成功实现组织结构的改变。

（2）通过系统改变文化。企业的文化也是系统中的一项机能，能够控制、评估、提升和识别企业员工。已经有很多方法被用来改变这些系统中的文化。比如，一些企业以顾客满意得分为依据来发放奖金。但这种方法的问题是，只适用于能够通过管理控制顾客满意度的情况。顾客期望会因竞争而提高，而满意度得分会因此而下降。另外一种方法是将服务收入放入部门经理的考核目标中。

（3）通过人员改变文化。为了适应市场竞争，服务企业努力改变或者调整企业的战略方向，从而将越来越多的非市场部的员工引入市场部。这种趋势迫

---

① 资料来源：BATESON J E G. Managing services marketing: text and readings [M]. Fort Worth, Tex.: The Dryden Press, 1995.

使企业相应地改变内部培训的目标、流程和内容。比如，运营部门的员工需要接受市场部的培训，而市场部的人员则需要学习和理解企业其他职能部门的工作。

(4) 直接改变文化。文化改变规划越来越受欢迎。这些规划从大规模的教育活动到员工的高度授权，从而实现重新设计企业对顾客的全部服务传递过程。

第四节　内部营销的实施

服务企业的成功有赖于企业全体员工和所有部门的努力。服务企业不仅要面向顾客开展营销，也需要对企业内部员工开展营销，让员工了解和领会企业精神，致力于满足顾客需要。

一、内部营销的内涵

里纳德·伯瑞和帕若舒曼在《营销服务——通过质量取胜》一书中对内部营销有这样一个基本定义：内部营销通过能够满足员工需求的分批生产来吸引、发展、刺激、保留能够胜任的员工。内部营销是一种把员工当成消费者、取悦员工的哲学，它是一种通过形成分批生产来满足人类需求的策略。内部营销强调员工的需求以及员工是内部消费者。

不同的学者对内部营销的概念不断地进一步阐释，或者说进一步定义。以一种积极的、通过营销方式进行的、互相协调的方法来推动以公司内部职员为顾客的更好的服务（Gronroos, 1981）。内部营销应该创造出一种能支持消费者知觉和职员之间销售倾向的内部环境（Johnson & Seymour, 1985）。内部营销是服务业公司的一种努力，这种努力使组织中的所有成员了解组织的目标，并通过对雇员的培训、推动和评价来达到预期的目标（Johnson, Seymour & Gaida, 1986）。内部营销是从营销角度进行人力资源管理的一种哲学（George, 1990）。

有这么多有关内部营销的定义阐释，我们对内部营销这个概念的理解要注意以下几点。

1. 企业既有外部市场也有内部市场。企业需要把为外部顾客服务的观念运用到内部顾客上，特别是需要根据服务价值链来指导工作，只有满意的员工才有满意的顾客。

2. 内部营销是外部营销的先决条件。由于内部营销的努力，使外部顾客得到更好的服务，成为公司的"老顾客""回头客"。内部营销需要员工之间加强沟通，也需要员工不断地进行沟通上的努力。让员工知道组织发生的全部事情，这样才能高效、有效地完成任务。他们必须了解大局，知道什么是能做的，什么是不能做的。

3. 组织的重心是外部市场，不是内部市场。如果内部营销并不能使外部的顾客获得优良的服务，在内部营销上所花费的每分钟和每分钱则都是毫无意义的。优良的服务是一个统观全局的战略问题，劣质的服务耗费财力，而优秀的服务才能为企业盈利。

内部营销作为一种观念，内生性的要求每个员工都处在"舞台"的位置，即使是面对同事而不是实际的顾客。把大量的时间花在处理"前台"工作上，只关注一线员工的工作，而忽略了"后台"工作，只在需要后勤支持时才关注"后台"是一种普遍存在的现象，在组织中与消费者直接打交道的员工有较高的地位，后勤部门的人员则得不到重视。而内部营销要求这两种工作要结合起来，内部营销是手段，组织要明白外部顾客的需求，也要明白内部顾客的需求，并且分析这些需求，或者看看存在什么区域的重叠。

二、如何实施内部营销

内部营销的具体活动有培训、管理支持和内部对话、内部大规模沟通和信息支持、外部大规模沟通、开发系统和技术支持、内部服务补救、内部市场研究和细分以及服务授权。最终目的还是以员工满意为出发点，确保员工的顾客导向和服务意识，吸引和留住好员工，确保在组织内部提供顾客导向式的内部服务，为提供内部服务、外部服务的员工提供充足的管理和技术上的支持。

（一）沟通策略

如何实施有效沟通，市场营销的很多课程都会涉及这一内容，比如，管理沟通、销售管理等课程，在服务营销课程中，我们着重关注如何发现并解决内部顾客。

组织中的各种沟通行为不单单是把信息从一个群体传递到另一群体，还包括成员之间的互相妥协。沟通是使一个人能够理解某种事物的行为，意味着一个传递过程的产生。沟通的基本要素包括信息的发送者、信息的接收者以及媒介，好的沟通策略必须保证以下三个要素都做到极致。

1. 界定沟通目标。作为营利性的组织，企业的存在就是以经营业绩为依归。衡量任何沟通活动的意义，都会最终追溯到业绩目标。

沟通的目标不应该以领导的好恶为导向，很多组织领导人说一句话，下属需要揣摩很久，也许还不能明白上司的真正意思。好的沟通目标应以目标受众为导向，以组织盈利为最终目的，事先沟通。

一旦沟通的目标和受众确定，沟通就变成了任务和渠道相匹配的过程。组织内部有企业汇报、大大小小会议、非正式的集会等活动，哪种任务适用于哪种沟通渠道，是管理人员应该注意的问题。举一个例子：某组织管理者倾向于在全体会议上指出员工的错误，但是为了不伤及员工自尊，管理者通常不指名道姓，员工则各自揣摩，不能确定管理者是否在批评自己。正确的做法则是管理者应该私下单独沟通，让员工了解自己的错误。

在信息技术发达的现代化企业中，利用信息化的沟通渠道大大增强了沟通效率。比如，电子邮箱、内部协作平台等，适用于一对多、多对多、一对一、多对一等各种沟通需要。同时，电子信息技术使随时随地地沟通成为可能。视讯技术就是典型代表，即使管理者正在出差，也可以组织召开视频会议。信息技术使沟通变得更方便，同时也要注意沟通者信息的保密工作，软硬件故障、网络病毒等都会给信息沟通带来毁灭性的灾难。

2. 强化内部培训。强化培训是为了在企业内部构建一种统一的沟通风格和行为模式，减少因沟通形式不一造成的摩擦。培训使组织建立统一的概念和规则，并得到全体员工的认可。

说到企业培训的楷模，自然是美国 GE 公司。GE 的克劳顿管理学院有着明确的使命，那就是：创造、确定、传播公司的学识，以促进 GE 的发展，提高 GE 在全球的竞争能力。克劳顿村的课程分 3 类，第一类是专业知识类，如财务、人事管理、信息技术等，其目的是使 GE 员工在某一技术领域更专、更深入；第二类是针对员工某一事业发展阶段设计的课程，如新经理发展课程、高级经理课程、高层管理人员发展课程等；第三类是为推广全公司范围的举措而设置的课程，如六个西格玛培训、变革加速进程等。通过这些培训，一方面让 GE 的管理人员学习必要的管理技能、业务技能、沟通技能等，另一方面也统一了大家的意识和管理理念，为企业内部的有效沟通与执行奠定了良好基础。

3. 转换领导意识。既然把员工当作内部顾客，组织的高层首先就必须转变过去的思维模式、行为模式，不能让所有的员工都围着自己的想法转，不能使管理者成为信息独裁者，应该是组织为员工服务，而不是员工为管理者服务。组织各级管理者都能根据企业总体战略目标的要求担负起责任，员工各司其职，清晰地知道自己该向谁负责、对什么负责。

越来越多的服务型组织管理者倾向于公仆型领导，即改正以往颐指气使的形象，企业领导以身作则，为员工树立优质服务的榜样，让内部顾客感觉被尊重。组织尽力满足内部顾客需求，提高他们的满意感，最终达到员工忠诚。

（二）培训策略

员工培训的形式包括黑板讲授法、视听技术法、讨论法、案例研讨法、角色扮演法、自学法、敏感训练法以及网络培训法。

培训员工的目的除了让员工适应工作、减少错误以外，还具有展现清晰的职位以及组织对员工的期望，让员工受到关注，减少员工抱怨，降低员工流失率，帮助员工融入企业文化的目的。

有效的培训具有以下几个特征。

1. 有效的培训以企业战略为导向。
2. 有效的培训着眼于企业的核心需求。

3. 有效的培训是多层次全方位的。针对具体个人能力和发展计划的不同制订不同的训练计划。在效益最大化的前提下，多渠道、多层次的构建培训体系，达到全员参与、共同分享培训成果的效果，使培训方法和内容适合被培训者。

4. 有效的培训体系应充分考虑员工的自我发展的需要。有的员工对物质的奖励更为敏感，有的员工需要将个人发展纳入组织发展的轨道，把员工个人职业生涯与组织发展战略相结合。

三、实施内部营销的组织文化

组织文化是指企业为解决生存和发展的问题而形成的，被组织成员认为有效而共享，并共同遵循的基本信念和认知。企业文化集中体现了一个企业经营管理的核心主张，以及由此产生的组织行为。通俗地讲，就是每一位员工都明白怎样做是对企业有利的，而且都自觉自愿地这样做，久而久之便形成了一种习惯；再经过一定时间的积淀，习惯成了自然，成了人们头脑里一种牢固的"观念"，而这种"观念"一旦形成，又会反作用于（约束）大家的行为，逐渐以规章制度的形式成为众人的"行为规范"。简言之，组织文化是组织员工所共享的一系列共同的规范和价值。组织文化具有导向作用、凝聚作用、激励作用、规范作用、自我调控作用以及扩散辐射作用。那么，适合于内部营销的组织应该具有怎样的组织文化呢？

（一）内部营销的组织文化特点

普遍来说，适合于内部营销的组织文化应该具有以下的特点。

1. 开放性的组织设计。要做到这一点，组织体系的设计就应该逐渐发展成为倒金字塔形或者扁平化，层级复杂、等级森严的服务组织自然不利于员工授权，也很难做到让员工满意。同时，要建立和定期检查调整组织结构，使其符合高质量服务组织的特征，更要关注非正式组织的影响。

2. 允许创新。一线员工的创新往往是服务质量改善的源泉，只有他们时时处在与顾客的接触中。允许创新的潜台词就是允许犯错，应是组织而不是个人为创新的负面影响买单。鼓励创新有很多方式，头脑风暴就是最简单的方法，全体员工坐在一起，平等地提出创新想法，在会上不对想法做出或好或坏的评论，最大限度地激发员工的潜能。例如，盛大公司允许任何一层级的员工提出好的项目创意，经过组织认可后，可以自主"招兵买马"，自己担任项目负责人，管理团队，并独立自主地对团队成员的绩效进行评价。

3. 平等的企业文化。平等的企业文化就是不以组织成员的地位作为沟通的导向，而是用事实或者道理来服人。最典型的例子还是盛大公司，盛大人的口号是：盛大人都爱讲道理。盛大企业文化核心是讲道理的文化。讲道理需要：准确的数据、严谨的逻辑、规范的民主以及负责任的独裁。认同并适合讲道理文化的人,才是盛大人。盛大创建了讲道理的机制:给予讲道理的场所,给予讲道理明确的回报。他们认为要像管理游戏一样管理公司,像服务用户一样服务员工,这和内部营销的概念如出一辙。虽然盛大公司严格意义上说并不是服务组织,但是值得服务组织的借鉴,尤其是服务组织的员工满意直接导致顾客满意,内部营销的概念更值得重视。

(二) 内部营销的组织文化实施

至于如何进行组织文化核心观念的贯彻和渗透呢?具体有以下几种方式。

1. 员工的选聘和教育。选择合适的员工,并在进入公司后进行相应的培训。

2. 英雄人物的榜样作用。对服务员工来说,身边的同事是最好的榜样。如果身边有核心人物,无疑是对员工最佳的示范以及最具体的激励。

3. 礼节和仪式的安排和设计。

4. 组织的宣传口号的设计传播。盛大公司把讲道理的企业文化浓缩成一句口号,把对企业文化的释义印刷在工作笔记本上,用最直接明了的方式让企业员工潜移默化地接受企业文化。

第五节 创建服务领先的组织

我们每个人作为顾客,每天都可能接受很多次服务,这些服务有的令人十分满意,而有的则糟糕透顶,服务水平参差不齐。你可能知道一些服务组织,它们总能通过优质服务获取你的信任,并且总是处在创新的最前列。但是,另一些服务组织就很难预计了,它们的服务质量捉摸不定。也许你还知道一些服务组织,它们始终都提供非常糟糕的服务,但你作为顾客还是会回到这样的组织接受服务,因为顾客在有些时候是别无选择的。也许该组织享有垄断的地位并且不存在其他竞争者,从而使顾客在不满意的时候也无处进行消费转移。在一些大公司内部,还会出现一些最低水平的内部服务传送。例如,你在一堆商学院选择了一个你认为适合你的 MBA 学位项目。然而,一旦你被录取,你可能会发现自己不得不与一个效率低下的 MBA 行政办公室或者一个毫无服务意识的财务部门打交道。

一、服务业绩的 4 个等级

服务领先,指的并非基于单一维度上的服务杰出表现,而是跨越多维度的综合优秀业绩。为了掌握这一业绩范围的变化,需要对服务的 3 大职能领域(服务营销、服务运作和人力资源管理)加以评价,并将综合服务业绩划分为 4 个等级:失败者、无足轻重者、职业者和领导者(详见表 14-1)。

表 14-1 服务业绩的 4 个等级①

等级	1. 失败者	2. 无足轻重者	3. 职业者	4. 领导者
营销功能				
营销的作用	仅仅发挥战术性作用；广告和促销缺乏重点；不参与产品或者定价决策	利用销售组合，通过简单的细分战略进行大众传播；有选择地利用价格折扣和促销活动；引导并列表进行基本的满意度调查	针对竞争，具有明确的战略定位；通过运用具有鲜明诉求的集中传播，阐明承诺并培养顾客。基于价值进行定价；监控顾客的使用情况，施行忠诚计划；运用多种调查方法测量顾客满意度，并获取服务改进的意见；与运作部门相互协作，引进新的传送系统	作为目标市场的创新领导者，以营销技巧闻名。产品或流程层面的品牌；引导关系数据库的细致分析，作为一对一营销和先行会计管理的投入；运用最先进的调查技术；运用概念检验、观察并接触重要客户等方法，作为新产品开发的投入；接近运作部门和人力资源部门
竞争性诉求	顾客的光顾并非仅仅出于公司业绩的原因	顾客既不渴望也不回避这种公司	顾客基于公司持久的声誉寻求该公司，以满足自身的期望	公司名称的内涵，意味着上乘的服务；其取悦顾客的能力把顾客期望提升至竞争者无法达到的层次
顾客特征	没有特定的特征；以最低成本服务于大众市场	了解一个或者更多细分市场的基本需求	清楚了解需求不同、对公司的价值不同的每个顾客群体	基于顾客对公司的未来价值（包括其对提供新的服务机会的潜力和激发创新的能力），选择和保留目标顾客
服务质量	具有极大的可变性，往往差强人意；服从于运作优先级	能够满足部分顾客的期望；在一个或两个关键维度上保持一致	多维度满足顾客期望或超越顾客期望的一致性	将顾客期望提高到新的层次；持续改进

① 在查斯（Chase）和海耶思（Hayes）早期的运作导向理论框架的基础上进行修改和延伸。

续表

等级	1. 失败者	2. 无足轻重者	3. 职业者	4. 领导者
运营功能				
运营的作用	反应性,以成本为导向	主要的生产线管理职能;创造并交付产品,强调标准化作为提高生产力的关键,从内部角度定义质量	在竞争战略中发挥战略性作用;意识到在生产力与顾客界定的质量之间的折中平衡;具有外包意愿;对竞争性运作进行监控以获取意见、了解威胁	以创新、集中和卓越被公众接受;是营销和人力资源管理的平等合作伙伴;具有内部的调查能力和学术联系;持续不断地进行尝试和试验
服务传送（前台）	很失败;定位和进度安排都与顾客偏好相脱节,顾客需求一贯被忽视	拘泥于传统;"除非一文不名,否则就不要去睬它";为顾客制定僵化刻板的规则;服务传送的每个步骤相互独立运作	受到顾客满意度而非传统的驱动;具有顾客化的意愿,乐于接受新方法;强调速度、便捷和舒适	服务传送是一个以顾客为核心进行组织的无缝流程;员工了解他们的服务对象;集中进行持续改进
后台运作	从前台运作中脱离出来;是企业运作中无足轻重的部分	有助于前台服务传送的单个步骤,但以单独方式进行组织;对顾客不够了解	运作流程与前台活动具有明确的关联;将其任务看作是为"内部顾客"服务,再由这些"内部顾客"为外部顾客提供服务	同前台的服务传送密切整合,即便是在地理位置相隔遥远的情况下;清楚自身的作用与为外部顾客服务的全过程之间是如何联系的;持续对话
生产力	缺乏明确性;管理人员由于没有严格控制预算而付出代价	以标准化为基础;由于将成本控制在较低预算内而得到回报	注重后台的流程再造;避免那种将有损顾客服务经历的生产力改进;持续优化流程,以提高效率	理解质量回报的理念;主动寻求顾客对生产力改进的参与;不断进行新流程和新技术的检验
新技术的引进	技术的晚期引入者,只在涉及公司生存的必要情况下被迫引入	在由成本节约得到证实后,从众引入新技术	在新技术呈现出改进服务并提供竞争优势的前景时,就予以引进	同技术领先者共同努力,开发出创造先行优势的新软件;寻求在竞争者望尘莫及的层面上进行运作

续表

等级	1. 失败者	2. 无足轻重者	3. 职业者	4. 领导者
人力资源管理功能				
人力资源的作用	提供能够满足工作所需的最低技能的低成本员工	聘任并培训那些能够胜任工作的员工	投资于人员甄选和持续培训；同员工保持紧密联系，施行内部晋升；努力提高任期质量	将员工质量看作战略优势；公司被看作完美的工作场所；人力资源部门帮助顶层管理者培育企业文化
劳动力	负面约束；劳动力的水平低下、漠不关心、缺乏忠诚感	资源充足，遵循程序但是缺乏常见；人员流动率通常较高	员工的情绪高涨、工作努力，拥有对程序的部分自主选择权，善于提出建议	员工具有创造力和一定的自主权；非常忠诚，致力于公司的价值观和目标，创造新的程序
一线管理	对工人进行控制	对流程进行控制	倾听顾客的意见，指导并协助工人的工作	是高层管理者新思想的源泉；指导员工提高自身的职业成长以及对公司的价值

在营销职能下，这个综合业绩评价体系关注营销在组织、竞争性诉求、顾客特征以及服务质量等方面所发挥的作用；在服务运营功能下，则考虑运作、服务传送（前台）、后台运作、生产力以及新技术的引进所发挥的作用；最后，在人力资源管理功能下，该体系评价人力资源、劳动力以及一线管理所发挥的作用。值得注意的是，这些维度以及功能之间存在重叠的可能性，而且在不同的行业，某些维度的相对重要性也可能有所不同。但是，这个综合服务业绩评价体系的目标在于了解那些业绩不佳的服务组织所需要变革的地方。

（1）服务失败者。无论从顾客的角度还是从管理者的角度，这些都是处于最底层的服务组织。它们在营销、运营和人力资源管理方面的表现都很失败。顾客之所以还继续惠顾它们，并非仅仅出于绩效方面的原因，而是由于没有可行的其他选择，这也是服务失败者之所以得以继续生存的一个原因。服务的传递几乎无药可救，新技术仅仅在强制条件下才会被引入，并且员工也是一副漠不关心的状态。

（2）服务无足轻重者。对这种无足轻重的服务组织而言，尽管他们的业绩距离理想情况还有很大差距，但是他们没有服务失败者身上最恶劣的缺点。如表14-1所示，传统的制造业运营管理模式占据了他们的思维，这种心态的基础一般是通过实现标准化以获得成本节约。他们运用基本的营销战略，而且人力资源与运营的作用可能被两种理念分别加以概括，即"足够多的即是足够好的"和"除非一文不名，否则就不要去睬它"。消费者对这种组织的态度是既不渴望也不回避，通常情况下，在一个特定市场中有很多这样的公司在参与竞争，他们几乎彼此没啥差别，周期性的价格折扣成为他们竭力吸引新顾客的主要手段。

（3）服务职业者。这种组织与那些无足轻重的服务组织处于不同的层次，并且具有明确的战略定位。目标市场中的顾客基于公司的持久声誉来寻找这些组织。相比之下，营销功能显得更为成熟和完善，并且会运用定向沟通（targeted communications）和基于价值的定价策略等。为了评价顾客满意度并获取改进服务的意见和信息，组织还会进行专门的调查。运营与营销功能在引入新的服务传递系统以及平衡生产力与顾客感知质量之间的矛盾等问题上共同发挥着作用。在后台与前台活动之间存在明显的关联，并且与那些服务无足轻重者相比，其人力资源管理的方法显得更为主动，更以投资为导向。

（4）服务领导者。这种组织是它们各自行业中的精华。尽管服务职业者的表现良好，但是服务领导者的表现更加出色。它们公司名称的内涵就意味着上乘的服务和取悦顾客的能力。由于在服务管理的各职能领域持续创新，并且在这三项职能之间实现了出色的内部沟通与协调，它们因此获得了公众的认可。服务传递也由此成为围绕顾客所展开的无缝流程。营销部门运用关系数据库，这一数据库能够帮助组织深入了解那些通常需要一对一进行服务的顾客们。为了开发出能够满足顾客潜在需求的创新性服务，这种组织还运用了概念检验、观察并接触重要客户等方法。运营专家为公司创造具有先行优势的新型应用软件，这将使公司在相当长的时间内在运营管理方面具有持续的竞争优势。高层管理者把员工的质量看作一种战略优势，人力资源部门与之共同努力，开发并维持一种服务导向型的文化，并且营造优越的工作环境，从而实现吸引并保留最优人才的目标。员工本身致力于公司的价值取向和目标，并且得到了充分授权，能够快速地对变化做出调整。因此，员工也成为服务创新点子的一个重要来源。

上面所列出的服务业绩的4个层次，企业既能够加以推进，也能够进行下移。一度辉煌的经营者可能会变得自满和懒惰，而那些致力于为其现有顾客提供满意服务的组织可能会错失重要的市场转变时机，并发现自己逐步走向过时，无法吸引到那些持有不同服务需求的新顾客。再比如，那些过去依靠掌握某种特定技术流程而取得成功的公司可能会发现，在捍卫他们对该流程的控制权的过程中，他们在激励着竞争者去发现能带来更佳服务业绩的新的可选方案。并且对那些管理层已花费数年精力以建立一支具有牢固的服务意识的员工队伍的组织而言，他们也许会发现，一场兼并或者收购由于引入了强调短期利润的新领导，而可能使公司原来的文化被迅速摧毁。高级管理人员有时候会自欺欺人地认为他们的公司已经达到取得了最上层的服务业绩，而实际上这种成功的基石正在悄悄瓦解。

服务组织想要推进服务领先的阶梯，并不一定要求表14-1中列示的12个要素都要同时发生转变。企业在所有要素层面的排名也不见得相同。然而，服务战略的转变必须对需要变革的地方以及改进的逻辑次序进行缜密的评价。

二、寻求服务领先

所谓服务领先者，就是指那些在其各自市场和行业中独占鳌头的企业。但是这还需要高层管理者为企业引导正确的方向，设立正确的战略优先次序，并且保证相关战略在组织内部得到贯彻执行。有关服务领先企业的许多文献都谈到了变革问题。很容易看出那些业绩不佳的公司为了增强自身的竞争实力，必须在企业文化以及运作流程方面经历一次大的调整。但是，在当今快速变革的时代，即使那些业绩突出的服务领先企业，也需要在现有基础上持续不断地发展和演进，以进化的方式不断地变革、改造自己。

领导研究领域的著名学者考特（J. Kotter）认为，在多数成功变革的管理过程中，企业需要经历复杂并且通常比较耗时的 8 个阶段：

- 创造一种紧迫意识，以开发变革的推动力。
- 组织一个足够强大的团队对全过程进行引导。
- 为组织需要的发展方向创造一个正确的愿景。
- 广泛宣传这一新愿景。
- 授权员工去执行这一愿景。
- 产生充足的短期效果以创造可信度。
- 构建并利用驱动力，以解决更为棘手的变革问题。
- 将组织文化中的新行为稳定下来。

从上述 8 个阶段的定义中我们可以发现，成功变革背后的主要力量就是领导。为了扫清变革的障碍，最终实现愿景和目标，高层管理者需要关心的是愿景和战略的发展，以及对人员的授权问题。相比之下，管理的内容则是通过规划、预算、组织、员工安置、控制和解决问题，使现有状态持续运转。贝尼思（Bennis）和那奴思（Nanus）对领导者和管理者的区分做出如下解释：领导者强调组织的情感甚至精神资源，而管理者则强调物质资源，诸如原材料、技术、资本等。换句话说，领导是通过人员和文化发生作用的，它既温和又热烈；管理则是通过层级管理与系统发挥作用的，它比较强硬，也比较冷淡。管理的根本目的是保证现有系统的正常运作，而领导的根本目的在于产生有意义的变革，特别是非递增性变化（non-incremental change）。这两种情况都有可能力度过大或者力度过小。如果领导强大而缺乏管理，就会陷入混乱的危险境地，组织有可能濒临绝境；如果管理强大而缺乏领导，则往往会将组织置于可怕的官僚作风当中。

但是，领导是服务管理工作的一个越来越关键的方面，因为变化的速度一直在不断增长。新的服务或者服务特色由于既反映了竞争优势，又反映了技术优势，因而正在以更快的速度被引入，并且其生命周期往往更短。同时，竞争环境也是瞬息万变的。跨国公司进入新市场，实行兼并与收购，原先的竞争者可能由于接管、破产或者一项把精力重新聚积到其他业务活动的决策，因而离开某个特定的市场。服务传送的过程本身已经加快了速度。与此同时,顾客越来越要求在出现问题的时候接受更为快捷的服务。因此,有效的高层管理者可能需要花费多达80%的时间进行领导,这一数字是从前所要求的两倍。即使是那些处在管理阶层下部的执行者,可能也要花费至少20%的时间进行领导工作。

小结

服务组织因其所提供的服务产品和服务的制造过程而具有相当多传统企业所没有的组织特征,因此,企业普遍采用的金字塔式的组织构架模式在服务企业中显然会出现无法克服的弊端。倒金字塔模型的引入以及倒金字塔模型中各个层级的员工之间特有的互动使服务文化的引入、建立以及传播成为可能。

为了能够成功地通过改变文化而建立起服务导向的战略逻辑,进而创造服务领先的组织,我们必须先要充分理解企业文化与服务文化的关联、服务文化的具体功能、其结构以及如何塑造的基本过程,并以相应的服务营销实践案例进一步说明和阐述。

在此基础上,本章讨论了如何通过如下4个角度改变文化,包括通过结构改变文化、通过系统改变文化、通过人员改变文化以及直接改变文化。服务企业不仅需要外部营销,也需要开展面向员工的内部营销。任何一个服务企业,只有在文化支撑的基础上,才能够在战略竞争中通过不同层级的服务绩效而获得竞争地位,并进而寻求服务领先的机会和可能。

思考题

1. 请简述金字塔型的组织结构与倒金字塔型组织结构的不同之处。金字塔型组织结构在服务企业中的弊端是什么?
2. 请简述企业文化与服务文化的关联性。
3. 简单定义4种服务绩效,并根据你自己的服务体验为每种类型各举一例。
4. 什么是内部营销?
5. 领导与管理的区别是什么?

练习题

1. 比较在①连锁快餐店、②电子商务公司(即电子购物网站)、③银行中,营销功能、生产运营功能和人力资源管理功能各自所发挥的作用。
2. 选择一家你所熟悉的公司,通过文献资料、公司网页或者宣传资料等收集更多的信息,在此基础上通过你的观察或者服务体验,对这家公司的各个服务绩效维度进行评价(评价维度参见表14-1)。

捷步与它的企业文化[①]

Zappos.com(以下简称"捷步")是一家私营网上零售商铺,主要销售鞋、衣服、手袋和配饰等,而市值190亿美元的跨国网上零售商铺亚马逊(Amazon.com)则主要销售图书、电子产品、玩具和其他商品。2009年7月17日,亚马逊董事会通过决议,批准并购捷步。

亚马逊早在2005年就向捷步伸出了橄榄枝,但捷步的首席执行官谢家华(T. Hsieh)和身兼董事长、首席运营官和财务总监的林君叡(A. Lin)虽然对亚马逊的要约表现出了浓厚的兴趣,但他们认为合并的时机尚未成熟,直到1999年他们才改变了看法,而第二次的收购条件在财务条件上已经接近捷步在公开市场上的估价上限了。谢家华和林君叡清楚地知道,捷步公司的成长及随之而来的价值增加,很大程度上来自强有力的企业文化和对客户服务的极端重视。

捷步领导层认为,企业文化会给公司带来不同于他人的竞争优势。"我们相信,如果你打造了合适的企业文化,那么其他许多事情都会水到渠成,比如卓越的客户服务,或者建立起一个持久不衰的品牌。"谢家华说。

林君叡对此表示同意:"我参加过一个发布会,有人问星巴克的董事长兼首席执行官舒尔茨(H. Schultz)为什么星巴克里的每个人都在微笑,他说:'我们只雇用微笑的人。'我们试图在捷步仿效这种做法。我们只雇用快乐的人,并努力使他们保持快乐。我们的理念是没有快乐的员工,就不会有满意的顾客;而如果没有激励员工的文化,公司就不会有快乐的员工。我们视此为一项战略资产。我们可能与1 200到1 500个品牌拥有联系,并在竞争中占有领先优势,但这些都是可以复制的。我们的网站、政策等都可以复制,但我们的文化独一无二。"

2005年,在公司总部搬家后不久,捷步首次推出了自己的核心价值观清单,并以此作为手段,确保公司每个人都为建设和支持企业文化发挥作用。为了创建公司的十大核心价值观,谢家华就捷步的核心价值应该是什么来征求员工意见,从员工的反馈意见中整理出37条候选核心价值,并发送给公司中的每一个人。经过为期一年的评估,清单的内容删减到了10条(见附录:捷步的核心价值观)。"现在我们有了一整套适用的核心价值观,意味着我们能够根据一个人是

[①] 资料来源:作者基于哈佛商学院案例《Zappos.com 的2009年:服装、客户服务与企业文化》,进行资料编辑。

否身体力行这些核心价值观来决定愿意雇佣还是解雇他,而不单是以他的具体工作表现是否足够好为依据。"谢家华说,"大部分组织都不在乎文化,或者说至少企业高层不重视。但如果你真的在乎并实施相应的管理,那么就跟管理企业中的其他事项一样。这并不难,你只需要真正地支持它。"

捷步的10条核心价值观中有许多都是根据对工人效率、生产率等因素的研究提出来的。例如,谢家华曾经引用过的一项研究发现,如果人们能够在工作中交到朋友,他们就会工作得更快乐、更投入。因此,捷步制定了第7号核心价值观——"建立一个积极的团队,营造家庭般的氛围",并鼓励经理们在工作以外,拿出10%到20%的时间来与团队成员进行交往。"捷步不像其他大多数公司那样将工作和生活截然分开,"谢家华说,"捷步就像一种生活方式。"

捷步的文化很快流行起来,吸引其他公司、媒体以及学术界进一步了解捷步。捷步对所有访问者都表示欢迎,邀请大家在导游的引领下参观其位于拉斯维加斯的总部。参观者会受到热烈的欢迎。

2008年1月,谢家华给捷步全体员工发了一封邮件,要求他们写几句话描述一下捷步的文化对他们的意义。"我们要求他们告诉我们捷步和其他公司的文化差异在哪里,以及他们喜欢捷步文化中的哪些方面。"所有的回复最后都被整理在一起,印成了一本450页的书,回复的内容未经任何编辑改动。

除了花费时间和心思塑造企业核心文化和价值观外,捷步认为雇用适合企业文化的员工也非常重要。捷步对求职者进行筛选,以确保他们能够适合捷步的文化。从填写最初的申请表就开始进行评估了——求职申请封面是一个填字游戏,还有一些带有非常规问题的卡通形象。求职者会被要求说出一首自己的主题歌,给自己的"怪异"程度打分,并估计一下自己有多"幸运"。"如果有人将自己的幸运程度归为最高档,那么他很有可能会成为我们所寻找的那类人,有创造力、乐于冒险,并且能够跳出条条框框来进行思考,"捷步的招聘经理说道。

所有的应聘者都要经历两轮面试:一个是传统的由用人部门的经理主持的技能面试,一个是由人力资源部的招聘人员主持的"文化"面试。"用人部门的经理找的是相关工作经验和技术能力都适合团队的人。招聘部门的面试则纯粹找的是适合企业文化的人。只有这两轮面试都通过了,应聘者才能获得聘用。其实我们已经放弃了好多非常有才华的人,我们知道他们能够对整个业务直接产生巨大影响,但如果他们不适合我们的企业文化,我们就不会雇用他们。"谢家华说。

在雇用了适合捷步文化的新员工之后,员工的入职指导和初期培训也被捷步认为是捷步企业文化不可或缺的组成部分。所有的新员工都必须完成为期4周的带薪培训,不论新员工的岗位是什么,培训的重点主要是客服呼叫中心。"如果你没有通过这4周的培训,那么不论你属于捷步哪个部门,你的工作都将不保"。此外,公司还会清除那些没有承诺的新员工,会在培训第一周给2 000美元让他们离开。客户忠诚度团队(Customer Loyalty Team, CLT)经理希弗克

（R. Siefker）解释道："开始时是给100美元，但为了让更多人接受这笔钱，我们逐步提高了标准。"但他指出，接受这笔钱离开的人为数极少。

附录　捷步的十大核心价值观

1. 用服务创造惊喜。
2. 拥抱和领导变革。
3. 创造有趣且有点怪的东西。
4. 乐于冒险，保持创新，心态开放。
5. 追求进步，愿意学习。
6. 通过沟通打造开放、诚实的人际关系。
7. 建立一个积极的团队，营造家庭般的氛围。
8. 花更少的钱，做更多的事。
9. 充满热情，积极果断。
10. 保持谦逊。

第六篇 服务与新技术

第十五章　新技术环境下的服务营销

【学习目标】
1. 熟悉物联网、云计算、情景感知、大数据、移动互联网等新技术
2. 了解新技术对服务可能产生的影响
3. 了解新技术对服务营销可能产生的影响

开篇案例

厨电界来了一位重量级"嘉宾"。据说上能开火做饭,下能净化空气,当得了闹钟、洗得净水果、做得了甜点……更重要的是还能安慰失恋中的你。没错,这就是全球首个主动式厨房智能——方太智能 M。

智能 M 看外表,还以为是入耳式蓝牙耳机。事实上它小巧的外观背后搭载的是方太智能厨电强大的索引功能。不仅能精准预测前方路况,还能判断出主人饮食喜好,更有贴心叮嘱、细致关爱。

它会暖心地和你说早安,起床便有热饭。智能 M 能将从你起床到用餐时间精确到秒,美味的食物准备妥当,一切都刚刚好。

在你需要安静的时候,它会做你的听众;在你伤心的时候,安慰你、鼓励你。更有一份营养的餐食,只愿你伤心的时候不要再伤身。

方太懂得科技本身的魅力,在打造智能厨电的同时,让产品能够真正关心消费者的健康,关注消费者所在厨房空间的空气,关注到消费者吃到嘴里食物的香气。

第一节　服务新技术

一、物联网

(一) 物联网的定义与兴起

1999 年在美国召开的移动计算和网络国际会议首先提出了"物联网"(Internet of Things) 这一概念,此后物联网的相关技术应用开始逐渐引起人们的关注,世界各国也纷纷掀起发展物联网的热潮。2005 年 11 月 17 日,国际电信联盟 (ITU) 在突尼斯举行的信息社会世界峰会 (WSIS) 上发布了《ITU 互联网报

告 2005：物联网》，拓展了"物联网"这一概念所涵盖的范围，使其不只局限于 RFID 技术的相关应用。该报告发布之后，各国热烈响应，陆续开始制定各自的发展战略，随后逐步展开了相应的计划和行动。目前，各国均已形成了各具特色的政策规划，并在军事、工业、农业、环境监测、建筑、医疗、空间和海洋探索等诸多领域积极引入并推广物联网的技术应用。

所谓物联网（IOT），是指在计算机互联网的基础上，利用各种信息传感设备，如射频识别（RFID）装置、激光扫描器、红外感应器等，遵照标准化的协议，将物质实体与互联网连接在一起，通过人与物、物与物之间的信息交换而实现对物的智能化识别、跟踪、定位、监控和管理的一体化网络。物联网就是"物物相连的互联网"。这有两层意思：第一，物联网的核心和基础仍然是互联网，是在互联网基础上的延伸和扩展的网络；第二，物联网的用户端延伸和扩展到了任何物品与物品之间，进行信息交换和通信。

物联网技术对产业界有两个基础的用途：①实现远程或者分布式终端与中央控制平台的信息交互；②更进一步，实现从自动数据传输到直观衡量基础单位的运营收益的飞跃。

（二）国外物联网的发展现状

物联网用途广泛，遍及智能交通、环境保护、政府工作、公共安全、平安家居、智能消防、工业监测、老人护理、个人健康、花卉栽培、水系监测、食品溯源、敌情侦查和情报收集等多个领域。正是由于物联网有这样广泛的用途和潜力，物联网成为国内外政商各界瞩目的焦点。

在美国，各界非常重视物联网相关技术的研究，尤其在标准、体系架构、安全和管理等方面，希望借助核心技术的突破能占有物联网领域的主导权。同时，美国众多科技企业也积极加入物联网产业链，希望通过技术和应用创新促进物联网的快速发展。2009 年，IBM 推出"智慧地球"概念。"智慧地球"战略认为：IT 产业下一阶段的任务是把新一代 IT 技术充分运用到各行各业之中，即把感应器嵌入和装备到电网、铁路、桥梁、隧道、公路、建筑、供水系统、大坝、油气管道等各种物体中，并且进行普遍连接，形成所谓"物联网"。然后将"物联网"与现有的互联网整合起来，实现人类社会与物理系统的整合，在这个整合的网络当中，存在能力超级强大的中心计算机群，能够对整合网络内的人员、机器、设备和基础设施实施实时的管理和控制，在此基础上，人类可以以更加精细和动态的方式管理生产和生活，达到"智慧"状态，提高资源利用率和生产力水平，改善人与自然间的关系。

2009 年 6 月 18 日，欧盟委员会宣布了新的行动计划，确保欧洲在建构新型互联网的过程中起主导作用。2010 年 3 月，欧盟委员会出台《欧洲 2020 战略》，提出了三项重点任务，即智慧型增长、可持续增长和包容性增长，把欧洲数字化议程确立为促进经济增长的七大旗舰计划之一。2015 年 3 月，欧盟成立了"物联网创新联盟"，汇集欧盟各成员国的物联网技术与资源来创造欧洲的物联网生态系。紧接着，2015年5月，欧盟更通过"单一数字市场策略"，强调要避免分裂和促进共通性的技术和标准来发展物联网。

（三）我国物联网的现状与前景

2009年，温家宝总理在无锡考察时对物联网的发展提出了"把传感系统和3G中的TD-SCDMA技术结合起来、在国家重大科技专项中加快传感网发展、建立感知中国信息中心"三点要求。同年12月，国务院经济工作会议进一步提出了要在电力、交通、安防和金融行业推进物联网相关应用的目标。与此相应，我国不但在国家自然科学基金、国家"863"计划、国家科技重大专项等科技计划中陆续部署了物联网相关技术研究，同时也通过发布相关白皮书，对RFID等物联网关键技术进行了积极扶持，并将物联网的未来发展上升至国家战略新兴产业的层面。

在"物联网"这个全新产业中，我国的技术研发水平处于世界前列，已拥有从材料、技术、器件、系统到网络的完整产业链。在世界物联网领域，中国与德国、美国、韩国一起，成为国际标准制定的主导国。我国无线通信网络和宽带覆盖率高，为物联网的发展提供了坚实的基础设施支持，同时我国已经成为世界第二大经济体，有较为雄厚的经济实力支持物联网发展。

目前，以物联网为代表的信息网络产业已上升为国家五大战略性新兴产业中的第二位，并形成如图15-1所示的技术体系。

二、云计算

（一）云计算的定义与分类

一般认为，云计算就是基于网络和虚拟化技术的，优化集中系统计算能力以满足多终端并行多任务需求的，达到特定服务水平协定的，实时弹性的计算处理执行环境，是虚拟化的IT资源服务集合。云在收到接入"端"的需求后，经过需求审核，任务配置与优化，并行任务运算，最终反馈计算结果到端，从而同时满足不同端的任务需求。云计算并不是从无到有的全新概念，而是在应用需求拉动和技术进步两方面成熟的条件下逐渐演化而来的。

早在20世纪90年代初互联网诞生不久，以凯利（K. Kelly）为代表的学者就预见了包括云计算等多种建立在网络基础上的新形态。从20世纪90年代中期开始，产业界陆续出现了NC、XC等概念，即通过网络为终端提供计算能力，相对减轻计算机终端的配置负载从而提高效率扩大应用。但当时的网络和后台集成管理技术以及应用需求并不能支撑此类概念真正实现。21世纪初的网络经济热潮引发了两个重要变化：一方面，网络带宽增加，用户开始习惯使用宽带；另一方面，基于网络的各类商业与消费应用相应迅猛增加，应用的多样化反过来又催生了更多的需求。网络泡沫破灭后，亚马逊等公司开始尝试利用富余的IT基础

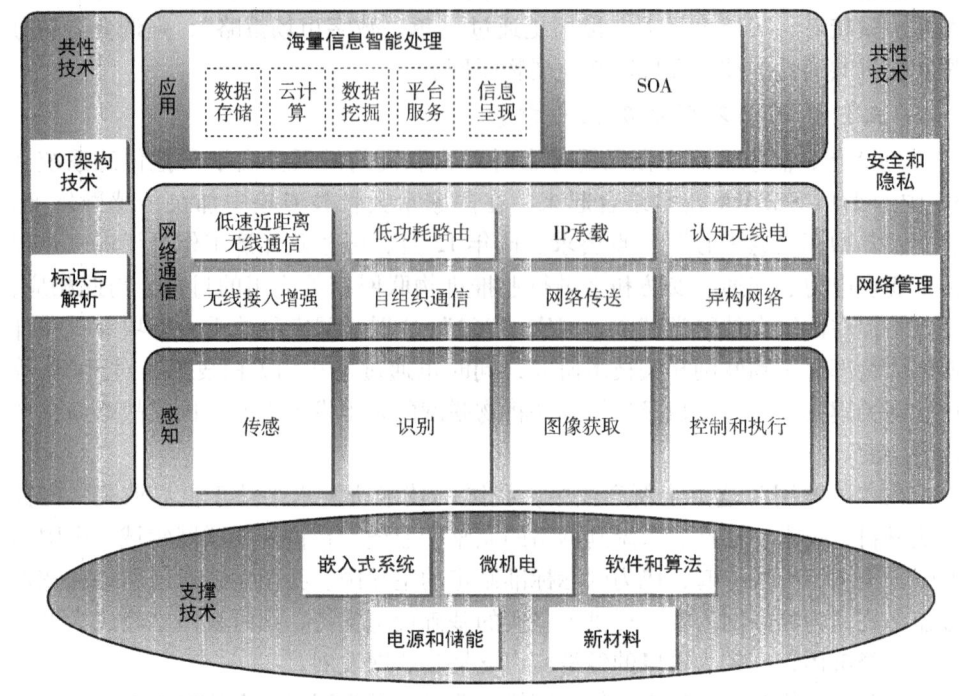

图 15-1 中国物联网技术体系

资料来源：工业和信息化部电信研究院．移动互联网白皮书（2011）。

设施向外提供计算存储能力的租赁服务，通过谷歌等公司的理论梳理和应用推广，终于在高速互联网的基础上实现了真实可触的云计算服务。

从云计算的定义可知，"云"应包括以下要素：物理服务器（计算与存储）、虚拟服务器、服务水平协定的资源配置系统、云环境下的操作系统、数据库管理、应用软件、安全及其他系统。在整个架构中，虚拟化和高速网络是两个重要特征，这两个特征决定了云计算环境中所有的要素都需要进行与之相适应的改变，包括服务器等硬件、操作系统、应用软件、安全系统、服务水平协议（SLA）的资源配置系统等，都必须具备支持虚拟化环境与在线运营的特点。

云计算是一个新兴领域，一般认为，可以将云计算按照以下几种方式进行分类。

第一种分类：按部署类型。云计算在很大程度上是从作为内部解决方案的私有云发展而来的。数据中心最早探索应用是以满足内部的应用需求为目的，随着技术发展和商业需求的发展才逐步考虑对外租售计算能力形成公共云。因此，从云计算的部署类型或者说从"云"的归属来看，主要分为私有云、公共云和混合云3种形态（见表15-1）。大体而言，私有云约占2/3左右，公共云占1/3左右，混合云极少。

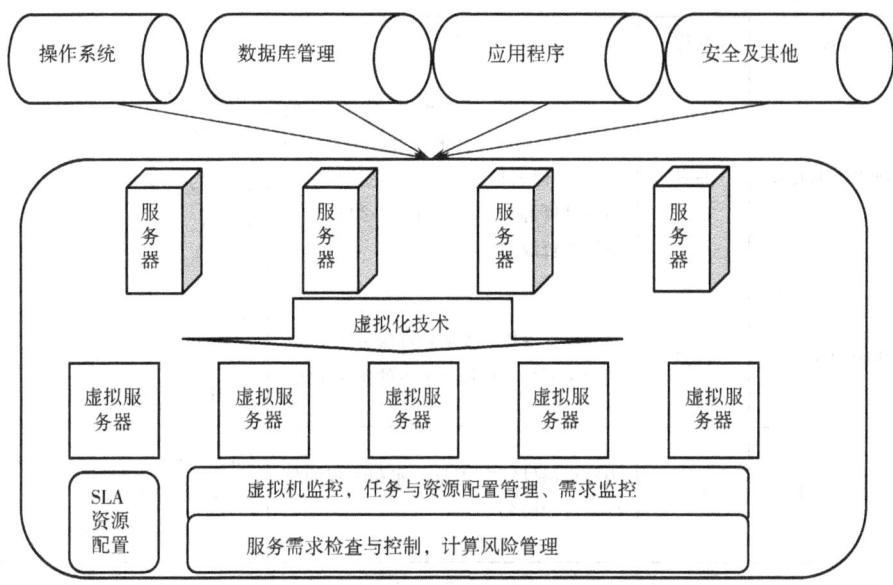

图 15-2 简化的典型云计算架构

资料来源：BUYYA R, YEO C Y, VENUGOPAL S. Market-Oriented Cloud Computing: Vision, Hype, and Reality for Delivering IT Services as Computing Utilities, The University of Melbourne, Dalian, Sept. 25-27 [C]. Chia: 2008 10th IEEE International Conference on High Performance Computing and Communication, C2008.

表 15-1 私有云、公共云、混合云三者定义及实例

部署模式类型	定义	典型实例
私有云	通常由企业/机构自己拥有，特定的云服务功能不直接对外开放	EBay
公共云	企业/机构利用外部云为企业/机构外的用户服务，即企业/机构将云服务外包给公共云的提供商。这可以减少构建云计算设施的成本	Amazon, Google Apps, Windows Azure
混合云	包含私有云和公共云的混合饮用，保证在通过外包减少成本的同时通过私有云保证对诸如敏感数据等部分的控制	实际应用少

资料来源：The Future of Cloud Computing. Expert Group Report for European Commission.

第二种分类：按服务模式分类。从云计算的服务模式来看，主要分成基础设施即服务（IaaS）、平台即服务（PaaS）、软件即服务（SaaS），分别为客户提供构建云计算的基础设施、云计算操作系统、云计算环境下的软件和应用服务（见表15-2）。

表15-2　基础设施即服务、平台即服务、软件即服务三者定义及案例

用户模式类型	简称	定义	典型案例
基础设施即服务	IaaS	通过为客户提供或管理IT基础设施使其获得增强的虚拟化能力。主要分为数据/存储云和计算云。基础设施主要指物理资源如计算、存储、数据和网络设备资源等	Amazon s3, SQL Azure Amazon EC2, Zimory, Elastichosts.
平台即服务	PaaS	提供用来支撑开发应用和服务的平台。平台主要指云计算环节下的操作系统	Force.com Google App Engine, Windows Azure (Platform)
软件即服务	SaaS	为客户提供特定商业功能和流程的软件与应用服务	Google Docs, Salesforece CRM, SAP Business by Design

资料来源：The Future of Cloud Computing. Expert Group Report for European Commission.

（二）云计算应用的机遇和挑战

云计算的应用优势可以简单归结为以下几点：降低成本，提高效率，应用领域广泛。在传统思路下，企业为满足数据应用需求不断扩充升级的IT资源常常会形成大量的冗余，利用率低，成本高，建设周期长。而云计算通过虚拟技术优化计算存储资源，并行执行不同任务，并能根据客户的不同需要提供从基础设施搭建到直接购买软件即时应用的不同服务，从而使客户的IT总体拥有和使用成本最小化，缩短应用时间，提高效率。此外，IT技术已经渗透到各个领域，成为基础应用，云计算也将相应地在各领域发挥更大作用。

云计算应用推广的障碍同样来自于它的应用特点，主要集中在安全性、可靠性、可控性、技术标准、法律和政治障碍等方面。尽管存在诸多发展障碍，云计算的理论日渐成熟，技术也逐步完善，应用越来越丰富。在竞争愈加激烈、各领域对IT依赖程度不断加深的社会经济环境下，云计算的应用优势正吸引着越来越多的潜在客户。

从用户的角度，对云计算应用的需求有两个条件：①应用行业的实时信息处理需求增长迅猛，依靠扩容升级传统IT设施的办法愈发不经济；②市场上具备竞争力的云计算方案供应充足，在成本、可靠性、易用性、安全性、知识产权保护等方面满足用户需求。从这个角度，注重时效性和海量数据处理的物联网对云计算应用的需求，与电子商务、在线软件服务等对云计算的需求具有相同的特性，没有本质区别。目前，云计算基础理论已经趋于成熟，应用技术逐渐步入发展期。

三、情景感知

情景感知通过感知用户所处的状况，推测用户在此状况下最可能的行为或者需求，然后提供相应的信息和服务。现有的很多服务系统，比如门户网站、搜索引擎和专业数据索引等，都是采用用户主导的模式（比如，输入查询词、选择中间结果、结果不好用户会修改查询再次搜索等），服务系统只是处于被动地等待被触发的状态。这种被动服务的方式已经跟不上信息膨胀的速度，提供的服务也不够人性化，越来越不能满足用户的需求。服务系统由被动变为主动，能够极大地提升服务质量，增加用户满意度。

全球3G商用网络逐步推进，4G网络也正在探索当中，以移动互联网为代表的移动数据业务呈现出快速增长的势头。在产业各方的积极推动下，传统的互联网业务正在与移动通信网加速融合。情景感知服务主要是通过手机终端的感应器、网络技术等方式感知用户所处状态，结合用户以往的消费行为和习惯，对相关信息进行匹配、挖掘及预测等处理，提供给用户具有针对性、精确性、个性化的本地综合信息服务，它是移动商务发展的主要方向之一。

情景感知分为主动情景感知和被动情景感知。主动情景感知是指根据感知的情景，应用程序主动改变行为以适应变化；被动情景感知是指应用程序将新的情景呈现给感兴趣的用户，或者为用户保存情景用于以后的检索。

情景信息可以分成两类，一类是动态情景信息，即随时都在发生变化的个人和环境情景信息，它们时刻需要手机终端的智能芯片和通过移动网络进行监测或者定时更新，包括用户的所处位置、用户的移动状态（旅游、闲逛、访问或出差等）、活动范围、物理状态、用户的意图、用户的情绪、用户所处位置的周边环境信息等。另一类是静态情景信息，即变化不是很频繁或者基本不变的情景信息，它们不用随时监测，只要一次收集就可重复使用，包括个人简介（年龄、性别、教育背景、技术能力和爱好等）、社会地位、所处位置附近的资源、资源的可获得性、用户拥有的资源（终端设备、特有的接口和网络连接）等。

伴随着无线和移动网络的广泛应用，这些新技术正使移动计算成为可能，它们允许对信息、应用程序和工具进行实时访问。信息通信社会正朝着一个环境感知泛在网络的生态环境迈进。在这个网络生态环境中，网络不再被动地满足用户需求，而是主动感知用户情景的变化并进行信息交互，通过分析人的个性化需求主动提供服务。情景感知服务的应用价值主要有以下几方面。

第一，节省时间成本，提供更多便利。运营商在得到用户同意或者授权的情况下，根据用户设定的需求、用户所处环境的变化提供给用户合适的服务。例如，一个人去某城市旅游，没有情景感知服务的话，他就需要提前查找该市好玩的地方、住宿、就餐等信息，而且这些信息比较分散，查找需要大量的时间，而且还不一定查到他需要的准确信息。如果有情景感知服务，他只需要把自己的手机设置到旅游模式状态，运营商就会根据他的个人喜好提供详尽的服务。

第二，提供用户个性化服务。情景感知服务考虑了用户所处情景的变化，而且通过用户的个人信息和以前的消费习惯预测出用户在处于不同情景的不同需求，同时提供给用户个性化服务，更好地满足用户的需求。

第三，可以实现精确化营销。对企业来说，营销就是向目标客户宣传自己的产品或者服务，以便有需求的人购买或者使用。但是企业只能泛泛地确定自己产品或者服务的目标用户群，不能精确自己的目标用户，这样就会浪费很多的宣传费。对用户来说，现在的产品名目繁多，想找到自己中意的产品或者服务比较困难，而且他们也不反感自己中意的广告宣传。如果对企业的产品和服务信息进行整合后，根据用户的个人需求提供精确化营销，可以使企业、用户和运营商实现共赢。

第四，改变人们的生活习惯。现在我们的社会处在一个信息大爆炸的时代。信息量非常大，这肯定比以前没有互联网时信息匮乏好，但同时也产生了一个新的问题：得到自己想要的信息的难度也随之增加。假如你想晚上出去吃饭，在大街上饭店非常多，你也不知道去那家好，你可能上网去查找相关的信息，再决定去哪儿吃，这就是现在人们的生活习惯——先查，再判断，然后去。情景感知服务对大量的信息进行整合，然后根据用户的个人信息和情景提供服务，这样人们就可以省去查找的阶段，甚至连判断都省略了，直接去就可以了。

移动计算将显著地改变人们与交易伙伴交互、沟通与合作的方式，移动技术的应用有望改变我们的生活、娱乐和工作方式。移动设备和无线网络的广泛应用必将促使电子商务新的业务形式出现，其中特别值得注意的是基于定位的应用，情景感知业务正是基于定位的为用户提供个性化服务的一种新兴业务，能够根据用户所处的实时位置及其用户周围的其他信息，为用户提供需要的个性化服务，真正做到"合适的时间，合适的位置，合适的服务"。

四、大数据

（一）"大数据"概念

"大数据"（Big data）这一概念最早是由全球知名咨询公司麦肯锡提出来的。按照维基百科上的定义，所谓"大数据"（big data），在当今的互联网业指的是这样一种现象：一个网络公司日常运营所生成和积累用户网络行为数据"增长如此之快，以致难以使用现有的数据库管理工具来驾驭，困难存在于数据的获取、存储、搜索、共享、分析和可视化等方面。"这些数据量是如此之大，已经不是以我们所熟知的多少 G 和多少 T 为单位来衡量，而是以 P（1000 个 T）、E（100 万个 T）或 Z（10 亿个 T）为计量单位，所以称为大数据。

作为一个比云计算更加"年轻"的概念，大数据技术的内涵和潜在应用正成为学术界和领先企业投入极大关注的一个领域。显然，大数据技术与数据挖掘技术联系非常密切，而又比后者内涵更加丰富。

大数据的出现为网络业带来了一个突破性的机会，数据量的增加为网络公司提供了精确把握用户群体和个体网络行为模式的基础，如果能够充分利用，就可以探索个人化、个性化、精确化和智能化地进行广告推送和服务推广服务，创立比现有广告和产品推广形式性价比高数倍甚至数十倍的全新商业模式。同时，网络公司也可以通过对大数据的把握，寻找更多更好地增加用户黏性，开发新产品和新服务，降低运营成本的方法和途径。

互联网观察家谢文认为，网络业中一个公司是否称得起拥有大数据要从3个维度考量：

数据规模——所谓大数据，最基本的要求当然是数据规模大，但很难给出一个绝对的数字标准来确定大小，而只能用一些模糊的感觉来相对比较。

数据结构——数据量只是反映数据性质的一个指标，也许还不是最重要的指标。一天产生100万个T数据的公司也许算不上大数据公司，而另一个一天只产生1万个T数据的公司也许反而是个大数据公司，其奥妙在于数据结构的复杂性。

数据关联度——网络业一个常见的现象就是随着数据量的增加，用户行为所产生的数据间的关系越来越不清晰，越来越难以捉摸，越来越相互孤立，也就是所谓的数据碎片化。如果网络行为的数据无法整合在一起，或者需要通过种种技术手段和工具进行高成本的数据整合，以致入不敷出，这也就减少了数据的含金量，降低了数据的可挖掘度，使无论数据量如何大，结构如何复杂，也形成不了大数据。

（二）大数据的商业价值

美国奥巴马总统委员会的科学技术（PAST）顾问、Teradata 公司首席技术官斯蒂芬（Stephen Brobst）认为："过去3年里产生的数据量比以往4万年的数据量还要多，大数据时代的来临已经毋庸置疑。我们即将面临一场变革，新兴大数据将成为企业发展的当务之急，而常规技术已经难以应对 Pb 级的大规模数据量。这一变化所带来的挑战，是成功的企业在未来发展过程中必须面对的。只有那些能够运用这些新数据形态的企业，方能打造可持续的重要竞争优势。"

IDC 在其关于大数据的报告中阐述了利用大数据的商业价值：领军企业与其他企业之间最大的显著差别在于新数据类型的引入。那些没有引入新的分析技术和新的数据类型的企业，不太可能成为其行业的领军者。

沃尔玛是最早通过利用大数据而受益的企业之一，一度拥有世界上最大的数据仓库系统。通过对消费者的购物行为等非结构化数据进行分析，沃尔玛成为最了解顾客购物习惯的零售商，并创造了上文的"啤酒与尿布"的经典商业案例。

在不远的将来，驾驭大数据的能力可能成为企业的核心竞争力之一。这种能力将帮助企业寻找最优的模式支持商业决策，并确保做出接近于最优的商业决策。

五、移动互联网

随着生活节奏的进一步加快以及信息经济的进一步发展,人类对移动性和信息的需求急剧上升,越来越多的人希望在移动的过程中高速地接入互联网,获取急需的信息,完成想做的事情。随着终端的不断丰富,人们可以使用智能手机、MID、笔记本电脑等设备快速接入网络进行信息交互、网络支付、订单跟踪等。所以,现在出现的移动与互联网相结合的趋势是历史的必然。

所谓移动互联网,就是将互联网与移动通信结合起来,但是移动互联网并不是移动网与互联网的简单结合,也并不能简单理解为互联网的另一种接入手段。如果说前面介绍的物联网是一种主要将物与物之间关系整合起来的信息技术,那现阶段的移动互联网则是整合人与人之间关系的信息技术。

移动互联网的发展可以简单归纳为以下三个阶段:

(1) 早期的移动互联网是仿照互联网在移动网内建立一个互联网的生态环境,使移动用户可以通过手机得到计算机用户在互联网上的信息浏览体验。此时的移动互联网提供的服务非常有局限性,主要体现为信息量匮乏、网络浏览速度低下,用户体验差强人意。

(2) 随着技术的发展,上一个阶段遇到的两个问题一定程度上得到了解决,网络数据承载能力有了很大的提高,网络浏览速度提高,同时数据资费减少,WAP 网站数量增多。此时的运营商已经看到了移动互联网的发展前景,而为了增强对 WAP 业务的控制,这个阶段的 WAP 网站都限制在移动网内的"围墙花园"中。这一方面对移动互联网的发展有一定的推动作用,因为它使价值链的每一个环节利益都清晰可见。但是另一方面,也对移动互联网的继续深入发展造成阻碍。因为 WAP 的网站数量还是远远低于需求量,很多内容需要付费定制,不能满足人们的需要。

(3) 等到进入移动互联网的 3G 时代,尤其是随着 iPhone 为代表的新一代智能终端的出现,互联网与移动通信开始深度融合,真正的移动互联网新时代来临。在这个阶段,移动互联网不只是互联网和移动网两者的简单叠加,两者的优势在整合中达到了 1+1>2 的效果,无论在功能上还是社会价值上都大大超过两者的简单相加。

移动互联网在未来存在巨大的发展前景,根据 Gartner 预计,在未来几年内,手机将超越 PC 成为人们主要的上网工具,移动互联网的用户将超过桌面互联网用户。到 2013 年,全球 PC 保有量将达到 16.2 亿部,而智能终端盒具备浏览器的传统手机的保有量将达到 16.9 亿部。可以预见,在未来短短几年时间里,移动互联网用户将超过移动互联网用户数。

展望移动互联网的未来,智能设备的价格将逐渐下降,智能终端普及不再遥远。3G 的费用不会很快下降，应用将在一个节省带宽的环境下发展。娱乐和社交将成为中国市场的主流应用，但比如游戏等应用的付费方式也将是挑战。而应用的多功能化和本土化将为开发者提供新的机遇。随着 3G 的发展、智能终端的普及、网络的稳定和优化、资费的合理化以及手机用户移动互联网消费习惯的改变，以移动视频等移动互联网的应用必将得到更快地发展。

第二节 新技术对服务的革命性影响

一、新技术对服务的影响概述

信息产业的发展突飞猛进。新技术的发展对当今服务业，尤其是在当前的服务改进、服务创新都产生了深远的影响。从经济角度看，新技术通过增加有形或无形"产品"之附加价值的经济活动来达到服务创新，这种活动在信息产业中表现得尤为突出。从技术角度看，围绕物质生产部门的管理、组织、设计等软技术创新活动，围绕文化产业、社会产业的推动社会和生态进步、丰富精神生活的软技术创新活动，以及围绕传统服务业和狭义智力服务业的软技术创新，新技术进步提高了服务的创新。新技术可以通过改善和变革现有服务流程和服务的便利性等，提高现有服务的质量和效率，或通过扩大服务范围和更新服务内容，为顾客创造新的价值，提高顾客的满意度和忠诚度。

技术对服务的影响主要有两种方式：一种是以技术为导向的推动式，主要是通过追求先进的技术和建立新的标准，创造新的需求。比如，苹果公司从 iPod 到 iPod Touch，从 iPhone 到 iPhone4s，从 iPad 到 iPad2，苹果公司每一次产品升级都大大提升了消费者的用户体验，新的技术创造了新的需求。另一种是以市场为导向的拉动式，主要强调的是用户需求，以用户需要和改进现有技术不足作为出发点，强调技术的适应性和经济性。无论技术创新是被动的还是主动的，都要以服务市场实现来证实创新方向的正确性和创新的有效价值。

二、智能服务

按照服务的内容和方式，服务企业为客户提供的服务典型地表现为两类，一类是必须为客户进行现场动手操作或者需要客户现场体验的服务，比如，医疗中的手术服务、旅游的游览服务、就餐服务、宾馆住宿服务等，我们称之为现场操作体验型服务；另一类是为客户提供信息的分析加工处理，与客户进行信息交流，或者向客户传播信息的服务，比如，咨询服务、媒体服务、股票行情交易服务、中介服务等，我们称之为信息型服务。

对现场操作体验类型的服务，新技术主要从流程上简化人们的沟通时间，表达上更加直观生动地呈现，服务的位置方面更加不受约束，时间方面最大限度地利用起来，改变着人们的服务体验。而对信息型服务的影响主要表现在完成更高强度、更复杂、更快速的信息处理，使服务更加标准和智能化。

伴随着互联网等信息技术的发展，整个社会逐渐进入信息化时代。信息时代的各类技术大大降低了人们沟通和交流的成本，使在商业服务过程中产生了更多的客户相关信息。而伴随生产力水平的不断发展，整个中国社会已逐渐从计划经济中的卖方市场过渡到市场经济的买方市场。无论从事什么行业，谁能更了解客户，谁就能赢得市场。

在这个买方市场的信息化时代，海量的数据为企业了解客户提供了机会，同时也在技术上提出了挑战，基于这样的环境，智能服务应运而生。智能服务就是帮助企业收集并分析内部和外部相关数据，进而助其提升决策制定能力，加强财务管理，严格遵守有关法规，提高客户服务质量。商业领域的智能服务也称为商业智能服务。

商业智能最早由加特纳组（Gartner Group）的霍华德（Howard Dresner）在1989年首次提出，是对商业信息的收集、管理和分析过程，目的是使企业各级决策者获得知识，以做出更加合理的决策。商业智能首先由不同的数据源收集的数据中提取有用的数据，对数据进行清洗以保证数据的正确性，将数据经转换、重构后载入数据仓库或数据集市，再利用合适的工具对数据进行处理，将信息变为辅助决策的知识，最后将知识呈现于用户面前，为管理决策提供参考。近年来，商业智能研究主要包括商业智能核心技术、商业智能实施架构、商业智能应用系统方面的研究。

（1）核心技术。核心技术的研究主要在数据仓库以及数据挖掘（数据库培训）算法与实施等方面。其研究注重跟踪相关技术的最新发展，例如，对数据仓库的研究集中在数据集成中数据模式的设计、数据清洗、数据转换、数据导入和更新方法；数据挖掘的研究重点则偏向数据挖掘算法以及数据挖掘技术在新的数据类型、应用环境中使用时所出现的新问题的解决上。

（2）实施架构。商业智能实施架构是指通过识别和理解数据在系统中的流动过程和数据在企业的应用过程来提供商业智能系统应用的主框架。商业智能的实施架构主要包括数据预处理、数据仓库、数据分析以及数据展现等几个部分。

（3）应用系统。对应用系统的研究重点放在对各个应用领域所面临的决策问题的分析，根据对各类问题的解决方式和解决方案来决定商业智能系统应该提供的功能，以及具体实现方法。商业智能具有代表性的应用领域主要包括企业资源计划（ERP）、客户关系管理（CRM）、人力资源管理（HRM）、供应链管理（SCM）以及电子商务（电子商务培训）等。

（4）行业领域。对某个特定的领域，使用商业智能提升该领域的客户关系管理以及领域竞争力，以使客户获得更加满意的产品。例如，商业智能在电信、金融、证券、税务、零售业、保险业等已获得大量操作型数据积累的企业中的应用已经日渐成熟。

智能服务的核心是流程和顾客。通过智能化的信息系统，一方面帮助企业梳理原有运作流程，降低流程中的交易成本，达到既提升效率又降低成本的目的。例如，某连锁餐饮企业，通过 IBM 提供的企业智慧解决方案，搭建了全国连锁店之间的物流、财务、客户信息平台，帮助企业大大降低了交易和沟通的成本。另一方面，通过对顾客的关注，尤其是对顾客信息的搜集与整理，能够进一步挖掘顾客的个性化需求。在此基础上，结合企业产品，为顾客提供有针对性的服务，提升顾客满意度。

三、主动服务

随着我国市场经济的深入发展，各行各业的竞争越来越激烈，对商家而言，必须从过去被动服务的模式升级为主动服务的模式。主动服务，是指主动发现并满足顾客需要的行为。与其对应，被动服务则是指在顾客的请求或要求下，才去满足顾客需要的行为。举例来说，当顾客走入酒店时，主动服务的酒店服务人员会通过观察主动上前对顾客进行询问并提供满意服务。而被动服务的酒店服务人员则会站在原地等待顾客发出请求。

近些年，全球经济中服务产业的比例已经逐渐超过农业和工业，成为三大产业中的支柱产业。服务业的发展也逐渐进入高度竞争的阶段，在这一阶段，满足顾客的需求，特别是采取主动服务的模式显得尤为重要。主动服务的其重要性主要体现在两个方面。

（1）市场供需的调整。我国已经完成了从计划经济向社会主义特色的市场经济的过渡，相对于计划经济时期供给大幅增加，又由于引入市场经济的机制，各行业的竞争加剧。由于信息化和全球化的推进，使大多数企业之间的产品差异性降低。为赢得市场，服务质量的提升成为企业最为有效的手段，而主动服务则是服务质量提升环节中最初期也是最重要的部分。

（2）客户需求的升级。伴随着人均 GDP 和人们生活水平的提升，普通大众的物质需求已基本能够得到满足。消费过程，特别是服务产品的消费过程，消费者更将其视为一种生活的体验，而不再是简单地满足物质的需求。在买方市场的时代，消费者具有自主地选择产品提供商的权利。事实上，消费者在购买决策时，已不再简单地根据产品本身的差异来进行决策，整个接受服务体验的好坏成为决策的关键考量指标。而体验满意度的提升，唯有通过增强主动服务的意识、加强有针对性的个性化服务实现。

企业或商家要实现主动服务的模式，实现服务的差异化以及个性化，其根本前提是对客户的了解。只有当企业或商家能够主动充分了解客户的需求，甚至是单个客户的个性化需求，才能更好地为其提供所需要的服务，从而达到提升顾客满意度的目的。目前来讲，了解顾客的需求，涉及众多信息化的技术，特别是前面提到的情景感知技术和大数据技术。

四、个性化服务

大数据技术正逐渐成为行业领袖如谷歌、亚马逊、微软和腾讯等公司关注的焦点。若干初级应用已经出现在我们的日常生活中。比如，在京东商城购书，你会得到"你可能会喜欢……"和"喜欢这本书的人还喜欢……"之类的个性化推荐。

如果仅用两个词来描述营销的本质，那一定是"异质性"（heterogeneity）和"差异化"（differentiation）。异质性指的是消费者的不同，从一般的人口统计变量（性别、年龄、受教育程度等）到兴趣爱好、生活方式都不一样。差异化是指为不同类型的消费者提供不同的产品和服务。在营销学中，几乎所有的理论和方法都和这两个概念有关。从产品定位到市场细分，从广告方案到市场策略，从定价到促销，概莫能外。如果消费者是同质的，那么世界就简单了，用不着任何营销理论和方法了。市场细分是解决消费者异质性的一种方法，而个性化则是市场细分的极致，即把每一个消费者看成一个细分市场，这同时也是营销的终极目标。

要做到真正的个性化绝非易事。收集并处理某一领域的消费者行为数据只是个开始，我们需要打通消费者在多个领域的数据，将这些数据整合起来才能构建消费者的全部兴趣图谱；我们需要利用消费者群体的智慧为单一消费者提供个性化的解决方案。

第三节　新技术对服务营销的影响

当今时代，顾客越来越重视商品和服务的购买与消费过程中是否带来心理上的满足，企业正由生产密集型向服务密集型转变，服务已成为谋取市场竞争优势的主要战略手段，顾客满意作为服务营销的主要之本，是企业生产或提供服务的直接目标和最终归宿。技术的进步，新技术的出现，正促使企业从更多的角度、多个层次来满足客户的要求。

一、对服务营销策略的影响

服务营销策略包括7种变量组合，即在传统的产品（product）、价格（price）、分销渠道（place）和促销（promotion）组合之外，还要增加人（people）、服务过程（process）和有形展示（physical evidence）3个变量，从而形成7P组合。

物联网、云计算和情景感知等新技术会对7P的每一个因素产生影响，虽然对每个变量的影响程度各异。以新技术对人员因素的影响为例。在服务营销组合中，人员是关键要素。物联网、情景感知等新技术使服务中人的因素相对弱化，交易可以由服务人员即时进行，也可以不即时进行，还可以依靠设计好的程序由计算机系统自动提供服务。服务人员和消费者二者接触和互动的减少，使服务产品的质量具有了更高的一致性，如手机移动支付、网上银行、网上购物等，消费者通过网上银行或电信部门付费，服务机构和人员通过网络直接提供信息服务或通过物流机构提供服务，服务人员只要按照一定的程式进行即可，不会因与消费者亲身接触基于买卖双方的印象和双方的素质而使服务质量产生差异。

这场新技术的洪流给企业服务营销带来了严峻的挑战，同时也提供了空前广阔的机会。

（一）服务营销创新

服务营销面临的是瞬息万变的市场，面对的是追求多样化、个性化的产品和服务的消费者，在这种情况下，必须辨识变化中的顾客需求和新的商业挑战，关注这些需求和挑战的出现，在这些新机会变化或消失之前，迅速地、恰当地做出反应。可以说，创新是服务营销的根本，通过不断创新服务营销，才能快速应变市场环境变化，更好满足市场需求，塑造企业的竞争优势。企业可以通过以下途径加强服务营销的创新。

1. 创造服务需求。这是指通过与顾客建立、保持和维护双方良好的互利互惠的关系，通过提供良好的服务，可以使企业及时得到反馈的信息，发掘对其服务与其销售具有重要价值的机会。创造需求并非纯粹打探顾客现实的或潜在的需要，而是要求引起顾客的需求与购买动因，它不是简单套用旧的营销模式，而是用创新的眼光去审视与分析顾客的生活方式、消费观念等。如何向客户提供更加符合客户需求的服务和信息呢？如情景感知技术能够在提供服务时把顾客所处的情景信息考虑进来，这样的服务对顾客来说才更有针对性、舒适性、满意性、需求性。

2. 开发服务新产品。企业的整个经营活动都要以顾客的价值为目的来满足顾客的需求，即在服务产品的各个方面都以便利顾客为原则，及时研究顾客购买后的感受，调整企业的经营目标，开发出顾客最需要的新产品，最大限度地使顾客满意，最终培育顾客对服务的高度忠诚。

3. 追踪顾客不满。那些积极寻求现在和潜在顾客反馈信息的公司，发现它们与消费者的密切接触能够为其提供巨大数量的市场信息，并使其增加利润。这些公司发现，给公司打进电话来的消费者所提供的不仅仅是抱怨，从中还可获得忠告和信息，为其改善服务产品质量和开发服务新产品提供重要来源。

（二）服务策略创新

1. 服务营销差异化策略。市场消费需求越来越个性化，服务也要随之个性化，否则企业就会被动于市场。企业不但要进行产品市场细分，还要进行服务市场细分。通过对客户进行细分，针对不同类型客户量身提供差异化服务，这是服务营销的未来准则。服务差异化体现在很多方面，如服务品牌差异化、服务模式差异化、服务技术差异化、服务概念差异化、服务传播差异化等诸多方面。对于"差异"，可以是竞争对手没有而企业自己独有，也可以是竞争对手虽有但本企业更优越，或者是完全追求有别于竞争对手的做法。通过技术创新与业务发展紧密结合，以技术驱动业务发展，谋求取得差异化竞争优势。如建立企业完整的信息系统，涵盖交易、产品、渠道、客户服务、业务管理、决策支持等各个业务领域，寻求局部突破，形成自己的业务特色。

2. 服务营销多元化策略。技术创新使服务平台多元化、立体化，为客户创造了最大的便利，如建立了店面服务接待、平面服务载体、语音服务载体、移动服务载体、网络服务载体等多元化服务平台，使客户拥有了更多的接受服务的机会。同时，在"被动"接受客户提出的服务要求的同时，也在主动利用多种沟通渠道进行客户访问，提供计划性、制度化、流程化的销售服务，通过诸如电话、传真、电子邮件、信函、上门访问等多种渠道提供服务。

3. 服务营销的品牌策略。随着新技术和新功能的增加，更好满足消费者对某些方面的需求，对新技术的战略布局、产品力和市场应变能力都将进一步分化各品牌的竞争力。企业要想保持品牌优势，就要积极利用最新技术，消化和吸收先进科技成果，使品牌竞争力得以延迟和发展。当今世界已进入品牌竞争时代，品牌已成为企业进入市场的"敲门砖"，对服务营销来说，品牌给顾客提供了有效的信息来识别特定公司的服务，因此，树立公司服务品牌至关重要。要实施服务营销品牌策略，首先要提高服务质量，把服务质量作为企业的生命力。服务质量对一项服务产品的营销至关重要，服务质量是判断一家服务公司好坏的最主要的凭据，也是与其他竞争者相区别的最主要的定位工具。其次，克服服务营销的零散状况，形成一定的集中度，使多样化的市场需求标准化，使造成零散的主要因素中立化或分离，通过收购等方法克服零散，从而形成一定程度的集中，创造服务品牌。最后，要注重品牌创新与保护策略。品牌创新策略一般通过服务企业的服务开发、营销开发、文化开发、人力资源开发等途径，不断提高服务产品，服务企业的知名度和美誉度，不断提高顾客的满意度。在品牌创造过程中，企业要注意保护自己的知识产权，保护自己的商誉，抓紧作好服务商标的注册工作。

4. 服务营销的沟通策略。技术创新突破的时间与空间的界限为企业与顾客沟通提供了更多的途径，沟通无时无刻不在，沟通也是一种全方位的价值创造过程。在实施服务营销时，应努力塑造自己的特点，给顾客留下深刻印象的个性，做好服务沟通工作，通过语言和行为上的沟通，取得企业价值观的有效传递与沟通，获得顾客对企业文化的充分认可，这样会为企业带来大量的忠诚的顾客群体。此外，针对目标市场对服务的特殊需求和偏好，服务营销往往还需要公共关系促销，许多富有创意的公关促销活动，在极大促进销售的同时，使企业的形象获得良好、适当的诠释，扩大企业的知名度。

二、精准营销技术

营销大师菲利普·科特勒近年来提出了"精准营销"。他认为，企业需要更精准、可衡量和高投资回报的营销沟通，需要制订更注重结果和行动的营销传播计划。我国徐海亮教授在多年精准营销实践的基础上，创立了精准营销理论体系，提出了较为完整的精准营销的概念：精准营销（Precision Marketing）就是在精准定位的基础上，依托现代信息技术手段建立个性化的顾客沟通服务体系，实现企业可度量的低成本扩张之路。精准营销的主要特征主要包括：①目标对象的选择性，即尽可能准确地选择目标消费者，进行针对性强的沟通；②沟通策略的有效性，即策略尽可能有效，能很好地触动受众；③沟通行为的经济性，即与目标受众沟通的高投资回报，减少浪费；④沟通结果的可衡量性，即沟通的结果和成本尽可能可衡量，避免"凭感觉"。

精准营销的理论基础由4个主要理论构成：4C理论、顾客让渡理论、一对一直接沟通理论、顾客链式反应原理。精准的含义是精确、精密、可衡量的。通过可量化的、精确的市场定位技术突破传统营销定位只能定性的局限，借助先进的数据库技术、网络通信技术以及现代高度分散物流等手段保障和顾客的长期个性化沟通，使营销达到可度量、可调控等精准要求。摆脱了传统广告沟通的高成本束缚，使企业低成本快速增长成为可能。精准营销的系统手段保持了企业和客户的密切互动沟通，从而不断满足客户个性需求，建立稳定的企业忠实顾客群，实现客户链式反应增殖，从而达到企业的长期稳定高速发展的需求。

实现精准营销需要建立比较完善的营销运营体系，这个系统至少包括以下部分：

（1）明确的目标市场。企业要实施精准营销，首先要在市场细分的基础上选择明确的细分市场作为企业的目标市场，并且清晰地描述目标消费者对本企业产品（服务）的需求特征。越来越多的成功企业通过数据挖掘（Data Mining）、组合优化（Combinatorial Optimization）、联合分析（Conjoint Analysis）等管理科学分析工具建立相应的数据体系，建模的常用变量如表15-3所示。

（2）高效率的顾客沟通系统。"精准"地找到顾客以后，精准营销并没有结束，企业需要与目标顾客进行有效率的双向、互动沟通，让顾客了解、喜爱企业及企业的产品，并最后做出购买行为。具体有以下几种形式：邮件、网络邮件、直返式广告、电话、短信、网络推广等。当用户知道自己想要什么的时候，通过以上途径与之发生联络沟通；当用户也不知道自己要什么的时候，智能的推荐系统就会发挥巨大的作用，以实现沟通。比如，现在的3种主要的推荐系统方式：①根据用户目前正在查看了解的内容，推荐更多相关的内容，如google adsense；②基于大量用户的共同爱好来判断当前用户可能会对哪些对象感兴趣。如果两个用户A和B有过共同的兴趣爱好，那么，A所喜欢的其他物品也很有可能B也喜欢，而且如果他们共同的兴趣爱好越多，那么推荐的置信度也越大；③基于关联规则的推荐，关联规则关注用户行为的关联模式，例如，购买香烟的人大多会同时购买打火机，因此可以在一定统计数量的基础上建立两者之间的关联，并将这种关联形成推荐提供给其他用户。移动互联网的发展以及位置信息服务技术更加的精准完善，使更多的用户需求方面可以被考虑到沟通系统中。

表15-3 精确营销常用的建模变量示例

变量类型		变量名称	主要用途
基础变量	客户基本属性	客户姓名、年龄等人口统计学变量；购买、咨询等消费者行为变量	为建模分析提供基本的变量依据
	产品基本属性	产品类别、价格、目标群体偏好等	
参考变量	客户参考属性	客户文化层次、收入水平、职业情况等人口统计学变量；客户偏好、态度、倾向、历史营销活动反馈等消费者态度/行为变量	为精确细分客户提供详细特征变量
	产品参考属性	和竞争对手、替代产品等相比，公司产品4P等属性差异	衡量客户的价格敏感度、产品特征偏好等深度特征
概要变量	数量类	单次最大消费数量	判断客户购买目的（个体消费/群体消费）
		累计最大消费数量	
	价格类	单次最高购买单价	判断客户消费偏好和档次（高/中/低）
		累计最高购买单价	
	金额类	单次最高购买金额	判断客户消费能力大小
		累计最高购买金额	
		累计购买金额，平均购买金额	
	时间类	最近消费（或联系）时间	判断客户对公司产品或服务的依赖（/满意/忠诚）程度
		平均消费频率	

（3）适应小众化分销的渠道系统。顾客实施购买行为以后，接下来企业需要可靠的物流配送及结算系统来支持顾客购买行为的全面完成。精准营销颠覆了传统的框架式营销组织架构和渠道限制，它必须有一个全面可靠的物流配送及结算系统，另一个顾客个性沟通主渠道——呼叫中心。

（4）提供个性化的产品。与精准的定位和沟通相适应，只有针对不同的消费者、不同的消费需求，设计、制造、提供个性化的产品和服务，才能精准地满足市场需求。个性化的产品和服务在某种程度上就是定制。以戴尔为例：计算机本身标准化很高，要全方位地满足客户对计算机性能、外观、功能和价格等各方面的综合需求相对比较容易。通过综合运用先进的供应链管理、流程控制、呼叫中心、电子商务等多种手段，戴尔能够实现按需生产，即大规模定制。

（5）顾客增值服务体系。精准营销远不只是为了提高一次销售的精准性，更重要的是使企业长期的营销活动日益精准，降低成本、提高效益。精准营销最后一环就是售后客户保留和增值服务。对任何一个企业来说，完美的质量和服务只有在售后阶段才能实现。

总而言之，精确营销的通常路径是，利用数据自动收集、行为特征分析、关联规则挖掘等技术形成全方位、多视角的客户档案，通过建立和实施高效的推荐系统，开展有针对性的营销活动。当然，理解和把握精准营销，还需要找准平衡点。精准的意义就在于卖主用最低的成本找到最准确的买主。然而，精准营销无疑也需要大量的成本来支持，因此，在精准投放和成本控制之间，必须要实现良好的平衡，才能更好地实现营销的目标，否则就是一种不必要的浪费了。

小结

本章先简要介绍了物联网、云计算、情景感知、大数据和移动互联网等诸多当前为业界高度关注的技术。事实上，围绕着这些技术的创新性公司和项目层出不穷。接下来，从商业活动的不同层面初步探讨了这些新技术对服务业的影响和趋势，包括智能化、主动化和个性化。最后聚焦于新技术对服务营销的影响，探讨了未来的服务营销系统。

思考题

1. 目前来说，物联网更多的只是一个概念，如何将技术与商业相结合，形成一个良好的商业模式，实现物联网的商业化运作，各行各界尚处于探索当中。请试着就某个行业的某个方面说说物联网可能产生的影响。

2. 虽然新技术的发展在不断地推进社会的进步，但是也存在比较大的技术风险，即人们人文素质的发展跟不上技术的发展，从而导致先进技术可能被滥用。请问：如何处理技术与人文之间潜在的冲突，做到科学与人文交相辉映？

3. 利用新技术进行创业受到许多大学生的青睐，遗憾的是，绝大多数此类创新活动最后都失败了。这在很大程度上是因为此类创新从耀眼的创新性技术出发，却没有打动真正的消费者，你认为市场营销人士能起到何种独特的作用？

案例

万豪：VRoom Service——客房虚拟现实旅游体验

VRoom Service 是万豪最新虚拟现实项目，客人佩戴 VR 设备就可以享受

"在客房内环游全球",你可以在房间内看到卢旺达、安第斯山脉还有北京的景致。万豪酒店与三星公司合作并倡议在纽约马奎斯万豪酒店和伦敦万豪柏宁酒店对这个名为"VRoom Service"的服务进行为期超过两周的试验。

这并不是万豪首次涉足虚拟现实,去年九月,这家连锁酒店宣布推出的虚拟现实旅游概念服务"旅行传送点(Teleporter)",该酒店通过Oculus Rift DK2虚拟现实头盔为用户带来4D感官体验,用户只需进入旅行传送点,戴上设备,就会被"传送"到一个虚拟的酒店大堂,随后他们会被再次传送到夏威夷或伦敦。

The Northface:运用虚拟现实(VR),让消费者体验极地场景

在韩国某个商场内,The North Face的工作人员布置了雪地的场景,让店内的顾客穿上他们的羽绒服,坐在雪橇上,并带上Oculus VR体验一把狗拉雪橇的快感。在工作人员指引下,一群雪橇犬冲破泡沫墙带着顾客在商场飞奔了起来,可以看到The North Face在指定点悬挂的秋冬新品,顾客可以在雪橇路过时挑战拿下,画面非常刺激,顾客们也是收获满满。

参考文献

[1] 格罗鲁斯. 服务管理与营销 [M]. 韩经纶, 等, 译. 北京: 电子工业出版社, 2002年.

[2] 洛夫洛克. 服务营销 [M]. 北京: 中国人民大学出版社, 2001.

[3] 泽丝曼尔, 比特纳. 服务营销 [M]. 张金成, 白托虹, 译. 北京: 机械工业出版社, 2002.

[4] 贝特森. 管理服务营销 [M]. 邓小敏, 译. 北京: 中信出版社, 2004.

[5] 菲茨西蒙斯, 菲茨西蒙斯. 服务管理 [M]. 张金成, 范秀成, 译. 北京: 机械工业出版社, 2000.

[6] 科特勒. 营销管理: 分析、计划、执行和控制 [M]. 梅汝和, 等, 译. 上海: 上海人民出版社, 1999.

[7] 南剑飞, 熊志坚. 试论顾客满意度的内涵、特征、功能及度量 [J]. 世界标准化与质量管理, 2003（9）.

[8] 泽丝曼尔, 比特纳, 格兰姆勒. 服务营销 [M]. 第四版. 张金成, 白长虹, 等, 译. 北京: 机械工业出版社, 2007.

[9] 泽丝曼尔, 比特纳, 格兰姆勒. 服务营销 [M]. 第五版. 张金成, 白长虹, 等, 译. 北京: 机械工业出版社, 2012.

[10] 洛夫洛克, 沃茨, 服务营销 [M]. 第六版. 谢晓燕, 赵伟韬, 等, 译. 北京: 中国人民大学出版社, 2010.

[11] 洛夫洛克, 沃茨. 服务营销（亚洲版）[M]. 第二版. 郭贤达, 陆雄文, 范秀成, 译. 北京: 中国人民大学出版社, 2007.

[12] 洛夫洛克, 沃茨, 周. 服务营销精要 [M]. 李中, 等, 译. 北京: 中国人民大学出版社, 2011.

[13] 科特勒, 凯勒. 营销管理 [M]. 王永贵, 等, 译. 北京: 中国人民大学出版社, 2012.

[14] 霍夫曼, 彼得森. 服务营销精要: 概念、策略和案例 [M]. 第三版. 胡介埙, 译. 大连: 东北财经大学出版社, 2009.

[15] 周明. 服务营销 [M]. 第三版. 北京: 北京大学出版社, 2009.

[16] 李雪松. 服务营销学 [M]. 北京: 清华大学出版社有限公司, 2009.

[17] 王永贵. 服务营销与管理 [M]. 南开大学出版社, 2009.

[18] 施特劳斯, 埃尔—安萨瑞, 弗罗斯特. 网络营销 [M]. 第四版. 时启亮, 金玲慧, 译. 人民大学出版社, 2007.

[19] 蔡斯, 等. 生产与运作管理: 制造与服务 [M]. 宋国防, 等, 译. 北京: 机械工业出版社, 1999.

[20] 人力资本、顾客资本对组织绩效的影响——以美发行业为例 [A]. 第十二届两岸会

计与管理学术研讨会, 2008.

[21] 金立印. 基于服务公正性感知的顾客不良行为模型研究 [Z]. 2005.

[22] 白长虹, 刘炽. 服务企业的顾客忠诚及其决定因素研究 [J]. 南开管理评论, 2002.

[23] 黎建新, 甘碧群. 服务企业的顾客兼容性管理探讨 [J]. 消费经济, 2006.

[24] 周涛, 鲁耀斌. 基于社会资本理论的移动社区用户参与行为研究 [J]. 管理科学, 2008.

[25] 张延, 钟艳. 酒店 VIP 服务与管理 [M]. 沈阳: 辽宁科学技术出版社, 2004.

[26] 王晓辉. 基于消费者认知视角的品牌选择行为研究 [D]. 山东大学, 2009.

[27] 李和才. 色彩在营销中的应用研究 [J]. 科技广场, 2011.

[28] 苏萌, 柏林森, 周涛. 个性化: 商业的未来 [M]. 北京: 机械工业出版社, 2012.

[29] BELL, D. The coming of post – industrial society: a venture in social forecasting [M]. New York: Basic Books, Inc., 1973.

[30] BITNER M J. Servicesacpe: the impact of physical surroundings on customers and employees [J]. Journal of Marketing, 1992, 56 (2).

[31] BITNER M J. Building service relationships: it's all about promises [J]. Journal of the Academy of Marketing Science, 1995, 23 (4).

[32] BOOMS B H, BITNER N J. Marketing strategies and organization structure for service firms [M]. Marketing of Services. Chicago: American Marketing Association, 1982.

[33] CLARK C. The conditions of economic progress [M]. 3rd ed. London: The Macmillan Co., 1957.

[34] DARBY M R, KARNI E. Free competition and the optimal amount of fraud [J]. Journal of Law and Economics, 1973, 16 (1).

[35] FISK R P, BROWN S W, BITNER M J. Tracking the evolution of the services marketing literature [J]. Journal of Retailing, 1993, 69 (1).

[36] GRÖNROOS C. A management focus for service competition [J]. International Journal of Service Industry Management, 1990, 1 (1).

[37] GRÖNROOS C. Relationship marketing logic [J]. IAsia – Australia Marketing Journal, 1996, 4 (1).

[38] GRÖNROOS C. Service management and marketing: customer management in service competition [M]. England: John Wiley & Sons, Ltd., 2000.

[39] GUMMESSON E. Implementation requires a relationship marketing paradigm [J]. Journal of the Academy of Marketing Science, 2008, 26 (3).

[40] HESKETT J L, JONES T O, LOVEMAN G W, et al. Putting the service – profit chain to work [J]. Harvard Business Review, 1994, 72 (2).

[41] JOHNSON E M. Are goods and services different: an exercise in marketing theory [D]. Mich.: Washington University, 1969.

[42] JOHNSTON R. Service operations management: return to roots [J]. International Journal of Operations & Production Management, 1999, 19 (2).

[43] KOTLER P. Marketing management [M]. 10th ed. Millennium Edition, Prentice – Hall, 2000.

[44] LANGEARD E, BATESON J E G, LOVELOCK C H, et al. Services marketing: new insights from consumers and managers [R]. Cambridge, Mass: Marketing Science Institute, 1981, 81-104.

[45] LENGNICK - HALL C A. Customer contributions to quality: a different view of the customer - oriented firm [J]. Academy of Management Review, 1996, 21 (3).

[46] LOVELOCK C. Classifying services to gain strategic marketing insights [J]. Journal of Marketing, 1983, 47 (3).

[47] NELSON P. Information and consumer behavior [J]. Journal of Political Economy, 1970, 78 (2).

[48] PARASURAMAN A, ZEITHAML V A, BERRY L L. A conceptual model of service quality and its implications for future research [J]. Journal of Marketing, 1985, 49.

[49] PIETERS R, BOTSCHEN G. Special issue on service marketing and management: european contributions [J]. Journal of Business Research, 1999, 44 (1).

[50] RATHMELL J M. Marketing in the service sector [M]. Cambridge: Winthrop Publishers, Inc., 1974.

[51] REGAN W J. The service revolution [J]. Journal of Marketing, 1963, 27 (3).

[52] SHOSTACK G L. Breaking free from product marketing [J]. Journal of Marketing, 1977, 41.

[53] SHOSTACK G L. Service positioning through structural change [J]. Journal of Marketing, 1987, 51 (1).

[54] SHETH J, SISODIA R S, SHARMA A. The antecedents and consequences of customer - centric marketing [J]. Journal of the Academy of Marketing Science, 2000, 28 (1).

[55] VARGO S L, LUSCH R F. Evolving to a new dominant logic for marketing [J]. Journal of Marketing, 2004, 68 (1).

[56] ZEITHMAL V A, BITNER M J. Service marketing [M]. New York: McGraw - Hill, 1996.

[57] DARBY M R, KARNI E. Free competition and the optimal amount of fraud [J]. Journal of Law and Economics, 1973, 16 (1).

[58] GRÖNROOS C. A service quality model and its marketing implications [J]. European Journal of Marketing, 1984, 18 (4).

[59] HESKETT J L. Managing in the service economy [M]. Boston: Harvard Business School Press, 1986.

[60] JACOBY J, KAPLAN L B. The components of perceived risk [D]. College Park: Third Annual Conference of the Association for Consumer Research, 1972.

[61] KAPLAN L B, JACOBY J, SZYBILLO G. Components of perceived risk in product purchase: a cross - validation [J]. Journal of applied psychology, 1974, 59 (3).

[62] LEHTINEN U, LEHTINEN J R. Service quality: a study of quality dimensions [R]. Working Paper, Service Management Institute, Helsinki, 1982.

[63] LOVELOCK H C. Classifying services to gain strategic marketing insights [J]. Journal of Marketing, 1983, 47 (3).

[64] MURRAY K B, SCHLATER J L. The impact of services versus goods on consumers' assessment of perceived risk [J]. Journal of the Academy of Marketing Science, 1990, 18 (1).

[65] NELSON P. Information and consumer behavior [J]. Journal of Political Economy, 1970, 78 (2).

[66] PINE J B. Mass Customization: The new frontier in business competition [M]. Boston: Harvard Business School Press, 1993.

[67] PORTER M E. Competitive strategy [M]. New York: Free Press, 1980.

[68] PORTER M E. Competitive advantage [M]. New York: Free Press, 1985.

[69] PRAHALAD C K, HAMEL G. The core competence of the corporation [J]. Harvard Business Review, 1990, 68 (3).

[70] ROSELIUS T. Consumer rankings of risk reduction methods [J]. Journal of Marketing, 1971, 35 (1).

[71] SHOSTACK G L. Designing service that delivers [J]. Harvard Business Review, 1984, 62 (1).

[72] SWAN J E, COMBS L J. Product performance and consumer satisfaction: a new concept [J]. Journal of Marketing, 1976, 40 (2).

[73] WERNERFELT B. A resource - based view of the firm [J]. Strategic Management Journal, 1984, 12 (5).

[74] Richard L. Oliver. Satisfaction, a Behavioral Perspective on the Consumer [M]. New York: Irwin - McGraw - Hill, 1997: 13.

[75] PARASURAMAN A, ZEITHAML V A, BERRY L L. Servqual: A multiple - item scale for measuring consumer perceptions of service quality [J]. Journal of Retailing 1988, 64 (1): 12 - 40.

[76] CRONIN J J, TAYLOR S A. Measuring service quality: a reexamination and extension [J]. Journal of Marketing, 1992, 56 (3).

[77] PARASURAMAN A, ZEITHAML V A, BERRY L L. Reassessment of expectations as a comparison standard in measuring service quality: implications for future research [J]. Journal of Marketing, 1994, 58 (1).

[78] PARASURAMAN A, ZEITHAML V A, BERRY L L. A conceptual model of service quality and its implications for future research [J]. Journal of Marketing, 1985, 49.

[79] BENTON, C A, BRUCE G D. Socially distant reference groups and consumer aspiration [J]. Journal of Marketing Research, 1971, 8.

[80] REINGEN P H, FOSTER B L, BROWN J J, et al. Brand congruence in interpersonal relations: a social network analysis [J]. Journal of Consumer Research, 1984, 11 (3).

[81] SCHIFFMAN L G, KANUK L L. Consumer behavior [M]. 5th ed. New Jersey: Prentice Hall PTR., 1994.

[82] EDGETT S J, COOPER R G. Product development for the service sector [M]. Cambridg, MA: Perseus Books, 1999.

[83] FITZSIMMONS J A, FITZSIMMONS M J. Service management [M]. 4th ed. New York: McGraw - Hill: Irwin, 2004.

[84] GRÖNROOS C. Service management and marketing: a customer relationship management

approach [M]. West Sussex, UK: John Wiley & Sons, 2000.

[85] JONG, J D, VERMEULEN P A. Organizing successful new service development: a literature review [J]. Management Decision, 2003, 41 (9).

[86] KOTLER P. Marketing management [M]. 9th ed. Englewood Cliffs, NJ: Prentice Hall, 1997.

[87] FROEHLE C M, ROTH A V, CHASE R B, et al. Antecedents of new service development effectiveness: an exploratory examination of strategic operations choices [J]. Journal of Service Research, 2000, 3 (1).

[88] JOHNE A, STORY C. New service development: a review of the literature and annotated bibliography [J]. European Journal of Marketing, 1998, 32 (3-4).

[89] IANSITI M, MACCORMACK A. Developing products on internet time [J]. Harvard Business Review, September-October, 1997.

[90] LEONARD D, RAYPORT J F. Spark innovation through empathic design [J]. Harvard Business Review, November-December, 1997.

[91] FLIEB S, KLEINALTENKAMP M. Blueprinting the service company: managing service processes efficiently [J]. Journal of Service Research, 2004, 57.

[92] MITTAL B. Service communications: from mindless tangibalization to meaningful messages [J]. Journal of Services Marketing, 2002, 16 (5).

[93] GEORGE W R, BERRY L L. Guidelines for the advertising of services [J]. Business Horizons, 1981, 24 (4).

[94] HILL D H, GANDHI N. Service advertising: a framework to its effectiveness [J]. The Journal of Services Marketing, 1992, 6 (4).

[95] RUST R. What is the domain of service research [J]. Journal of Service Research, 1998, 1.

[96] VARGO S L, LUSCH R F. Evolving to a new dominant logic for marketing [J]. Journal of Marketing, 2004, 68 (1).

[97] TELLIS G J. Beyond the many faces of price: an integration of pricing strategies [J]. Journal of Marketing, 1986, 50.

[98] BATESON J E G. Self-service consumer: an exploratory study [J]. Journal of Retailing, 1985, 51.

[99] BENDAPUDI N, LEONE R P. Psychological implications of customer participation in co-production [J]. Journal of Marketing, 2003, 67.

[100] BITNER M J, BROWN S W, MEUTER M L. Technology infusion in service encounters [J]. Journal of the Academy of Marketing Science, 2000, 8 (1).

[101] CANZIANI B F. Leveraging customer competency in service firms [J]. International Journal of Service Industry Management, 1997: 8 (1).

[102] DABHOLKAR P A. Consumer evaluations of new technology-based self-service options: an investigation of alternative models of service quality [J]. International Journal of Research in Marketing, 1996, 13.

[103] DABHOLKAR P A, BOBBITT L M, LEE E J. Understanding consumer motivation and

behavior related to self - scaning in retailing [J]. International Journal of Service Industry Management, 2003, 14 (1).

[104] GOODWIN C. I can do it myself: training the service consumer to contribute to service productivity [J]. Journal of Service Marketing, 1988, 2.

[105] HAZLETT S A, HILL F. E - government: the realities of using IT to transform the public sector [J]. Managing Service Quality, 2003, 13 (6).

[10] SCHNEIDER B, BOWEN D E. Winning the service game [M]. Boston: Harvard Business School Press, 1995.

[107] MOHR L A, BITNER M J. The role of employee effort in satisfaction with service transactions [J]. Journal of Business Research, 1995, 32 (3).

[108] EISINGERICH A, BELL S. Relationship marketing in the financial services industry: the Importance of customer education, participation and problem management for customer loyalty [J]. Journal of Financial Services Marketing, 2006, 10.

[109] ANDREASEN A R, BEST A. Customer complaint - does business respond [J]. Harvard Business Review, 1977, 55 (4).

[110] BITNER M J. Evaluating service encounters: the effects of physical surroundings and employee responses [J]. Journal of Marketing, 1990, 54 (4).

[111] BITNER M J, BOOMS B H, TETREAULT M S. The service encounter: diagnosing favorable and unfavorable Incidents [J]. Journal of Marketing, 1990, 54 (1).

[112] CATHY G, ROSS I. Consumer responses to service failures: influence of procedural and interactional fairness perceptions [J]. Journal of Business Research, 1992, 25 (2).

[113] GILLY M C. Post complaint processes: from organizational response to repurchase Behavior [J]. Journal of Customer Affairs, 1987, 21 (2).

[114] HART C W L, HESKETT J L, SASSER W E. The profitable art of service recovery [J]. Harvard Business Review, 1990, 68 (4).

[115] KELLEY S W, HOFFMAN K D, DAVIS M A. A typology of retail failures and recoveries [J]. Journal of Retailing, 1993, 69 (4).

[116] SINGH J. A typology of consumer dissatisfaction response styles [J]. Journal of Retailing, 1990, 66 (1).